清代文集人物傳記資料彙編·索引

張珂卿 編撰

國家圖書館出版社

圖書在版編目(CIP)數據

清代文集人物傳記資料彙編·索引/張珂卿編撰. —北京:國家圖書館出版社,2022.6

ISBN 978-7-5013-7562-2

Ⅰ.①清… Ⅱ.①張… Ⅲ.①歷史人物—傳記—中國—清代—文獻資料—書目索引 Ⅳ.①Z89:K820.49

中國版本圖書館 CIP 數據核字(2022)第 131493 號

書　　名	清代文集人物傳記資料彙編·索引
著　　者	張珂卿　編撰
責任編輯	張珂卿
封面設計	翁　涌
封面製作	程言工作室
出版發行	國家圖書館出版社(北京市西城區文津街 7 號　100034) (原書目文獻出版社　北京圖書館出版社) 010-66114536　63802249　nlcpress@nlc.cn(郵購)
網　　址	http://www.nlcpress.com
印　　裝	河北三河弘翰印務有限公司
版次印次	2022 年 6 月第 1 版　2022 年 6 月第 1 次印刷
開　　本	787×1092(毫米)　1/16
印　　張	43
字　　數	130 千字
書　　號	ISBN 978-7-5013-7562-2
定　　價	420.00 圓

出版説明

文集是巨大的資料寶庫，清代文集存世的數量最多，價值極大。爲廣泛、深入使用清代文集中的資料，國家圖書館出版社與北京師範大學楊健、程仁桃两位老師合作出版了《清代文集人物傳記資料彙編》，這是繼《碑傳集》三編等重要彙編文獻之後，又一部大型清代人物傳記資料彙編，對於清代文史研究具有重要意義。

《清代文集人物傳記資料彙編》一書依據王重民、楊殿珣所編《清代文集篇目分類索引》，精選411種清代名人文集中的7111篇傳記資料彙編而成。共涉及人物6700餘人，傳主多爲在清代政治、經濟、文化、軍事等領域有重要影響者，如于成龍、毛奇齡、閻若璩、翁方綱、姚鼐、洪亮吉、阮元、李鴻章、曾國藩等，是一部重要的人物傳記資料彙刊。《清代文集人物傳記資料彙編》所涉人物衆多，通過研究文集著者與傳主的關係，可知曉更多清代文人的交游與學術傳承脉絡。鑒於此，我們特編製了《清代文集人物傳記資料彙編·索引》，以方便學者研究使用。

《清代文集人物傳記資料彙編·索引》一書分爲三部分：傳主索引、傳記著者索引、文集篇名索引。

一、傳主索引。本部分按照傳主姓氏筆畫順序編排。同名不同人者，在傳主姓名後標注字、號，以示區分；

字、號不可考者標注籍貫。傳主爲僧道人士者，以法號或道號首字爲檢索依據。傳主姓名無法考證者，著録爲『□□』。

二、傳記著者索引。本部分按照傳記著者姓氏筆畫順序編排，著録同傳主索引。將同一著者所撰不同傳記資料，繫於著者之後，一方面便於學者查找著者所撰的各篇傳記資料，另一方面對於研究清代文人的交游有所參考。

三、文集篇名索引。本部分注明了所收文集名稱、著者、版本等項，便於讀者按圖索驥查閲相關資料。

希望通過《清代文集人物傳記資料彙編·索引》的出版，爲清代文史研究提供更加便捷的查閲清代人物的方式，省却奔波之勞，使《清代文集人物傳記資料彙編》一書發揮更大的參考作用。

編　者

二〇二二年六月

目録

傳主索引
傳主姓氏筆畫字頭索引……一
傳主姓氏筆畫索引……九
傳記著者索引
傳記著者姓氏筆畫索引……一七三
傳記著者索引（附所撰傳記）……一八一
文集篇名索引
文集篇名索引……六五五

傳主姓氏筆畫字頭索引

一畫

一 九

二畫

丁 九
卜 一〇
才 一〇
了 一〇

三畫

三 一〇
干 一〇
于 一〇
上官 一一
弓 一一

四畫

王 一一
支 二〇
尤 二〇
巨 二〇
戈 二〇
牛 二〇
毛 二〇
升 二一
仇 二一
介 二一
月 二一
殳 二一
卞 二一
文 二三
方 二三
尹 二四
巴 二四
以 二四
孔 二四

五畫

玉 二五
正 二五
甘 二五
世 二五
艾 二五
古 二五
本 二五
札 二五
可 二五
左 二五
石 二六
平 二六
申 二六
田 二六
史 二六
冉 二七
丘 二七
白 二七
印 二七
包 二七
永 二七
司 二七
弘 二八
皮 二八

六畫

邢 二八
吉 二八
老 二八
芝 二八
成 二八
呂 二八
年 二九
朱 二九
伍 三三
仲 三三
任 三三
伊 三四
向 三五
后 三五
全 三五
亦 三五
江 三五
安 三六
祁 三六
阮 三六
如 三七
牟 三七

七畫

戒 三七
芮 三七
花 三七
芥 三七
杜 三七
巫 三七
李 三七
車 四五
束 四五
步 四五
貝 四五
吳 四五

岑　五〇
邱　五〇
何　五〇
佚　五二
佟　五二
余　五二
谷　五二
言　五二
辛　五二
冷　五二
汪　五二
汰　五六
沙　五六
沈　五六
完顏　五九
宋　五九
初　五九
阿　五九
邵　六〇
忍　六〇

八畫

武　六一
苗　六一
苑　六一
范　六一
茅　六一
林　六二
來　六二
松　六三
杭　六三
郁　六三
招　六三
卓　六三
具　六三
杲　六三
明　六三
易　六三
固　六三
呼　六三
迮　六三
竺　六三
侍　六三
岳　六三
金　六三
周　六五
性　六八
法　六八
宗　六八
官　六九
空　六九
郎　六九
房　六九
居　六九
屈　六九
承　六九
孟　六九

九畫

郝　六九
荊　七〇
胡　七〇
南　七二

柯　七二
查　七二
相　七二
柏　七二
柳　七二
奎　七三
冒　七三
韋　七三
哈　七三
拜　七三
香　七三
段　七三
佷　七三
皇甫　七三
侯　七三
俞　七三
昝　七四
計　七四
施　七四
恒　七五
姜　七五
炤　七五
洪　七五
洞　七六
宣　七六
宮　七六
祖　七六
神　七六
祝　七六
退　七六
胥　七六
姚　七六
紀　七八

十畫

馬　七八
秦　七九
敖　八〇
烎　八〇
袁　八〇
耿　八一
華　八一
莫　八一
莊　八二
桂　八二
連　八二
栗　八二
夏　八二
振　八三
柴　八三
時　八三
畢　八三
晁　八三
員　八三
倭　八三
倪　八三
師　八三
徐　八四
殷　八七
奚　八七
倉　八七
翁　八七
留　八八
高　八八

郭 八九
席 九〇
唐 九〇
凌 九一
浦 九一
海 九一
涂 九一
陸 九一
陳 九三
陶 九九
姬 一〇〇
桑 一〇〇
孫 一〇〇
納蘭 一〇二

十一畫

理 一〇三
勒 一〇三
黄 一〇三
梅 一〇六
曹 一〇六
區 一〇七
戚 一〇七
盛 一〇七
雪 一〇八
常 一〇八
畦 一〇八
野 一〇八
鄂 一〇八
婁 一〇八
唯 一〇八
崔 一〇八
符 一〇九
魚 一〇九
許 一〇九
麻 一一〇
康 一一〇
鹿 一一〇
章 一一〇
商 一一一
梁 一一一
寇 一一二
密 一一二
尉 一一二
屠 一一二
張 一一二
巢 一二〇

十二畫

瑛 一二〇
項 一二〇
博 一二〇
彭 一二〇
達 一二一
葉 一二一
萬 一二二
葛 一二三
董 一二三
惠 一二四
雲 一二四
量 一二四
閔 一二四

蛤 一二四
單 一二四
喻 一二四
無 一二四
智 一二四
嵇 一二四
程 一二五
喬 一二六
答禄 一二六
傅 一二七
焦 一二七
舒 一二七
鈕 一二七
舜 一二七
鄔 一二七
鄒 一二八
童 一二八
惲 一二八
善 一二八
普 一二九
曾 一二九
勞 一二九
馮 一二九
湯 一三〇
温 一三一
游 一三一
富 一三一
甯 一三一
强 一三一
費 一三一
疏 一三二
賀 一三二

十三畫

瑞 一三二
鄢 一三二
蓋 一三二
蓮 一三二
靳 一三二
夢 一三二
蒼 一三二
蒯 一三二
楊 一三三
甄 一三六
賈 一三六
碎 一三六
雷 一三六
裘 一三六
虞 一三六
路 一三七
嵩 一三七
魁 一三七
詹 一三七
廉 一三七
義 一三七
褚 一三七
福 一三七
經 一三七

十四畫

静 一三七
碧 一三七
趙 一三七
臺 一三九

壽 一三九
蔣 一四〇
蔡 一四一
厲 一四二
臧 一四二
裴 一四二
暢 一四二
聞人 一四二
聞 一四二
圖 一四三
管 一四三
廣 一四三
廖 一四三
端木 一四三
端 一四三
齊 一四三
鄭 一四三
榮 一四五
漢 一四五
寧 一四五
熊 一四五
鄧 一四六
翟 一四六
綽 一四六
綱 一四六

十五畫

慧 一四六
鞏 一四六
蕅 一四六
樓 一四六
樊 一四六
歐陽 一四七
歐 一四七
賢 一四七
霈 一四七
輝 一四七
暴 一四七
黎 一四七
儀 一四七
德 一四七
衛 一四七
魯 一四七
劉 一四八
諸 一五三
談 一五三
慶 一五三
潘 一五三
澈 一五四
樂 一五四

十六畫

駱 一五四
燕 一五四
薛 一五四
蕭 一五五
薩 一五五
賴 一五六
勵 一五六
盧 一五六
曉 一五六
曇 一五六
戰 一五六
穆 一五六

錢 一五六
錫 一五九
鮑 一五九
龍 一五九
澮 一五九
閻 一五九

十七畫

戴 一六〇
藍 一六一
藐 一六一
韓 一六一
嶺 一六二
魏 一六二
儲 一六二
鍾 一六二
謝 一六三
應 一六四
燦 一六四
濮 一六四
賽 一六四
蹇 一六四
禮 一六四
彌 一六四
繆 一六四

十八畫

聶 一六四
叢 一六四
瞿 一六四
邊 一六五
歸 一六五
鎦 一六五
顏 一六五
額 一六五

十九畫

藺 一六五
蘇 一六五
關 一六六
嚴 一六六
羅 一六七
鏥 一六七
譚 一六七

二十畫

龐 一六八
蘭 一六八
酆 一六八
覺 一六八
饒 一六八
竇 一六八

二十一畫

酈 一六八
顧 一六八
鶴 一七〇

二十三畫

龔 一七〇
欒 一七一

二十四畫

靈 一七一

傳主姓氏筆畫索引

傳主	冊號・頁碼
一畫	
釋一雨	一一二・四五
二畫	
丁丙	二・一
丁立幹	二・五五
丁在海	二・八七
丁有珩	二・八一
丁自求	一一六・九五
丁汝驊	二・九一
丁守存	二・六九
丁如玉	二・六三
丁芸	二・一七
丁皂保	二・九五
丁杰	二・二三
	二・二七
	一一五・一八三
丁注	一一七・二六七
丁彥臣	二・九九
丁振鐸	二・一〇五
丁健	二・三三
丁授經	二・一三一
丁紹周	二・一一三
	二・一一七
	二・一二五
丁琰	二・三七
丁敬	二・五一
丁朝雄	二・一四一

丁惠堂	二・一三五
丁惠康	二・一三七
丁復運	一一六・三六五
丁善慶	二・一四九
丁傳	二・四三
丁傳甲	二・一五五
丁彩	二・四七
丁德輔	二・一八一
	二・一八五
丁銳義	二・一九一
丁履恒	二・一六一
	二・一六九
丁履端	二・一七五
丁寶楨	二・一九九
丁體常	二・二〇五
卜書庫	二・二三五
卜陳彝	二・二一九
	二・二二三
卜葆鈖	二・二三一
卜維憲	一一三・二三七
刁再濂	二・二一五
釋了義	一一二・五五

三畫

三官保	二・二四三
干特	三・四一
于文中	二・二九七
于仕廉	二・三〇三
于成龍	二・三一五
	二・三一九
	二・三二七
	二・三三七
	二・三五三
	一一五・二五三
于松	二・二五一
于叔子	二・三七七
于朋舉	二・三八七
于致紳	二・四〇一
于邕	二・二五九
于爲儀	二・三九七
于蔭霖	三・一一
于爾大	三・一
于銘書	三・五
于穎	二・二六三
	一一六・三一九
于蓋臣	三・二三
于謙	二・二七一
于鎰	二・二八七

于覺世　三·二五
上官曦　二·二四五
弓斐安　三·三一
弓毓華　三·三七

四畫

王一翥　一一六·三一九
一一七·一〇五
王八千　一一四·一三三
王人鑑　七·一三五
王九鼎　七·一二九
王又旦　七·一一七
七·一二一
王士春　七·二三七
七·二四一
王士祜　七·二四五
七·二五三
王士禄　七·二一七
七·二二七
王士禎　七·二三三
王士毅　七·二八五
七·二九三
王士璠　七·二七九
王士禧　七·二六七
王士鍾　七·二八一
王士鵠　七·二九九
王大來　七·二〇一
王大善　七·二〇五
王大經　七·二一一
王山　一一五·一二七
王千仞　七·一八九
王之仁　七·一三九
王之明　七·一五五
王之政　一一三·二三一
王之宴　七·一五九
王之植　七·一七五
王之策　七·一六三
王之槐　七·一七七
王之駿　七·一八五
王小余　七·一九七
王子庾　七·一九三
王夫之　七·三四七
王天鑑　七·三六三
王元文　七·三一一
王元松　七·三二一
王元恭　七·三二五
王元啓　七·三三一
七·三三五

王元翰　七·三四一
王木　五·三一三
王五福　七·三〇五
王太岳　八·一
王友亮　七·三八七
王日杏　一一五·三九三
王日章　八·六一
　八·七三
王曰旦　八·七七
　八·八一
　八·八五
　八·八九
　八·九一
　一一三·二三七
王仁甫　七·三七五
王化　五·三〇九
王化成　七·三七三
王文田　八·九七
　八·一〇三
王文治　八·一〇九
王文雄　八·一二三
　八·一三三
　八·一四五
王文瑞　八·一一三
　八·一一九
王文韶　八·一六一
王文瀾　八·二〇一
王引之　八·四五
　八·五五
王以銜　八·三一三
王允中　七·三八一
王允若　七·三八三
王玉藻　八·三五五
王正中　八·二五九
　一一六·三一九
王正春　八·二六三
王世仁　八·二〇五
王世秀　八·二一三
王世祐　八·二一七
王世淇　八·二二一
王世鈞　八·二二三
王世德　八·二三一
　八·二四三
　八·二五一
王世錦　八·二二七
王艾山　九·二三五
王本悟　八·三三七
王可大　八·二六七

王可登 八·二七一
王石崖 八·三四九
王仕 五·三一七
王代豐 八·三二一
王用誥 八·三二五
王立人 八·三四一
王永吉 八·二七七
八·二八五
王永芳 八·二九一
王永肩 八·二九五
王永章 八·三〇三
王永壽 八·三〇九
王永興 一一三·二四三
王弘文 九·一七三
王弘撰 一一六·三一九
王台輔 八·三三一
王邦選 九·三四五
王式丹 九·一八九
王式金 九·二二七
王芑孫 九·三三九
王再門 九·二九
王有譽 九·二三一
王光裕 八·三七九
王光燮 八·三八三
八·三九三
王先吉 九·一
王先和 九·一一
王先恭 九·一七
王先惠 九·二三
王廷言 九·二九七
王廷華 九·三〇一
王廷鼎 九·三一九
王廷聘 九·三〇七
王廷璟 九·三一一
王延喆 九·三九五
王延壽 九·三九九
王兆符 八·三七三
王江 五·三三三
王汝貴 九·一七九
王汝楫 九·一八五
王汝霖 一一六·一三三
王宇春 九·一二九
王宇熙 九·一三七
王守仁 九·三三
九·七七
九·一一三
王守訓 九·一一九
王安國 九·一四三

王聿修 八·三六一
王艮 一一六·二七三
王如松 一一三·二四七
王如金 九·一五三
王如楷 九·一六一
王好智 九·一六五
王志堅 九·三二五
王芾 六·七
王克俊 九·二六一
九·二六七
王步墀 一〇·三九
王攸甯 八·三六七
王作善 九·二五七
王伯勉 九·二四七
王伯益 九·二五三
王希伊 九·二七九
王希曾 九·二八七
王希賢 九·二九一
王沛儁 一〇·二七
王沛憻 一〇·二一
王宏詩 九·二七三
王君詔 九·三三三
王武 五·三三七
王武彬 一〇·三五
王若常 一〇·一三一
王茂森 一〇·一一一
王茂蔭 一〇·一一五
王英孫 一一六·二九三
王英冕 一〇·一二三
王英瀾 一〇·一二七
王枚士 一〇·一五
王來咸 九·三四九
九·三五五
王杰 五·三七一
五·三八一
王述濬 一〇·一三五
王東 一一四·一五三
王東槐 一〇·九
王明試 一一六·三六七
王易 五·三二九
王金綬 一〇·四五
王金鏞 一一六·四二九
王命時 九·三六三
王念孫 一〇·五一
王育琮 一〇·四一
王炎午 一一六·二九三
王治 五·三三三
王宗誠 九·三七三

	九・三八三
王宗德	九・三八七
王宜釗	九・三六九
王建中	一〇・六七
王承烈	九・四〇七
	九・四一五
王承裕	九・四〇三
王承義	一〇・一
王珍	六・一
王玲	五・三八九
王政行	一〇・五
王垌	一一六・八五
王南圖	一一七・一〇五
王柏心	一〇・一〇一
王咸亨	一〇・一〇七
王厚孫	一〇・一四七
王星南	一〇・九五
王星誠	一一六・一九五
王思任	一〇・七九
王思高	一〇・八七
王重	一一六・三六七
王修允	一〇・六三
王保健	一一六・四二九
王亭謙	九・二四一
王庭筠	一〇・一五七
王彥威	一〇・七三
王洪	五・三八五
王洋	一一七・三三七
王宮臻	一〇・一六五
王祐臣	一〇・二八九
王祖佑	一〇・二七五
王祖杰	一〇・二七九
王袒	五・三四五
	五・三五九
	五・三六五
王約	六・一三
王泰徵	一〇・二五九
	一一七・一〇五
王珠裕	一〇・二六七
王素	一一三・二四七
王起芬	一〇・二九三
王耿光	一一三・二四三
王華	六・一五三
	六・一五七
王原	六・三三
王原祁	一〇・一四三
王振綱	一〇・二二五
王時沐	一〇・二五三

王恩榮　一〇・二三三
王恩綬　一〇・二三九
　一〇・二四七
王峻　六・三七
王倫　六・二三
王師鷺　一〇・一九五
王席民　一〇・一五三
王浩　六・四三
王家枚　一〇・一七三
王家相　一〇・一七九
王家勤　一〇・一八七
王家幹　一〇・一八三
王容若　一〇・一六九
王孫枝　一〇・一九九
王孫裔　一〇・二二一
王孫蘭　一〇・二〇五
　一〇・二一一
　一〇・二一五
王域　六・七五
王棻　六・一六一
王盛　六・一五一
王掄春　一〇・三六七
王掞　六・四七
　六・五五
　六・六一
王冕　六・一二五
王略　六・一〇一
王國祚　一〇・三〇三
王國誾　一〇・三一五
王國翰　一〇・三〇九
王崇昆　一一六・四二九
王崇焯　一〇・三三九
王崇熉　一〇・三三一
王崇簡　一〇・三三五
　一〇・三四七
王敏　六・八三
王偉楨　一〇・三二一
王偁　六・一九
王象春　一一・八三
王象晋　一一・七七
王翊　六・八七
王淑卿　一〇・三九九
王淳敬　一〇・四〇三
王啓沆　一〇・三七一
王啓昆　一〇・三八一
王啓焜　一〇・三八五
王啓渾　一〇・三七五
王啓澤　一〇・三九三

王紱 六・一〇七
王組瑛 一〇・四〇七
王琢璞 一一・五九
王琨 六・一四五
王萬祥 一一・一三三
王敬曾 一一・九五
王敬照 一一・九七
一一・一〇三
王朝佐(字用九) 一一・三三
王朝佐(字輔臣) 一一・三七
王朝聘 一一・四一
王雲 六・一六九
王揚芳 一一・一九
王棐 六・一四一
王敞 六・一三三
王鼎 六・三六五

王開極 一一・八九
王景 六・一二九
王景西 一一・二五
王景鳳 一一・三一
王喦 六・一一一
王凱泰 一一・一
王復 六・一一七
王復衡 一一・一三
王然簡 一一・四五
王詒壽 一一六・一三三
王渭 六・一三五
王渭熊 一一・五三
王淵如 一一六・九五
王裕承 一一・六三
王裕疆 一一・六九
王發桂 一一・四九

王瑚伯 一一・二九
王瑞之 一一・二一
王瑞祥 一一・二五
王瑍 六・一九三
王蒙 六・二六一
王楨 六・一八五
王槐康 一一・二四七
一一・二五一
王軾 六・二一三
王與胤 一一・一七五
一一・一八一
一一・一八五
王與敕 一一・一五七
一一・一七一
王與陼 一一・一五一
王鉞 六・二一九

王頌蔚 一一·一四三
王詢 六·一九九
王廉 六·一七三
王靖 一一六·一七三
王新命 一一五·二五三
王慎修 一一·九三
王煒 六·二五九
王源 六·一七七
一一五·三七五
王源通 一一·一一三
王福曾 一一·二七五
王殿墀 一一·二〇九
王瑤楨 一一·二八一
王嘉定 一一·二一九
王壽楠 一一·二二五
王熙 六·二八五
六·三一一
王熙恩 一一·三三九
王模 六·三四一
六·三五一
六·三五五
六·三六一
王爾達 一一·二三五
一一·二四三
王鳴 六·二二九
王鳴玉 一一·一九三
王鳴盛 一一·一九九
一一·二〇三
一一五·一八三
王鳴詔 一一·二一三
王圖 六·二三七
王鉽 六·二七五
王銑 六·二六五
六·二七一
王銘思 一一·三〇五
王銘琮 一一·三〇七
王鳳生 一一·三一一
一一·三一七
王鳳璘 一一·三二三
王塾 六·二五三
王榮沛 一一·二五五
王榮祖 一一·二五七
王榮晋 一一·二五九
王榮唐 一一·二六三
王榮緒 一一·二六五
王漁 一一七·四二五
王肇晋 一一·三〇一
王維祺 一一·二八七

王維翰 一一・二九五
一一・二九九
王震 六・三九一
王範 七・一三
王德溥 一一・三三五
王德榜 一一・三二九
王餘佑 一一・三四九
王養元 一一・三四三
王遵坦 一一四・三七三
王潔 六・三三三
王潤 六・三二九
王選 七・二三
王翬 六・三七三
六・三七九
王豫 七・一九
王豫卿 一一・三八七

王練 六・三八三
王畿 一一六・二七三
王樹本 一二・六五
王霑 七・二七
王曇 七・一
王學旦 一一・三六一
王學浩 一一・三六七
王學博 一一・三七三
王學儒 一一・三七七
王錫山 一二・一
王錫光 一一・三五五
王錫朋 一二・七
一二・一一
王錫封 一二・二三
王錫康 一二・二九
王錫景 一二・二五

王穎銳 一一・三五七
王龍光 一一六・四七
王澧 七・五
王澤宏 一一・三八一
王璪 七・四五
王璵似 一二・六七
王壎 六・三九五
王聲揚 一二・一二一
王聯 七・五九
王懋竑 一二・三三
王臨亨 一二・一二九
王鍾吉 一二・一二五
王燮 七・二九
王鴻緒 一二・四七
王濟 七・三九
王翼孫 一二・七一

	一二·七七
	一二·八三
	一二·九一
	一二·九五
	一二·一一五
王曜	七·五三
王彝	七·六三
王藻	一一六·二〇三
王鏜	七·七五
王勷	七·六七
	七·七一
王蘭	七·九七
王蘭上	一三·一三七
王蘭生	一三·一四一
	一三·一四九
王蘭昇	一三·一五七
王爔	七·九三
王繻	七·八三
王繼本	一二·一六五
王繼穀	一二·一七五
王繼謨	一二·一六九
王鐸	七·一〇一
王鶴翔	一二·一八三
王懿榮	一二·一八九
王巖楨	一二·二〇五
王體健	一二·一九九
王顯謨	一二·一八七
王麟書	一一六·一三三
王灝	七·一〇九
王纘爵	一二·二〇九
支景山	五·二五七
支離叟	五·二六五
尤侗	三·一六五
	三·一七一
尤侃	三·一七七
尤瑩	三·一七九
尤麓孫	三·一八五
釋巨治	一一二·五九
釋巨靈	一一二·六三
戈宙	五·二七五
戈照鄰	五·二七九
牛鈕	五·二八三
牛運震	五·三〇三
牛夢英	五·二九五
毛一森	三·三二九
毛士	三·二七五
	一一三·二一九
毛大鵬	三·三四一

毛大瀛 三·三四三
毛之履 三·三三五
毛式玉 三·三五三
毛吉 三·二八一
毛至潔 一一七·二〇七
毛先舒 三·三五五
毛奇齡 三·三六五
三·四〇五
三·四一五
三·四一七
一一五·一八三
毛忠 三·二九三
毛和之 四·一
毛珍 三·二九七
毛彥恭 四·三
毛袓熙 四·五

毛晉 三·三〇一
毛乾乾 四·一五
毛國翰 四·一九
毛竟山 四·二三
毛清 三·三〇七
毛涵 三·三一三
毛隆輔 四·二九
毛景維 四·三五
毛渾 三·三一七
毛會掄 四·三九
毛聚奎 四·五三
毛鳳虎 四·四五
四·五一
毛德濟 四·六一
毛慶藩 四·六五
毛樹棠 四·七一

毛錫純 四·七五
毛穎士 四·七九
毛燧傳 四·一二九
毛嶽生 四·八三
毛鴻賓 四·八九
四·九七
四·一二一
毛濬 三·三三三
升寅 一二·二一三
一二·二一九
仇世賢 三·五五
仇鉞 三·四七
釋介航 一一二·一七七
釋月印 一一二·一七一
殳聞望 五·二七一
卞乃繩 三·六一

卞三元　三・六五
卞謨正　三・六九
文明欽　五・二一五
文明鈺　五・二二五
文惠　五・二〇五
文筆山　五・二二九
文漢光　五・二三三
　　　　五・二三九
文震孟　五・二四五
文點　五・二〇九
方士麟　四・二八九
方大湜　四・二七七
方勺　一一七・三三七
方元善　四・二九七
方元履　四・三〇七
方元衡　四・三〇三

方元體　四・三一一
方日新　一一六・一七九
方仁沛　一一五・一一九
方仁照　四・二九一
方文翰　四・三一五
方玉璞　四・三二一
方世舉　四・三一七
方申　四・一三七
方召　四・一三三
方式濟　四・三二五
方先甲　一一三・二三三
方舟（字百川）　四・一四三
　　　　四・一四九
方舟（字人濟）　一一七・一〇五
方求義　四・三三一
　　　　四・三三五

方步瀛　四・三八三
方亨衢　四・三二九
方坰　四・一五三
　　　　四・一五九
方其明　四・三九七
　　　　四・三九九
方苞　四・一七七
　　　　四・一八五
　　　　四・一九九
　　　　四・二〇一
方林（字椒塗）　四・一六九
方林（字榮木）　四・一七三
方東樹　四・三六九
方虎　四・一七五
方昌翰　四・三六三
方昂　四・一六三

方性連 一一四・三五三
方宗建 四・三三九
方宗誠 四・三四三
四・三四九
四・三五七
方祈宣 四・三九三
方承晟 四・三八七
方秋岡 五・五
方恮 一一四・三三七
方炳文 四・四〇三
方泰 一一五・一一九
方桂 四・二一一
方根矩 五・二三
五・二七
方根穎 五・三三
方致祥 五・一三
五・一七
方恩露 一一三・二二三
方浩 四・二〇五
方孫仁 五・一一
方培凝 五・五七
方基 一一五・一一九
方梅 四・二二一
方國棟 五・三五
五・四一
方崇智 五・五一
方琢 四・二三九
方萬里 一一三・二二七
方朝棐 五・七一
方勛 四・二三三
方喬 四・二二五
方爲治 五・一
方善祖 五・六五
方道希 五・一〇七
方道章 五・一一三
方補德 五・七九
方椿 四・二三九
方嗣文 五・八九
方廉 一一四・一九一
方義路 五・九七
五・一〇一
方源聚 五・九三
方殿元 一一七・三七五
方粹然 五・一一七
方賜豪 五・一四三
方幟 四・二四九
方履籛 五・一二一
五・一二三

五·一二九
五·一三三
五·一三九
方錫慶 五·一四七
方凝 四·二四三
方澤 四·二五三
方駿萃 五·一六七
方聯聚 五·一六一
方應祥 五·一五五
方翼明 五·一七一
方職 四·二五七
方曜 一一三·三七三
方寶彝 五·一七三
方顯 四·二六三
方觀承 五·一七七
五·一八五

五·一九三
五·一九九
尹均 三·七五
三·八三
尹明廷 三·九一
尹會一 三·九五
三·一〇七
尹嘉賓 三·一一七
尹龍驤 三·一二三
尹寶銈 三·一二七
尹繼美 三·一三一
尹繼善 三·一三七
巴廷梅 三·一四七
巴雅思胡朗 三·一六一
巴維珙 三·一五三
巴慰祖 三·一五九

釋以揆 一一二·七九
孔孟文 三·一九一
孔昭孔 三·一九七
孔昭宷 三·二〇三
孔昭慈 三·二〇七
三·二一三
孔桐右 三·二二一
孔傳綸 三·二二五
孔傳橿 三·二二七
孔廣栻 三·二三九
孔廣森 一一五·一八三
孔廣棨 一一五·一八三
孔慶鎔 三·二五五
孔興誥 三·二四七
孔興燮 一一五·一八三
孔繁琴 三·二五九

孔繼涑 三·二六三
孔繼涵 三·二六七
一一五·一八三
孔繼鑅 三·二七一

五畫

釋玉林 一一二·一〇九
玉達齋 一三·二〇一
玉棟 一三·一九七
釋正峰 一一二·一三一
甘可貞 一四·一五三
甘延年 一四·一六七
甘汝來 一四·一五七
甘南薰 一四·一七三
甘運源 一四·一七五
甘福 一四·一四七
甘應其 一四·一七九
世焜 一一六·一六七
艾士益 一四·一八七
艾錫朋 一四·一九三
一四·一九九
釋古山 一一二·八九
釋本空 一一二·一〇五
札穆陽 一三·一八九
釋可成 一一二·九七
左士澄 一三·一二五
左仁 一三·九一
左文韓 一三·一二七
左世望 一三·一三一
左世經 一三·一三五
左史 一三·九五
左臣黃 一三·一三九
左光斗 一三·一六九
左昊 一一六·一六一
左知來 一三·一六五
左宗棠 一三·一四三
一三·一四九
左待 一三·一〇三
左莊 一三·一〇七
左渾實 一三·一七三
左鉞 一一六·一六一
左輔 一三·一一一
一三·一一九
左德球 一三·一七七
左德瑋 一一六·一六一
左德慧 一三·一八一
左調元 一一六·二〇七
左樹德 一一六·一七三

石曰琮　一三・二一七
石文器　一三・二二五
石孕玉　一三・二三三
釋石林　一一二・一一七
　　　　一一二・一二一
石季常　一三・二三七
石紹漢　一三・二四一
石萬程　一一六・四二一
石嶐　一三・二〇七
石廣均　一三・二四五
釋石濂　一一二・一二五
石襄清　一三・二五五
石顏　一三・二一一
石贊清　一三・二四九
平源　一一四・二三一
申用懋　一四・一一五

申汝慧　一四・一三三
申甫（籍貫雲南）　一四・九七
申甫（籍貫江蘇）　一四・一〇三
申涵煜　一四・一四一
申繸　一四・一〇七
田六善　一四・五
田玉　一三・三八七
田玉成　一四・一九
田光福　一四・二九
田仲民　一四・二三
田均隨　一四・三三
田進陛　一四・五七
田從典　一四・三七
　　　　一四・四七
田曾　一三・三九一
田需　一四・一

田實栗　一四・七三
　　　　一四・七七
田緒宗　一四・六三
田維翰　一四・六七
田興恕　一四・八三
田寶瑚　一四・九三
史中　一二・二六七
史可法　一二・三一一
史仲彬　一二・三三一
史自成　一二・三二七
史全義　一二・三三七
史兆斗　一二・三四五
史名義　一一三・二五一
史次星　一二・三四九
史克寬　一二・三五三
史杰　一二・二七一

史奕昂　一二·三五七
史祐　一二·二八五
史致諤　一三·一
史致儼　一二·三六三
史紹登　一三·一三
史貽直　一三·四七
　一三·五五
史鼎輝　一三·七一
史猶興　一三·三五
　一三·四三
史善長　一三·二一
史善載　一三·二七
史祺孫　一一七·二一三
史楚　一二·二九一
史端士　一三·六三
史榮　一二·二九七
史標　一二·三〇三
史錫恩　一三·七五
史謙　一一三·二五一
史鴻義　一三·七九
史譜　一二·三〇七
冉覲祖　一二·二六一
丘大圻　一三·三六九
白守廉　一三·三三九
白希甫　一三·三四三
白昂　一三·二五九
釋白法　一一二·一〇一
白洵　一三·二六五
白斑　一三·二七一
白雲上　一三·三四九
　一三·三五七
白準泰　一三·三六五
白潢　一三·二七五
　一三·三三一
白鎔　一三·三三五
白鐘山　一一五·二五三
印光任　一三·三七三
印憲曾　一三·三七九
印鴻緯　一三·三八三
包士曾　一二·二三三
包世榮　一二·二三九
包季懷　一二·二三七
包秉德　一二·二五一
包承善　一二·二四七
包捷　一一六·三一九
包擯達　一二·二五七
永恩　一三·一八五
司馬駒　一三·八五

釋弘儲 一一二・一四一
皮炳 一三・一九三
釋皮韡 一一二・一四七

六畫

邢其諫 一五・二五五
邢典 一五・二五一
邢珣 一一五・三二五
邢復誠 一五・二六五
邢學成 一五・二六九
吉泰 一五・二七三
吉夢熊 一五・二七七
吉夢蘭 一五・二八三
吉曦曜 一五・二八七
老道人 一一三・二〇一
釋芝山 一一二・一五九

成仁聚 一五・三一一
成致華 一五・三一五
成基命 一五・三一七
成無玷 一一七・二一三
成肇麐 一五・三三一
成孺 一五・二九一
一五・二九七
一五・三〇五
呂又祥 一五・三七七
呂子班 一五・三八三
呂元龍 一五・三九五
一五・三九九
呂不用 一五・三九一
呂升 一五・三四一
呂廷揚 一六・七
呂仲誥 一六・一

呂希允 一一七・一四七
呂君舒 一六・一一
呂茂綸 一六・二七
呂秉鈞 一六・一五
呂祖輝 一六・三五
呂祖輝 一六・四一
呂珮芬 一六・二一
呂培 一五・三四七
呂堅（字定夫） 一五・三五九
呂堅（字介卿） 一一七・三七五
呂崇本 一六・四九
呂崇烈 一六・五三
呂進忠 一六・七七
呂章成 一一六・三一九
呂清 一五・三五一
呂琦 一五・三六三

呂揚廷　一六・五九
呂智壽　一六・六三
呂愚忠　一六・七五
呂傳誥　一六・六七
呂爾禧　一六・七九
呂維祺　一六・八五
呂履忠　一六・一〇一
呂緝熙　一六・九五
呂憲棟　一六・一一五
呂憲瑞　一六・一〇三
一六・一〇九
呂嶽　一一六・三九五
呂謙恒　一六・一一九
呂轍　一五・三六七
呂獻　一五・三七三
呂繼勛　一六・一二五

年遐齡　一六・二四九
朱一昆　一八・二三七
朱一蜚　一八・二四三
朱士彥　一八・二九九
朱士稚　一八・三〇九
朱大典　一八・二七五
朱大斌　一一四・一二三
朱大源　一八・二八七
朱大韶　一八・二九五
朱山　一七・一七三
朱之弼　一八・二五一
朱之榛　一八・二六七
朱之錫　一一五・二五三
朱之璵　一一六・三一九
朱元文　一八・三一七
朱日燦　一九・一五

朱文杏　一八・三二五
朱文治　一八・三三三
朱文炳　一八・三四一
朱文倫　一八・三三七
朱文鑣　一八・三六三
朱方　一七・一七七
朱以寬　一八・三一三
朱右　一七・一七九
朱仕琇　一八・三七九
一八・三八五
朱用純　一八・三九五
一八・三九七
朱用調　一一三・二九三
朱立河　一一六・七五
朱立淇　一一六・七五
朱立淮　一九・二一

朱立濟 一一六・七五
朱必達 一八・三七三
朱永祐 一八・三六七
朱弘祚 一九・一
朱老匏 一一三・三二九
朱芝 一七・一八九
朱西浦 一九・三七
朱百川 一九・二七
朱光宅 一九・六五
朱光曜 一九・七一
朱同 一七・一八三
朱廷模 一九・一三一
朱休度 一九・四九
朱向隆 一九・七五
朱兆殷 一一六・三一九
朱安仁 一九・八三

朱安邦 一九・一〇一
朱安池 一九・九五
朱安河 一九・八九
朱安渭 一九・一一三
朱安巘 一九・一一九
朱圻 一七・二〇三
朱孝起 一一六・一三三
朱芫星 一九・二〇三
朱步沆 一九・一八九
朱秀文 一九・一九七
朱佑 一七・一九五
朱佑明 一九・一二五
朱快 一七・一九九
朱武東 一九・一九三
朱坤 一七・二一五
朱其傳 一九・一三七

朱茂 一七・二五九
朱英黎 一一七・一四七
朱苞 一七・二六三
一七・二六九
朱松年 一九・一八三
朱叔壽 一九・一四七
朱昌壽 一九・一六九
朱明鎬 一九・一六五
朱佩 一七・二〇九
朱金鐸 一九・二一一
朱肱 一一七・三三九
朱怡 一七・二三五
朱法 一七・二三一
朱宗溱 一九・一四九
朱宗慶 一一三・三一九
朱宗贊 一九・一五七

朱承瑋 一九・一七三
朱承澧 一九・一七九
朱垣 一七・二四三
一七・二五五
朱研 一七・二七五
朱修 一七・二三七
朱修來 一九・二一五
朱炳元 一九・二二七
朱洪章 一九・二三三
朱陛宣 一九・二五九
一九・二六五
朱珪 一七・二九五
一七・三二三
朱琫 一七・三三七
朱華⿺走嚴 一一七・一四七
朱恭壽 一九・二四一

朱栻之 一九・二五五
朱桂楨 一九・二四七
朱桂模 一九・二五一
朱夏 一七・二八一
朱振 一七・二八九
朱逌然 一一六・四二五
朱倫瀚 一九・二三七
朱射斗 一九・二六九
朱書 一七・三四三
朱陵 一七・三九三
朱恕 一七・二八五
朱純 一一三・二九三
朱理 一七・三五五
一七・三六三
朱菁 一八・三
朱著 一八・一一

朱萊 一八・二七
朱菜 一八・一七
朱棻 一八・二一
朱棻元 一九・三三九
朱彬 一七・三四七
朱盛濃 一一七・一四七
朱國楨 一九・二七九
朱啓鴻 一九・二八五
朱絨 一七・三九一
朱瑛 一一三・三一九
朱琦（字又韓） 一七・四〇一
朱琦（字伯韓） 一七・四〇七
一一三・二九九
朱彭 一七・三九九
朱彭年 一九・三一一
朱朝瑛 一九・三一五

朱極光 一九・二八九
一九・二九三
朱貴 一八・三三
朱勛 一八・四七
朱稽村 一九・三二五
朱爲弼 一九・二二一
朱勝忠 一九・三二一
朱道文 一九・三七三
一九・三七九
朱煐 一八・四一
朱甯蒲 一九・三〇九
朱扉 一八・一
朱裕觀 一九・三三三
朱瑋 一八・一六三
朱夢元 一九・三六七
朱蓀 一八・七一
朱椿 一八・六三
朱軾 一八・一四三
一八・一四九
一八・一六一
朱煦 一八・五三
朱筠 一八・七七
一八・九三
一八・九七
一八・一〇三
一八・一一一
一八・一一五
一八・一二五
一八・一三三
一八・一三九
朱節 一一六・二七三
朱廉 一八・三七
朱靖宣 一九・三六一
朱慎闇 一九・三五五
朱璉 一八・一七一
朱爾漢 一九・三八五
朱爾賡額 二〇・一
朱緒曾 二〇・二七
朱蕙 一八・一八五
朱慶需 二〇・三一
二〇・三五
朱慶霦 二〇・四七
朱潤章 二〇・五九
朱履吉 二〇・五三
朱緗 一八・一七五
朱緯一 二〇・六三
朱璘 一一七・一七五
朱質 一八・一八一

朱錡 一八·一八九
朱錫秬 二〇·七一
朱聯華 二〇·一三七
朱懋德 二〇·一三三
朱臨 一一七·二六七
朱燮元 二〇·七七
二〇·九七
朱蘊鈋 一一七·一四七
朱簡 一八·一九九
朱爌 一八·一九三
朱鎏 一八·二〇一
朱霦 一八·二〇五
朱鏡蓉 二〇·一四三
朱鵬 一八·二〇九
朱寵 一八·二一三
朱瀾 一八·二二一

朱寶篁 一一三·三三一
朱寶簵 一一三·三三一
朱鶴 一一三·三二五
朱鶴年 二〇·一四七
朱鶴齡 一一五·一八三
朱鑟 一八·二三一
朱麟祺 二〇·一五一
朱鷺 一八·二二七
伍子猷 一一六·八五
伍文定 一一五·三二五
伍光瑜 一五·一三五
伍崇曜 一五·一四三
一五·一五三
伍錕瑤 一五·一六一
仲文濤 一五·一六九
仲明 一五·一六三

仲泰 一五·一六七
仲貽勤 一五·一七七
任大訓 一四·二九三
任大椿 一四·二七五
一四·二八一
一四·二八九
一一五·一八三
任元祥 一四·三〇三
任仁發 一四·二九七
任斗墟 一一五·三七一
任仕元 一一三·二五七
任用治 一一三·二五七
任民育 一一三·二六三
任光福 一四·三〇九
任安上 一四·三一三
任辰旦 一四·三二五

一四・三四一
任宏嘉 一四・三一七
任宏震 一一七・一〇五
任玥 一四・二〇三
一四・二〇九
任昇 一四・二一五
任忠 一四・二一三
任荃 一四・二三三
任相 一四・二一七
任昭才 一四・三六三
任思謙 一四・三四七
一四・三五一
任炳章 一四・三六七
任埈 一四・二二一
任哲 一四・二二九
任啓承 一四・三八一

任啓運 一四・三六九
任瑛 一四・二五五
任棟 一四・二四五
任雲倬 一四・三八三
任遇亨 一一三・二七一
任道鎔 一四・三九七
任裕堂 一四・三九三
任裕德 一一三・二七一
任瑗 一四・二六一
一四・二六七
任煇 一四・二四九
任福 一四・二七一
任肇元 一五・一
任隨成 一四・三八九
任德成 一五・一三
任德佑 一五・九

任應烈 一五・一七
任騎馬 一五・二五
任蘭生 一五・三三
任蘭枝 一五・三九
一五・四七
任□□ 一一三・二一九
伊予先 一五・七九
伊光啓 一五・八三
伊見知 一五・八九
伊秉綬 一五・九三
一五・九九
伊朝棟 一五・一一一
一五・一一七
一五・一二一
伊爲臯 一五・一〇七
伊樂堯 一五・一二七

伊應聚	一五・一三三
伊闢	一五・六一
伊巘	一五・七一
向師棣	一六・一四三
后松	一六・一三九
全大和	一一三・二七三
全大震	一五・二一一
全玉貴	一五・二一五
全吾騏	一一三・二七三
全韭	一五・一八一
全美閑	一五・二一九
全美樟	一五・二三三
全祖望	一五・二二九
	一五・二三五
全祖謙	一五・二四七
全書	一五・一八七
	一五・一九七
全整	一五・一九九
全馥	一五・二〇五
釋亦諳	一一二・一五七
江之桐	一六・三四五
江天一	一六・三五五
江五聲	一六・三四九
江仁葆	一六・三六一
江文彬	一六・三六三
江文鳳	一六・三七一
江世琳	一六・三七七
江本琮	一六・三九一
江丙	一六・三〇五
江用世	一六・三八一
江立	一六・三〇九
江永	一六・二五五
	一六・二六一
	一六・二七三
	一六・二八一
	一六・二九三
江召棠	一六・三八五
江全義	一六・三九三
江孝棠	一六・四〇一
江作楫	一六・三九七
江坤	一六・三一一
江昉	一一三・二七九
江忠信	一七・一二五
江忠源	一七・五
	一七・一五
	一七・八七
	一七・一〇五
	一七・一一五

江忠濬　一七・一二九
江宜掄　一七・一
江宜揆　一七・三
江承之　一七・一三五
江春　一六・三二五
　一二三・二七九
江昱　一六・三一九
江恂　一六・三一五
江振華　一七・一三九
江乘鮫　一七・一四五
　一七・一四九
　一七・一五三
江雲龍　一七・一五七
江誕龍　一七・一六一
江漢　一六・三三一
江德量　一七・一六五

江衡　一一五・四〇一
江聲　一六・三三七
江濬源　一七・一六七
江驤　一六・三四三
安吉　一六・一四七
安泉　一六・一五一
安珦　一六・一五五
安塔穆　一六・一五九
安經傳　一六・一六三
祁世長　一六・二一三
　一六・二三一
　一六・二三三
祁兑　一六・一六七
　一六・一七五
祁彪佳　一六・二三七
　一六・二三五

祁墳　一六・一八一
　一六・一九一
祁韵士　一六・二四一
阮元　二〇・一五五
　二〇・一六三
阮玉堂　二〇・二一一
阮世恩　二〇・二〇七
阮廷和　二〇・二三九
阮希甫　一一七・四五
阮和　二〇・一六九
阮承信　二〇・二三九
　二〇・二四三
阮淦　二〇・一七九
阮葵生　二〇・二八七
阮爲光　二〇・二八一
阮湖　二〇・一八三

阮樞良　二〇・二九七
阮樹　二〇・一八九
阮鍾瑗　二〇・三〇七
阮應商　二〇・三〇三
阮鴻　二〇・一九七
釋如幻　一二・一五一
牟以南　二〇・三一一
牟汝霖　一六・二〇三
牟作孚　二〇・三一五
牟巘　一七・二六七

七畫

釋戒浮　一二・一七三
芮長恤　三五・三五九
芮復傳　三五・三六三
花連布　三五・三七七
花懋德　三五・三八一
芥庵　一二・一八一
杜文瀾　三六・三一
杜立德　三六・四一
杜岕　三五・三八五
杜沛　三五・三八九
杜秉和　三六・五九
杜秉寅　三六・六七
杜倫　三五・三九三
杜偉　三五・三九七
杜越　一四・四三
杜景渭　三六・七三
杜漢　三六・一
杜澳　三六・三
杜銹　三六・一三
杜樾　三六・一七
杜霖　三六・二七
杜錫齡　三六・七七
杜懋俊　三六・八三
杜濬　三六・二三
　　一七・一〇五
杜濟霖　三六・八一
巫近漢　二五・四〇五
李干霄　三一・一二九
李士棻　三一・一二五
李士楨　一七・三七五
李士模　三一・一二一
李大仁　三一・一一三
李大章　三一・一一七
李之芳　三一・一二五
　　三一・四七
　　三一・八五

李之房 三一・九三
　　三一・一〇九
李天柱 三一・二六五
李天植 三一・二六九
　　一一三・三九一
李天澂 一一三・三二九
李天馥 三一・二七五
李无垢 三二・七一
李元旦 三一・二三一
李元直 三一・二三五
李元度 三一・二三九
李元術 三一・二五一
李元善 三一・二五五
李元緗 三一・二五九
李少白 三一・三七七
李日生 三一・二七九
李日爆 三一・二八七
李曰茂 三一・二八三
李中和 三一・一三五
李仁元 三一・一三九
李化楠 三一・一四七
李化熙 三一・一七七
李氏 一一五・一二七
李文昊 三一・二九五
李文科 三一・三一九
李文胤 三一・三三三
　　三一・三三九
李文桂 三一・二九九
李文笏 三一・三二五
李文彪 三一・三四五
李文淵 三一・三四九
李文綬 三一・三二九
李文藻 三一・三五七
李文藻 三一・三五五
李文瀚 三一・三六七
李文纘 三一・三七三
李方膺 三一・三八一
李以 三〇・一
李以健 三一・一八三
李以謙 三一・一八九
李允禎 三一・一九五
　　三一・二〇三
　　三一・二一一
　　三一・二二三
李玉如 三二・五七
李玉滋 三二・六三
李正華 三一・三八九
李世芳 三二・一

李世法 三二・七
李世恪 一一七・一〇五
李世望 三二・九
李世傑 三二・一三
三二・二三
李本方 三二・五三
李可汧 三二・四五
李令晢 三二・二九
李用五 三二・三五
李用清 三二・三九
李用楫 一一五・四五五
李永書 三一・三八五
李邦華 三二・二九五
三二・三二九
三二・三三九
李邦燮 三二・三四九

李芍 三〇・一九
三〇・二三
李西園 三二・二三五
李在公 三二・二一五
李在青 三二・二一九
李有藻 三二・二五七
李光甲 三二・七五
李光地 三二・八七
三二・一〇七
李光廷 三二・八一
一一七・三七五
李光祐 三二・一一三
李光座 三二・一二三
李光瑩 三二・一三一
李因 三〇・七
李廷揚 三二・二八五

李廷諫 三二・二七五
李伊晉 三二・二三一
李向中 三二・二〇七
李全仁 三二・二三五
李兆洛 三二・一三七
三二・一四九
三二・一五五
李旭升 三二・一九三
李旭陽 三二・二〇三
李如蘭 三二・二三九
三二・二四九
李孝渭 三二・二八九
李坊 三〇・一一
李芬 三〇・四一
李步廷 三三・七九
李希喬 三二・二六五

李希聖 三二・二六九
李希廉 三二・二七三
李彤 三〇・一五
李迎 一一七・三三七
李宏 一一五・二五三
李良年 三二・二五九
李長白 三三・一二一
李長年 三三・一二七
李長庚 三三・一四一
三三・一四九
三三・一六三
三三・一八七
李長詳 三三・一三一
李長蕃 三三・二〇三
李坦 三〇・二七
李若連 一一三・三九七
李若訥 三三・三〇五
李若傑 三三・三二一
李英 三〇・五七
三〇・六一
李林 三〇・三七
李林孫 三三・五七
李枝青 三三・三七
三三・四三
三三・四七
李來 一一五・四五五
李述泌 三三・三二七
李東紹 三三・五三
李奇玉 三三・三五
李尚德 三二・三六一
李明 三〇・三三
李明性 三三・一〇三
三三・一一一
李金益 三三・一一七
李采紹 一一六・八五
李采蘭 三三・六三
李念茲 三二・三五三
李念孫 一一六・一〇五
李周望 三二・三六九
李法中 三三・七一
李治運 三三・七五
李宗文 三二・三七九
三二・三八九
李宗昉 三三・一
李宗庚 三二・三九五
李宗泰 三三・七
李宗湄 三三・一三
三三・一七

三三・二一
李宗瀚 三三・二五
李承道 三三・八三
李承輔 三三・九九
李荃 一一六・三九五
李南湖 三三・二一九
李柄 三〇・四五
李柏 三〇・七三
李柱蘭 三三・二八七
李厚礽 三三・三三三
李厚塤 三三・三三七
李映林 三三・二八一
李思忠 三三・二六七
李思柱 三三・二七九
李秋槎 三三・二九一
李重華 三三・二〇九

李律鳳 三三・二六三
李胤熙 三三・二二九
李奕疇 三三・二四七
李彦貞 三三・二五七
李炳 三〇・五一
李宣範 三三・二三五
三三・二四一
李祖陶 三三・二九七
李飛英 三三・二一五
李昔福 三三・三四五
李栻 三〇・九一
李栲兒 三三・三五五
李桓 三〇・八三
李桐 三〇・七七
李振玘 三三・三四一
李甡麟 三三・三五七

李逢年 一一六・九五
李衷純 三三・三六三
李流芳 三三・三四九
李容 三〇・六七
李書吉 三三・三七一
李埱 三〇・一八七
三〇・一九三
三〇・一九七
李培厚 三三・三七七
李堅 三〇・二一九
三〇・二三一
李國俊 一一七・一七五
李國華 三四・三五
李國標 三四・四三
三四・四九
李象坤 三四・一三九

李康齡 三四・一三
三四・二三
三四・二九
李章俊 三四・五七
李惇 三〇・九九
三〇・一〇三
三〇・一〇九
李煥 三〇・九五
李煥章 一一五・四六三
李清 三〇・一一三
李清江 三四・五三
李清泰 一一三・四〇三
李清時 一一五・二五三
李淦 三〇・一一九
李習仁 三四・六一
李紱 三〇・一二三
三〇・一三七
李紳 三〇・一四五
李紹胤 三四・八三
李紹賢 三四・七九
李堯棟 三四・一
李蕚 三〇・二三五
李植 三〇・一六五
李棡 三〇・一七三
李棠 三〇・一五九
李貽德 三四・一三三
李景均 三四・九五
李景濂 三四・一〇一
李喬基 一一四・三三一
李復來 三四・九一
李惺 三〇・一五一
李道平 三四・二二七
李道南 一一三・四〇七
李道寧 三四・二三一
李渭 三〇・一五七
李溉之 三四・一〇五
李遐齡 三四・二三五
李登洲 三四・一〇九
李登瀛 三四・一一五
李發元 三四・一二一
李發枝 三四・一二七
李遠 三〇・一八一
李夢陽 三四・二〇五
李夢登 三四・一九九
李蓂 三〇・二七五
李楚生 一一七・一〇五
李楨 三〇・二〇九
李暉安 三四・一六五

李筱坡 三四・一九三
李傳瀓 三四・一五五
三四・一六三
李魁春 三四・三〇七
李頎 一一五・四五五
李誠 三〇・二七一
李誠之 一一七・四五
李雍熙 三四・一四三
三四・一四七
李源 三〇・二〇一
李滄瀛 三四・一八五
李福 三〇・二一三
李福培 三四・一八九
李殿圖 三四・一七一
李經述 三四・二一七
李嘉 三〇・二四三
李轂 三〇・二六三
李樑 三〇・二四九
三〇・二五五
李圖南 三四・二七三
李毓昌 三四・二三九
三四・二四七
李毓新 三四・二五一
李僊枝 三四・二五九
李槩 三〇・三二五
李鳳苞 三四・二九七
李端棻 三四・二八一
李榮藩 三四・二七七
李維楨 三四・二八五
李維煌 三四・二九五
李遷梧 三五・一九
三五・二三
李輝祖 三四・三八三
李暲 三〇・三〇七
李億侯 三四・三六七
李德 三〇・二七九
李德華 三四・三一一
李德遠 三四・三七一
李衛 三〇・三三一
三〇・三三九
李徵蘭 三四・二六一
李銳 三〇・三一三
三〇・三二一
李賡芸 三四・三三一
三四・三三七
李賡颺 三四・三四九
李慶來 三四・三一三
一一六・三九五

七畫 李

李慶翱 三四・三二一
李慶齡 三四・三一七
李潤 三〇・二八五 三〇・二八九 三〇・二九三
李澄 三〇・二九九 三〇・三〇三
李澄中 三四・三七七
李樹碩 三五・七
李翮 三〇・三四九
李暾 三〇・三四五
李默齋 三五・一一
李篤之 三五・一三
李興起 三四・三五三
李興鋭 三四・三五七
李學夫 三四・三九三 三四・三九七
李學裕 三四・四〇一 三四・四〇七
李憲暠 三五・一
李聯琇 三五・三四三
李鍇 三〇・三六五
李鍾旺 三五・二六七
李鍾泗 三五・二六一
李鍾倫 三五・二七一
李鍾源 三五・二七五
李鍾僑 三五・二七九
李謙 三〇・三五九
李應昇 三五・二九 三五・三九 三五・四五
李應虞 三五・五三
李鴻章 三五・六五 三五・七七 三五・八五 三五・八七
李鴻雷 三五・二四三
李鴻裔 三五・二二七 三五・二三三
李濬 三〇・三五五
李濟湘 三五・二五七
李纊 三〇・三七一
李豐綸 三五・二八五
李顒 三〇・三七七 三〇・三八一 一一六・三一九
李顯 三〇・三九五
李謹 三〇・三七三

李攀龍　三五・三五一
李霨　三一・一
李黼平　一一七・三七五
李鵬飛　三五・二九一
李懷信　三五・五九
　三五・六一
李繩　三一・一七
李虆月　三五・二九七
李鶚翀　三五・三二五
李寶璐　三五・二九三
李鶴章　三五・三三一
李續宜　三五・三〇三
　一一四・一
李續賓　三五・三一一
　三五・三二一
　一一四・一
李鑌　三一・二一
李觀瀛　三五・三五五
李鑾宣　三五・三三七
車士暘　三六・一一三
東繼宗　三六・八九
步際桐　三六・九三
貝瓊　三六・九九
吳一諤　一一六・三九五
吳士志　二三・一三一
吳士傑　二三・一四五
吳士模　二三・一四三
吳士端　二三・一三五
吳大廷　二三・一五一
吳大澂　二三・一五九
吳上林　二三・一二七
吳山南　二三・一七一
吳千爲　二三・一二三
吳之宷　二三・一〇一
吳之巽　二三・一〇五
吳之駿　二三・一〇九
吳之寵　二三・一一三
吳之癯　二三・一一七
吳天生　一一三・三六一
吳元甲　二三・一八三
　二三・一九一
吳元吉　二三・一九七
吳元念　二三・二〇一
吳氏　一一五・一二七
吳六奇　二三・一七三
吳文忠　二三・二一三
吳文采　二三・二一七
吳文鎔　二三・二二三

吴文鎔　二三・二四一
吴允升　二三・一七七
吴孔嘉　二三・二〇五
吴玉楫　二三・二六七
吴玉搢　二三・二七九
吴玉綸　二三・二七三
吴正貞　一六・一
吴正純　二三・二五五
吴丙湘　二三・二四七
吴永胤　二三・二六一
吴邦佩　二四・三三
　　　　二四・三七
吴存義　二三・三一一
吴光悦　二三・三〇三
吴光堯　一一六・二〇七
吴廷香　二三・三六九
　　　　二三・三七三
　　　　一一五・六一
吴廷琛　二四・一
吴廷楝　二三・三八七
吴廷傑　二三・三八三
吴廷獻　一一六・九一
吴竹侯　二三・三六三
吴延支　二四・一一
吴自玉　二三・二八三
吴兆松　二三・二九三
吴兆傑　二三・二九九
吴汝純　二三・三五一
吴汝爲　二三・三四五
吴汝綸　二三・三一九
　　　　二三・三二七
　　　　二三・三三七
吴汝霖　二三・三五五
吴汝謙　二三・三五九
吴志鴻　二四・二九
吴希璘　一一三・三六五
吴兑　二三・二一三
吴完甫　二四・一七
吴宏洛　二四・二一
吴玟中　二四・九三
　　　　二四・一〇七
吴坤修　二四・六九
吴其沅　二四・四三
吴其彦　二四・四九
吴英　二三・二四七
吴英玉　二四・一三
吴苑　二三・二五七
吴卓信　二四・五九

吴明煌 二四・八一
吴岱齡 二四・六三
吴金藻 二四・一一三
吴炎 一一三・三四九
吴宗泌 一一六・一〇九
吴宗漢 一一六・一〇九
吴宗潛 一一六・一〇九
吴定 二三・二三九
吴承璐 二四・八五
吴省欽 二四・一二五
吴省曾 二四・一二三
吴崟 二三・二三五
吴适 二三・二七九
吴修也 二四・一一七
吴保初 二四・一一九
吴勉 二三・二六五

吴亮思 一一七・一〇五
吴庭煇 二四・一五一
吴洪 二三・二三九
吴祖錫 二四・一六一
二四・一六七
二四・一七一
吴飛鵬 一一六・三九五
吴振棫 二四・一三九
吴振遠 一一六・一〇九
吴恩熙 二四・一五七
吴倜 一一七・二六七
吴卿憐 二四・一四七
吴烜 二三・二六九
吴執御 二四・二二七
吴盛祖 二四・二九九
吴國輔 二四・一八七

吴崇壽 二四・一九一
吴敏樹 二四・二〇七
吴偉業 二四・二五三
二四・二五七
二四・二六一
吴康之 二四・一七七
吴康平 二四・一八三
吴章澧 二四・二一九
吴清皋 二四・一九五
吴啓昆 二四・二〇一
吴翌鳳 二四・二一三
吴紹先 二四・二三三
吴紹詩 二四・二三七
吴紹澤 二四・二四五
二四・二四九
吴琦 二三・二八九

	二二・二九三
吳琮(字象方)	二二・三〇一
吳琮(字炳讓)	二二・三〇五
吳瑄	二二・二九五
吳達德	二四・三〇五
吳敬恒	二四・三一九
吳敬梓	二四・三二五
吳敬義	二四・三二九
吳朝觀	二四・二八九
吳雲	二二・三〇九
	二二・三二一
吳雲堂	二四・三〇九
吳雯	二二・三二五
吳開	二二・三三五
吳鉅	二二・三五三
吳鈞	一一三・三五五
吳曾蔭	二四・二八三
吳富春	二四・二六三
吳裕金	二四・二九五
吳瑞鵬	二四・三一五
吳瑗	二二・三四五
吳楠	二二・二三一
吳楚	二二・三四九
吳會申	二四・三一一
吳經世	二四・三三五
吳嘉丙	二四・三五一
吳嘉材	二四・三五五
吳壽祖	二四・三四九
吳蔚光	二四・三六七
吳爾襄	二四・三六三
吳聞喜	二四・三七九
吳毓金	二四・三四一
吳鋌	二二・三九一
吳鳳祥	二四・三八三
吳廣熙	二四・三五九
吳犖	二二・三五七
吳寬	二二・三六一
吳寧	二二・三三九
吳熊光	二四・二六五
吳璜	二三・一三
	一一五・三九三
吳蕃昌	二五・三一
吳賢	二三・三七
吳震生	二四・三七三
吳閬	二二・三九五
	二二・三九九
吳皞如	二五・一
吳德先	二四・三九三

吴德旋 二四・三九九
吴調鼐 一一三・三七三
吴賡枚 二四・四〇五
吴慶璠 二四・四〇九
吴潛 二二・三七五
吴璟 二三・一七
吴璠 二三・九
吴翰 二三・二七
吴樹堂 二五・二七
吴霖 二三・五七
吴默 二二・三六七
吴興或 二四・三八七
吴學山 二五・七
吴學相 二五・一三
吴學洙 二五・一七
吴學載 二五・二三
吴錫 二三・四七
吴錫光 一一四・一四五
吴錫芳 二五・三九
吴錦 二三・三九
吴穎 二三・四三
吴穎芳 二五・四三
吴諤 二三・三三
吴諫之 二五・三五
吴龍見 二五・四九
吴憲 二三・一
吴聯珠 二五・一一七
吴櫺 一一七・二〇三
吴嶸 二三・八一
吴徽明 二五・一一三
吴鍾巒 二五・一二九
吴謙牧 二五・一二三
吴襄 二三・六五
吴應逵 一一七・三七五
吴燮 二三・七七
吴鴻基 二五・五九
吴鴻錫 二五・六三
吴鴻璧 一一六・三九五
吴濟 一一六・三九五
吴濟運 二五・七五
二五・八一
吴翽 二三・九一
吴鎔 二三・八七
吴麐 二三・七五
吴藻言 二五・一五三
吴懷珍 一一六・一一五
吴懷寶 二五・五三
吴繩曾 二五・一六七

吴蘭修　一一七・三七五
吴蘭庭　二五・一六一
吴寶恕　二五・一四五
吴繼善　二五・一五七
吴鰲　二三・九三
吴爚文　二五・一四一
岑春榮　二五・三七九
岑毓英　二五・三八七
岑德固　二五・三八三
邱允琦　二〇・三四一
邱永　二〇・三三一
邱民銡　二〇・三四三
邱光庭　一一七・二六七
邱仰文　二〇・三四五
邱俊孫　二〇・三四九
邱度　二〇・三二七
邱崧生　二〇・三六一
邱象升　二〇・三六九
　二〇・三八一
邱彬　二〇・三三一
邱煥章　二〇・三八九
邱雲錦　二〇・三六五
邱瑜　二〇・三三五
邱廣業　二〇・三九三
邱龍章　二〇・三九七
邱聯恩　二〇・四〇三
何人麟　二一・七七
何之杰　二一・八七
何元鞏　二一・一〇九
何曰愈　二一・一一九
何方衢　二一・一一三
何允泓　二一・九七
何允濟　二一・一〇三
何玉　二一・一
何世仁　二一・二二五
　二一・一三七
　二一・一四三
何世英　二一・一四七
何世堪　二一・一五一
何弘仁　二一・一六一
何光策　二一・一六九
何廷模　二一・一九五
何汝尹　二一・一八五
何守林　二一・一七三
何安邦　二一・一七九
何吟秋　二一・一九九
何秀棣　二一・一九一
何長敦　二一・二五一

何長韶 二一・二四七
何其荄 二一・二三七
何若瑶 一一七・三七五
何忠萬 二一・二二一
二一・二二五
何秉棣 二一・二三五
何治運 二一・二三一
何承先 二一・二〇三
何承昊 二一・二一五
何承宗 二一・二〇七
何星田 二一・二五九
何思鈞 二一・二六三
二一・二六七
何思温 二一・二七五
何秋濤 二一・二八一
何亮直 二一・二五五

何珩枝 二一・三三九
何晋松 二一・三二九
何桂芬 二一・三三一
何桐蓀 二一・三三五
何凌漢 二一・二八七
二一・三一九
二一・三二五
何彬 一一七・三七五
何訥 二一・三
何紹基 二一・三四五
二一・三五一
何紹業 二一・三五五
二一・三六一
何萬年 二一・三六三
何鈁 二一・九
何道生 二一・三七三

二一・三七九
何道深 二一・三八三
何焯 二一・一七
二一・二五
何運亮 二一・三八九
何裕均 二一・三六七
何楷 二一・三三
何經度 二一・三六九
何嘉祐 二一・三九九
二三・一
何毓光 二三・一九
何誦芬 二三・一五
何熊光 二三・九
何璋玠 二三・二九
何德潤 二三・二五
何霖 二一・四九

何學林	二二・三三
何錫金	二二・三九
何翼卿	二二・四三
何顛	二一・五五
何競	二一・五七
佚名	一一三・二〇七
佟國綱	二二・一六三
佟國瓏	二二・一七三
余元遴	二二・八三
余廷機	二二・一〇一
余廷燦	二二・九五
余作梅	二二・八九
余甸	二二・四七
	二二・五一
余治	二二・五九
余國模	二二・一〇七
余焕文	二二・一一一
余蕚銜	二二・一一七
余順明	一一七・一〇五
余楠	一一六・八五
余鉦	二二・六五
余煌	一一五・三五五
余毓祥	二二・一二三
余增遠	一一三・三三五
	一一三・三四一
	一一六・三一九
余慶元	二二・一二五
余慶長	二二・一三一
余蕭客	二二・一三九
余濤	二二・六九
余翼運	二二・一四三
余鯤起	一一五・三七一
余瀾	二二・七七
余觀德	二二・一四七
余兆鼎	二二・一五九
余沅	二二・一五一
余勉	二二・一五五
谷際岐	三六・一四五
谷確	三六・一四一
言家駒	三六・一〇九
言朝楫	三六・一〇五
辛本純	三六・一二三
辛海	三六・一一九
辛從益	三六・一二五
辛紹業	三六・一三七
冷和碩怡賢	二二・一八七
冷登	二二・一八三
汪一元	二六・二八五

二六·二八九
汪一崧 二六·二九三
二六·二九七
汪士嘉 二六·三三三
汪士鋐 二六·三三七
汪士鐸 二六·三〇三
二六·三一七
二六·三二五
二六·三二七
汪士驤 一一六·一〇五
汪大經 二六·三四三
汪之麟 二六·二九九
汪元 二六·一
汪日宣 二六·三六七
汪中 二六·五
二六·一一

二六·一五
二六·一九
二六·二七
二六·三一
一一五·一八三
一一五·四三一
汪仁和 二六·三四九
汪文桃 二六·三五九
汪文臺 一一四·九一
汪文藹 二六·三六五
汪以功 二六·三五三
汪正 二六·三九
汪本 二六·三五
汪丙照 二六·三七一
汪由敦 二六·三七七
汪立本 二六·三八七

汪必珙 一一六·一
汪有源 二七·二一
汪光翰 二六·三九七
汪光爔 二六·四〇一
汪廷栻 二七·六三
汪廷瑜 二七·六七
汪廷璋 二七·七五
汪廷興 二七·七九
汪廷龍 二七·九一
汪份 二六·四三
汪兆虹 二六·三九三
汪兆鼎 二六·三九五
一一六·四一五
汪汝淮 二七·三一
汪汝謙 二七·二三
汪如江 二七·一

汪如松	二七・一五
汪如洋	二七・五
汪均	二六・四九
汪志伊	二七・四九
汪克昌	二七・四三
汪克寬	二七・四七
汪作霖	二七・三七
汪沂	二六・五三
汪沆	二六・五七
汪初	二六・六三
汪君牧	二七・五五
汪昌	二六・六九
汪昌國	二七・一二五
汪郊	二六・八一
汪宗沂	二七・一〇一
	二七・一〇七
汪宗魯	二七・一一五
汪孟鋗	二七・一一九
汪彥博	二七・一二七
汪炯	二六・七七
汪陛延	一一七・一〇五
汪珮	二六・八五
汪桂月	二七・一四五
汪軔	二六・一一一
	二六・一一七
汪振甲	二七・一六五
汪時中	二七・一五三
汪逢原	二七・一八五
汪逢堯	二七・一七九
汪益謙	二七・一五九
汪烜	二六・九三
汪浦	二六・一〇五
汪家珪	二七・一四一
汪家禧	二七・一三一
	二七・一三七
	一一五・四四五
汪純	二六・一〇七
汪萊	二六・一三七
	二六・一五五
汪梧鳳	二七・一六三
汪淮	二六・八九
汪涵	二六・一二一
汪紱	一一五・一八三
汪紹墉	二七・一七五
汪喜荀	二七・一九一
汪棣	二六・一三一
汪鼎	二六・二〇七
汪景晃	二七・二〇一

汪翔麟 二七・二〇七
汪渢 二六・一二五
一一六・三一九
汪聖林 二七・二二三
汪夢齡 二七・二二五
汪蒼霖 一一五・四三一
汪椿 二六・一七三
汪楷 二六・一八五
汪楫 二六・一六七
一一五・一四五
汪新 二六・一九三
汪煉南 一一七・一〇五
汪煇 一一六・八五
汪福安 二七・二一三
汪鳴鑾 二七・二三九
汪鳳齡 二七・二六七

汪榮棠 二七・二四五
江漸磐 二七・二三七
江肇瀠 一一五・四〇一
汪隨 一一五・四〇一
汪維誠 二七・二六一
汪綬之 二七・二五一
汪穀（字琴田） 二六・二一一
汪穀（字小城） 二六・二一五
二六・二一九
二六・二三三
汪震 二六・二三九
汪輝祖 二七・三三五
二七・三四三
汪德容 二七・二八三
汪德鉞 二七・二八七
二七・二九一

二七・二九九
汪衛南 二七・一七
汪潮生 二七・三二九
汪興禕 二七・二七三
汪學金 二七・三七七
汪學鑑 二七・三八七
汪龍 二六・二四五
汪憲 二六・二三九
汪縉 二六・二三三
汪懋麟 二七・三八九
二七・三九九
汪應張 二八・一
汪燾 二六・二五五
汪穠 二六・二五一
汪篔 二六・二五九
汪鎬京 二八・一一

	二八・一五
汪彝銘	二八・七
汪蘅	二六・二七一
汪藹	二六・二七五
汪鏡	二六・二六七
汪觀	二六・二七九
釋汰如	一一二・一六三
	一一二・一六七
沙旦勛	二九・三八九
沙孝賡	二九・三九三
沙念祖	二九・三九七
沙重巽	二九・四〇一
沈大成	二八・二一九
沈大業	二八・二二五
沈上章	一一六・四七
沈之本	二八・一九九
沈之亮	二八・二〇三
沈之夔	二八・二一一
沈无咎	二八・二七一
沈元滄	二八・二四三
沈友	一一七・二六七
沈中堅	二八・二三九
沈心	二八・一九
沈心燦	一一四・一八七
沈以庠	二八・二三五
沈功宗	二八・二五九
沈世楷	二八・二四七
沈可培	二八・二五三
沈用熙	二八・二四九
沈幼升	二八・二六五
沈光文	二八・二七五
沈光正	二八・二八一
沈光熙	二八・二八五
沈廷芳	二八・二九九
沈廷揚	二八・三一一
沈廷櫰	二八・三三五
沈兆霖	一一六・四二五
沈宇	二八・二三
沈守正	二八・二九一
沈作喆	一一七・二六七
沈近思	二八・三三一
	二八・三四一
	二八・三四七
	二八・三五三
沈彤	二八・三一
	二八・三五
沈長卿	一一七・二六七
沈亞之	一一七・二六七

沈林 二八・三九
沈東巖 二八・三七七
沈秉成 二八・三五七
沈育 二八・四一
沈建業 二八・三九五
沈始樹 二八・三七三
沈埏 二八・六一
沈荃 二八・九一
沈昭遠 一一七・二一三
沈信 二八・四七
沈禹錫 二八・三八一
沈衍慶 二八・三八七
沈胤笵 二九・一〇五
沈度（字民則） 二八・五五
沈度（字公雅） 一一七・三三七
沈恤孺 二九・六七

沈炳垣 二八・三九九
一一六・四二五
沈炳震 二九・一
沈洽霖 二九・七
沈祖惠 二九・一一
沈祖懋 二九・六一
沈珩（字昭子） 二八・七一
二八・八一
沈珩（字仲山） 一一七・二一三
沈起元 二九・七九
二九・八三
二九・八九
沈振鵬 二九・七一
沈通明 二九・一一九
沈執中 二九・一一三
沈堅 二八・九九

沈國琛 二九・九七
沈國模 一一五・一八三
沈進 二八・一二三
沈清臣 一一七・二六七
沈淑 二八・九五
沈琪 二八・一〇五
沈琳 二八・一一七
沈琨 二八・一一三
沈葆楨 二九・二一三
沈朝初 二九・一六一
沈葵軒 二九・二三三
沈棣輝 二九・一二九
二九・一四一
沈棠臣 一一七・四三一
沈景修 二九・一五五
沈欽韓 二九・一九九

沈善孳　二九・一二五
沈裕增　二九・一九三
沈登瀛　二九・一六九
沈瑋寶　二九・二七一
沈瑜　一一六・一三三
沈蓮　一一三・三七九
沈虞揚　二九・二二七
　二九・二三三
沈業富　二九・二四三
沈頌元　二九・二三七
沈詮　二八・一三一
沈該　一一七・二一三
沈煌　二八・一二七
沈源深　二九・二〇九
沈壽民　二九・二五三
　二九・二六一
沈壽民(字眉生)　一一六・三一九
沈模　二八・一六五
沈鳳　二八・一五五
沈鳳飛　二九・二八七
沈韶益　二九・二八五
沈齊義　二九・二八九
沈榮　二八・一四九
沈榮儁　二九・二六五
沈演　二八・一三七
沈肇基　二九・二八一
沈標　二八・一五九
沈德潛　二九・二九七
　二九・三〇三
　二九・三一一
沈德鴻　二九・三一五
沈調　一一七・二一三
沈翰　二八・一六七
沈儒珍　一一六・九五
沈錫彤　一一四・一六一
沈錦　二八・一七三
沈錦舲　一一三・三八三
沈懋卿　二九・三四三
沈謙　二八・一八三
沈應奎　二九・三二七
沈應科　二九・三二一
沈應瑞　一一四・一三九
沈應龍　二九・三三三
沈燮澤　二九・三三九
沈濤　二八・一七九
沈翼天　一一五・二四七
沈豐　一一七・二一三
沈鎔經　二九・三五一

沈麐　二八・一八七
沈蘭先　二九・三六三
　一一三・三八五
沈寶麟　二九・三六七
　二九・三七三
沈麟　二八・一八九
沈麟元　二九・三八三
完顏查弼納　二五・三七五
完顏保　二五・三六五
完顏崇賢　二五・三六七
宋九青　二五・二二七
宋大樽　二五・二三一
　二五・二三七
宋元俊　二五・二四三
宋世範　二五・二四九
宋用晦　二五・二六一

宋必達　二五・二五三
宋永岳　一一三・三七九
宋至　二五・一七三
宋光國　二五・二七一
宋伯仁　一一七・二六七
宋玨　二五・一九三
宋昌蕃　二五・二七五
宋炌　二五・一八七
宋宓　二五・一七七
宋思仁　二五・二七九
宋華國　二五・三一五
宋陸　二五・二〇一
宋著　二五・二〇七
宋菊齋　二五・三〇九
宋國樅　二五・二九三
宋啓忟　二五・二九七

宋紹周　二五・三〇一
宋道人　一一三・一八七
宋運貢　二五・三二三
宋弼　二五・二一一
宋楠其　二五・三一九
宋經邦　二五・三三一
宋榮　二五・二二一
宋德宜　二五・三三七
　二五・三三九
宋慶嵩　二五・三五三
宋璠　二五・二二五
宋懋澄　二五・三五七
　二五・三六三
宋禮　一一五・二五三
初之朴　二二・一七九
阿克敦　三六・二一一

阿拉密 三六·二二七
阿桂 三六·一七一
三六·二〇一
三六·二〇五
阿爾虎 三六·二三一
三六·二三七
阿賴 三六·二〇九
阿應麟 三六·二四一
阿彌達 三六·二四五
阿蘭泰 三六·二五一
邵大文 三六·二九九
邵升陛 三七·四三
邵文燦 三六·三一五
邵方平 三六·三〇七
邵以貫 三六·三〇三
邵世璽 三六·三二一
邵式穀 三六·三二七
邵廷采 三六·三五九
三六·三七一
邵汝楫 三六·三三七
邵玘 三六·二五三
邵希曾 三六·三八七
邵亨豫 三六·三四三
邵長蘅 三七·一
邵佳銑 三六·三九三
邵炎 三六·二五七
邵宗元 三六·三九九
邵陛 三六·二六一
邵泰清 一一六·三一九
邵晉涵 三七·七
三七·一三
三七·一九
三七·三三
邵教忠 三七·五五
邵基 三六·二六七
邵基其 三七·四九
邵惔 三六·二七七
邵淮 三六·二八一
邵嗣宗 三七·六一
邵齊熊 三七·六七
邵齊燾 三七·七三
邵瑩葆 三七·八七
邵履涵 三七·八一
邵儒榮 三七·八九
邵濂 三六·二八七
邵彌 三六·二九五
邵懿辰 三七·九五
忍辱 一一二·一八七

八畫

武日中　四一・二四五
武文衡　四一・二六一
武用章　四一・二六五
武延緒　四一・二七一
武明良　四一・二七九
武河清　四一・二八三
武修己　四一・二八七
武恬　四一・一九九
武紹周　四一・二九一
武新安　四一・三〇一
武震　四一・二三五
四一・二四一
武億　四一・二〇三
四一・二〇九
四一・二一三
四一・二三一
四一・二三七
一一五・四三一
武謙　一一六・四二九
苗夔　四〇・一五七
苑亮　四〇・一六三
范文聯　四〇・二一一
范引年　一一六・二七三
范允臨　四〇・二〇一
范可裕　四〇・二三一
范禾　四〇・一六七
范必英　四〇・二二一
范永祺　四〇・二一七
范西屏　四〇・二三五
范兆芝　四〇・二三七
范明徵　四〇・二七一
范承俊　四〇・二五七
范承勛　四〇・二六一
范承愿　四〇・二六七
范承謨　四〇・二四一
四〇・二四七
范培園　四〇・二七九
范梁　四〇・一七一
范溍　四〇・一七七
范璨　四〇・一八一
范鏊　四〇・一八九
范豐鼎　四〇・二八三
四〇・二八九
范鵬　四〇・一九五
范繼文　四〇・三〇一
茅元銘　四〇・三〇五

茅星來　四〇・三〇七
　　　　四〇・三一一
茅逸　一一五・二四七
林天齡　四一・四五
林元　四一・一
林文翰　四一・五七
林正青　四一・五九
林正紀　四一・六三
林正輝　四一・六九
林廷岳　四一・九一
林仰東　四一・八七
林企俊　四一・七三
林兆恩　四一・八三
林旭　四一・七
　　　　一一六・二三一
林枝春　一一四・七一
林明倫　四一・九五
　　　　四一・一〇一
林時對　四一・一一一
林時躍　四一・一一九
林培厚　四一・一二五
林啓泰　四一・一三一
林達泉　四一・一三九
林景熙　一一六・二九三
林喬豐　四一・一三五
林鈞　四一・一一
林湛　四一・一九
　　　　一一四・七一
林瑞璜　四一・一五一
林源恩　四一・一四五
林嘉俊　四一・一六一
林壽圖　四一・一六五
林端禮　四一・一五三
林適中　四一・一八三
林賓日　四一・一七五
林蕃鍾　四一・一九三
林閬　四一・二三
林澍蕃　四一・一八七
林戴榮　四一・一五九
林鴻　四一・二七
林禮孝　四一・一九七
林瀾　四一・三一
來保　三七・一〇一
來珩　三七・一〇七
來起峻　三七・一一一
來集之　三七・一一九
來蕃　一一四・四五
來學謙　三七・一二七

松筠　四〇・三五一
杭士珍　四〇・三一五
杭士瓌　四〇・三一七
杭世駿　四〇・三一九
四〇・三二七
四〇・三三三
四〇・三三七
杭安福　四〇・三四三
杭志伯　四〇・三四九
郁淳　四一・三〇五
招廣濤　四〇・六五
卓秉恬　三七・一三九
卓厚栽　三七・一四九
卓厚振　三七・一五一
卓禺　三七・一三五
卓爾康　三七・一五三
三七・一六一
卓麟異　三七・一六三
釋具德　一一二・二一九
釋杲明　一一二・二〇五
明睿　一一七・一四七
昜芳　四〇・一一五
昜宏　一一七・三七五
昜爲鼎　一一七・一〇五
昜爲瑚　一一七・一〇五
昜道旦　一一七・一〇五
昜道暹　一一七・一〇五
昜潤壇　四〇・一一九
釋固如　一一二・二〇一
呼谷　三九・二五九
迮尚志　四〇・一九
季芝昌　四〇・三九
季熙（字瑞臣）　四〇・二三
季熙（字諧寓）　四〇・二七
季麟　四〇・三三
釋竺璠　一一二・二二七
侍朝　三七・一三一
一一七・四三一
岳炯　三九・三二五
岳起　三九・三三一
岳薦　三九・三三七
岳鍾琪　三九・三四三
金大緯　四二・六三
金之純　四二・五七
金元復　四二・六七
金友勝　四二・八一
四二・八三
金友蘭　四二・八七

金公著 四一・七五
金允彝 四二・七一
金式玉 四二・一二七
金光悌 四二・九一
金光筋 四二・九九
金廷韶 四二・一五一
一一三・三四一
金兆垣 四二・一一三
金兆登 四二・一一九
金汝鼐 四二・一三一
金芬 四一・三一三
金克城 四二・一三九
金作霖 四二・一三七
金序珽 四二・一四三
金長洪 四二・一五七
金岳 四一・三〇九

金茗 四一・三三一
金俊明 四二・一六一
金炳漢 四二・一六九
金甡 四一・三一七
四一・三二七
金通 四一・三四九
金純 一一五・二五三
金國琛 四二・一七三
金章 四一・三四三
金烺 四一・三三五
金朝勛 四二・一八一
金雲門 四二・一八九
金堡 一一六・三一九
金蓀 四二・七
四二・九
金鉉 四一・三九三

金煜 四一・三五五
金溶 四一・三六三
四一・三六九
金壽康 四二・二〇五
金榜 四二・一
金毓奇 四二・一九五
金毓峒 四二・一九九
金鉷 四二・一三
金肇鐸 四二・二〇九
金肇鑾 四二・二一七
金樞 四二・一九
金甌 一一七・一〇五
金德寅 四二・二四七
金德瑛 四二・二三一
四二・二三五
金德輝 四二・二五三

金德鋐　四二・二五九
金德輿　四二・二六九
金德鵬　四二・二六三
金潤　四二・三三
金潤棠　四二・二七五
金錫鬯　四二・二七九
金諤　四二・二七
金樫　四二・三七
金應奎　四二・二八五
　　四二・二九一
金應澍　四二・三〇七
金應鴿　四二・二九九
金熹　四二・五三
金鎮　四二・四一
金寶樹　四二・三一三
周士孝　三七・三三七

周士彬　三七・三四一
周大從　三七・三四五
周大章　三七・三四七
周大勛　三七・三五九
周大綸　三七・三五三
周之蕃　三七・三三五
周元初　三八・一一
周元懋　三八・一七
周中孚　三七・三六三
　　三七・三六五
周中鋐　三七・三六九
周升桓　三八・五
周文郁　三八・二三
周文煒　三八・三九
周文曄　三八・四五
周斗建　一一四・二二七

周以衡　三八・一
周玉麒　三八・八五
周世道　三八・四七
周令樹　三八・七九
周永年　三八・五一
　　三八・六七
　　三八・七一
周吉士　三八・九一
周朴　一一七・二六七
周西　三七・一六九
周有聲　三八・一〇五
周廷寀　三八・一八五
周廷憲　三八・一九一
周汝翼　三八・九五
周汝驤　三八・九九
周志誠　三八・一七一

周志濂 三八·一七七
周克映 三八·一二一
周克開 三八·一二五
三八·一三一
三八·一三七
三八·一四三
周克緒 三八·一五三
周杏芳 三八·一八一
周肖豳 三八·一五七
周伯甫 三八·一一五
周彤桂 三八·一六七
周系英 三八·一九九
三八·二〇五
周沅 三七·一七五
周宏叔 三八·一六一
周良劭 三八·二一九

周良苗 一一五·一三五
周茂蘭 一一六·三一九
周來豫 三八·二二五
周述學 三八·三五一
周東吾 三八·二四七
周協義 三八·二二九
周昆 三七·一八一
周昌大 一一五·一三五
周昌熾 一一五·一三五
周明德 三八·二四三
周昂 三七·一九七
周季麟 三八·二五一
周京 三七·一八五
周泓 三七·一八九
周宗建 三八·二三三
周茹荼 三八·三七九

周南 三七·二〇一
周昺奎 三八·二七五
周星譽 三八·二八一
周思紹 三八·三〇五
周思誠 三八·三一一
周亮工 三八·二五七
三八·二六七
周炳元 一一六·一三三
周炳文 三八·二九三
三八·三〇一
周洪謨 三八·三一三
周洪彝 三八·三二一
周洽 三七·二〇五
周室輔 一一四·一五七
周祖培 三八·三二五
周祖誥 三八·三三三

（續）三八・三三七
周祖濂 三八・三四三 三八・三四七
周祝 三七・二〇九
周振之 三八・三五九
周振采 三八・三六九
周振鑣 三八・三七三
周特選 三八・三七五
周徐綵 三八・三五五
周容 三七・二一七
周盛波 三九・一一
周盛傳 三九・一九 三九・二七
周國奎 三八・三八五
周國梁 三八・三九五
周敏成 三八・三九九
周康祿 三八・四〇五
周密 一一七・二六七
周啓儁 三八・一一一
周紹濂 三九・一
周敬熙 三九・七九
周鼎樞 三九・一四三
周開錫 三九・五三
周順昌 三九・六一 三九・六七 三九・六九
周爲漢 三八・二八七
周詒棫 三九・四三
周詒謀 三九・四七
周曾毓 三九・三一
周發春 三九・三七
周瑆 三七・二四五
周農 三七・二二七 一一七・四二五
周楘 三七・二三三
周鉞 三七・二五五
周誠 三七・二五三
周靖 三七・二四九
周義洙 三九・七一
周煌 三七・二三七
周源冲 三九・八三 三九・八九
周殿祿 三九・九五
周際華 三九・一〇七 一一四・五九
周際清 三九・一〇一
周嘉申 三九・一二五
周嘉瓚 三九・一三三

周鳳池　三九・一四九
周鳳翔　三九・一五三
周廣業　三九・一七五
周齊曾　一一三・三三五
周榮植　三九・一三九
周綸　三七・二五九
周頡　一一七・二六七
周震榮　三九・一八五
周儀暐　三九・一五九
周慶春　一一六・九九
周積華　三九・二〇五
周質初　三九・二〇七
周興岱　三九・一六三
　三九・一六九
周學汝　三九・一九九
周錫齡(字松崖)　三九・二一五
周錫齡(字仲壽)　三九・二二七
周澧　三七・三一一
周憲曾　三九・一九七
周寰　三七・二三三
周縉　三七・二六七
周應宿　三九・二三五
周應祺　三九・二三三
周鴻琛　三九・二四一
周濬蕃　三九・一三五
周濟　三七・二七三
　三七・二七九
周豐　三七・二九五
周馥　三七・二九九
周鎬　三七・二八五
周蘭　三七・三一九
周瀹蕃　三九・二五五
周繼炘　三九・二四五
周繼盛　一一六・四二一
周顒　三七・三〇七
周儼　三七・三三三
周灝　三七・三三九
　一一四・五九
釋性空　一一二・二一一
法坤宏　四〇・一三七
　四〇・一四三
　一一六・二一
法海　四〇・一二九
法偉堂　四〇・一四五
法廣順　四〇・一五一
宗于瀛　三九・二九一
宗俊宸　三九・二九七
宗智　一一四・六七

宗義 一一四・六七
宗源瀚 三九・二九九
三九・三〇七
宗誼 三九・二八一
宗樹桐 三九・三一五
宗顯 三九・二八七
官朝京 三九・三一九
官撫邦 一一七・一〇五
官撫辰 一一七・一〇五
官撫極 一一七・一〇五
官德潤 三九・三二三
釋空隱 一一二・二三三
郎先錦 四〇・七一
郎廷棟 四〇・七七
郎廷極 四〇・八五
郎汶 四〇・六九
郎若伊 四〇・九五
郎葆辰 四〇・一〇三
房廷祥 四〇・一一一
房蒿 四〇・一〇七
居樟華 一一七・三七五
屈元爔 三九・二六七
屈文雅 三九・二七一
屈何炯 一一六・六九
屈軼 三九・二六三
屈頌滿 三九・二七五
承任 四〇・四九
承選 四〇・五五
承寶鏞 四〇・六一
孟宗素 三九・三五三
孟喬芳 三九・三五七
三九・三六七
孟道一 一一七・一〇五
孟登 一一七・一〇五
孟憲春 三九・三八五
孟鴻光 三九・三八九
孟鴻品 三九・三九三
孟繼烑 四〇・一
孟纘祖(字聿修) 四〇・七
孟纘祖 四〇・一一

九畫

郝浴 四六・一五九
四六・一七七
郝惟訥 四六・二〇一
郝敬 四六・一九三
一一五・七一
郝鴻猷 四六・二二五

郝贇清 四六・二二三
郝懿行 四六・二一五
荆文端 四六・二三五
荆揚 四六・二三一
荆道乾 四六・二三九
四六・二四三
胡一倫 四六・三五七
胡于鉉 四六・三六一
胡士榮 四六・三六七
胡士震 一一七・四三一
胡元英 四七・五
胡元熙 四七・一五
胡友怡 四七・二三
胡仁柳 四六・三七三
四六・三七九
胡仁楷 四六・三八一

胡仁模 四七・一
胡文良 四七・二九
胡允善 四七・一九
胡玉山 四七・七七
胡正嶽 四七・五七
胡世皋 四七・五一
胡世琦 四七・三三
四七・三九
胡甲桂 四七・六三
胡申布魯 四七・七五
胡申潮 四七・七一
胡匡憲 四七・一二九
胡邦綏 四七・一二五
胡呂 四六・二四九
胡先達 四七・九一
胡廷注 四七・一一五

胡廷琨 四七・一二一
胡廷森 四七・一一一
胡亦常 四七・八五
胡守恒 四七・一〇一
胡如楷 四七・九五
胡宋駿 四七・一〇五
胡長新 四七・二四五
胡其愛 四七・一五一
胡林翼 四七・一七一
四七・一七三
四七・一八一
胡和 四六・二五七
胡秉虔 四七・一三九
胡秉鈞 四七・一四五
胡金誥 四七・二四一
胡受穀 四七・一四九

胡宗湄 四七·一五五
胡宗穎 四七·一五九
胡居仁 四七·一六七
胡承珙 四七·二一三
胡承端 四七·二三一
胡承漢 四七·二三五
胡孟奎 四七·一六三
胡垣 四六·二六三
胡南枝 四七·二五三
胡彧 四六·二七三
胡泉 四六·二六七
胡禹冀 四七·二四九
胡洪安 四七·二六一
胡祚安 四七·二六七
胡連科 四七·二九五
胡時顯 四七·二七九

胡浚 四六·二八三
一一六·一
胡家駒 四七·二七一
胡培系 四七·二八九
胡培翬 四七·二九三
胡國鈇 一一六·一七九
胡笴 四六·二八七
胡隆 四六·二九一
四六·二九五
胡紹鼎 四七·二九九
四七·三〇七
胡紹曾 四七·三一一
胡達湣 四七·三三一
胡達澍 四七·三三五
胡期恒 四七·三一五
胡開熙 四七·三五一

胡湘 四六·三一三
胡渭 四六·二九九
四六·三〇七
胡裕燕 四七·三二一
胡發琅 四七·三六九
胡遠齡 四七·三三九
四七·三四五
胡煦 四六·三一九
四六·三二九
胡嗣蕃 四七·三五五
胡渠 四六·三三七
胡源清 四七·三五九
胡際盛 四七·三六三
胡鳳岡 四七·三七七
胡鳳洲 四八·一
胡鳳恩 四七·三八一

胡鳳鳴　四七・三八五
胡鳳韶　四八・五
胡鳳雛　四八・九
胡維藩　四七・三七三
胡德邁　四八・一三
胡履端　四八・二一
胡燕方　四八・二五
　　　　一一七・三七五
胡樹楠　四八・三三
胡鍈　四六・三四五
胡錫燕　四八・四五
胡龍壽　四八・四九
胡燊雲　四八・三七
胡澤順　四八・二九
胡應煌　四八・五一
胡璧華　四八・五三
胡鵬昇　四八・六五
胡耀東　四八・六九
胡鐘　四六・三四九
胡寶琭　四八・五五
　　　　四八・五九
胡繼昌　四八・七一
胡體仁　四八・七五
胡鑑　四六・三五三
南六如　四三・一六九
釋南音　一一二・二四三
釋南潛　一一二・二八九
柯元芳　四六・七五
釋柯庵　一一二・二七九
柯紹庚　四六・八三
柯煜　四六・六三
柯爾昆　四六・八七
柯蘅　四六・六七
查人倬　四六・三七
查日乾　四六・三九
查玉衡　四六・四五
查昇　四六・二九
查紹籛　四六・四七
查慎行　四六・五三
　　　　四六・五七
查遺　四六・三三
相士楊　一一六・三六五
柏謙　四六・一一三
柳芳　一一四・一四九
柳相林　四六・一二五
柳敬亭　四六・一三三
　　　　四六・一三七
　　　　四六・一四三

	四六·一四九
柳開	四六·一二一
柳樹芳	四六·一五三
奎林	四三·二八五
冒芬	四三·一三三
冒保泰	四三·一五一
冒超處	四三·一五七
冒愈昌	四三·一六一
冒瓚	四三·一四一
冒樹楷	四三·一六五
冒襄	四三·一四三
韋克振	一一七·一〇五
韋坦	四八·一六一
韋前謨	四八·一六九
哈孝匃	四三·一八一
	四三·一八五

哈克山	四三·一七九
拜才	四五·七一
釋香林	一一二·二六一
段中律	四五·二二三
段玉裁	四五·二二三
段世續	四五·二二九
段載錫	四五·二三七
釋佷亭	一一二·二六七
皇甫斌	一一七·二七
侯元汸	一一七·四一九
侯元泓	一一七·四一九
侯元洵	一一七·四一九
侯元棐	四二·三四一
侯岐曾	一一七·四一九
侯汸	四二·三二一
侯佺	一一五·四四九

侯泓	四二·三三一
侯峒曾	四二·三四九
	一一四·七九
侯度	一一四·七三
侯振世	四二·三五三
侯振東	四二·三五七
侯國印	四二·三五九
侯康	一一四·七三
侯雲錦	四二·三六三
侯嘉繙	四二·三六五
侯震暘	四二·三六九
侯學詩	四二·三七七
俞大望	一一六·一
俞大謨	四三·五九
俞之俊	一一六·一一五
俞文	四二·三八一

俞正禧	四三・七一
俞正燮	一一四・九一
俞世隆	四三・六五
俞兆岳	四三・七七
俞汝昌	四三・八九
俞汝榮	四三・九一
俞羽	四二・三八七
俞志虞	四三・九七
俞坤	四三・一
俞英	四三・二九
俞林	四三・五
俞昌言	四三・一〇一
俞俟	一一七・二一三
俞桂林	四三・一〇五
俞敦	四三・三三
俞鳳章	四三・一〇九
俞德和	四三・一一七
俞樾	四三・四五
	四三・五五
俞諫	四三・三七
俞龍文	四三・一二三
俞鴻馨	四三・一一九
俞鷺文	四三・一二九
昝弘祖	四五・二一一
	四五・二一九
計珠	四八・一五一
計標	四八・一五七
施于德	四五・一一三
施元之	一一七・二六七
施方	四五・八五
施玉峻	四五・一一九
施邦玠	四五・一二三
施邦曜	四五・一二九
	四五・一三三
施念曾	四五・一三九
施相	四五・九三
施昭庭	四五・一五五
施美輪	四五・一四三
施炳星	四五・一四九
施琅	四五・九七
施國祁	四五・一六三
施淇	四五・八九
施博	一一六・三一九
施閏章	四五・一七五
	一一五・一四五
施鉅	一一七・二一三
施補華	四五・一七一
施際清	四五・一八七

施鳳立　四五・一九一
施端教　四五・二〇三
施學義　四五・一九五
施應桂　四五・二〇七
施韡　四五・一〇九
施譽　四五・一〇一
釋恒志　一一二・二五三
恒斌　四五・八一
恒裕　四五・七五
姜一洪　四四・三四九
姜天樞　四四・三五九
姜文衡　四四・三六五
　一一六・二〇三
姜廷梧　四五・一
姜名武　四四・三六七
姜希轍　四四・三七三
　四四・三八九
姜晉珪　四五・一三
姜晟　四四・三〇七
姜逢元　四五・九
姜宸英　四五・一七
　四五・二五
　一一五・一四五
姜埰　一一六・三一九
姜國華　四五・三三
姜國霖　四五・三一
姜槐　四四・三一五
姜熙　四四・三一九
姜震　四四・三二五
　四四・三三一
姜橚　四四・三三七
姜應麟　四五・三九
　四五・五一
姜鏡　四四・三四三
姜夔　一一七・三三七
釋炤如　一一二・二四九
洪上庠　四五・二九五
洪公寀　四五・二九七
洪吉泰　四五・三一五
洪汝奎　四五・三〇一
　四五・三一一
洪孝子　一一六・二六九
洪良品　四五・三一九
洪坤　四五・二四一
洪坤煊　四五・三二五
洪性鈵　一一五・四〇一
洪亮吉　四五・三三一
　四五・三三七

四五·三四三
四五·三四九
四五·三五五
四五·三七七
四五·三八三
洪祖烈　四五·三八九
洪乘璋　四五·三九三
洪紹奎　四五·三九七
洪運錦　四六·一
洪飴孫　四六·五
四六·一一
四六·一五
洪源析　四五·四〇一
洪潢　四五·二四七
洪德常　四六·一九
洪調翰　四六·二五
洪翹　四五·二五五
四五·二六五
四五·二六九
四五·二七三
四五·二七九
洪鐘　四五·二八七
釋洞聞　一一二·二八五
宣重光　四三·一八九
宣陳奎　四三·一九三
宣德仁　一一七·一七五
宮爾勸　四三·一九五
祖之望　四三·二〇一
祖光璽　四三·二〇九
祖德　一一三·二一五
祖澤深　四三·二一九
釋神山　一一二·二九三
祝士模　四三·二三七
祝元矩　四三·二四一
祝百十　四三·二四七
四三·二五一
祝百五　四三·二五七
祝有琳　四三·二六一
祝洤　四三·二二七
四三·二三三
祝朝縉　四三·二六五
祝登墀　四三·二六九
祝德純　四三·二八一
釋退翁　一一二·二九九
胥繩武　四八·八一
姚士晋　四四·五七
姚大年　四四·六一
姚大源　一一五·二四七

姚天保　一一四·一二三
姚元淳　四四·七三
姚以高　四四·六五
姚世雋　一一四·一二五
姚世鈺　四四·七七
姚令儀　四四·八五
　　　　四四·九一
姚永概　四四·八一
姚加穎　一一四·一三一
姚成烈　四四·一〇九
姚光晋　四四·九七
姚廷輔　四四·一一九
姚宏任　四四·一一五
姚長林　四四·一三三
姚昌　四三·二八九
姚易修　四四·一二九

姚承謙　四四·一二一
姚信　一一七·二六七
姚庭昌　四四·一四三
姚洙楷　四四·一三七
姚華國　四四·二二九
姚菁　四三·三二一
姚配中　四四·一五一
姚訏　四三·三〇一
姚訓　四三·三〇五
姚益濆　一一四·一三一
姚家勤　四四·一四五
姚孫　四三·二九七
姚堃　四三·三〇七
　　　　四三·三一五
姚清泰　四四·二二一
姚清華　四四·二一七

姚啓聖　四四·一六一
　　　　四四·一九三
　　　　四四·二〇一
姚紹崇　四四·二二五
姚葉　四三·三二五
姚楗　四三·三三一
姚焯　一一四·一二五
姚斟元　四四·二四九
姚煒琥　四四·二五三
姚源清　四四·二三三
　　　　四四·二三七
姚慕庭　四四·二六一
姚熙　四三·三三七
姚肇奎　四四·二五九
姚鼐　四三·三八一
　　　　四三·三八九

四三・三九七
四四・一
四四・一五
一一四・一一七
姚範　四三・三五一
四三・三五五
一一四・一一七
姚瑩　四三・三四三
一一四・一一五
姚締虞　四四・二六七
姚學塽　四四・二八一
四四・二八五
四四・二九一
姚諶　四三・三六七
四三・三七一
姚綷　四三・三六三
姚燮　四四・二九
姚濬昌　四四・二九七
姚騤　四四・四三
姚鶚　四四・五一
姚鏊　四四・三三
四四・三七
姚鑾　四四・五五
紀昀　四八・八七
四八・九七
紀冠軍　四八・一三五
紀峻　四八・八五
紀象台　四八・一三九
紀慶曾　四八・一四三

十畫

馬三俊　六三・二七九
六三・二九一
六三・二九五
馬士英　六三・三〇一
馬之貞　一一五・二五三
馬曰琯　六三・三〇三
馬曰楚　六三・三〇九
馬中錫　六三・三一三
馬世芳　六三・三二一
馬全　六三・二四三
馬安基　六三・三二五
馬安愚　六三・三二七
馬見伯　六三・三四五
馬長春　六三・三五五
馬叔明　六三・三四七
馬忠駿　六三・三五一
馬宗漢　一一六・二五九

馬起升(字慎父) 六三・三六三
　六三・三六九
馬起升 六三・三七三
馬釗 六三・二五一
馬純仁 一一七・二〇七
馬國棠 六三・三七九
馬紹聞 六三・三七五
馬紹融 一一四・二〇五
馬雄鎮 六四・一
　六四・七
　六四・一三
馬雲逵 六三・三九一
馬雲會 一一七・一七五
馬御璽 六三・三八三
馬復震 六三・四〇一
馬猶龍 六三・三八七

馬善 六三・二五七
馬瑞辰 六四・二三
　六四・二九
馬福安 六四・三三
　一一七・三六九
馬福禄 六四・四一
馬僧 一一三・一九三
馬端敏 六四・五五
馬榮祖 六四・四九
馬璇 六三・二六三
馬樹華 六四・七九
　六四・七一
馬樹章 六四・六三
　六四・六五
馬翮飛 六四・八七
馬學原 六四・八五

馬澤 一一四・二九五
馬謙 六三・二六七
馬濟美 六四・九一
馬蘭藻 六四・九七
馬驌 六三・二七三
秦大士 六一・一九三
秦之俊 六一・一八九
秦有倫 六一・二〇七
秦廷珪 六一・二一一
秦兆雷 六一・二〇一
秦沆 六一・二二一
秦君台 六一・二一五
秦金鑑 六一・二一九
秦宗城 一一六・四二九
秦重采 六一・二三五
秦勇均 六一・二三九

秦倬 六一・一二七
秦敬傳 六一・二五一
秦鉅 一一七・四五
秦湘業 六一・二四三
秦渥 六一・一三三
秦嗣瀛 六一・二五七
秦鉞 六一・一三九
秦壽 六一・一四九
秦熙 六一・一五三
秦鳴雷 六一・二六一
秦蕙田 六一・二七一
秦震鈞 六一・二三三
秦緗武 六一・二六五
秦緗承 六一・二六九
秦錫淳 六一・二八三
秦濂 六一・一五九
秦簧 六一・一六九
秦鴻鈞 六一・二九五
秦濟 六一・一六三
秦瀛 六一・一七三
秦驥占 六一・三一三
秦驥生 六一・三〇七
敖繼翁 一一七・三三七
釋烎虚 一一二・一九三
袁士立 六三・六一
袁大綬 一一六・三六七
袁友韓 六三・七七
袁文誠 六三・六七
袁世威 六三・八七
袁世恒 六三・八三
袁世揚 六三・九五
袁丕營 六三・九九
袁光南 六三・一一一
袁行漳 六三・一一五
袁守定 六三・一〇五
袁杞山 六三・一二七
袁希祖 六三・一一九
袁表 一一五・三三七
袁枚 六二・三九七
袁昌齡 六三・一四七
袁承幼 六三・一三一
袁承紱 六三・一三九
袁思齊 六三・一六九
袁保齡 六三・一五三
袁袓 六三・一
袁素亮 一一七・一〇五
袁袞 一一五・三三七
袁黄 六三・二七

袁崇煥 六三・一七三
袁斯麟 六三・二〇九
袁凱 六三・三七
袁塏 六三・四一
袁裘 一一五・三三七
袁袠 一一五・三三七
袁業泗 六三・二一三
袁璉 六三・四七
袁鳳桐 一一六・一一五
袁說友 一一七・三三七
袁德達 六三・二一七
袁褒 一一五・三三七
袁褧 一一五・三三七
袁篤臣 六三・二二三
袁錦 六三・五七
袁壎 六三・五三

袁藻 一一六・八五
袁繼咸 六三・二二九
袁繼梓 六三・二三五
袁繼彰 六三・二三九
耿奇標 六一・三三一
耿定力 一一七・七九
耿定向 一一七・七九
耿定理 一一七・七九
耿昭忠 六一・三三五
耿願魯 六一・三四三
華允誠 六一・三六九
華汝修 六一・三七七
華長卿 六一・三八五
華夏 六一・三四九
華時亨 六一・三九五
華薌溪 六二・五

華聯輝 六二・一
華瓏 六一・三六三
莫元伯 一一七・三七五
莫友芝 六二・六三
六二・七一
莫仕高 六二・七七
莫汲 一一七・二六七
莫伯虛 一一七・二一三
莫庭芝 六二・八九
莫炳垣 六二・八三
莫晋 六二・九
莫祥芝 六二・九五
莫象年 六二・一〇三
莫强 六二・五九
莫與儔 六二・一〇九
莫嘉能 六二・一一七

莊士敏　六二·一五一
莊元辰　六二·一五五
莊有恭　六二·一七九
莊存與　六二·一六三
　　　　六二·一六九
　　　　六二·一七五
莊亨陽　六二·一九三
　　　　六二·一九九
莊述祖　六二·二〇七
　　　　六二·二一一
莊炘　六二·二一一
莊映　六二·一二九
莊勇成　六二·二〇三
莊振　六二·一三七
莊棫　一一六·一三三
莊雋甲　六二·二二三

莊鈞　六二·一四五
莊經畬　六二·二二五
莊綬甲　六二·二二九
莊賡熙　六二·二三五
莊選辰　六二·二四五
莊緗衡　六二·二三九
莊闕和　六二·二五一
　　　　六二·二五九
莊繩祖　六二·二六三
桂中行　五五·一二一
桂文燿　五五·一二九
桂啓芳　一一七·一〇五
桂超萬　五五·一三五
桂馥　一一五·一八三
連仲愚　五五·八一
　　　　五五·八七

釋栗庵　一一二·三九五
栗爾寬　五五·一一五
栗毓美　五五·九七
　　　　五五·一〇五
夏子塗　五一·三〇五
夏子齡　五一·三一五
夏玉瑚　五一·三三九
夏永　五一·二七九
夏同善　五一·三二五
夏志浩　五一·三三五
夏時中　五一·三四七
夏益後　五一·三五三
夏家銑　五一·三四三
夏清　一一四·一四九
夏淳　一一六·二七三
夏萬亨　五一·三六一

夏詒鈺　五一・三五五
夏熙澤　五一・三七五
夏慶保　五一・三六七
夏慶增　五一・三七一
夏鴻時　五一・三七九
夏嚞　一一六・八五
夏獻雲　五一・三八九
夏鑾　五一・二八三
　　五一・二九三
釋振華　一一二・三〇五
柴明　五四・二七三
柴梓庭　五四・二七九
柴象天　五四・三〇一
柴紹炳　五四・二八三
　　五四・二八九
　　五四・二九七

時銘　五四・三〇七
畢仰高　一一四・一九一
畢沅　五四・三一一
　　五四・三二七
　　五四・三四五
畢茂昭　五四・三五一
畢盛育　五四・三五七
畢貴生　五四・三六五
畢際孚　五四・三七一
畢應箕　五四・三七七
　　一一六・四一五
晁合宜　五四・二五七
晁尚仁　五四・二六一
晁凝福　五四・二六五
員燉　四八・三〇五
倭星額　四八・二九九

倪元坦　四八・一九九
倪元璐　四八・二〇五
　　四八・二三九
倪印元　四八・二五一
倪廷模　四八・二五三
倪我端　四八・二五九
倪良曜　四八・二六五
倪承寬　四八・二七三
倪起蛟　四八・二八三
倪模　四八・一八五
　　四八・一八七
　　四八・一八九
倪應頤　四八・二九三
倪露　四八・一九五
師問忠　四九・一五一
師象珍　四九・一五五

師長治　四九・一五九
徐一夔　五二・一七九
徐人龍　五二・一八七
五二・二〇三
徐士林　五二・二五三
徐士愷　五二・二五九
徐大貴　五二・二二五
徐大椿　五二・二四七
徐大榕　五二・二二七
五二・二三五
五二・二四一
徐之璉　五二・二一五
徐小同　五二・二七三
徐子苓　五二・二六五
徐天柱　五二・三九一
徐天驥　五三・一

徐元文　五二・三〇三
五二・三四七
徐元叔（字亨甫）　五二・三六九
徐元叔　五二・三七七
徐元珙　五二・三六三
徐元第　五二・三八一
徐元夢　五二・三八七
徐曰紀　五三・一一
徐仁彝　五二・二七五
徐介　五二・一
徐公越　五二・二八九
徐文任　五三・五
徐以烜　五二・二七九
徐孔坪　五二・二九九
徐世沐　五三・一七
徐世淳　五三・二一

徐本　五二・五
徐本仙　一一四・一六三
徐可久　五三・五九
徐可先　五三・六五
徐石軒　五三・八五
徐石麒　五三・八七
五三・一〇三
徐石麟　五三・一〇七
徐用儀　五三・三七
五三・四七
徐立慶　五三・一一三
徐必純　五三・三三
徐弘祖　五三・七一
五三・八一
徐有壬　五三・一四七
五三・一五五

徐有貞 一一五・二五三
徐有章 五三・一六三
徐成滂 五三・一四一
徐汝蕃 五三・一四三
徐如珂 五三・一二三
徐芳聲 五三・二三三
徐杞 五二・二一
徐孚遠 五三・一六九
徐良輔 五三・一七五
徐林鴻 五三・二〇七
徐松 五二・三五
徐枋 五二・三一
五二・三三
一一六・三一九
徐尚介 五三・一九五
徐昆 五二・二九
徐秉文 五三・一七九
徐侃 一一四・一五三
徐金霖 五三・一八五
五三・一八九
徐治都 五三・一九九
徐宗幹 五三・二〇三
徐宗鄭 一一六・三九五
徐承恩 五三・二一三
徐珊 一一六・二七三
徐珉 五二・五三
徐垣 五二・四七
徐咸清 五三・二五五
徐貞明 五三・二六五
徐待任 五三・二四一
徐待聘 五三・二四七
徐亮 一一六・九一
徐炯 五二・五一
徐桂林 五三・三四一
五三・三五五
徐振甲 五三・二七七
五三・二八三
徐致公 五三・三二一
徐致祥 五三・三三一
徐虔復 五三・三七一
徐時作 五三・二九三
徐時進 五三・三〇三
徐時楷 五三・三〇九
五三・三一三
徐剛毅 五三・二七三
徐乾學 五四・七一
徐國才 一一五・四三九
徐國麟 五四・一七

徐從治 五三・三七五
徐惟琨 五四・三一
徐煥謨 五四・一
徐涵 五二・五五
徐寅階 五四・七
徐啓睿 五四・二五
徐紹庭 一一六・九九
徐紹基(字尹先) 五四・三七
徐紹基(字厚粱) 五四・四一
徐越 五二・七五
徐賁 五二・九七
徐萬詵 五四・一一五
徐開法 五四・四五
五四・五一
徐復 一一四・一五七
徐復儀 五四・一〇三
一一六・三一九
徐曾庾 五四・九九
徐湛恩 一一五・二五三
徐蔭培 一一四・一八七
徐楷 五二・九三
徐槐庭 五四・一三一
徐愛 一一六・二七三
徐溥 一一四・一六一
徐準 五二・五九
徐福林 五四・一一一
徐璥 五二・一一五
徐璉 五二・一三五
一一五・三二五
徐嘉賢 五四・一二五
徐薌坡 一一七・四三一
徐爾正 五四・一二一
徐鳳立 五四・一三七
徐端 五二・一〇一
五二・一〇七
徐榮槿 一一三・三八三
徐熒 五二・九九
徐肇南 五四・一三九
徐肅(字吉芝) 五二・一五九
徐肅(字聖植) 五二・一六一
徐綱 五二・一二七
徐綸 五二・一二一
徐璇生 五四・一五一
徐樟 五二・一三一
徐震 五二・一三九
徐德元 五四・一四三
徐德宗 五四・一四七
徐養心 一一七・一〇五

徐養原　五四・一五五
徐豫吉　五四・一九九
徐緎家　一一四・四五
徐樹釗　五四・一八五
徐學詩　五四・一六五
徐學謨　一一七・一
徐錫麟　一一六・二五九
徐錦（字念祖）　五二・一四七
徐錦（字瀛臣）　五二・一五五
徐憲卿　五四・一六一
徐聯奎　五四・二一三
徐懋學　五四・一九三
徐應潮　一一六・六九
徐鴻謨　五四・二〇三
徐豐玉　五四・二二三
徐瀛士　五四・二三五
徐獻廷　五四・二三九
徐夔　五二・一六七
五二・一七一
徐繼銘　五四・二四五
徐鑑　五二・一七七
徐鑠慶　五四・二四九
徐觀孫　五四・二五三
殷化行　五五・一
殷兆鏞　五五・三七
殷岳　五四・三八一
殷發　五四・三八七
殷源　五四・三八九
奚寅　一一六・三九五
奚疑　五一・二七一
一一七・四二五
奚賓　五一・二七五
倉景愉　四八・一七五
倉聖濆　四八・一八一
翁天浩　六二・三〇一
翁介眉　六二・三〇七
翁心存　六二・二八三
六二・二九一
翁叔元　六二・三一五
六二・三二三
翁春　一一三・三五五
翁咸封　六二・三三九
翁彥博　六二・三四五
翁照　六二・二七一
翁嵩年　六二・三四九
翁傳煦　六二・三五七
翁傳照　六二・二七五
翁榮義　六二・三六七

翁樹培　六二・三七一
翁學本　六二・三七五
留保　六一・三二一
高不騫　六四・二四一
高文彩　一一三・三九七
高斗魁　六四・二六九
高斗樞　六四・二五七
高心夔　六四・二七五
高以莊　六四・二四五
高以廉　六四・二五三
高永定　六四・二八一
高光啓　六四・二八七
高廷芳　六四・三一一
高宇泰　六四・二九一
高克臨　六四・三〇五
高辰　六四・一五三

高作霖　六四・二九七
　　　　六四・三〇一
高沛　六四・一五七
高其倬　六四・三一五
高昆源　六四・三三一
高明玿　六四・三三三
高明德　六四・三二七
高承埏　六四・三三一
高春浦　六四・三四五
高厚　六四・一六一
高厚學　六四・三五三
高修黄　六四・三三九
高炳麐　一一六・一一五
高珩　六四・一六九
高貢齡　六四・三六九
高桂　六四・一六五

高時明　六四・三六一
高卿培　六四・三五五
高培穀　六五・七
高崇文　六五・一
高第　一一五・四一五
高望曾　一一六・一一五
高啓　六四・一八一
高啓夔　六五・一九
高琭　六四・一九九
高植　六四・一九三
高棅　六四・一九七
高景蕃　六五・二一
高爲阜　六四・三四九
高斌　六四・一八五
高巽志　六五・二五
高登第　六五・三三

高瑋 六四・二三三
高節 一一五・四一五
高傳錦 一一六・一三三
高裔 六四・二〇五
六四・二一一
高静 六四・二一五
高銓 六四・二三五
高鳳臺 六五・三七
高慧 六四・二三九
高賡恩 六五・四一
高層雲 六五・四七
高翰閣 六五・六七
高學治 六五・五七
六五・六三
高錫恩 六五・七九
六五・八三

六五・八七
高鍾泉 六五・一〇五
高簡 一一五・四一五
高攀龍 六五・九五
高蘿簪 六五・一〇九
郭一緯 六五・一三九
郭大址 六五・一七七
郭大昌 六五・一四五
郭元灝 六五・一八一
郭正中 六五・一八三
郭正域 六五・一八九
一一七・一
郭世安 一一七・二〇三
郭世遵 六五・二一一
郭永麟 六五・二一五
郭芳鈐 六五・二六一

郭奉坤 六五・二五一
郭松林 六五・二二五
六五・二三三
郭杭之 六五・二三九
郭東山 六五・二四七
郭昆燾 六五・二六九
六五・二七五
郭金城 六五・二一九
郭金湯 六五・二三三
郭侖燾 六五・二八三
郭法彭 六五・二五五
郭承錕 一一六・二〇七
郭風子 一一三・二三一
郭恂 六五・一一五
郭連選 六五・二九九
郭剛基 六五・二九一

郭萊鷺　六五・三一七
郭從矩　六五・二九五
郭焌　六五・一一九
郭嵩燾　六五・三〇五
郭新楷　六五・三一三
郭肇　六五・一二五
郭璋　六五・一三一
郭慶藩　六五・三三一
郭薦昌　一一六・九一
郭興讓　六五・三二三
郭鎮域　六五・三三五
郭譽　六五・一三五
郭繼先　六五・三三九
郭繼昌　六五・三四三
席元泰　四九・一七一
席本久　四九・一七五

席本禎　四九・一八三
席光河　四九・一八七
席啓寓　四九・一九一
席啓圖　四九・一九五
　　四九・二〇三
席温　四九・一六三
席爾泰　四九・二一五
席維世　四九・二〇九
席襄　四九・一六七
席寶田　四九・二二一
唐八繡　一一四・一三三
唐仁植　四八・三五五
唐仁壽　四八・三六三
　　四八・三六九
唐公靖　四八・三七五
唐四　四八・三〇九

唐芝田　四八・三八五
唐光茂　四八・三八一
唐祁　四八・三一三
唐治　四八・三一九
唐定奎　四八・三九五
唐型　四八・三三五
唐時琳　一一四・二五一
唐逢辰　四九・三一
唐訓方　四九・一一
唐家㽞　四八・三九九
唐宸衡　四九・一
唐祥　四八・三三九
唐執玉　四九・一五
唐紹堯　一一六・四二一
唐敬亭　四九・四一
唐景錢　四九・三五

唐運溥　四九·八五
唐夢賚　四九·四五
　　四九·五三
唐鈺　一一六·二九三
唐詩系　四九·七五
唐廉　四八·三三三
唐肅　四八·三三九
唐綏祖　四九·五九
　　四九·六五
唐鳳池　一一七·四三一
唐瑩　四八·三四三
唐樂宇　四九·八九
唐樹森　四九·一一九
唐樹義　四九·九九
　　四九·一〇七
唐錫晉　四九·一三一

唐臨遠　四九·一三七
唐耀遠　四九·一四一
　　四九·一四七
唐鑑　四八·三四七
凌士驁　六四·一一九
凌介禧　六四·一二三
凌存淳　六四·一二九
凌克闇　六四·一三五
凌堃　六四·一〇五
凌揚藻　一一七·三七五
凌瑩臺　六四·一四三
凌曙　六四·一一一
凌顗德　六四·一四七
浦大冶　五五·四五
浦文源　五五·五一
浦恒　五五·四三

釋海寬　一一二·三〇九
涂宗濬　五五·六七
涂逢震　五五·六九
　　五五·七五
涂瑞　五五·五九
涂禎　五五·六五
陸元一　五五·二九九
陸元光　一一七·二六七
陸元鼎　五五·三〇九
陸元輔　五五·三〇七
陸仁愷　五五·二九一
陸心源　五五·三一九
　　五五·三三一
陸世楷　五五·三四五
陸世儀　五五·三五一
　　五五·三六三

陸可宗　五五・三七一
陸邦詹　五六・三一
陸同壽　五五・三九七
陸名時　五五・三九一
陸宇爓　五五・三八一
　　　　五五・三八五
陸宇爆　五五・三七五
陸圻　五五・一四一
陸求可　五六・一三
陸見球　五六・二七
陸我嵩　五六・一七
陸佐勛　五六・七
陸伯焜　五六・一
陸沅　五五・一四五
陸枝　五五・一七一
陸枚　五五・一四九
　　　　五五・一五五
　　　　五五・一六三
　　　　五五・一六七
陸肯堂　五六・五七
陸昆　五五・一七七
陸秉笏　五六・三五
陸秉樞　五六・四一
陸佩璵　五六・四九
陸金鱗　五六・六七
陸性源　五六・五三
陸建　五五・一八一
陸建瀛　五六・七一
陸承祺　五六・六三
陸珣　五五・一九九
陸埈元　五六・七七
陸恭　五五・一八三
陸振芬　五六・八九
陸致遠　五六・九五
陸時化　五六・八三
陸師　五五・一八七
陸黃鉞　五六・一〇一
陸符　五五・二〇七
陸隆　五五・二一五
陸紹源　五六・一〇七
陸堦　五五・二一九
陸棻　五五・二三三
　　　　一一五・一四五
陸開誠　五六・一一五
陸晝村　五六・一一一
陸夢野　一一五・九七
陸楷　一一四・一九五
陸詩　五五・二四九

陸嘉淑 五六・一二九
陸模 一一四・一九五
陸模孫 五六・一七一
陸銑 五五・二五一
陸廣霖 五六・一三三
陸廣霖 五六・一四三
陸韶 五五・二五七
陸肇熊 五六・一五一
陸增祥 五六・一一九
陸敷樹 五六・一五五
陸潤庠 五六・一六一
陸錫熊 五六・一八一
陸錫疇 五六・一八九
陸鍾 五五・二六五
陸鴻 五五・二六一
陸燿 五五・二六九
五五・二七五
五五・二八一
陸燿遹 五六・一七七
陸隴其 五六・一九三
五六・二〇七
陸鑛 五五・二八五
陸繼輅 五六・二一三
陸觀 五五・二八七
陳一房 一一七・一四七
陳一傑 五七・二七三
陳三吾 五七・二七七
陳三辰 五七・二八一
陳三恪 五七・二八七
陳士良 五七・三一五
陳士杰 五七・二九七
陳士京 五七・二九一
陳士璠 五七・三一九
陳大受 五七・三二五
陳大經 五七・三三三
陳王政 五七・三五一
陳王賓 五七・三五五
陳天祥 五七・三四七
陳元（字子守） 五六・二二一
陳元（字愷齊） 五六・二二五
陳少陽 五八・一五
陳化成 五七・三三七
陳介璋 五八・九
陳丹赤 五七・三四一
陳文黻 五七・三五九
陳文瀾 五七・三六七
陳以綱 一一七・四三一
陳玉方 五八・五一

陳玉墀 五八・五七
陳正試 五七・三七一
陳世甯 五七・三七五
陳世綸 五八・一
陳艾 五六・二三五
陳本 五六・二三一
陳本忠 五八・三九
陳本鎔 五八・四七
陳用光 五八・一九
五八・二五
陳立 五六・二一九
陳永豫 五八・五
陳弘緒 五八・三三
陳吉冠 五八・一三五
陳西臺 五八・一七五
陳在謙 一一七・三七五
陳有光 五八・一五九
陳有年 五八・一六五
陳存 一一七・三三七
陳光照 五八・六一
陳廷桂 五八・一九一
陳廷策 五八・一九七
陳廷颺 五八・二〇三
陳竹壽 五八・一七一
陳兆瑜 五八・六五
陳兆蔭 一一四・一九九
陳兆騏 五八・六九
陳汝咸 五八・一三九
陳汝登 五八・一五五
陳守詒 五八・七三
五八・七七
五八・八一
五八・八五
陳守譽 五八・一〇七
陳安魁 五八・一一九
陳聿昌 五八・一七九
陳圻（字坦園） 五六・二四五
陳圻（字稼荷） 五六・二四九
陳坊 五六・二四一
陳志鋐 五八・二三九
陳甫堂 五八・一八七
陳步瀛 五八・三一七
陳肖儀 五八・二三三
陳見聖 五八・二五一
陳作相 五八・一八一
陳伯平 一一六・二五九
陳希恕 五八・二三九
陳奐 五六・二五三

五六・二六七
五六・二七一
五六・二七七
陳沅 五六・二八一
陳宏謀 五八・二〇九
五八・二二三
陳良玉 五八・二五五
一一七・三七五
陳良謨 五八・二五九
陳良翼 一一四・一六三
陳初哲 五八・二四三
陳君寵 一一六・四二一
陳奉玆 五八・二七九
陳長生 五八・三四三
陳長吉 五八・三四七
陳長湖 五八・三五七
陳長孺 一一七・四二五
陳坦 五六・三〇九
陳其鋭 五八・二七三
陳英 五六・三二三
陳來學 五八・二六七
陳東明 五八・三二三
陳協中 五八・二七七
陳昌泗 五八・三〇三
陳昌紳 五八・三〇七
陳昌齊 五八・三一一
陳昂 五六・三〇一
陳典 五六・二八九
陳忠 五六・三一九
陳金 五六・二九三
陳炘煜 五八・三二九
陳法 一一五・二二一
陳法乾 一一五・二四七
陳宗元 五八・二八五
陳宗 五六・三〇七
陳宗江 五八・二八九
陳宗源 五八・二九九
陳宗誼 五八・二九五
陳承梗 五八・三三七
陳函輝 一一五・三五五
陳珍 一一六・六九
陳柄德 五八・三八五
陳貞慧 五九・二五
五九・三三
五九・三九
一一六・三一九
陳秋田 五九・一
陳禹謨 五八・三六一

陳亮世　五八・三六九
陳庭學　五九・五五
陳恒山　五九・四七
陳炳　一一六・一一五
陳炳文　一一六・一一五
陳炳極　五八・三九五
陳洪綬　五八・三七三
一一四・二三五
一一六・三一九
陳洪範　五八・三七九
陳祖範　五九・三
五九・九
五九・二一
陳泰熙　五九・七一
陳起龍　五九・一〇五
陳起龍　五九・九九

陳耿光　五九・八七
陳恭尹　一一六・三一九
陳晋　五六・三三三
陳烈新　五九・七五
五九・八三
陳振英　五九・九一
陳振孫　一一七・二六七
陳時　五六・三三七
陳時臨　五九・九三
陳恩壽　五九・六一
陳師泰　一一七・一〇五
陳逢午　五九・一三三
陳家騄　五九・四九
陳祜　五六・三四九
陳書　五六・三五九
陳純來　一一五・三七一

陳執齋　五九・二二一
陳基　五六・三三九
陳基命　五九・一一五
陳黄中　五九・一四七
五九・一五一
陳梅　五六・三四三
陳冕　五六・三六七
陳偕燦　五九・一一一
陳偉琳　五九・一八三
陳啓泰　五九・一二五
陳紹　五六・三五三
陳紹虞　五九・一二九
陳琮　五七・五
陳達夫　五九・二三九
陳達　五七・二五
陳萬里　五九・三一九

陳萬盛 五九・三三五
陳葆真 一一六・四二九
陳朝典 五九・二二七
陳雲岐 五九・二四三
陳揆 五七・一
陳鼎霈 六〇・一
陳開基（字志勛） 五九・二五一
陳開基（字企韓） 五九・二五九
陳遇清 五九・三二九
陳景星 五九・二〇九
陳景純 五九・二一七
陳景雲 五九・二一三
陳景雍 五九・二二一
陳智泉 五九・二〇七
陳喬森 五九・一五七
陳喬樅 五九・一六五

陳欽光 五九・二四五
陳舜俞 五九・一九七
陳詔 五七・一九
陳善 五六・三六三
陳善詒 五九・一九一
陳道 五七・九三
五七・一〇九
陳曾夔 五九・一八九
陳湜 五六・三七一
陳登華 五九・二三三
陳瑚 五七・五九
陳瑒 五七・五三
陳瑋 五七・一三九
陳瑄 一一五・二五三
陳塏 五七・二九
陳聖修 五九・二九七

五九・三〇三
陳夢琴 五九・三一五
陳夢說 五九・三〇七
陳輅 五七・一三三
陳煦 五七・三九
陳嗣虞 五九・二六九
陳蜀庵 五九・二九一
陳傳奎 五九・一七一
陳傳焯 五九・一七七
陳詵 五七・一二七
陳新 五七・四五
陳新楷 五九・二七七
陳源兗 五九・二八一
五九・二八三
陳福 五七・六七
五七・七三

陳經 五七・八五
五七・八九
陳壽存 五九・三三五
陳壽祺(字恭甫) 五九・三三九
五九・三五一
五九・三五七
五九・三六三
陳壽祺(字子穀) 一一六・一九五
陳壽熊 五九・三七三
陳蔚林 六〇・五九
六〇・六三
陳鳴秋 五九・二六三
陳寬居 一一四・二〇九
陳肇英 六〇・一九
陳維之 六〇・七
陳維崧 六〇・一三
一一五・一四五
陳標 五七・一六一
陳賢 五七・二〇三
陳確 五七・一八五
陳震 五七・一七七
陳撰 五七・一五七
陳儀 五七・一四三
陳德梧 六〇・三九
陳德榮 六〇・二一
六〇・三一
陳徵餘 一一四・一九九
陳鋐 五七・一六七
五七・一七三
陳慶 五七・一五一
陳慶門 六〇・四五
陳慶鏞 一一三・二九九
陳潛夫 一一五・三五五
陳履中 六〇・五三
陳豫鍾 六〇・八九
陳璘 五七・一九七
陳樹華 六〇・八五
陳棉 五七・二一一
陳曇 一一七・三七五
陳學奎 六〇・七三
陳學洪 六〇・六七
陳學富 六〇・七五
陳錦榮 六〇・九一
陳穎 五七・二〇七
陳濂 五七・一八一
陳憲曾 六〇・八一
陳聲被 六〇・一一七
陳鍾溪 六〇・一一九

陳應奎 六〇・九五
陳應聘 六〇・九九
陳應鳳 六〇・一〇七
陳鴻 五七・二一五
陳濟鈞 六〇・一〇九
陳禮從 六〇・一一三
陳瓊 五七・二二七
陳馥洲 六〇・一三五
陳鎬 五七・二二一
陳彝鑑 六〇・一三九
陳璽 五七・二二三
陳鏘墀 六〇・二〇七
陳鵬年 六〇・一四五
六〇・一六三
六〇・一七一
六〇・一八一
一一五・二五三
陳類兒 一一七・一四七
陳蘭祥 六〇・二三三
陳蘭瑞 六〇・二四一
六〇・二四五
陳爔唐 六〇・二二七
陳寶泉 六〇・二一一
陳寶儉 六〇・二一七
陳寶璐 六〇・二二三
陳繼昌 六〇・二五一
陳鶴 五七・二三一
五七・二三五
陳鶴書 六〇・二五七
陳鶴齡 六〇・二六五
陳霽學 六〇・二六九
陳體芳 六〇・二七三
陳麟詩 六〇・二七九
陳觀 五七・二五一
陳觀酉 六〇・二八三
陳黌舉 六〇・二八七
六〇・二九三
陳驥 五七・二五七
陳鑾 五七・二六三
陶元淳 六〇・三一七
陶日襄 六〇・三三七
陶文烝 六〇・三二七
陶方琦 六〇・三三一
一一六・一三三
陶正祥 六〇・三四一
陶正靖 六〇・三四五
六〇・三四九
陶必成 六〇・三五七

陶廷塀 六〇・三七三
陶兆麐 六〇・三六一
陶克讓 六〇・三六七
陶宏樸 六〇・三七九
陶其愫 六〇・三九三
陶秉禮 六〇・三八一
陶金諧 六〇・三八五
陶泓 六〇・二九九
陶定山 六一・一
陶承潞 六一・五
陶恩培 六一・三一
陶朗先 六一・一五
　　　六一・一九
陶紹景 六一・四三
陶復 一一六・三一九
陶緒濟 六一・四七

陶慶怡 六一・五一
陶澍 六〇・三〇三
陶窳 六〇・三〇九
陶鏡瑩 六一・五七
姬文胤 六一・六一
姬廷實 六一・六九
桑天顯 六一・七三
孫九同 四九・三五三
孫士毅 四九・三七一
　　　四九・三八三
孫大剛 四九・三六一
孫上驤 五〇・一
孫之滂 四九・三五七
孫元凱 五〇・七
孫曰秉 五〇・一一
孫文徵 五〇・一九

孫玉堂 五〇・四九
孫世均 五〇・二五
孫立 四九・二三三
孫必顯 五〇・四一
孫永清 五〇・二九
孫永慶 五〇・三七
孫芝澤 五〇・一四九
孫在豐 五〇・六七
孫光宗 五〇・五三
孫廷冕 一一四・一四五
孫廷貴 五〇・八七
孫廷詮 五〇・八九
孫廷璋 一一六・一九五
孫廷鐸 五〇・九九
孫兆鯨 五〇・五九
孫汝鵬 五〇・六三

孫志祖 五〇・一三九
五〇・一四五
孫芳蓉 五〇・三二三
孫辰東 五〇・一五一
孫佐標 五〇・八三
孫作 四九・二三九
孫伯棠 五〇・七九
孫希旦 五〇・一〇五
孫希曾 五〇・一一五
孫含中 五〇・一五七
孫林 四九・二四五
孫枝生 五〇・一六三
五〇・一七一
孫奇峰 五〇・三一三
五〇・三一九
孫尚德 五〇・三〇五
孫昌凱 五〇・三〇一
孫明 四九・二四一
孫念劬 五〇・三二七
孫宗濂 五〇・三〇七
孫承宗 五〇・一七九
五〇・二九一
五〇・二九七
孫星衍 五〇・三四一
孫昭 四九・二五一
孫祖鐸 五〇・三六三
孫泰 四九・二五五
孫泰溶 五〇・三八一
孫原湘 五〇・三六九
五〇・三七五
孫逢淵 五〇・三八七
孫家治 五〇・三三一
孫家鼒 五〇・三三七
孫理 四九・二六七
孫爽 四九・二五九
孫淳 一一四・一三九
孫琴書 五一・三七
孫琪 四九・二七一
孫葆元 五一・七三
孫葆恬 五一・八一
孫朝楝 五〇・三九七
孫雲球 五〇・三九三
孫貽穀 五一・一三
孫鼎臣 五一・二一
孫詒經 五一・一
孫詒讓 五一・七
孫夢逵 五一・八七
孫傳庭 五一・一九

孫傳奭　五一·三三
孫賒　四九·二七七
孫福海　五一·三九
　五一·四九
孫福謙　五一·六七
孫經　一一四·一四一
孫經世　五一·二〇五
孫嘉淦　五一·一二一
　五一·一三九
　五一·一四七
　五一·一六三
孫嘉樂　五一·一六九
孫嘉績　五一·一七五
　五一·一八一
孫爾準　五一·九三
　五一·九九
　五一·一〇三
孫鳳翔　五一·二一七
孫韶　四九·二八五
孫維夏　五一·一九五
孫維龍　五一·一九九
　一一五·三九三
孫慧基　五一·二二五
孫鞏　四九·二九七
孫蕡　四九·三一三
孫磏　四九·二九三
孫調元　五一·二三三
孫澐　四九·二八九
孫緯　一一四·一四一
孫璟　四九·三〇七
孫樹　四九·三〇一
孫勵　四九·三一一
孫學顏　一一六·一七九
孫錫輅　五一·二三五
孫應奎　一一六·二七三
孫應鰲　五一·二四一
孫續端　五一·二六九
孫鎬　四九·三一七
孫轔　一一七·一〇五
孫鏘鳴　五一·二四七
孫瀛　四九·三二七
孫寶仍　五一·二五三
孫寶書　五一·二五九
孫繼　四九·三三一
孫讓　四九·三四三
　四九·三四九
孫灝　四九·三三七
納蘭性德　六一·七九

六一·九三
六一·一〇三
六一·一一三

十一畫

理安和　七七·一三一
勒保　六五·三五一
黃乙生　六六·一二七
六六·一三一
黃大年　六六·一四五
黃大鐘　六六·一五一
黃之傳　六六·一三五
黃之翰　六六·一三九
黃子高　六六·一五九
一一七·三七五
黃元泰　六六·一九一
黃元嘉　六六·一九五
黃公纘　六六·二〇三
黃六鴻　六六·一九七
黃文旦　一一七·一〇五
黃方慶　一一四·二〇九
黃以周　六六·一六五
六六·一七一
黃以炳　六六·一八七
黃以恭　六六·一七七
黃以旂　六六·一八五
黃以巽　六六·一八一
黃孔昭　一一五·三八七
黃玉柱　六六·二三五
黃玉階　一一七·三七五
黃玉衡　六六·二四一
黃正色　一一七·一〇五
黃世發　六六·二一五
黃世綬　六六·二〇九
黃世熺　六六·二一九
黃丕烈　六六·二三五
黃永年　六六·二三九
黃式三　六六·二四五
六六·二四九
六六·二五三
六六·三四一
黃式[illegible]　六六·三四五
黃式穀　六六·三四七
黃至筠　六六·三七一
黃光焯　六六·三五一
黃光榮　六六·三五五
黃廷珍　六六·三八九
黃廷桂　六六·三九三

黃廷幹　六六・三九九
黃汝成　六六・三五九
　　　　六六・三六五
黃圻　六五・三六七
黃芳世　六七・一四一
黃芳度　六七・一四九
黃芳泰　六七・一五三
黃克家　六六・三七九
黃把總　一一五・五七
黃位清　六六・三七七
黃君奬　六六・三八五
黃長君　六七・一六五
黃其林　六七・七
黃林　六五・三八三
黃叔琪　六七・一八一
黃叔燦　六七・一八五

黃尚質　六七・一六九
黃易　六五・三七七
黃忠浩　六七・一二九
黃岡　六五・三七一
黃岡竹　六七・一二五
黃秉中　六七・一
黃念晸　六七・一八九
黃性震　六七・一七五
黃治　六五・三八一
黃宗炎　六七・一七
黃宗會　六七・三一
黃宗鷹　六七・四三
黃宗源　六七・三九
黃宗羲　六七・五三
　　　　六七・八五
黃宗彝　六七・四九

黃定文　六七・九七
黃定齊　六七・一一一
黃定蘭　六七・一一九
黃建中　六七・一九七
黃承吉　六七・二一九
黃春生　六七・二一一
黃迺繡　六七・一九三
黃洪元　六七・二〇五
黃宣　六五・三八五
黃華蕃　六七・三五三
黃華鎬　六七・三五九
黃栻　六六・一
黃桐孫　六七・二四五
黃秩林　六七・二四一
黃師唐　六七・二三九
黃釗　六六・一三

黃訓 六六・七
黃浩 六五・三八九
黃孫懋 六七・二三一
黃培芳 一一七・三七五
黃梧 六六・一九
黃堂 六六・二五
黃晞 六六・一五
黃冕 六六・三一
黃得功 六七・二五一
黃煥華 六七・二五七
六七・三七七
黃淳熙 六七・二五九
六七・二六三
黃淳耀 六七・二七一
一一四・七九
黃習溶 六七・二八五

黃紹垚 六七・二七五
黃越 六六・三七
黃葆素 六八・五
黃惠堂 六七・三三三
黃景仁 六七・三一九
六七・三二五
黃尊古 六七・二九一
黃尊素 六七・二九七
六七・三〇九
黃道恕 六八・九
黃湘南 六七・三三七
黃運泰 六八・一三
黃登賢 六七・三四一
黃遠埴 六七・三六五
黃虞世 六八・一
黃照臨 六七・三八一

黃嗣翊 六七・三六九
黃韡 一一六・五五
黃煇 六六・四一
黃壽 六六・五一
黃輔辰 六八・六七
六八・七五
黃輔相 六八・四三
黃厭 六六・四九
黃爾圭 六八・二一
黃爾悟 六八・二五
黃鳳翽 六八・一二一
黃維垣 六八・三一
黃維煊 六八・三五
黃德華 六八・一三五
黃調鼎 六八・一五五
黃遵憲 六八・一六七

黃潤昌　六八・一三九
黃樹穀　六八・一五九
黃默初　六八・一四三
黃篤恂　一一六・二〇七
黃興仁　六八・一二七
黃興　六六・五五
黃興梧　六八・一三一
黃壆　六六・六五
黃龍驤　六八・一七五
黃璵　六六・七三
黃爵滋　六八・一四九
黃應乾　六八・一七三
黃濬　六六・七一
黃翼升　六八・一八三
黃翼先　六八・一七九
黃翼聖　六八・一九九
　六八・二〇五
黃鎔　六六・七九
黃繩先　六八・二一五
黃鐘（字在東）　六六・八三
　六六・八九
黃鐘（字宏音）　六六・一〇九
黃鐸　六六・一二一
黃鶴　六六・一二五
梅八十　七六・一八一
梅之煥　七六・一八三
梅文鼎　七六・二〇九
　七六・二七五
梅以燕　七六・二〇三
梅立本　七六・二八一
梅志山　七六・二八五
梅春　七六・一六七
梅國楨　七六・二八九
梅清　一一五・一四五
梅堯中　七六・三一五
梅植之　七六・三一九
　七六・三二五
梅烺　七六・一七三
梅蓋南　七六・三二九
梅鉁　七六・一七七
梅錦源　七六・三三三
梅應發　一一四・二三九
曹一士　七四・三五三
曹于汴　七四・三七一
曹大濩　一一七・一〇五
曹大聲　一一七・一〇五
曹山秀　七四・三八一
曹之棟　一一七・一〇五

曹元方　七五・一九
曹不興　一一七・三二九
曹曰英　七五・三三
　　七五・三九
　　七五・四七
曹仁虎　七五・七
　　七五・一五
曹以成　七四・三八五
曹以植　七五・一
曹允昌　七五・二九
曹仙槎　七五・五一
曹秀先　七五・六一
曹孚　七四・三二五
曹尚志　七五・七一
曹宗璠　一一六・三六七
曹南　七四・三二九
曹南金　七五・七三
曹起鳳　七五・七五
曹棻　七四・三四三
曹惟才　七五・八一
曹琪　七四・三三三
曹雲昇　七五・八七
曹蒲先　七五・一一三
曹爾堪　七五・一〇三
曹鳴鶴　七五・九一
曹毓瑛　七五・一一九
曹廣攄　七五・九九
曹綬卿　七五・一〇九
曹德華　七五・一二七
曹銳　七四・三四九
曹學閔　七五・一三七
　　七五・一四五
　　七五・一五三
　　七五・一五九
　　七五・一六一
曹錫寶　七五・一六五
曹穎洙　七五・一七三
曹藍田　七五・一七九
曹應樞　七五・一三三
曹繼祖　七五・一八五
區錫朋　六八・二一九
戚人鏡　七五・二〇一
戚天保　七五・二〇七
戚芸生　七五・二一三
戚杰　七五・一九七
戚朝桂　七五・二一九
戚學標　七五・二二七
盛大鏞　七五・二四一

盛元灝　七五・二五七
盛支焯　七五・二四七
盛星懷　七五・二六一
盛國政　七五・二六九
盛惇大　七五・二七七
盛斯徵　七五・二八九
盛朝勛　七五・二九三
盛森桂　七五・二八三
盛楓　七五・二三一
盛微璵　七五・二九五
盛德　七五・二三五
盛應奎　七五・三〇三
釋雪浪　一一二・三二三
釋雪竇　一一二・三三三
常大淳　七四・二六五
常如楷　七四・二七三
釋常奉　一一二・三一九
常忠　一一七・二〇七
常裕綸　七四・二七七
常熙敬　七四・二七九
常豫　七四・二六一
眭秉衡　七七・一三五
釋野蠶　一一五・一〇五
鄂木順額　七七・一六一
鄂爾泰　七七・一四一
　　七七・一五一
　　七七・一五七
鄂爾霍巴　一一四・三二七
婁文煥　七四・二九七
婁受之　七四・三〇三
婁貴宸　一一七・一四七
婁詩漢　七四・三〇九
　　七四・三一七
婁銹　一一六・四二一
釋唯岑　一一二・三一三
崔子忠　一一四・二三五
崔元森　七四・二〇七
崔甲鍠　七四・二一九
崔旺　七四・一八九
崔華　七四・一九三
崔海寬　七四・二二三
崔景儀　七四・二二七
崔弼　一一七・三七五
崔楹　七四・二〇五
崔煦　一一四・二〇五
崔維雅　七四・二三五
崔緝麟　七四・二三九
崔龍見　七四・二四七

崔應榴　七四・二五五
崔贊襄　七四・二四三
符之合　七七・一七五
符之恒　七七・一七九
符兆熊　七七・一八三
符曾　七七・一六九
魚元傅　七八・一九七
魚侃　七八・一九三
許人杰　七七・二六七
許士杰　七七・二七三
許士柔　七七・二八一
許王家　七七・二九九
許月波　七七・二九七
許正綬　七七・三〇三
許弘勛　七七・三〇七
許成器　七七・三五三
許成麟　七七・三六一
許光治　七七・三一九
許廷佐　七七・三三七
許廷桂　七七・三四三
許如桐　七七・三二三
許扶岡　七七・三四九
許作屏　七七・三三三
許良棟　七七・三二九
許玨　七七・一八九
許青皋　七八・一
許松年　七八・九
許季覺　七八・五
許所望　七八・一七
許庚身　七七・三九一
七七・三九三
七七・三九九
許宗彥　七七・三六七
七七・三七七
許宗源　七七・三八七
許承志　七八・二五
許貞　七七・二〇三
許保清　七八・三五
許信孚　七八・三一
許恒　七七・一九五
許祖京　七八・四一
七八・四七
許都　七七・二一九
許恭壽　七八・六九
許悅成　七八・六五
許涵度　七八・七三
許紹錦　七八・八一
許琦　七七・二三九

許瑄	七七・二二三
許堯堂	七八・八九
許鼎	七七・二三五
許鼎霖	七八・一四一
許景文	七八・九五
許景澄	七八・九七
	七八・一〇五
	七八・一一五
許敦胄	七八・一二五
許曾裕	七八・一二一
許嗣茅	七八・一三三
許徽三	七八・一二九
許瑤光	七八・一三七
許槤	七七・二四七
許榮祖	一一六・二〇七
許維清	七八・一四七
許穆宗	七八・一六七
許學夷	七八・一五三
許學范	七八・一五五
許學歐	七八・一六一
許錞身	七八・一七一
	七八・一七九
許懋昭	七八・一八五
許燦	七七・二五七
許鎬	七七・二六三
許寶善	七八・一八九
麻允光	七八・二三三
康有爲	七四・六九
康杰	七四・六一
康基淵	七四・一二九
康國器	七四・一一九
康紹鏞	七四・一三九
	七四・一五一
康壽桐	七四・一七三
康廣仁	一一六・二三一
鹿善繼	七八・二〇一
鹿邁祖	七八・二一九
章士熊	七六・三六三
章大澤	七六・三六九
章大豐	七六・三七七
	七六・三八一
	七六・三九一
章正宸	七七・一
	七七・一一
	七七・二一
	一一六・三一九
章永康	七七・二七
章廷幹	七七・三九

章冲 一一七・二六七
章汝梅 七七・三一
章其修 七七・四三
章尚絅 七七・四七
章果 七六・三四三
章宗源 七七・五九
章思培 七七・七三
章亮撝 七七・六三
章冠鏊 七七・六七
章桂慶 七七・七七
章高元 七七・八一
章棠 七六・三四七
章夢斗 七七・八七
七七・九一
章壽康 七七・九五
章適翰 七七・一一一
章學誠 七七・一〇五
章錦麟 七七・一一五
章諺 七六・三五七
章憲 七六・三五三
章攀桂 七七・一二三
章觀方 七七・一二九
商盤 六八・二二五
六八・二三一
梁九 七五・三〇九
梁上國 七五・三二七
梁天爵 七五・三三五
梁元 七五・三一一
梁化鳳 七五・三四一
梁文濂 七五・三七九
梁以樟 七五・三七一
梁世師 七五・三八七
梁本恭 七五・三九七
梁生甲 七五・三九一
梁同書 七六・一
七六・一一
梁秀 七五・三一五
梁佩蘭 七六・二五
梁洪勝 七六・二九
梁祖緒 七六・三五
梁國成 七六・三九
梁國治 七六・四三
七六・五一
梁啓心 七六・五五
梁啓超 七六・六一
梁紹獻 七六・七一
梁雲程 七六・九三
梁景先 七六・七七

梁景陽　七六・八一
梁夢龍　七六・一三三
梁詩正　七六・九七
　七六・一一三
梁熙　七五・三一九
梁漢鵬　七六・一三一
梁維樞　七六・一四五
梁履繩　七六・一五三
　七六・一五九
梁樹功　七六・一六三
寇慎　七四・一七七
釋密雲　一一二・三三七
尉繼蓮　七四・二八三
屠玉基　七四・二八五
屠邦瑞　七四・二八九
屠安世　一一五・三四九
屠南琛　七四・二九五
　一一六・四一五
屠獻宸　一一四・二四一
張一山　六九・三一三
張二官　六九・三三三
張九宜　一一四・二二一
張九思　一一四・二二一
張九徵　六九・三四七
張干載　一一六・二九三
張士元　六九・三六三
　六九・三六九
張士珩　六九・三七三
張士棻　六九・三八五
張士隆　六九・三七九
張士塤　六九・三八九
張士範　六九・三九五
張大亨　一一七・二六七
張大侃　六九・四〇七
張大受　六九・四〇一
張大復　七〇・一
張大鵬　七〇・七
張之洞　六九・三三一
　六九・三三九
張之堪　六九・三四一
張井　六八・二三五
張天錫　七〇・七九
張元沖　七〇・八五
張元忭　一一六・二七三
張元翰　七〇・九三
　七〇・九九
張五權　七〇・一九
張不二　一一六・三一九

張友仁　七〇・一〇五
張友德　一一四・二三七
張中孚　七〇・一一
張中和　一一四・二三三
張中泰　一一四・二三三
張午亭　七〇・一五
張仁黼　七〇・三一
　　　　七〇・三七
　　　　七〇・六一
張化英　七〇・二三
張介祉　七〇・六七
張介賓　七〇・七一
張月霄　一一六・三九五
張文奇（字元正）　七〇・一一三
張文奇（字蔚田）　七〇・一一九
張文虎（字偉人）　七〇・一二七

張文虎（字孟彪）　七〇・一三一
張文齡　七〇・一三七
張以誥　七〇・七五
張予焯　七〇・一一一
張孔孫　一一五・二五三
張玉樹　一一五・四三九
張正吉　七〇・一九五
張世俊　七〇・一六一
張世偉　七〇・一六五
張世鈿　七〇・一七一
　　　　七〇・一七五
張世鶚　七〇・一八九
張本　六八・二四三
張丙厚　七〇・一四一
張丙震　七〇・一四七
張丙謙　七〇・一五五

張四教　七〇・二一七
張四箴　七〇・二一三
張印塘　七〇・二〇五
張永祚　七〇・二〇一
張民感　七〇・二三一
　　　　七〇・二三五
張召華　七〇・二二五
張邦樞　七一・一〇五
張邦緯　七一・一〇九
張吉安　七〇・二九五
　　　　七〇・二九九
　　　　七〇・三一三
　　　　七〇・三三三
張芑　一一七・一七五
張有　一一七・二六七
張成沚　七一・七七

張成泮　七一・七九
張成湄　七一・八七
張成滄　七一・八三
張光球　七〇・二五三
張光雲　七〇・二五九
張光復　七〇・二六三
張先　一一七・二六七
張廷玉　七一・三三
張廷瑑　七一・五七
　七一・六三
張廷賓　一一六・三一九
張廷綬　七一・五三
張廷璜　七一・四三
張廷璇　七一・七一
張廷標　一一四・二一七
張廷璧　七一・六九
張自信　七〇・二四一
張自超　一一五・三七五
張兆楝　七〇・二七七
張兆楷　七〇・二七一
張名振　七〇・三三一
張多　六八・二五三
張次仲　七〇・二八九
張江　六八・二五七
張汝霖　七〇・三四九
張如蘭　七〇・三四一
張芾　六八・三四九
張克嶷　七一・二七
張杉　六八・二七一
張杓　六八・二八一
　六八・二八五
張見龍　七一・九九
張利民　一一六・三一九
張利璜　七一・二三
張我佩　七一・九一
張作楠　七一・一一
張伯行　七〇・三五五
　七〇・三六一
　七〇・三九七
　一一五・二五三
張位中　七一・一
張含惺　七一・一九七
張彤　六八・二六五
張亨嘉　七一・一五
張辛　六八・二九三
張坦　六八・三〇一
張坦熊　七一・二〇七
張其恂　七一・二〇五

張若盼 七二・一三
張若泌 七二・五
張若筠 七二・一七
張若需 七二・二一
張若霖 七二・二七
張若瀛 七二・五五
張若靄 七二・三一
張茂蘭 七二・六一
張英 六八・三六一
張松孫 七一・三一一
張述燕 七二・六九
張肯堂 七一・二八一
七一・三〇七
張尚友 七一・二三七
張明俊 七一・二六一
七一・二六五
張明勛 七一・二七一
張和修 七一・三一七
張季公 七一・二四三
張岳崧 七一・二二七
張岱 一一六・三一九
張侗 六八・二九七
張佩芳 七一・一一三
張佩綸 七一・一八一
張金元 一一五・六七
張金吾 七一・一九三
張肱 六八・三二一
張怡 六八・三〇九
張定遠 七一・二三三
張建斗 七一・三四五
張居正 七一・一九一
張承華 七一・二四九
張承寵 七一・二五七
張奏勛 七一・三八五
張玳 六八・三三七
張南齡 七一・三四一
張映奎 一一三・三六一
張思旬 七一・三八一
張保慈 七一・三三五
張禹玉 七一・三二三
張後灝 七一・三四九
張弁之 七一・三三一
張度 六八・三二三
張炳 六八・三三一
張炳文 一一七・三七五
張炳杰 七一・三七五
張洛 六八・三一三
張津 六八・三四三

張祖培 一一四・二二九
張祖基 七一・三八九
七一・三九三
張珽 六八・三九七
張起 六八・三七一
張晉暹 七二・七五
張連登 七二・二四五
張振基 七二・八九
張振乾 七二・九三
七二・九九
張振夔 七二・一〇五
七二・一一三
張師載 一一五・二五三
張衷愫 七二・一
張烒 六八・三八一
張浩 六八・三七七

張海珊 七二・一一七
七二・一二一
張海鵬 七二・一二五
張家珍 七一・三五五
張家政 七一・三五三
張祥晋 七二・一三三
張書紳 七二・八三
張通典 七二・二三九
張培基 七二・一七五
張梯 六八・三八九
張盛愷 七二・三二三
張問明 一一七・一〇五
張國本 七二・一三九
張國賓 七二・一四五
張國維 一一五・二五三
張國樑 七二・一五三

七二・一六一
張國錦 七二・一四九
張敏求 七二・二〇九
張進諫 七二・三三五
張象乾 七二・三四七
張淑旺 七二・一八七
張淮 一一四・二一七
張淦 六八・三八七
張啓辰 七二・一九一
張啓煊 七二・一九九
張啓鵬 七二・二〇三
張紱 六八・四〇一
張紹華 七二・二三五
張紹渠 七二・二三一
張紹棠 七二・二一一
七二・二二一

七二・二二五
張琴 六九・五三
張瑛 六九・一〇一
張琳 六九・五七
張琦 六九・一五
六九・二九
六九・三五
六九・三九
六九・四五
六九・四九
張堯封 七二・一八三
張超英 七二・三三一
張達 六九・六三
張尊盛 七三・四五
張敬用 七三・三一
張朝晋 七二・三一一
張朝宷 七二・三〇五
張惠 六九・七
張惠言 七二・二八九
七二・二九五
一一五・一八三
張雲章 七二・三五一
張雲璈 七二・三五七
七二・三六一
張鼎 六九・一四三
張鼎延 七三・九七
張開士 七二・三六七
張開運 七二・三七一
張遇春 七三・五一
張景義 七二・三〇三
張景熙 七二・二九九
張勛 六九・六七
張嵒 六八・四〇七
張爲仁 七一・三六一
張爲鈞 七一・三七一
張敦頤 七二・二六一
張斌 六九・一三
張愉 六九・一
張善準 七二・二七七
七二・二八一
張曾份 七二・二五一
張曾敞 七二・二五五
張焜芳 七二・三一九
張瑗 六九・一〇五
張瑄 六九・九五
張遠憲 七三・一二三
張遠覽 七二・三四一
張蓋 六九・一四一

張蔭穀　七三・二一七
　　　　七三・二二一
張楚生　七三・三五
張楷　六九・九一
張楹　六九・八七
張嗣陶　七二・三七七
張傳誥　一一五・一七
張煜　六九・八一
張煌言　七三・一
張漣　六八・三二七
　　　六九・一三七
張福僖　七三・四一
張際亮　七三・六五
　　　　一一四・一一五
張嘉永　七三・七三
張嘉玲　七三・七七
張墉　六九・一一一
張壽榮　七三・九三
張熙　六九・一六一
張熙純　七三・二一三
張模　六九・一七一
張槤　六九・一六七
張爾岐　七三・八五
　　　　七三・八九
張爾忠　七三・八一
張嵿　六九・一一九
張僧繇　一一七・三二九
張銓　六九・一七七
張銓慶　七三・五五
張銘盤　七三・一一五
張鳳孫　七三・一二七
張鳳雍　七三・一三三
張鳳儀　七三・一三七
張韶聞　七三・一一七
張緒　一一七・七九
張維垣　七三・一〇五
張維屏　七三・一〇九
張遺　一一六・三一九
張範　六九・一九九
張德純　七三・二〇一
張鋗　六九・一八一
張慶成　七三・二〇五
張澍　六九・七五
張潮（字蓀華）　六九・一四九
張潮（字秋颿）　六九・一五七
張履素　七三・一九一
張履祥　七三・一七一
　　　　七三・一七五

七三・一七九
七三・一八三
七三・一八七
張履端　七三・一九五
張燕譽　七三・二三七
張樹珊　七三・二四一
七三・二四五
七三・二五一
張樹錡　七三・二七五
張樹聲　七三・二八一
七三・二九一
張霖　六九・二三一
張穆　六九・一九一
張興宗　七三・一四一
張興家　七三・一六七
張興詩　七三・一五七
張學尹　七三・二二七
張錫采　一一四・二三九
張錫庚　七三・三〇九
張錫璁　七三・三一五
張錫衡　七三・三一九
張錫嶸　七三・三二三
七三・三二七
張錫爵　七三・三三一
張錦芳　七三・三三五
張錦麟　七三・三四一
張謀璧　七三・三〇一
張龍德　七三・三四九
張劑堂　七三・三四五
張羲年　一一七・四三一
張熷　六九・一八七
張翯　六九・二〇五
張縉　六九・一九三
張聰咸　七三・三七七
張聰賢　七三・三八一
張聰賢　七三・三八七
張聯桂　七三・三八九
張懋畿　七三・三五七
張黼　六九・二四一
張鎡　六九・二七五
張應舉　七三・三五三
張燮　六九・二三五
張璿華　七三・三七一
張瞻洛　七三・三六三
張曜　六九・二四七
六九・二六七
張鎮　六九・二六九
張鎮華　七三・三九九

張璽　六九・二七九
張蟾賓　七四・四一
張鵬　六九・二八七
張鵬翀　七四・三
　　七四・一
張鵬翮　七四・一一
　　七四・二七
　　七四・三三
　　一一五・二五三
張鵬翼　七四・三七
張瀚　六九・二一三
張蘭　六九・二九九
張寶蕚　一一四・二三一
張繼庚　七四・四五
　　七四・四九
張繼倫　七四・五三
張繼德　七四・五九
張鐸　六九・三〇一
　　六九・三〇五
張鑑　六九・三一一
張鑽　一一六・四一五
巢鳴盛　一一三・三九一
　　一一六・三一九
巢震林　七五・一九一

十二畫

瑛寶　一一四・二五五
項九皋　一一四・二七三
項灯　八六・三九
項林皋　一一四・二七三
項晉藩　八六・四五
項斯　八六・四三
項景襄　八六・五三
　　八六・六三
項傅霖　一一四・二六一
　　一一四・二六七
項穆之　八六・七三
項霽　一一四・二六一
　　一一四・二六七
博羅里　七九・一一
彭三元　七九・二六九
彭元鴻　七九・二七一
彭玉麟　七九・二八五
　　七九・三一一
　　七九・三一三
彭世芳　七九・二七三
彭永思　七九・二七七
彭而述　八〇・二三

彭行先	八〇・一
彭兆蓀	八〇・一一
彭如幹	八〇・一七
彭見綬	八〇・五五
彭佑	七九・二三三
彭希洛	八〇・三五
彭希韓	八〇・四一
彭希韓	八〇・四七
彭洋中	八〇・六一
彭祖賢	八〇・六九
彭泰亨	八〇・八一
彭振標	八〇・七七
彭通	七九・二四三
彭淑	七九・二三九
彭啓昆	八〇・八三
彭啓豐	八〇・八九
	八〇・九五
	八〇・一〇一
彭紹謙	八〇・一二五
彭紹觀	八〇・一三一
彭喈亭	八〇・一三五
彭舒萼	八〇・一三九
彭遐齡	八〇・一五七
彭福壽	八〇・一五三
彭嘉玉	八〇・一六一
彭翥	七九・二四五
彭毓宗	八〇・一六三
彭鴻恩	八〇・一六七
彭禮	七九・二四九
彭績	七九・二五三
	七九・二五五
彭蘊輝	八〇・一七一
彭鵬	七九・二五九
彭麟官	八〇・一七五
釋達天	一一二・三六一
達什巴	八〇・一七九
達成榮	八〇・一八一
釋達受	一一五・一〇九
達思虎	八〇・一八五
葉大焯	八〇・二九五
葉小鸞	八〇・二九九
葉子奇	八〇・三〇七
葉元符	八〇・三〇九
葉元墀	八〇・三一五
葉文麟	八〇・三二一
葉方恒	一一五・二五三
葉世倬	八〇・三二七
葉世經	八〇・三三九

葉申萬 八〇・三四五
葉成忠 八〇・三六五
葉廷甲 八〇・三五九
葉名琛 八〇・三五一
葉均 八〇・一九一
葉秀荃 八〇・三七三
葉其蓁 八〇・三八五
葉茂才 八一・一
葉英 八〇・二〇五
葉佩蓀 八〇・三七九
葉封 八〇・一九五
葉映榴 八〇・三九三
一一七・一七五
葉修昌 八〇・三八七
葉庭鑾 八一・七
葉振名 一一六・三一九

葉培祖 八一・一一
葉瑞廷 八一・一五
葉夢龍 八一・一九
八一・二七
葉蔭昉 八一・五三
葉槐 八〇・二四七
葉新 八〇・二一一
葉慎 八〇・二三一
葉煒(字允光) 八〇・二三五
葉煒(字松石) 八〇・二四一
葉維庚 八一・三三
葉維藩 八一・四三
葉履鏞 八一・四九
葉燕 八〇・二六九
葉樹滋 八一・七一
葉樹蓮 八一・六七

葉樹聲 八一・七七
葉機 八〇・二五五
八〇・二六一
葉錦文 八一・八三
葉憲祖 八一・六一
葉謙 八〇・二七九
葉應 八〇・二六五
葉燮 八〇・二七三
葉翼雲 八一・八九
葉藩 八〇・二八五
葉斆 八〇・二九一
葉繼雯 八一・九七
萬方焜 八一・一一七
萬邦孚 八一・一二七
萬光泰 八一・一二三
釋萬安 一一三・一一三

萬承勛	八一·一三九
萬承蒼	八一·一三三
萬泰	八一·一〇三
萬恭	一一五·二五三
萬國樞	八一·一四五
萬斯大	八一·一六五
	一一六·三一九
萬斯同	八一·一七一
	八一·一七七
	八一·一八五
	八一·一八九
萬經	八一·一〇九
萬壽祺	八一·一九七
萬德華	八一·二〇三
萬應奎	八一·二〇七
	八一·二一三
葛士巽	八一·二四五
葛大賓	八一·二四九
葛玉書	八一·二五五
葛立方	一一七·二六七
葛沛	八一·二一九
葛金烺	八一·二五九
葛思特	八一·二六五
葛恒	八一·二三三
葛晉昌	八一·二六九
葛煥斗	八一·二七三
葛朝	八一·二三七
葛雲蓮	八一·二八七
葛雲門	八一·二七七
葛雲飛	八一·二七九
葛肇基	八一·二九三
	八一·二九九
葛震	八一·二三五
葛德潤	八一·三〇七
葛龍光	八一·三一一
葛寶華	八一·三一七
董士錫	八一·三五五
董大鯤	八一·三六一
董天弼	八一·三六七
董允霦	八一·三七五
董允霨	八一·三八一
董正國	八二·一
董丙元	八一·三八七
董永昌	八二·五
董守諭	八二·一一
董志寧	八二·一三
董宏毅	八二·一九
董秉忠	八二·三一

董承琨　八二・三七
董祐誠　八二・四一
董華鐙　八二・七七
董時彥　八二・四七
董家麐　八二・五三
董教增　八二・六七
董淑昌　八二・五七
董達章　八二・八三
董斯壽　八二・七三
董瑞生　八二・八七
董戩　一一七・四五
董楚材　八二・九一
董慎言　一一六・一三三
董誥　八一・三二五
　　八一・三四九
董德欽　一一四・二四一

董劍鍔　八二・九七
董澐　一一六・二七三
董耀先　八二・一〇五
惠士奇　八二・一三九
惠棟　八二・一一一
　　八二・一一七
惠顯　八二・一三五
雲閒　一一二・三八三
釋雲溪　一一二・三八九
釋量雲　一一五・一〇九
閔永欽　八六・一三
閔自洙　八六・一七
閔牧齋　八六・二三
閔振武　八六・二五
閔振瀚　八六・三一
閔道隆　八六・三五

釋蛤庵　一一二・三六七
單之珩　七九・一五三
單炤　七九・一四一
單烺　七九・一四九
單渠　七九・一四三
喻少瀛　七九・一七
喻本義　七九・二三
喻恭和　七九・二七
喻寶忠　七九・三三
釋無凡　一一二・三五一
釋智元　一一二・三五九
嵇文揆　七九・二〇五
嵇永仁　七九・二〇九
　　一一六・四七
嵇有慶　七九・二一五
嵇曾筠　七九・二三一

	一一五·二五三
嵇璜	七九·一八七
	七九·一九七
	七九·二〇一
程士琦	八四·一七一
程之鴻	八四·一六七
程元基	八四·一七七
程文德	一一六·六三
程文邃	八四·一八一
程世顯	八四·一八七
程令儀	八四·一九三
程成標	八四·二六七
程光烈	八四·一九九
程廷祚	八四·二三三
	八四·二三九
程廷桓	八四·二四五
程廷獻	八四·二四九
程兆棟	八四·二〇五
程志洛	八四·二五五
	八四·二五九
程志銓	八四·二六三
程杞	八四·八三
程利川	八四·二三一
程良規	一一七·一〇五
程若容	八四·二八七
程茂	八四·九九
秤卓梁	八四·二七一
程尚友	八四·二八五
程昌	八四·九三
程佶	八四·八七
程京萼	八四·二一三
程貞	八四·九七
程晉芳	八四·二九一
	八四·二九七
程振甲	八四·三三三
程致煌	八四·三一三
程恩煦	一一六·一五
程恩澤	八四·三〇一
程浚	八四·一〇三
程堂	八四·一一三
程國仁	八四·三一七
程國明	八四·三三七
程符	八四·一三一
程密	八四·一〇七
程啓忻	八四·三三七
程紱	八四·一一七
程紹	八四·一二一
程斯覺	八四·三四九

程雲翔	八四·三五九
程開豐	八四·三五三
程御龍	八四·三四一
程復心	八四·三四五
程楚芳	一一五·四四九
程嗣立	八四·三六五
程嗣章	八四·三六九
程猷	八四·一三五
程嘉讚	八四·三七三
程熙增	八四·三八三
程增	八四·一三九
程德賚	八五·一
程慶治	一一六·一五
程慶餘	八四·三八九
	八四·三九三
程學本	八五·五
程學伊	八五·一一
程學啓	八五·一五
	八五·二七
程學權	八五·三五
程駿	八四·一五三
程瀫	八四·一四五
程襄龍	八五·五五
程應科	八五·三七
程應鍾	八五·四一
程夔	八四·一四九
程鴻緒	八五·四七
程燾	八四·一五七
程燿采	一一六·一三三
程巖	八四·一六一
喬士宗	七九·八九
喬玉蟾	七九·九九
喬世臣	七九·九三
喬邦哲	七九·一〇三
喬汲	七九·四九
喬重秷	七九·一〇九
喬洤	七九·五三
喬珥保	七九·一一三
喬萊	七九·五七
	七九·七一
喬崇讓	七九·一一七
喬椿齡	七九·一三一
	一一三·四〇七
喬億	七九·七九
喬德謙	七九·一二五
喬樹枏	七九·一三五
喬夔	七九·八三
答禄與權	八五·一〇三

傅山 七八・二二九
一一四・四三
傅弘烈 七八・二八九
七八・三一三
傅自銘 七八・三二七
傅兆祥 七八・三三七
傅汝爲 一一七・一〇五
傅克綏 七八・三四三
傅昌禮 七八・三四七
傅岱 七八・二三七
七八・二四三
傅奕豐 七八・三五一
傅家珍 七八・三五七
傅家楠 七八・三五九
傅宬 七八・二五一
傅恕 七八・二四九

傅清 七八・二六一
傅淦 七八・二六九
傅鼎基 七八・三八七
傅誠 七八・二七五
傅新德 七八・三七九
傅鼐 七八・二八三
傅羹梅 七八・三六三
七八・三六九
七八・三七三
焦存兒 八三・一〇九
焦芳 八三・四一
焦炳 八三・五三
焦率祖 八三・一一三
焦蔥 八三・七七
八三・八三
八三・九三

焦循 八三・五七
八三・七五
焦毓瑞 八三・一一九
舒化民 八五・六三
舒佐堯 八五・七一
舒位 八五・五九
舒采願 八五・七五
舒夢齡 八五・八五
舒赫德 八五・八九
鈕宏儒 八五・二八一
鈕亮 八五・二七三
鈕琇 八五・二七七
鈕福海 八五・二八七
釋舜瞿 一一三・一
鄔春林 八五・三〇一
鄔罡 八五・二九三

鄒之嶧　八五・三三三
鄒文蘇　八五・三五三
鄒允颺　八五・三三九
鄒孔搢　八五・三四五
鄒守益　一一六・二七三
鄒伯奇　八五・三六五
鄒昊　八五・三一三
鄒牧　八五・三〇七
鄒炳泰　八五・三六七
鄒卿森　八五・三七三
鄒容　八五・三三一
鄒森　八五・三二五
鄒湘皋　八五・三七九
鄒經　八五・三二九
鄒漢勛　八五・三八五
鄒鍾俊　八五・三八九
鄒應挺　八五・三九九
鄒彝　八五・三三一
鄒麟書　八六・一
　八六・七
鄒觀光　一一七・一
童兆蓉　八四・二七
　八四・四一
　八四・五五
童孝源　八四・六三
童庚年　八四・六七
童華　八四・一九
童能靈　八四・七三
童鈺　八四・二三
　一一五・二四七
童履康　八四・七七
惲子惠　八二・一九一
惲日初　八二・一九五
惲世臨　八二・二〇一
惲本初　八二・二一一
惲秉怡　八二・二一三
惲彥琦　八二・二三三
惲祖翼　八二・二三三
惲格　八二・一五三
惲釜　八二・一五七
惲紹芳　八二・二三九
惲敬　八二・一六一
惲厥初　八二・二四一
惲敷　八二・一七一
惲輪　八二・一八一
惲巍　八二・一八七
惲夔章　八二・二四三
善慶　七九・三七

普爾泰	七九・四一
曾尚增	八二・二六九
曾侗	八二・二五一
曾貞鳳	八二・二九五
曾衍先	八二・二七三
曾紀瑞	八二・二七七
曾紀澤	八二・二八三
曾逢聖	八三・一
曾涉	八二・二五五
曾琇	八二・二五九
曾國葆	八二・三〇一
曾國藩	八二・三〇七
	八二・三三一
	八二・三三九
	八二・三六一
曾朝棟	八三・九
曾朝瀾	八三・一三
曾發祥	一一七・一四七
曾椿年	八三・一七
曾慎	一一七・四三一
曾熙文	八三・二一
曾學寬	八三・二五
曾燠	八二・二六三
曾麟書	八三・二七
曾觀文	八三・三五
勞格	一一六・二二五
勞俶融	七九・一
勞檢	一一六・二二五
勞權	一一六・二二五
馮一第	八六・一四七
	一一六・四二一
馮士載	八六・一五三
馮大山	八六・一五七
馮子材	八六・一六五
馮元颺	八六・一八三
	八六・一九三
馮元飈	八六・二〇三
馮文蔚	八六・二一一
馮玉衡	八六・二二一
馮仕楷	八六・二一五
馮永	一一四・二七七
馮邦棟	八六・二六七
馮有經	一一四・二八三
馮廷丞	八六・二三五
	八六・二四三
	八六・二五一
馮廷櫆	八六・二五九
馮廷獻	一一四・二九三

馮行	八六・七七
馮行貞	八六・二二五
馮作新	八六・二二九
馮沛	八六・八九
馮邵	八六・九五
馮協一	八六・二七九
馮秉彝	八六・二七五
馮佶	八六・八三
馮宗儀	八六・二八七
馮南耕	八六・三三三
馮郯	八六・一〇一
馮俊焯	八六・三三九
馮祖悦	八六・三四三
馮班	一一六・三六七
馮桂芬	八六・三五五
	八六・三六三
馮席	一一四・二七七
馮家浦	八六・三五一
馮鄄	八六・一三七
馮魚山	八六・三七三
馮焌光	八六・三六七
馮達文	八七・一九
馮甦	八六・一二五
馮雲鷺	一一七・一〇五
馮景	八六・一〇七
馮景夏	八六・三八一
馮智懋	八六・三九一
馮復京	八六・三七七
馮夢禎	八七・一
馮夢徵	八七・一一
馮溥	八六・二九三
馮福京	一一四・二九五
馮福基	八七・三九
	八七・四三
	八七・四七
馮經	一一七・三六五
馮經邦	八七・三三
馮壽榕	八七・一三
馮鳴盛	八七・二五
馮端本	八七・五三
馮漢煒	八七・四九
馮德峋	八七・五九
馮壅	八六・一三九
馮應榴	八七・六三
馮鎮鼎	八七・六九
馮讚	一一四・二八三
湯大奎	八三・二八九
	八三・二九七

湯大賓　八三・三〇三
湯元裕　八三・三一五
湯中正　八三・三一一
湯世龍　八三・三一九
湯右曾　八三・三二一
湯自銘　八三・三二七
　　　　八三・三三一
湯修　八三・一三一
湯洽名　八三・三三三
湯偉　一一四・二五一
湯紹恩　八三・三三七
湯勛　八三・一三七
湯敦善　八三・三四三
湯斌　八三・一四五
　　　　八三・一六一
　　　　八三・一八三
　　　　八三・二〇一
　　　　八三・二二九
　　　　八三・二三七
湯淵　八三・一四一
湯裕　八三・二五一
湯新甫　八三・三四九
湯滏　八三・二五九
湯綸　八三・二五五
湯叡　八三・二六九
湯潞　八三・二六五
湯應虬　八三・三五五
湯蠖　八三・二八五
湯鵬　八三・二七三
　　　　八三・二七九
温一貞　八三・三六三
温汝适　八三・三六九
温和鈞　一一三・三六五
温承恭　一一七・三七五
温常綬　八三・三七九
　　　　八三・三八五
温璜　八三・三五七
温德厚　八四・一
温樹洸　八四・九
游晟　八三・一二七
富明阿　七九・一五九
富呢揚阿　七九・一六三
甯二翰　七九・一七五
甯擢　七九・一六九
甯獻賢　七九・一八一
强汝詢　八五・一一一
强琳　八五・一〇七
費大受　八五・一三七

八五・一四一
費元傑　八五・一四五
費良佐　八五・一四九
費宗光　八五・一五三
費俊　八五・一一七
費彥方　八五・一五七
費振勛　八五・一六七
八五・一七五
費密　八五・一二三
費啓昭　八五・一八三
費揚古　八五・一八七
八五・一九三
費鼎成　八五・二〇七
費湘　八五・一二九
費榮春　八五・一九五
八五・二〇一

費緯祉　八五・二一五
費樹楩　八五・二二一
費學曾　八五・二二一
費鐘　八五・一三三
疏枚　八四・一七
賀布索　八五・二三一
賀立群　八五・二三三
賀廷欽　八五・二三七
賀長齡　八五・二三九
賀廊佐　八五・二四七
賀萬祚　八五・二五一
賀欽　八五・二三五
賀熙齡　八五・二六一
賀德翰　八五・二五五
賀錫珊　八五・二六七

十三畫

瑞春　一一四・三二七
鄢必魁　八七・七九
蓋方泌　八七・八五
蓋希曾　八七・九五
釋蓮筏　一一五・一一三
靳芝亭　九〇・七一
靳治青　九〇・七九
靳高峋　九〇・八三
靳輔　九〇・五三
一一五・二五三
靳榮藩　九〇・八九
夢麟　八七・八七・一
釋蒼雪　一一三・一五
蒯光典　八七・一一一

蒯德模　八七・一一七
　　　　八七・一二五
楊一峰　八七・三三九
楊人傑　八七・三四五
楊三炯　八七・三四九
楊士琦　八七・三五五
楊士熯　一一六・三九五
楊士凝　八七・三六七
楊士聰　八七・三六一
楊元申　八七・三七三
楊元第　八七・三七五
楊日乾　八八・一
楊文軒　八八・七
楊文球　一一五・三六一
楊文乾　八八・九
楊文琦　一一五・三六一
楊文琮　八八・二五
　　　　一一五・三六一
楊文蔚　八八・二九
楊文薦　一一七・一〇五
楊文瓚　一一五・三六一
楊方興　一一五・二五三
楊以增　八七・三八一
　　　　八七・三九一
楊玉相　一一三・四〇三
楊正經　一一六・三一九
楊世清　八八・三三
楊世淦　八八・三九
楊古度　八八・五五
楊旦　八七・一五五
楊禾　八七・一六五
楊仙　八七・一六一
楊永斌　八八・四三
楊永詳　八八・五一
楊有發　八八・一七七
楊光先　八八・八一
　　　　八八・八七
　　　　八八・九一
楊光時　八八・一〇一
楊光照　八八・一〇九
楊同福　八八・一七一
楊廷理　八八・一九九
楊廷望　八八・二〇三
楊任光　八八・六一
楊兆李　八八・六七
楊兆煜　八八・七一
　　　　八八・七五
楊名　一一六・六三

楊名時 八八・一一三
八八・一一七
八八・一二七
八八・一四三
八八・一五九
楊汝楫 八八・一八一
楊汝璉 八八・一八七
楊汝穫 八八・一九一
楊志洵 八八・二一五
楊芳 八七・一七五
八七・一七九
楊芳燦 八八・二五九
八八・二六九
楊希濴 八八・一九五
楊忻 八七・一六九
楊長泰 八八・二七七
楊茂實 八八・三二三
楊述曾 八八・二二五
楊尚文 一一四・三〇七
楊尚志 一一四・三〇七
楊昌泗 八八・二四七
八八・二五三
楊秉紘 八八・二三一
楊岳斌 八八・二八五
楊宗仁 八八・二三五
楊定國 一一三・二六三
楊建 八七・一八五
楊建昭 八八・三〇三
楊貞 八七・一八九
楊昭 八七・二四七
楊思繩 八八・三一三
楊宣之 八八・二九七
楊飛熊 八八・三二九
楊紀元 八八・三一七
楊泰亨 八八・三四七
楊配鑝 八八・三四一
楊振 一一四・三一三
楊峴 八七・一九七
楊乘萬 八八・三三三
楊倫 八七・一九三
楊理範 八八・三六一
楊國柱 八八・三五一
一一四・三一三
楊國棠 八八・三五三
楊國勛 八八・三五七
楊象濟 一一六・一三三
楊深秀 一一六・二三一
楊紹奭 八八・三六五

楊瑛昶 八九·三九
楊彭齡 八八·三七一
楊斯盛 八八·三八一
楊萬選 八九·四五
楊惠甫 八八·三七七
楊揆 八七·二二一
楊鼎元 八九·一一九
楊開秀 八九·七
楊遇春 八九·六七
楊景仁 八八·三八五
楊景昆 八八·三九一
楊景素 八八·三九五
楊凱 八七·二〇一
楊復吉 八八·三六七
楊爲山 八八·三〇七
楊道純 八九·七三

楊湛露 一一六·三一九
楊補 八七·二一九
楊裕深 八九·一
楊塏 八七·二二九
楊勤 八七·二二五
楊夢松 八九·四九
楊夢符 八九·五三
楊椿 八七·二三九
楊楷 八七·二三一
楊感庭 八九·三一
楊摛藻 八九·九七
楊嗣秉 八九·二三
楊傳第 一一六·一三三
楊詩南 八九·六一
楊誠 八七·二〇七
楊新甲 八九·三五

楊雍建 八九·一一
楊煒 八七·二五一
楊漣 八七·二五九
楊際三 八九·八一
楊彙吉 八九·二七
楊䤁 八七·二八一
楊鳳苞 八九·一一五
一一五·四四五
楊端本 八九·一〇三
楊榮緒 八九·九一
楊賓 八七·二八五
楊鼐 八七·三一七
楊維昆 八九·一一三
楊標 八七·二九一
楊稷 八七·二九七
楊銳 一一六·二三一

楊慶槐　八九・一二三
楊澍　八七・二九三
楊潮觀　八九・一二七
楊履基　八九・八五
楊頤　八七・三一一
楊衡　一一七・二六七
楊錫紱　八九・一三五
楊録　八七・三〇五
楊憲曾　八九・一三三
楊應詢　八九・一四五
楊燦　八七・三〇一
楊彝　一一四・二九九
楊鵬飛　八九・一五一
楊鵬翥　八九・一五五
楊寶臣　八九・一五九
楊寶彝　八九・一六七

楊護　八七・三三三
楊顯聖　八九・一七三
甄崇德　八九・三三五
　八九・三四三
賈田祖　八九・三五三
賈至剛　八九・三五七
賈安宅　一一七・二六七
賈收　一一七・二六七
賈拱辰　八九・三六一
賈國楹　八九・三六七
賈魯　一一五・二五三
釋碎琴　一一五・一〇五
雷汪度　九〇・四三
雷振關　九〇・四九
雷爾卿　一一六・四二九
雷震　九〇・三九

雷鋐　九〇・二五
　九〇・三一
　九〇・三七
裘日修　八九・二〇五
　八九・二一三
　八九・二二三
　八九・二二九
裘行簡　八九・二三五
裘奏　八九・一九一
裘祖詒　八九・二四一
裘嗣錦　一一六・四二九
裘寶善　八九・二四五
　八九・二四九
裘寶鏞　八九・二五九
虞本初　八九・一八三
虞峻　八九・一七九

虞朝鼎 八九・一八七
虞景璜 八九・一八五
路同申 八九・三七九
路岯 八九・三七一
路承啓 八九・三八三
路揆居 一一六・三九五
路復然 八九・三八七
路學宏 九〇・一
九〇・七
路錞 八九・三七五
路澤農 九〇・一三
嵩申 八七・七七
魁玉 九〇・一七
詹淳 九〇・二一
詹謹之 一一七・一〇五
廉浩 八七・七三
釋義興 一一三・二一
褚承煒 八九・二七五
褚華 八九・二六五
褚惟塏 八九・二八九
褚寅亮 八九・二八三
褚穀 八九・二六九
福泰 八九・二九五
福康安 八九・二九九
經綸 八九・三三一

十四畫

釋静山 一一三・二五
釋碧天 一一三・三七
趙士春 九四・三三一
趙大鯨 九四・三三九
趙元文 九四・三五一
趙元鼒 九四・三五三
趙仁基 九四・三三三
九四・三四一
趙文科 九四・三六三
趙文哲 九四・三五七
一一五・三九三
趙方觀 九四・三七七
趙允懷 九四・三四七
趙世模 九四・三八一
趙世謙 九四・三八五
趙古則 九五・一
趙本揚 九五・一九
趙申喬 九四・三九一
趙用賢 九五・五
趙吉士 九五・四五
趙同岐 九五・二九

趙同滙	九五・三五
趙同翮	九五・三九
趙廷臣	九五・一〇一
趙廷俊	九五・一三五
	九五・一四一
趙廷標	九五・一一三
	九五・一二七
趙廷講	九五・一四五
趙均	九四・二二三
趙作耳	九五・五三
趙作舟	九五・五九
趙作肱	九五・六七
趙作哲	九五・七九
趙作楫	九五・八三
趙作肅	九五・九五
趙作膂	九五・九一
趙作謀	九五・八七
趙良霨	九五・一五七
趙良	九四・二三一
趙良楝	九五・一四九
趙青藜	一一五・一四五
趙長慶	九五・一八三
趙坦	九四・二三五
趙明徵	九五・一七七
趙宗海	九五・一六七
趙宗堡	九五・一七一
趙昱	九四・二四一
趙韋玉	九五・一九三
趙秋澤	九五・一八九
趙俞	九四・二三七
趙泰樞	九五・一九七
趙班璽	九五・二〇九
趙起	九四・二四九
趙連	九四・二五九
趙連會	九五・二四九
趙時腴	九五・一九九
趙笏	九四・二四五
趙執信	九五・二二七
趙彪詔	九五・二三三
趙國柱	九五・二一七
趙進美	九五・二七九
	九五・二九一
趙猛	九四・二六三
趙煥文	一一六・九九
趙淳	一一七・二七
趙深彦	九五・二二三
趙隆美	九五・三〇九
趙紹祖	九五・二三九

趙琴軒 九五·三四七
趙琦美 九五·二七一
趙萬全 九五·四〇三
趙森 九四·二六九
趙開運 九五·三一九
趙景賢 九五·二六三
趙善腆 一一七·四五
趙曾重 九五·二五五
趙曾棟 九五·二五九
趙瑗 九四·二七五
趙與裕 一一七·四五
趙魁升 九六·一五
趙麐 九四·二八一
趙愼畛 九五·三二五
趙煒 九四·二五三
趙殿成 九五·三五三
趙殿最 九五·三五九 九五·三六七
趙嘉煒 九六·一
趙熙 九四·二八九
趙瑾叔 九六·四七
趙璜 九四·二八五
趙德光 九六·二一
趙德俶 九六·二九
趙慶齡 九六·五五
趙養浩 九六·五一
趙潤生 九六·三三 九六·三九
趙篤恩 九六·七
趙學彭 九六·五九
趙錦 一一六·二七三
趙壎 九四·二九一
趙鴻賓 九六·六五
趙鴻舉 九六·六九
趙濬 九四·二九五
趙搴卿 九六·七五
趙翼 九四·三〇三
趙覲男 九六·七九
趙鎬 九四·三一一
趙繩男 九六·九一
趙獻 九四·三一七
趙曦明 九六·八五
臺柏紱 九四·二一七
壽同春 一一四·三三一
壽昌 九〇·一八一 九〇·一八九
壽星 九〇·一九三
壽富 九〇·一九七

蔣士銓	九一・一三一
	九一・一三七
	九一・一四一
	九一・一四五
	九一・一五一
蔣大成	九一・一二七
蔣之驎	一一五・三一三
蔣曰綸	九一・一五七
蔣曰豫	一一四・三三七
蔣世鏞	九一・一六一
蔣四洲	九一・一七七
蔣弘道	九一・一六五
蔣有德	一一五・三一三
蔣同元	一一五・四四九
蔣伊	九〇・三八七
蔣兆龍	九一・一八五
蔣名登	九一・一九一
蔣作梅	九一・一九七
	九一・二〇五
蔣坦	一一六・一三三
蔣林	九一・一
蔣果	九一・九
蔣知廉	九一・二二五
	九一・二三一
蔣和寧	九一・二〇九
	九一・二一三
	九一・二一九
蔣祈年	九一・二三五
蔣春堂	九一・二四七
蔣拭之	九一・二四一
蔣信	一一六・五五
蔣洲	一一五・三一三
蔣祝	九一・一五
蔣恭亮	一一六・一三三
蔣恭棐	九一・二六一
蔣振生	九一・二五七
蔣師軾	一一五・九一
蔣師瀹	九一・二五三
蔣益澧	九一・二六七
蔣堅	九一・四三
	九一・五一
蔣國玞	九一・二七五
蔣進	九一・二五
	九一・三三
蔣淙	九一・二三
蔣啓敫	九一・二八一
蔣琴舟	九一・三一九
蔣瑛	九一・一〇九

蔣超 九一・三七
蔣雲安 九一・二八七
蔣雲寬 九一・二九三
蔣敦五 九一・二八五
蔣湘 九一・九七
蔣淵明 一一六・八五
蔣業鼎 九一・三二五
蔣照 九一・一〇三
蔣雍植 九一・三〇一
九一・三一一
蔣經元 九一・三三七
一一五・九
蔣鳴玉 九一・三二七
蔣德 九一・一一三
九一・一一九
蔣德宣 九一・三四一

蔣德澂 九一・三四五
蔣請煙 九一・三四九
蔣勵宣 九二・一
蔣勵容 九二・一三
九二・一九
蔣勵常 九二・七
蔣學溥 九一・三八五
蔣凝學 九一・三六一
九一・三七三
蔣懋勛 九二・二三
蔣應禄 九一・三九一
蔣騏昌 九二・二五
蔣鎮藩 九二・二九
蔣黼 九一・一二一
蔣寶善 九二・三一
蔣繼勛 九二・四五

蔣繼軾 九二・三五
蔡之定 九〇・二五九
蔡子標 一一四・三三三
蔡元冲 九〇・二六九
蔡世遠 九〇・二七三
九〇・二八三
蔡可遠 九〇・二九三
蔡仕 一一七・一〇五
蔡秉公 九〇・二九七
蔡泳 九〇・二〇一
蔡居拙 九〇・三〇三
蔡啓僔 九〇・三〇七
蔡復午 九〇・三一五
蔡猶龍 九〇・三二一
蔡晼 九〇・二一九
蔡煌 九〇・二二三

蔡篪　九〇・二二三
蔡毓榮　九〇・三二七
蔡璘　九〇・二二七
　　九〇・二三一
蔡學圃　九〇・三三三
蔡懋德　九〇・三四五
　　九〇・三六一
蔡蹈　一一七・二一三
蔡鴻儒　九〇・三四一
蔡孺法　一一四・三三三
蔡鎬　九〇・二四七
蔡謹　九〇・二四三
蔡璧　九〇・二三五
蔡鵬九　九〇・三七七
蔡瀛　九〇・二五一
蔡瓏　九〇・二五五

蔡寶桂　九〇・三八三
厲鶚　九四・一一三
臧紆青　九四・一二五
臧庸　九四・一一七
　　一一五・一八三
臧壽恭　九四・一三三
臧履素　九四・一三七
臧禮堂　九四・一三九
　　九四・一四三
　　九四・一四五
　　九四・一五一
　　九四・一五五
　　九四・一五九
　　九四・一六三
　　九四・一七三
　　九四・一七七
　　九四・一八一
　　九四・一八五
　　九四・一八七
　　九四・一九一
　　九四・一九三
臧繼宏　九四・一九七
　　九四・二〇三
　　九四・二〇七
裴宗錫　九四・九五
暢泰兆　九二・五一
聞人大閑　九三・一九九
聞人銓　一一六・二七三
聞人奭　一一七・二一三
釋聞谷　一一三・四三
聞星杰　九三・一九三
聞啓祥　九三・一九五

圖丹　九〇・九三
圖克善　九〇・九九
圖鞈布　九〇・一〇一
管父才　九四・一
管同　九三・三七三
　九三・三七九
管志道　九四・五
管景賢　九四・四九
管幹貞　九四・五五
　九四・六五
　九四・六九
　九四・七五
管閣　九三・三八九
管霈　九三・三九三
管學洛　九四・七九
管學湛　九四・八三
管繩萊　九四・八七
　九四・九一
廣順　九〇・一〇七
　九〇・一一一
廖奇珍　九〇・一五五
廖宗元　九〇・一五九
廖寅　九〇・一一五
　九〇・一二七
　九〇・一三七
廖道南　一一七・一
廖壽豐　九〇・一六五
廖鳳粲　九〇・一七七
廖燕　九〇・一四三
廖翱　九〇・一四九
端木國瑚　九三・一八五
　九三・一八九
端方　九三・一八一
齊召南　九六・一三七
　九六・一四三
　九六・一六三
　九六・一六九
　九六・一八三
齊國政　一一七・一七五
齊國璽　九六・一八五
齊弼一　九六・一九一
齊慎　九六・九七
　九六・一〇一
齊鼒　九六・一一五
　九六・一二一
齊蘇勒　一一五・二五三
齊瀛　九六・一三三
鄭士俊　九二・三三三

鄭之文　九二·三一五　九二·三一九
鄭之罕　九二·三二三
鄭之洪　九二·三二九
鄭元勛　九二·三三七
鄭元慶　九二·三五一　九二·三五五　九二·三五九
鄭立本　九二·三六五
鄭弘　一一五·三四九
鄭光琮　九二·三七七
鄭仰田　九二·三七一
鄭江　九二·一八五　九二·一九一
鄭步雲　九三·二九
鄭作相　九二·三七九　九二·三八一
鄭伯熊　九三·一
鄭希轍　一一六·九九
鄭玨　一一四·三五七
鄭青蓮　九三·三九
鄭玥　九二·二二一
鄭其儲　九三·四五
鄭杲　九二·二〇一
鄭牧　九二·二一七
鄭性　九二·二〇九
鄭宗仁　一一六·二九三
鄭宗汝　九三·三一
鄭宗堯　九三·三五
鄭珍　九二·二二七　九二·二三三
鄭思肖　一一六·二九三
鄭烱　九二·二二五
鄭連　一一四·三五三
鄭豹文　九三·五一
鄭兼才　九三·五五　九三·六一
鄭浩　九二·二三七
鄭培　九二·二四九
鄭基　九二·二四一
鄭棻　一一七·三七五
鄭堅　九二·二五五
鄭崇禮　九三·六九　九三·七三
鄭清瀾　九三·七七
鄭涵　九二·二五七
鄭紹鼎　九三·八三
鄭雲龍　九三·一〇五

鄭貴　九二・二六一
鄭喬遷　九三・八五
鄭欽論　九三・一〇一
鄭敦允　九三・八九
鄭裕國　九三・九七
鄭楠　九二・二六三
鄭鉉　九二・二六七
　一一六・三一九
鄭際熙　九三・一〇九
鄭壽彭　九三・一一九
鄭端　九二・二七三
鄭琿　一一四・三五七
鄭賓浦　九三・一一五
鄭璇　九二・二八一
鄭賢坊　九三・一二三
鄭鋐　九二・二八七
鄭錦琅　九三・一三七
鄭錦章　九三・一三一
鄭禧　九二・二九一
鄭環　九二・二九五
　九二・二九九
　九二・三〇五
鄭勷　九二・三〇九
鄭獻甫　九三・一三九
鄭繼高　九三・一五一
鄭鑑元　九三・一四七
榮祿　九三・一六一
　九三・一六九
釋漢月　一一三・二七
寧時鳳　一一七・四五
熊一瀟　九二・六五
熊化　九二・五七
熊方受　九二・七一
熊光大　九二・八一
熊兆宗　一一七・一四七
熊兆貞　一一七・一四七
熊汝霖　九二・八七
熊廷弼　九二・九九
熊其光　一一四・三四三
熊其英　一一四・三四三
熊秉鉉　九二・一〇三
熊倩　九二・六一
熊常錞　九二・一一九
熊開元　一一六・三一九
熊暉吉　九二・一一三
熊會玜　九二・一〇七
熊熙材　九二・一二七
熊賜履　九二・一三一

九二・一五七
鄧士轍　九三・二三五
鄧大臨　一一六・三一九
鄧巨源　九三・二六五
鄧石如　九三・二三九
九三・二四五
九三・二四九
九三・二六一
鄧光玉　九三・二六九
鄧廷楨　九三・二七三
鄧華　九三・二〇七
鄧時敏　九三・二八一
鄧純　一一七・三六五
鄧基哲　九三・二八五
鄧淳　九三・二〇三
鄧夢琴　九三・二九七
鄧瑤　九三・二一一
九三・二一七
鄧嘉績　九三・二九一
鄧錫瑞　九三・三〇五
鄧簣山　九三・三〇九
鄧顯鶻　九三・三一七
鄧顯鶴　九三・三二一
鄧讓　九三・二三一
翟之瑞　九三・三四七
翟守壽　九三・三五三
翟洗心　九三・三五九
翟國桓　九三・三六五
翟彩令　九三・三六七
翟震龍　一一六・三九五
翟翬　九三・三三七
翟藩　九三・三四三
綽里幔　九四・二一一
綱子匠　一一六・三六五

十五畫

釋慧朗　一一三・五三
釋慧通　一一三・五七
鞏永固　一〇一・三五
蕅益道人　一一三・二一一
樓泰交　一〇一・九
樓雅材　一〇一・一三
樓槃　一一六・八五
樊希棣　一〇〇・三七七
樊政升　一〇〇・三八七
樊紹堂　一〇〇・三九一
樊琨　一〇〇・三七一
樊達滙　一〇一・一

樊維周　一一六・四二九
歐陽世美　一〇〇・九五
歐陽世篤　一〇〇・一〇一
歐陽東鳳　一一四・三七九
歐陽雲　一〇〇・八五
歐陽輅　一〇〇・九一
歐陽積勛　一〇〇・一一一
歐陽凝祉　一〇〇・一〇五
歐敬竹　一〇〇・八三
釋賢可　一一三・一〇五
釋霈霖　一一三・一一一
輝翰泰　一〇一・三一
暴大儒　一〇〇・七一
暴式昭　一〇〇・七七
黎倜　九六・二三九
黎兆勛　九六・二四三

黎安理　九六・二四七
　　九六・二五五
黎恂　九六・一九七
　　九六・二〇三
　　九六・二〇七
黎祚照　九六・二六一
黎時諧　九六・二六三
黎培敬　九六・二七五
黎庶蕃　九六・二六五
黎庶燾　九六・二六九
黎景曉　九六・二八三
黎椿　九六・二三三
黎愷　九六・二三一
　　九六・二三七
黎維祚　九六・二八七
黎應南　一一七・三七五

儀克中　九六・二九三
德克登額　一一六・一六七
德沛　一〇〇・九
　　一〇〇・一五
釋德清　一一三・六三
　　一一三・七一
　　一一三・八七
衛明彬　一〇〇・二七
衛萇　一〇〇・一七
衛富益　一〇〇・三一
衛詣　一〇〇・二三
魯一同　一〇一・一〇七
魯九皋　一〇一・一九
魯之珩　一〇一・一三
魯天驥　一〇一・二五
魯元曜　一〇一・二三

魯日宏	一〇一・一二九
	一〇一・一三三
魯邦材	一〇一・一四七
魯成龍	一〇一・一三五
魯宋	一〇一・四一
魯昂舉	一〇一・一四一
魯泳	一〇一・四七
魯奎聯	一〇一・一五九
魯重明	一〇一・一六七
魯亮儕	一〇一・一五三
魯炳枚	一〇一・一六一
魯華祝	一〇一・一七九
魯栗	一〇一・五一
魯衮	一〇一・五五
魯淶	一〇一・五九
魯淑	一〇一・六五
魯習之	一〇一・一七五
魯湘	一〇一・七一
魯詹	一〇一・七五
魯詵	一〇一・七九
魯潢	一〇一・八七
	一〇一・九三
魯賓之	一〇一・一八三
魯德綬	一〇一・一八九
魯徵	一〇一・八三
魯鴻	一〇一・九九
	一〇一・一〇三
劉一爆	九七・一三五
劉丁	九六・二九七
劉于義	九七・二一七
劉士壯	九七・一六三
劉士銘	九七・一七一
劉大夏	一一五・二五三
劉大紳	一一五・四三九
劉大瑄	九七・一八三
劉大賓	九七・一八七
劉大櫆	九七・一九一
	九七・一九五
劉大懿	九七・一九九
	九七・二〇七
劉之協	九七・一五五
	九七・一五九
劉小泉	一一六・三六五
劉天保	九七・二二七
劉元亮	九七・二三三
劉元暉	一一四・三六一
劉日陽	九七・二三九
劉仁貴	九七・二二三

劉文林 九七・二五一
劉文定 九七・二四七
劉文炳 九七・二五五
劉文淇 九七・二六三
劉文蔚 一一五・二四七
劉文蔚 九七・二七五
劉文龍 九七・二七三
劉孔和 一一四・三七三
劉水亭 九七・二四三
劉玉麟 九七・三六五
劉世寧 九七・二七九
劉世暮 九七・二八五
劉申錫 一一七・一〇五
劉仕元 九七・三三三
劉永之 九七・三〇五
劉永禄 九七・三一五

劉永禎 九七・三一九
九七・三二三
劉永錫 九七・三二七
一一六・三一九
劉召揚 九七・三五九
劉台斗 九七・三三五
劉台拱 九七・三四七
九七・三五三
劉有源 九八・三七
劉存仁 九八・二一
劉存厚 九八・二九
劉光世 九七・三八九
劉光第 一一六・二三一
劉先登 九七・三八五
劉廷訓 九八・六九
劉廷瑛 九八・六三

劉廷楠 九八・七七
劉廷傳 九八・八五
劉仲楷 九七・三八一
劉冲善 九七・三七七
劉汋 九六・三〇三
九六・三一一
一一六・三一九
劉汝楨 九八・三三
劉宅俊 九八・一
劉安瀾 九八・七
九八・一三
劉芬 九六・三三九
劉岑 一一七・二一三
劉作垣 九八・四七
劉希向 九八・五三
劉含芳 九八・一〇七

九八·一一三
劉罕如　九八·五七
劉長佑　九八·二四三
劉長庚　一一四·三六七
劉林青　九八·二一七
劉枝彥　九八·二二三
劉叔溫　一一六·八五
劉尚安　九八·一九九
劉昆　九六·三一七
劉昌言　九八·二〇三
劉明翰　九八·二一一
劉典　九六·三二一
劉秉璋　九八·九三
劉郇膏　九八·二六一
劉宗周　九八·一二一
九八·一三七

劉宗泗　九八·一八九
劉宗幹　九八·一九三
劉承明　九八·二二九
劉承宴　九八·二三五
劉承傳　九八·二三七
劉承寵　九八·二三九
劉咸慶　一一七·一〇五
劉耐　九六·三三五
劉星煒　九八·二四九
劉炳鴻　九八·二五七
劉起聲　一一四·二九三
劉桂枝　一一六·一七三
劉連捷　九八·三四七
九八·三五五
劉時俊　九八·二七七
劉時華　九八·二八五

劉逢祿　九八·三二一
九八·三二七
劉逢源　九八·三一七
劉唐稽　一一七·二六七
劉家謀　九八·二七三
劉書雲　九八·二九一
劉恕　九六·三四一
劉理之　九八·三一三
劉基　九六·三四七
劉彬華　一一七·三七五
劉捷　九七·一五
一一五·三七五
劉冕　九七·二一
劉國黻　九八·二九五
劉敏　九七·七
劉偉　九七·一一

劉象謙 九八・三五七
劉康 一一七・一〇五
劉煥章 一一六・三九五
劉清(字天一) 九六・三五九
九六・三七七
九六・三八三
劉清(字泳斯) 九六・三九七
劉深 九七・一
劉宿光 九八・三〇一
劉啓發 九八・三〇九
劉啓義 九八・三〇七
劉琪 九七・二九
劉琛元 九九・三
劉斯譽 九八・三九九
劉惠恒 九八・三八一
劉開 九七・三九
劉開 九七・三五
劉景躍 九九・一
劉貴曾 九九・一五
劉喬南 九八・三八九
劉斌 九七・二五
劉湘煃 九八・三六三
一一七・一
劉温克 一一四・三六七
劉祺 一一七・一〇五
劉統勛 九九・七
劉瑋 九七・五七
劉瑞芬 九九・八一
九九・九三
九九・一〇一
劉蓉 九七・六一
劉蔭樞 九九・二四三
劉楚元 九九・一一三
劉傳雲 九九・三三
劉傳楨 九九・二三
劉傳瑩 九九・三九
九九・四五
九九・五一
九九・五五
九九・五七
劉詩 九七・五三
劉溥 九七・四九
劉源長(字介社) 九九・六三
劉源長(字靜涵) 九九・六九
劉源清 九九・七五
劉溢 九七・四三
劉經 九七・五一
劉靜之 九九・一一九

劉静巖　九九・一二一
劉壽曾　九九・一三九
劉熙載　九九・二二一
　　　　九九・二二七
劉鳴玉　一一五・二四七
劉毓崧　九九・一七一
劉銘傳　九九・一七五
　　　　九九・一八五
　　　　九九・一八九
劉鳳誥　九九・一二七
劉廣興　九九・一五一
劉齊　一一五・三七五
劉漢中　九九・一五五
劉漸磐　一一五・四六三
劉肇坦　九九・一四三
劉肇基　九九・一四九
劉維藩　九九・一六七
劉綸　九七・六九
劉璋　一一四・三六一
劉鞏　九七・八一
劉增貴　九九・二〇七
劉敷仁　一一七・一〇五
劉德培　九九・一九九
劉德瀇　九九・二〇三
劉誼　一一七・二一三
劉遵陸　一一六・三九五
劉潮　九七・七七
劉履恂　九九・二一五
劉璞　九七・八五
劉默園　九九・二七五
劉學瀾　九九・二五三
劉錫　一一四・二三九
劉錫祉　一一七・二〇三
劉錫瑜　九九・二六一
　　　　九九・二六七
劉龍光　九九・三二七
　　　　九九・三三三
　　　　一一五・三八七
劉澤清　九九・二五九
劉黻　九七・九五
劉嶽昭　九九・二九五
劉嶽晙　九九・三〇五
劉應期　九九・二八九
劉應節　九九・二八三
劉燦道　九九・三一三
劉濤　九七・八九
劉濟寬　九九・三二一
劉翼明　九九・三四一

劉燾	一一七・二六七
劉鎮	九七・一〇七
劉鎰	九七・一〇九
	九七・一一一
劉謹	九七・一〇三
劉謹之	九九・三四七
劉騰鴻	九九・三八五
劉勷	九七・一一三
劉獻廷	九九・三五七
	九九・三六五
劉獻煜	九九・三七七
劉寶楠	九九・三八一
劉躍雲	九九・三九七
劉懿芝	九九・三九三
劉鑣	九七・一二一
劉麟瑆	一〇〇・一
劉觀光	一〇〇・七
劉灝	九七・一二五
劉鑾	九七・一三一
諸天祐	一〇〇・三三
諸以謙	一〇〇・四一
諸允遴	一〇〇・四九
諸世器	一〇〇・五五
諸玄振	一〇〇・六一
談泰	一一五・一八三
談淑範	一〇一・二五
談淳世	一〇一・二三
談遷	一〇一・一九
	一一六・三一九
談履中	一〇一・二九
慶之源	一〇〇・六五
	一〇〇・六九
慶蘭尹	一一四・二五五
潘世恩	一〇〇・一六三
潘世璜	一〇〇・一七七
潘耒	一〇〇・一一五
	一〇〇・一一九
	一一五・一四五
潘光泰	一〇〇・一八一
	一〇〇・一八五
潘廷光	一〇〇・一九七
潘廷槐	一〇〇・一九九
潘兆吾	一〇〇・一八九
潘兆鸞	一〇〇・一九三
潘甫生	一〇〇・二〇三
潘希甫	一〇〇・二〇九
潘季訓	一一五・二五三
潘周尊	一〇〇・二一五

潘思榘　一〇〇・二二七
潘亮功　一〇〇・二一九
潘奕興　一〇〇・二二五
潘振承　一〇〇・二三五
潘挹奎　一〇〇・二三九
潘涵　一〇〇・一二五
潘開甲　一〇〇・二八三
潘凱　一〇〇・一二九
　一〇〇・一三五
潘曾沂　一〇〇・二四七
潘曾綬　一〇〇・二七五
　一〇〇・二六九
潘曾瑩　一〇〇・二五五
　一〇〇・二六三
潘瑂　一〇〇・一四一
潘爾彪　一一四・四〇一
潘銘　一〇〇・一四五
潘銘憲　一〇〇・二八七
潘榮錦　一〇〇・二七九
潘蕃　一〇〇・一四九
潘震乙　一〇〇・三〇三
潘德輿　一〇〇・二九一
潘德馨　一〇〇・二九九
潘遵祁　一〇〇・三〇五
潘錦　一〇〇・一五七
潘錦芳　一〇〇・三一七
潘檉章　一一三・三四九
潘應賓　一〇〇・三二一
潘應鯉　一〇〇・三二五
潘應旗　一〇〇・三三一
潘蘊洪　一〇〇・三三七
潘繡　一〇〇・一五九
潘蘭生　一〇〇・三四一
釋澈公　一一五・一一三
樂又令　一〇〇・三五五
樂汝驤　一〇〇・三五九
樂武　一一七・四三一
樂善　一〇〇・三四七
樂嗣聰　一〇〇・三六一
樂駿　一〇〇・三五一
樂觀韶　一〇〇・三六三

十六畫

駱復旦　一〇三・三八七
駱肇正　一〇三・三九七
燕增元　一一五・四三九
薛士珩　一〇四・四一
薛之佐　一〇四・三七

薛玉堂 一〇四·五一
一〇四·五七
薛正平 一〇四·四五
薛志學 一〇四·六三
薛長慶 一〇四·六九
薛宗鎧 一一六·六三
薛春藜 一〇四·七三
薛起鳳 一〇四·一〇九
薛時雨 一〇四·七七
一〇四·八七
一〇四·九一
薛乘時 一〇四·一〇五
薛煥 一〇四·一
一〇四·九
薛淇 一〇四·二一
薛湘 一〇四·二五
薛瑄 一〇四·二九
薛傳均 一〇四·一一三
一〇四·一二一
一〇四·一二五
薛傳源 一〇四·一二九
薛福辰 一〇四·一三三
一〇四·一四三
薛㝱雷 一〇四·一五一
蕭士瑋 一〇四·一九五
蕭水清 一〇四·二〇三
蕭世發 一〇四·二〇九
蕭光遠 一〇四·二一三
蕭岐 一〇四·一五九
蕭秀 一〇四·一五七
蕭郁 一〇四·一六五
蕭惟豫 一〇四·二二三
蕭啓聖 一一五·一三
蕭紹典 一〇四·二二五
一〇四·二三一
蕭雲舉 一〇四·二三九
蕭御龍 一〇四·二一七
蕭復遠 一〇四·二三五
蕭福禄 一〇四·二四七
蕭鳳騰 一一五·一三
蕭韶 一〇四·一六九
一〇四·一七七
蕭瑾 一〇四·一八三
蕭德藻 一一七·三三七
蕭衡 一〇四·一八九
蕭錫光 一〇四·二五五
蕭應宮 一〇四·二六三
薩乾清 一〇四·二七一

薩龍光　一〇四・二七七
賴晉　一〇二・三五
勵廷儀　一〇二・三九
盧之頤　一〇一・二六一
盧文弨　一〇一・二七三
　一〇一・二七五
　一〇一・二八一
盧孔禮　一〇一・二六七
盧生甫　一〇一・二八九
盧有基　一〇一・三〇五
盧存心　一〇一・二九三
盧廷楨　一〇一・三〇七
盧如鼎　一〇一・二九九
盧坤　一〇一・二一一
　一〇一・二二一
盧杰夫　一〇一・三三九
　一〇一・三四三
盧昌詒　一〇一・三三一
盧明楷　一〇一・三一七
　一〇一・三二五
盧定勛　一〇一・三一一
盧宜　一〇一・二二七
盧祖潢　一〇一・三四五
盧浙　一〇一・二四三
盧浩　一〇一・二三九
盧國佐　一〇一・三四九
盧象昇　一〇一・三六三
盧象晉　一〇一・三八五
　一〇一・三八七
盧道和　一〇一・三八九
盧道悅　一〇二・一
　一〇二・五
盧焯　一〇一・二四七
　一〇一・二五三
盧登秩　一〇一・三五七
盧福基　一〇一・三五三
盧紘　一一七・一
盧鳳起　一〇二・一九
盧錫疇　一〇二・三一
盧憲觀　一〇二・二五
釋曉庵　一一三・一五
釋曇華　一一三・一〇九
戰效曾　一〇一・一九三
穆雲桂　一〇一・一九九
穆赫林　一〇一・二〇五
錢士晉　一〇二・二六九
錢士鏡　一〇二・二七九
錢士驌　一一五・一

錢大昕	一〇二・二三五
	一〇二・二四五
	一〇二・二五三
錢大培	一〇二・二五七
錢大興	一〇二・二六一
錢之清	一〇二・二二九
錢王炯	一〇二・二九七
	一〇二・三〇三
錢友泗	一〇二・二八三
錢文光	一〇二・二八七
錢文洵	一〇二・二九三
錢玉塵	一〇二・三二一
錢世臣	一〇二・三〇七
錢世顯	一〇二・三一五
錢民	一〇二・四九
錢光繡	一〇二・三五九
錢亥壽	一〇二・三八三
錢江	一〇二・五五
錢汝鼎	一〇二・三六九
錢汝愨	一〇二・三七七
錢志澄	一〇三・一
	一〇三・一一
錢伯垌	一〇二・三八五
	一〇二・三八七
	一〇二・三九三
錢近仁	一〇三・三一
錢希憲	一〇二・三九七
錢坫	一〇二・六三
	一〇二・七三
錢昌	一〇二・八三
錢季重	一一六・三九五
錢秉德	一〇三・二三
錢岱	一〇二・七七
錢侗	一〇二・五九
錢受穀	一〇三・二七
錢封	一〇二・八九
錢美恭	一一五・一
錢炳森	一〇三・三三
錢祚昌	一一五・七
錢祚徵	一〇三・三九
錢陛	一〇二・一〇三
錢泰吉	一〇三・四三
	一〇三・四九
錢桂發	一〇三・五五
	一〇三・五九
錢恩	一〇二・九九
錢宰	一〇二・一〇九
錢陳群	一〇三・九九

一〇三・一〇五
錢孫 一一六・一〇五
錢培名 一〇三・八九
錢偶莊 一〇三・七一
錢翊之 一〇三・八三
錢寅 一一五・三四九
錢啓中 一〇三・七七
錢琦 一〇二・一三九
錢喜起 一〇三・一一一
錢鼎銘 一〇三・二二三
一〇三・二三五
錢順德 一〇三・一一五
錢復 一〇二・一一一
一〇二・一二九
錢詔 一一七・四三一
錢棨 一〇二・一三三
錢裕昌 一一五・七
錢塘 一〇二・一七一
錢楷 一〇二・一四七
一〇二・一六三
錢廉 一〇二・一八五
錢裔肅 一〇三・一三五
錢福徵 一〇三・一二七
錢肅典 一〇三・一九一
錢肅圖 一〇三・一九七
錢肅範 一〇三・二〇三
錢肅遴 一〇三・二一三
錢肅繡 一〇三・二〇九
錢殿宣 一〇三・一二三
錢壽耉 一〇三・一四九
錢聚仁 一〇三・一四一
錢聚萬 一一五・九
錢熙經 一〇三・二五七
錢爾光 一〇三・一五九
錢爾琳 一〇三・一六三
錢榮高 一〇三・一六九
錢寛 一一六・二七三
錢肇熹 一〇三・二一九
錢維城 一〇三・一八三
錢綸光 一〇三・一七三
錢標初 一〇三・九三
錢養浩 一〇三・二六一
錢澄之 一〇三・二四七
一〇三・二五三
一一五・一八三
錢履坦 一一六・三九五
錢選（字一青） 一〇二・二二一
錢選（字舜舉） 一一七・三三九

錢豫章　一〇三・二七三
錢環　一〇二・二一七
錢樾　一〇二・一九一
　　一〇二・一九九
錢樹芝　一〇三・二六九
錢龍錫　一〇三・二七九
錢澧　一〇二・二二五
錢濤　一〇二・二一一
錢寶傳　一〇三・二八五
錫齡　一〇三・二八九
鮑上傳　一〇四・三〇七
鮑立然　一〇四・三一一
鮑廷博　一〇四・三一七
鮑志道　一〇四・三二三
　　一〇四・三二九
鮑昌元　一〇四・三四三
鮑宜瑗　一〇四・三三九
鮑起正　一〇四・三五五
鮑桂星　一〇四・三四七
鮑晟　一〇四・二九五
鮑皋　一〇四・三〇三
鮑開茂　一〇四・三五七
鮑嗣僑　一〇四・三七五
鮑鈐　一〇四・二八五
　　一〇四・二九一
鮑源深　一〇四・三六五
鮑嘉命　一〇四・三八七
鮑漱芳　一〇四・三九一
龍友夔　一〇五・五
　　一〇五・一一
龍光甸　一〇五・一三
　　一〇五・一九
龍光閣　一〇五・三一
龍起濤　一〇五・三三
龍善　一〇五・一
龍翔　一〇四・三九七
龍德　一一五・一七
龍繼棟　一〇五・三九
釋澹歸　一一三・一二三
閻士和　一一七・二六七
閻中寬　一〇三・二九三
閻文熛　一〇三・二九七
閻若璩　一〇三・三〇三
　　一〇三・三〇九
　　一〇三・三二一
　　一〇三・三三七
閻淑立　一〇三・三四一
閻淑震　一〇三・三四七

閻循琦 一〇三・三五一
閻循霦 一〇三・三五九
閻循觀 一〇三・三六三
一〇三・三六七
一〇三・三七一
一一五・一八三
一一六・二一
閻應元 一〇三・三七三
一〇三・三八一

十七畫

戴三錫 一〇七・七五
一〇七・八七
戴文燦 一〇七・九七
一〇七・一〇一
戴存芝 一〇七・一〇九
戴廷幹 一〇七・一四一
戴廷熺 一〇七・一四三
戴廷瓚 一〇七・一四五
戴自機 一〇七・一〇五
戴名世 一〇七・一一三
一〇七・一三九
戴均元 一〇七・一四七
一〇七・一六三
戴良 一〇六・二七三
戴昜 一〇六・二七五
一一六・三一九
戴春 一〇六・二八一
一一五・六七
戴祖啓 一〇七・一七七
戴恩溥 一〇七・一八三
戴宸 一〇六・二八三
戴第元 一〇七・一九七
戴鹿芝 一〇七・一八七
戴望 一〇六・二九三
一〇六・二九九
一一六・一三三
戴清 一〇六・二八七
戴景惠 一〇七・二〇七
戴鈞衡 一〇七・一六九
戴敦元 一〇七・二〇三
戴道峻 一〇七・二三三
戴聖聰 一〇七・二一七
戴福謙 一〇七・二三三
戴殿江 一〇七・二一一
戴熙 一〇六・三一五
一〇六・三三一
戴銓 一〇六・三一一

戴廣涵　一〇七・二三九
戴榮　一〇六・三〇五
戴震　一〇六・三三七
一〇六・三五三
一〇七・一
一〇七・九
一〇七・二三
一〇七・四五
一一五・四〇一
戴璐　一〇七・七一
戴聯奎　一〇七・二四三
戴鍾淑　一〇七・二五一
戴衢亨　一〇七・二五五
藍胡子　一〇七・二七三
藍理　一〇七・二六五
藍啓延　一〇七・二七九
藍嘉言　一〇七・二八三
藍耀樞　一一六・四二九
釋藐庵　一一三・一五九
韓士修　一〇七・三五九
韓士純　一〇七・三六七
韓元吉　一一七・三三七
韓光鼎　一〇七・三七一
韓竹　一〇七・二八九
韓位　一一六・三一九
韓典　一〇七・二九五
韓念祖　一〇七・三八九
韓承休　一〇七・三七九
韓承恩　一〇七・三八三
韓庭芑　一〇七・三九一
韓菼　一〇七・三〇三
一〇七・三一三
一〇七・三一九
韓崧　一〇七・二九七
韓情　一〇七・三〇一
韓瑚　一〇七・三三三
韓夢周　一〇八・一
一一六・二一
韓夢錦　一〇八・九
韓夢齡　一〇八・一一
韓嘉業　一〇七・三九九
韓誦先　一〇八・一三
一〇八・二一
韓綱　一〇七・三二五
韓璸　一〇七・三三一
韓慤　一〇七・三三七
一〇七・三四一
韓蕃　一〇七・三四三

韓潮　一〇七・三二九
韓錦城　一〇八・四一
韓騏　一〇七・三四九
韓鏞　一〇七・三五五
韓繹祖　一一四・四〇一
韓體震　一一六・一六七
釋嶺雲　一一三・一三七
魏云　一〇六・二一
魏友交　一一七・一四七
魏友諒　一一七・二七
魏公韓　一一六・三一九
魏方泰　一〇六・九七
魏可式　一〇六・一〇三
魏均　一〇六・二七
魏秀仁　一〇六・一〇七
魏坤　一〇六・三三

魏尚之　一〇六・一一一
魏定國　一〇六・一一五
魏耆　一〇六・四九
魏時光　一一七・一四七
魏峴　一〇六・三七
魏象樞　一〇六・一二三
　一〇六・一三九
魏棟　一〇六・五一
魏爲圻　一〇六・一二一
魏運昌　一一四・三七九
魏裔介　一〇六・一四九
　一〇六・一六九
魏嵲　一〇六・五九
魏源　一〇六・六五
魏綰　一〇六・七三
魏學濂　一〇六・一七三

魏錫曾　一一六・一三三
魏禧　一一六・三一九
魏驥　一〇六・七七
儲玟躬　一〇六・一八一
儲迺昌　一〇六・一八七
儲晋觀　一〇六・一九三
鍾世俊　一〇六・二三五
鍾光豫　一〇六・二三九
鍾昌　一〇六・一九九
鍾秉用　一〇六・二四五
鍾倬雲　一〇六・二五一
鍾浩　一一六・三六七
鍾淮　一〇六・二〇九
鍾晼　一〇六・二一五
鍾煇　一〇六・二三九
鍾穎先　一〇六・二六五

鍾鴻逵 一〇六・二六一
鍾鴻塡 一〇六・二五七
鍾懷 一〇六・二三一
鍾繼昌 一〇六・二六七
一一五・六一
謝一爵 一〇五・二六五
謝士松 一〇五・二七五
謝大 一一五・五七
謝山壽 一〇五・二七一
謝元誠 一〇五・二八五
謝元慶 一〇五・二八九
謝文英 一〇五・二九五
謝可明 一〇五・二九九
謝立德 一〇五・三〇五
謝廷蘐 一一六・五五
謝廷恩 一〇五・三〇七

謝仲坃 一一七・三六九
謝如珂 一一六・四二一
謝良琦 一〇五・三一一
謝枝崙 一〇五・三二三
謝季方 一〇五・三一五
謝金圃 一〇五・三三一
謝金鑾 一〇五・三三五
謝周訓 一〇五・三一九
謝炎 一〇五・一七七
謝承煒 一〇五・三二五
謝恒 一〇五・一八一
謝泰交 一〇五・三四一
謝泰宗 一〇五・三四七
一〇五・三五三
謝泰臻 一一六・三一九
謝晋 一〇五・一八七

謝振定 一〇五・三五九
一〇五・三六三
一〇五・三六七
謝啓昆 一〇五・三七一
謝啓勛 一〇五・三七七
謝葆霱 一〇五・三八一
謝愉 一〇五・一九五
謝⿰羽辛 一〇五・一九九
謝⿰山皋 一〇五・二二一
謝墉 一〇五・二〇五
謝篪賢 一〇五・三八五
一〇五・三九一
謝維 一〇五・二一五
謝遷 一〇五・二三九
謝震 一〇五・二二五
謝德星 一〇五・三九五

謝翱 一一六・二九三
謝諤昌 一〇六・一
謝鍔 一〇五・二三九
謝濟世 一一五・二一
謝鼇 一〇五・二四五
一〇五・二五三
謝瀚 一〇五・二六一
謝寶勝 一〇六・七
謝繼武 一〇六・一三
謝繼超 一〇六・一七
應昇 一〇五・四五
應撝謙 一〇五・四九
一〇五・五三
一一三・三八五
釋燦海 一一三・一三三
濮文暹 一〇五・六一
濮仲謙 一一三・三二五
賽箬坑 一〇五・一五九
蹇闇 一〇五・一六三
蹇諤 一〇五・一六九
釋禮汀 一一三・一五一
釋彌壑 一一三・一四三
繆士毅 一〇五・七九
繆元益 一〇五・九一
繆日藻 一〇五・九九
繆允昌 一〇五・八七
繆昌期 一〇五・一〇五
繆孟思 一〇五・一〇三
繆炳泰 一〇五・一二五
繆珽 一〇五・七一
繆恭 一〇五・六七
繆逢原 一〇五・一三三
繆純白 一〇五・一二九
繆福照 一〇五・一三七
繆慧隆 一〇五・一四三
繆暹 一一六・八五
繆璟 一〇五・七五
繆樹本 一〇五・一五一
繆繼功 一〇五・一五七

十八畫

聶文啓 一〇八・一七五
聶邦彥 一〇八・一八三
聶名卿 一〇八・一七九
叢蘭 一〇八・四五
瞿九思 一一五・七一
瞿元霖 一〇八・一〇五
瞿廷望 一〇八・一三五

瞿兆騤　一〇八・一一一
瞿汝稷　一〇八・一一七
瞿依京　一〇八・一四三
瞿定邦　一〇八・一五一
瞿連璧　一〇八・一六一
　　　　一〇八・一六七
瞿純仁　一〇八・一五五
瞿紹基　一〇八・一七三
瞿塘　一〇八・九三
　　　　一〇八・九七
瞿駿　一〇八・一〇三
邊士垣　一〇八・五三
邊士魁　一一五・四六三
邊大綬　一〇八・五七
邊連寶　一〇八・六九
歸昌世　一〇八・八三
歸莊　一〇八・七三
歸衎　一〇八・七七
鎦永圖　一〇八・八九
顏元　一〇八・一八七
顏中和　一〇八・二〇七
顏幼客　一〇八・二一三
顏光敏　一〇八・二一九
　　　　一一五・一八三
顏光猷　一一五・一八三
顏光斆　一〇八・二二五
　　　　一一五・一八三
顏伯璟　一〇八・二三一
顏伯璟　一〇八・二三七
顏知天　一〇八・二四三
顏崇政　一〇八・二四九
顏崇穀　一〇八・二五五
顏敏　一〇八・一九九
顏紹庥　一〇八・二五七
顏景濂　一〇八・二六一
顏肇維　一〇八・二八三
顏瑩組　一〇八・二九一
顏頤仲　一〇八・二九五
顏懋仝　一〇八・二六九
顏懋企　一〇八・二七三
　　　　一〇八・二七九
額勒布　一〇八・三〇三

十九畫

藺獻徵　一〇八・三一三
蘇元瑛　一〇八・三四七
蘇去疾　一〇八・三五一
蘇廷光　一〇八・三五九

蘇兆霖 一〇八・三五七
蘇求恒 一〇八・三六三
蘇秉國 一〇八・三六七
蘇金鉉 一〇八・三七九
蘇於洛 一〇八・三七五
蘇珥 一一七・三七五
蘇偉 一〇八・三二一
蘇堃 一〇八・三二七
蘇惇元 一〇八・三八五
蘇淳 一〇八・三三一
蘇萬元 一〇九・一
蘇源生 一〇八・三九一
一〇八・三九七
蘇燦舉 一〇九・五
蘇瞻 一〇八・三四三
關天培 一〇九・三三一
關遠光 一〇九・三四三
嚴士鉉 一一〇・一
一一〇・九
嚴元照 一一五・四四五
嚴文典 一一〇・三三
嚴以盛 一一〇・二五
嚴正紀 一一〇・四五
嚴可均 一一〇・四一
嚴廷玨 一一〇・六五
嚴廷瓚 一一〇・七三
嚴守田 一一〇・四九
嚴如熤 一一〇・五七
嚴希涑 一一〇・七七
嚴沆 一一五・四二三
嚴武順 一一五・四二三
嚴長明 一一〇・八七
一一〇・九三
嚴宗嘉 一一〇・八一
嚴咸 一〇九・三五七
嚴昭 一〇九・三六一
嚴衍 一〇九・三四七
嚴躬逢 一一〇・一〇五
嚴章福 一一〇・一一五
嚴紳 一〇九・三六七
嚴御風 一一〇・一一一
嚴遂成 一一〇・一二一
嚴曾榘 一一五・四二三
嚴曾詮 一一〇・一〇一
嚴登 一〇九・三六九
嚴福 一〇九・三七三
嚴榮 一〇九・三七九
嚴璲 一〇九・三八五

嚴樹蓴　一一〇・一二三
一一〇・一二九
嚴樹森　一一〇・一三九
嚴繩孫　一一〇・一四九
羅正春　一〇九・四五
羅正鈺　一〇九・四九
一一六・二〇七
羅世榘　一〇九・五三
羅有高　一〇九・六九
一〇九・七三
一〇九・七五
一〇九・八七
一一七・四三一
羅光炤　一〇九・五七
羅汝懷　一〇九・八九
一〇九・九七

羅希湛　一〇九・一〇五
羅亨炳　一〇九・一〇一
羅忠祜　一〇九・一一三
羅柳江　一〇九・一〇九
羅度　一〇九・一一
一〇九・一九
羅洪先　一一六・二七三
羅振亨　一一五・九一
羅振鋆　一〇九・一一九
羅逢元　一〇九・一三一
一〇九・一三七
羅彬文　一〇九・一二三
羅啓勇　一〇九・一二七
羅萬化　一〇九・一六三
羅勛　一〇九・二三
羅欽順　一〇九・一五七

羅會恩　一〇九・一六一
羅義　一〇九・三三
羅煜　一〇九・二九
羅福萇　一〇九・一八三
羅熙　一〇九・三九
羅熙贊　一〇九・一八七
羅遵殿　一〇九・二〇三
羅澤南　一〇九・一八九
一〇九・一九七
羅濬　一一三・二二七
鎦頭　一一三・一六五
譚吉璁　一〇九・二二一
譚光祜　一〇九・二一三
譚如絲　一一七・一〇五
譚尚忠　一〇九・二二七
一〇九・二三一

譚昌言　一〇九・二四五
　　　　一〇九・二五七
譚所得　一〇九・二六七
譚宗浚　一〇九・二四一
譚貞良　一〇九・二六九
　　　　一〇九・二七五
譚紫章　一〇九・二七九
譚鈞培　一〇九・二八一
譚嗣同　一一六・二三一
譚瑩　一〇九・二〇九
　　　　一一七・三七五
譚鑫振　一〇九・三〇一

二十畫

龐大堃　一〇九・三一一
龐文源　一〇九・三一七
龐克愼　一〇九・三二一
龐煥若　一〇九・三二七
龐榕　一〇九・三〇七
龐謙孺　一一七・三三七
釋蘭谷　一一三・一六九
蘭第錫　一一〇・一五五
酆報國　一〇〇・八一
釋覺天　一一五・一一三
饒廷訒　一一〇・一六七
饒延年　一一〇・一六九
饒佩掃　一一〇・一七五
饒珊　一一〇・一六三
饒榆齡　一一〇・一八七
饒學曙　一一〇・一八一
竇光鼐　一一〇・一九七
竇克勤　一一〇・二〇七
竇鳳翔　一一〇・二一一

二十一畫

酆欣　一一〇・二一七
顧一本　一一〇・三三五
顧一鳴　一一〇・三二九
顧人龍　一一〇・三三三
顧九苞　一一七・四三一
顧士銓　一一一・一
顧大訓　一一〇・三四九
顧大章　一一〇・三五七
顧大韶　一一〇・三六七
顧大鵬　一一〇・三九三
顧上達　一一〇・三四三
顧之珽　一一〇・三三七
顧天朗　一一一・一一

顧天錫 一一一·二一
一一一·二七
一一七·一
顧予咸 一一一·五
顧世峻 一一一·五九
顧在觀 一一一·八一
顧成志 一一一·九一
顧光 一一〇·二二一
顧光旭 一一一·六五
顧同根 一一一·七七
顧廷琦 一一五·三八七
顧廷翰 一一一·八七
顧言 一一〇·二二五
顧亨榮 一一一·八三
顧宏勛 一一五·九七
顧阿瑛 一一七·三三七

顧長庚 一一一·一一五
顧岱 一一〇·二三一
顧炎武 一一一一·九七
一一一·一一一
一一六·三一九
顧承學 一一一·一一七
顧春生 一一一·一二一
顧則明 一一一·一二五
顧恒丰 一一一·一二七
顧祖禹 一一一·一三一
顧皋 一一〇·二五七
顧師竹 一一一·一三七
顧家枋 一一一·一四一
顧家相 一一一·一四三
顧家桐 一一一·一四九
一一一·一五一

顧家校 一一一·一五三
顧家棟 一一一·一五七
顧家興 一一一·一五五
顧陳垿 一一一·一六七
顧埴 一一〇·二三七
顧問 一一七·七九
顧淳慶 一一一·一五九
顧參 一一〇·二四三
顧琮 一一〇·二四七
一一〇·二五三
顧萬含 一一五·一〇一
顧萬資 一一五·一〇一
顧貽綬 一一一·一七一
顧載光 一一一·一七七
顧夢游 一一一·二〇一
顧夢麟 一一四·二九九

顧蒓 一一〇・二七三
顧煜 一一〇・二六九
顧熙 一一〇・二七九
顧臧 一一〇・二八三
顧鳳毛 一一一・一八一
顧廣圻 一一一・一八七
顧維鼎 一一一・一九七
顧增光 一一一・二〇五
顧樞 一一〇・二九一
顧樑基 一一一・二一一
顧霈霖 一一一・二一九
顧錫祜 一一一・二二五
顧濡 一一〇・三〇一
顧鍾秀 一一一・二二九
顧應昌 一一一・二三一
顧禮琥 一一一・二三五
顧闕 一一七・七九
顧鎮 一一〇・三〇五
顧藻 一一〇・三〇九
顧蘭服 一一一・二三五
顧夔 一一〇・三一七
顧觀光 一一一・二三九
釋鶴林 一一三・一七三

二十三畫

龔一發 一一一・二八九
龔士煃 一一一・三一三
龔士燕 一一一・三一七
龔介岑 一一一・三二五
龔公褱 一一六・一三三
龔用賓 一一一・三三一
龔如垣 一一一・三三七
龔迎恩 一一一・三七三
龔茂城 一一一・三七七
龔明水 一一一・三六七
龔易圖 一一一・三五七
龔佳育 一一一・三四三
龔烈 一一一・二五三
龔時可 一一一・三八三
龔健陽 一一一・三八七
龔國榜 一一一・三九三
龔敬身 一一二・一一
龔策 一一一・二五九
龔復澄 一一一・三九七
龔銓安 一一二・二一
龔維琳 一一二・三
龔維琚 一一二・一
龔震東 一一二・二五

龔聲振　一一三・三一
龔鏡　一一一・二六五
龔夔　一一一・二六九
龔鑑　一一一・二七一
龔顯祖　一一一・二七九
欒養廉　一一三・三五
　　　　一一二・三九

二十四畫

釋靈轡　一一三・一七九

傳記著者姓氏筆畫索引

二畫

丁桂 一八一
丁晏 一八一

三畫

于敏中 一八二

四畫

王士禎 一八三
王夫之 一九一
王元啓 一九一
王引之 一九二
王玉樹 一九二
王芑孫 一九三
王先謙 一九五
王舟瑶 一九九
王希伊 二〇〇
王念孫 二〇〇
王宗炎 二〇〇
王昶 二〇二
王峻 二〇八
王棻 二〇九
王國維 二一〇
王紹蘭 二一一
王植 二一一
王頌蔚 二一一
王源 二一一
王鳴盛 二一四
王榮商 二一五
王樹枏 二一九
王懋竑 二三一
王闓運 二三二
牛運震 二三四
毛奇齡 二三六
毛嶽生 二三五
方苞 二三六
方東樹 二四四
方宗誠 二四五
方朔 二五二

孔繼涵　二五二

五畫

石韞玉　二五三
包世臣　二五五
皮錫瑞　二五九

六畫

吕星垣　二五九
吕留良　二六〇
朱文翰　二六〇
朱珪　二六〇
朱珔　二六三
朱彬　二六七
朱爲弼　二六八
朱軾　二六九
朱筠　二六九
朱學勤　二七二
朱駿聲　二七二
朱彝尊　二七二
朱籌　二七八
朱鶴齡　二七八
任兆麟　二七九
任啓運　二八〇
全祖望　二八一
江藩　二九二
阮元　二九三

七畫

杜貴墀　二九七
李文藻　二九八
李兆洛　二九八
李佐賢　三〇四
李宗昉　三〇五
李祖望　三〇六
李塨　三〇六
李紱　三〇八
李富孫　三一一
李慈銘　三一一
李禎　三一二
李調元　三一三
吴之英　三一四
吴汝綸　三一四
吴昌綬　三一六
吴育　三一七
吴定　三一七
吴偉業　三一九
吴榮光　三二二
吴德旋　三二二
吴騫　三二七
何紹基　三二八
何焯　三二九
何慶涵　三二九
余廷燦　三三〇
汪士鐸　三三一
汪大經　三三二
汪之昌　三三二
汪中　三三二
汪由敦　三三三
汪師韓　三三四
汪萊　三三四
汪琬　三三四
沈大成　三三九
沈彤　三三九

沈垚 三四〇
沈家本 三四〇
沈欽韓 三四〇
沈登瀛 三四一
沈業富 三四二
沈德潛 三四二
宋翔鳳 三四三
宋犖 三四三
邵廷采 三四三
邵志純 三四六
邵晉涵 三四六
邵齊燾 三四八
邵齋謙 三四八
邵懿辰 三四八

八畫

武億 三四九
林昌彝 三五〇
杭世駿 三五〇
周壽昌 三五六
周濟 三五六
法式善 三五七

九畫

郝懿行 三五八
胡天游 三五八
胡承珙 三五九
胡思敬 三六〇
胡培翬 三六〇
胡鳳丹 三六一
胡賡善 三六三
胡薇元 三六五
冒廣生 三六五
段玉裁 三六六
俞樾 三六六
施朝幹 三七八
施閏章 三七八
施補華 三八二
姜宸英 三八四
洪朴 三八六
洪亮吉 三八六
洪榜 三八八
姚文田 三八八
姚華 三八九
姚椿 三九〇
姚鼐 三九三
姚瑩 三九九
紀昀 四〇〇
紀慶曾 四〇〇

十畫

馬其昶 四〇〇
馬國翰 四〇五
馬徵慶 四〇五
秦瀛 四〇六
袁枚 四〇九
莫友芝 四一八
莫與儔 四一八
莊述祖 四一九
桂馥 四一九
徐子苓 四一九
徐時棟 四二一

徐乾學　四二五
徐鼒　四二八
翁方綱　四二九
郭嵩燾　四三一
唐仲冕　四三五
唐晏　四三六
唐鑑　四三六
陸心源　四三七
陸錫熊　四三九
陸燿　四四〇
陸隴其　四四一
陳玉樹　四四一
陳用光　四四二
陳立　四四五
陳兆崙　四四五
陳衍　四四五
陳祖範　四四六
陳黃中　四四七
陳壽祺　四四七
陳漢章　四四九
陳慶鏞　四四九
陳璞　四五〇
陳澧　四五一
陳鱣　四五四
陶澍　四五四
孫衣言　四五五
孫志祖　四五七
孫星衍　四五八
孫原湘　四五九
孫葆田　四六一
孫詒讓　四六七

十一畫

黃以周　四六七
黃本驥　四六八
黃式三　四六八
黃百家　四七〇
黃廷鑑　四七〇
黃汝成　四七一
黃宗羲　四七一
黃承吉　四七五
黃彭年　四七五
梅文鼎　四七七
梅曾亮　四七七
曹元弼　四八二
戚學標　四八二
盛大士　四八四
盛百二　四八五
崔述　四八五
許宗彥　四八六
章炳麟　四八七
章梫　四八七
章學誠　四八九
梁玉繩　四九四
梁同書　四九四
梁啓超　四九四
張士元　四九五
張文虎　四九七
張成孫　四九九
張廷玉　四九九
張伯行　五〇一
張庚　五〇二
張星鑑　五〇二

張惠言　五〇三
張雲璈　五〇四
張裕釗　五〇五
張遠覽　五〇七
張際亮　五〇七
張壽榮　五〇八
張爾岐　五〇九
張澍　五一〇
張履祥　五一二
張穆　五一二
張濬　五一三
張鑑　五一三

十二畫

彭元瑞　五一四
彭啓豐　五一五
彭紹升　五一五
葉昌熾　五一八
萬斯同　五一九
董以甯　五一九
惠棟　五二〇
程先甲　五二〇
程廷祚　五二〇
程晋芳　五二〇
程恩澤　五二一
程瑶田　五二二
程鴻詔　五二二
焦廷琥　五二四
焦循　五二五
鄒漢勛　五二六
惲敬　五二七
曾釗　五三〇
曾國藩　五三一
勞乃宣　五三三
馮桂芬　五三三
馮浩　五三五
馮景　五三六
馮登府　五三七
馮煦　五三八
馮熙　五四〇
湯金釗　五四一
强汝詢　五四二
賀濤　五四三

十三畫

蒯光典　五四六
蓀葆田　五四六
楊守敬　五四六
楊峴　五四六
楊椿　五四八
楊鳳苞　五四九
雷鋐　五五一
釋際醒　五五二

十四畫

趙一清　五五二
趙士麟　五五三
趙之謙　五五四
趙坦　五五四
趙執信　五五五
趙紹祖　五五七
趙銘　五五七
趙懷玉　五五八
蔣士銓　五六三

蔣彤 五六七
蔣超伯 五六八
蔣湘南 五六八
厲鶚 五六八
臧庸 五六九
管世銘 五六九
管同 五七〇
齊召南 五七一
鄭虎文 五七一
鄭珍 五七二

十五畫

黎庶昌 五七二
魯九皋 五七五
劉大櫆 五七八
劉文淇 五八一
劉台拱 五八二
劉恭冕 五八二
劉師培 五八三
劉逢禄 五八三
劉毓崧 五八三
劉綸 五八四
潘耒 五八五
潘奕雋 五八六
潘德輿 五八七

十六畫

蕭穆 五八八
盧文弨 五九〇
盧見曾 五九三
錢大昕 五九四
錢保塘 五九九
錢泰吉 六〇〇
錢陳群 六〇一
錢儀吉 六〇四
錢謙益 六〇八
錢馥 六一一
龍文彬 六一一
龍啓瑞 六一三

十七畫

戴望 六一三
戴鈞衡 六一四
戴震 六一五
鞠遜行 六一六
韓菼 六一六
韓夢周 六一九
魏源 六三二
謝章鋌 六三三
謝啓昆 六三四
繆荃孫 六三五

十九畫

嚴元照 六三八
嚴可均 六三九
羅正鈞 六四〇
羅有高 六四一
羅振玉 六四一
譚瑩 六四二
譚獻 六四二

二十一畫

鐵保 六四六
顧千里 六四七

顧炎武　六四七
顧雲　六四八
顧廣譽　六四八
顧鎮　六五一

二十三畫

龔自珍　六五二
龔景瀚　六五三

傳記著者索引（附所撰傳記）

篇名・傳主	册號・頁碼

二畫

丁桂

舅氏沈柳橋先生行述（沈登瀛）　二九・一六九

誥授中憲大夫江南江安徽寧池太廬鳳淮揚十府糧儲道周公墓志銘（周繼炘）　三九・二四五

潘孝廉傳（潘廷光）　一〇〇・一九七

丁晏

吴非木傳（吴玉楫）　二三・二六七

清河汪先生傳（汪椿）　二六・一七三

汪小城傳（汪轂）　二六・二二三

周先生傳（周濟）　三七・二七九

明經胡君傳(胡玉山)　四七・七七
記唐孝子事(唐耀遠)　四九・一四一
義僕孫立傳(孫立)　四九・二三三
廣西南寧城守營都司浙江殉難孫君傳(孫汝鵬)　五〇・六三
欽旌孝子夏志浩孝婦夏韓氏夏陳氏家傳(夏志浩)　五一・三三五
潘君傳(潘德輿)　一〇〇・二九一
薛子韵傳(薛傳均)　一〇四・一二五
制科孝廉方正蘇徵君傳(蘇秉國)　一〇八・三六七
誥授振威將軍廣東全省水師提督關忠節公傳(關天培)　一〇九・三三一
慧照亭僧静山磚塔銘(釋静山)　一一三・二二五
僧慧朗傳(釋慧朗)　一一三・五三
御史朱琦陳慶鏞合傳(朱琦、陳慶鏞)　一一三・二九九

三畫

于敏中

文淵閣大學士謚文定劉公墓碑(劉綸)　九七・六九

四畫

王士禎

誥授光祿大夫兵部尚書兼都察院右都御史總督河道提督軍務拜他喇布勒哈番謚襄勤于公墓志銘（于成龍） 二・三五三
誥授朝議大夫提督廣東學政按察使司僉事赤山于公墓志銘（于覺世） 三・二五
中憲大夫太常寺少卿王公墓志銘（王楨） 六・一八五
敕封文林郎翰林院編修前西寧縣行取知縣任庵王公墓志銘（王鉞） 六・二一九
予告光祿大夫少傅兼太子太傅保和殿大學士禮部尚書謚文靖王公神道碑銘（王熙） 六・三一一
文林郎內閣中書舍人王公墓志銘（王壎） 六・三九五
奉政大夫刑部雲南清吏司郎中王公墓志銘（王澧） 七・五
誥授奉政大夫吏部稽勳清吏司郎中菉庵王公墓表（王九鼎） 七・一二九
賜進士出身先兄東亭行述（王士祜） 七・二五三
仲兄禮吉墓志（王士禧） 七・二六七
文學太液三兄墓志（王士鵠） 七・二九九
誥授中憲大夫陝西分守河西道布政使司左參議毅州王公行狀（王天鑑） 七・三六三

霜皋先生墓志銘（王世德） 八・二五一
王延喆小傳（王延喆） 九・三九五
昌邑縣儒學訓導桐實王先生墓志銘（王孫枝） 一〇・一九九
五侄墓志銘（王啓沆） 一〇・三七一
亡兒啓渾墓碣銘（王啓渾） 一〇・三七五
四侄墓志銘（王啓澤） 一〇・三九三
從叔菉澳公墓志銘（王與階） 一一・一五一
誥封朝議大夫國子監祭酒先考匡廬府君行述（王與敕） 一一・一五七
世父侍御公逸事狀（王與胤） 一一・一八一
誥贈中大夫山東都轉鹽運使司運使王公墓表并銘（王養元） 一一・三四三
王璵似傳（王璵似） 一二・六七
誥贈奉直大夫陝西寧羌州知州慧先石公墓志銘（石顔） 一三・二一一
誥授中憲大夫福建福州府知府石君宗玉墓志銘（石曰琮） 一三・二一七
田裕所先生傳（田實栗） 一四・七七
孝廉申君觀仲墓志銘（申涵煜） 一四・一四一
誥授資政大夫巡撫雲南兼建昌畢節等處地方贊理軍務兼督川貴兵餉都察院右副都御史翕庵伊

公墓志銘（伊闢）　一五・六一
敕封文林郎望江縣知縣伊公墓志銘（伊巘）　一五・七一
誥封中大夫通政使司右通政加一級開雍伊公墓志銘（伊光啓）　一五・八三
候補主事子青朱君墓志銘（朱緗）　一八・一七五
誥授光禄大夫總督福建浙江等處地方軍務兼理糧餉兵部右侍郎兼都察院右副都御史厚庵朱
公墓志銘（朱弘祚）　一九・一
承德郎大理寺左寺副前翰林院侍講丘公墓志銘（邱象升）　二〇・三六九
敕授承德郎刑部浙江清吏司主事銘三何公墓志銘（何訥）　二一・三
待贈文林郎翰林院庶吉士仲弢何公墓志銘（何毓光）　二二・一九
文林郎内丘縣知縣吴君墓志銘（吴瑄）　二二・二九五
吴徵君天章墓志銘（吴雯）　二二・三二五
候補内閣中書舍人西峰吴君墓志銘（吴璟）　二三・一七
吴順恪六奇别傳（吴六奇）　二三・一七三
吴臨潁墓表（吴允升）　二三・一七七
誥封奉直大夫雲南按察司僉事提調學政耐翁吴先生墓表（吴永胤）　二三・二六一
誥贈光禄大夫刑部陝西清吏司主事御之宋公墓志銘（宋宓）　二五・一七七

書宋孝廉事（宋懋澄）　二五・三六三
汪光翰傳（汪光翰）　二六・三九七
汪比部傳（汪懋麟）　二七・三八九
誥授光禄大夫文華殿大學士兼吏部尚書謚文襄李公神道碑銘（李之芳）　三一・二五
誥授奉政大夫廣西分巡左江道按察司僉事李公墓志銘（李允禎）　三一・二〇三
敕封徵仕郎翰林院檢討玉峰李先生墓志銘（李文科）　三一・三一九
李公正華傳（李正華）　三一・三八九
誥贈大理寺卿李公家傳（李雍熙）　三四・一四七
誥授光禄大夫刑部右侍郎前總督湖廣等處地方軍務兼理糧餉兵部右侍郎兼都察院右副都御史蒲陽李公神道碑銘（李輝祖）　三四・三八三
孝廉李君墓表（李篤之）　三五・一三
誥授奉政大夫順天府治中調補兩浙鹽運司運副錦秋李公墓志銘（李鴻雷）　三五・二四三
誥授大中大夫河南布政使司分守驛傳鹽法道参政湄村杜公墓志銘（杜漺）　三六・三
擬鑲紅旗副都統佐領阿爾虎碑文（阿爾虎）　三六・二三一
擬副都統佐領阿爾虎碑文（阿爾虎）　三六・二三七
光禄大夫總督陝西三邊四川等處軍務少保兼太子太保兵部尚書兼都察院右副都御史世襲阿

思哈尼哈番贈太保謚忠毅孟公神道碑銘（孟喬芳）　三九・三六七
范先生傳（范可裕）　四〇・二三一
范先生傳（范明徵）　四〇・二七一
武風子傳（武恬）　四一・一九九
明興安州知州復濱金公傳（金之純）　四二・五七
誥授朝議大夫四川按察司僉事六如南公暨配田恭人合葬墓志銘（南六如）　四三・一六九
誥授光禄大夫護軍統領兼佐領世襲拖沙喇哈番柯公神道碑銘（柯爾昆）　四六・八七
敕授徵仕郎内翰林秘書院檢討豹嵒唐公墓志銘（唐夢賚）　四九・四五
孫先生傳（孫鞏）　四九・二九七
孫文定公傳（孫廷詮）　五〇・八九
文林郎陽江縣知縣孫公墓志銘（孫廷鐸）　五〇・九九
擬太子少保正白旗漢軍副都統徐大貴碑文（徐大貴）　五二・二二五
文學畢君子萬解元公權家傳（畢盛育）　五四・三五七
明經畢君墓志銘（畢際孚）　五四・三七一
待封徵仕郎文學陸先生墓志銘（陸敷樹）　五六・一五五
敕授文林郎翰林院編修又樸耿公墓志銘（耿願魯）　六一・三四三

候選知縣馬君墓志銘（馬長春）　六三・三五五
馬文毅公傳（馬雄鎮）　六四・一
誥授通奉大夫刑部左侍郎念東高公神道碑銘（高珩）　六四・一六九
賜進士出身高君暨韓孺人合葬墓志銘（高琭）　六四・一九九
文林郎直隸河間府推官繩東高公墓表并銘（高瑋）　六四・二三三
無爲州同知黃先生墓志銘（黃爾悟）　六八・二五
待贈儒林郎玫林張公墓志銘（張玳）　六八・三三七
明經張先生傳（張紱）　六八・四〇一
敕授文林郎雄縣知縣石宗張君墓志銘（張墉）　六九・一一
張處士傳（張霦）　六九・二三一
敕授文林郎行取新野縣知縣實庵張君墓志銘（張璽）　六九・二七九
張先生傳（張四箴）　七〇・二一三
文學張君墓志銘（張建斗）　七一・三四五
誥授朝議大夫廣東按察司僉事提督學政張公墓表（張爲仁）　七一・三六一
張東谷先生傳（張茂蘭）　七二・六一
敕授文林郎河南偃師縣知縣敬齋張君墓志銘（張朝宲）　七二・三〇五

張學海先生墓表（張繼倫） 七四・五三
梁九傳（梁九） 七五・三〇九
御史梁晳次先生傳（梁熙） 七五・三一九
敕授文林郎掌山西道事山西道監察御史彤臣傅公墓志銘（傅扆） 七八・二五一
誥授朝議大夫貴州布政使司參議古愚勞公墓志銘（勞俶融） 七九・一
誥授奉直大夫工部虞衡清吏司主事慕廬葉公墓志銘（葉封） 八〇・一九五
惠顯傳（惠顯） 八二・一三五
少司徒焦公傳（焦毓瑞） 八三・一一九
誥封昭勇將軍童太公墓志銘（童庚年） 八四・六七
故孝廉馮君墓志銘（馮沛） 八六・八九
文林郎內閣中書舍人管典籍事馮君大木墓志銘（馮廷櫆） 八六・二五九
敕授文林郎臨淄縣知縣函東楊公墓志銘（楊端本） 八九・一〇三
光祿大夫總督河道提督軍務兵部尚書兼都察院右副都御史謚文襄靳公墓志銘（靳輔） 九〇・五三
誥授光祿大夫兵部左侍郎前綏遠將軍總督雲南貴州等處地方軍務兵部尚書兼都察院右副都御史蔡公神道碑銘（蔡毓榮） 九〇・三二七
誥授光祿大夫都察院掌院事左都御史裕庵蔣公墓志銘（蔣弘道） 九一・一六五

范縣儒學教諭候補知縣趙君子静墓志銘（趙作耳） 九五·五三
太學生齋如趙君墓志銘（趙作肅） 九五·九五
太學仲聞趙君墓志銘（趙廷講） 九五·一四五
容城縣教諭趙君墓志銘（趙明徵） 九五·一七七
敕封文林郎山西太平縣知縣前直隸棗强縣縣丞行健趙先生墓志銘（趙長慶） 九五·一八三
敕授文林郎河南道監察御史趙公暨配房吕二孺人合葬墓志銘（趙班璽） 九五·二〇九
誥授中大夫福建提刑按察使司按察使清止趙公墓志銘（趙進美） 九五·二七九
誥授朝議大夫福建分守督糧道布政使司參議慙蓼劉公墓志銘（劉深） 九七·一
劉澤清小傳（劉澤清） 九九·二五九
誥封中大夫通政使司左參議訥庵錢公墓志銘（錢陛） 一〇二·一〇三
誥授中憲大夫陝西按察司副使分巡河西道素垣鮑公墓表并銘（鮑開茂） 一〇四·三五七
書謝良琦事（謝良琦） 一〇五·三一一
中奉大夫整飭天津海防道山東按察司副使韓公墓志銘（韓庭芑） 一〇七·三九一
孝靖顔先生傳（顔伯璟） 一〇八·二三七
敕授徵仕郎中書科掌印中書舍人茂弘蘇君墓志銘（蘇偉） 一〇八·三二一
敕授承德郎兵部職方清吏司督捕主事蘇君墓志銘（蘇金鉉） 一〇八·三七九

誥封户部廣西司郎中貞文龐公墓志銘（龐克慎）　一〇九・三三一
誥授光禄大夫光禄寺卿介岑龔公墓志銘（龔佳育）　一一一・三四三
書鏥頭道人事（鏥頭）　一一三・一六五
法慶靈轡禪師塔銘（釋靈轡）　一一三・一七九
書宋道人事（宋道人）　一一三・一八七
任民育楊定國傳（任民育、楊定國）　一一三・二六三
劉孔和王遵坦傳（劉孔和、王遵坦）　一一四・三七三

王夫之

文學膴原氏墓志銘（王敔）　六・一三三
石崖先生傳略（王石崖）　八・三四九
牧石先生暨吳太恭人合祔墓表（王廷聘）　九・三〇七
武夷先生暨譚太孺人合葬墓志（王朝聘）　一一・四一
文學劉君昆映墓志銘（劉瑋）　九七・五七
孝烈傳（洪孝子、彭烈婦等）　一一六・二六九

王元啓

贈中憲大夫壽張縣知縣沈君墓志銘（沈齊義）　二九・二八九

王引之

皇清誥贈通議大夫福建按察使蕭山縣學生綸宣王公神道碑（王模）　六·三五一
誥封通議大夫晋通奉大夫吴君暨梁夫人墓志銘（吴濟運）　二五·七五
汪容甫先生行狀（汪中）　二六·二七
倪教授行狀（倪模）　四八·一八五
故鳳陽府學教授倪君墓表（倪模）　四八·一八七
太子太師兵部尚書閩浙總督金匱孫文靖公神道碑銘（孫爾準）　五一·九三
協辦大學士鄒公墓志銘（鄒炳泰）　八五·三六七
臧禮堂小傳（臧禮堂）　九四·一五九
贈中憲大夫趙公暨賈孫二恭人墓志銘（趙德俶）　九六·二九
詹事府少詹事錢先生神道碑銘（錢大昕）　一〇二·二四五

王玉樹

晋封奉直大夫張公暨配車宜人合墓表（張振乾）　七二·九三
松軒張公遺行述（張振乾）　七二·九九
處士張雲岡墓志銘（張鳳儀）　七三·一三七
楊仙傳（楊仙）　八七·一六一

王芑孫

石湖楞伽山墓碣（王世淇） 八·二二一
布政使司經歷借補江西進賢縣丞王公墓志銘（王世鈞） 八·二三三
甘肅嘉峪關巡檢王公墓志銘（王世錦） 八·二三七
浙江鄞縣杖錫司巡檢王君墓志銘（王伯益） 九·二五三
讀小峴所作亡弟行狀書後（王翼孫） 一二·九一
皇清登仕郎晋階武德騎尉恤授雲騎尉世職湖北襄陽府襄陽縣呂堰驛巡檢加一級亡弟聽夫
　行實（王翼孫） 一二·九五
續書亡弟呂堰殉難事（王翼孫） 一二·一一五
考職主簿史府君墓志銘（史楚） 一二·二九一
敕封修職郎附貢生史君墓志銘（史鼎輝） 一三·七一
山東陽信縣知縣玉君墓志銘（玉棟） 一三·一九七
資政大夫予告光禄寺卿伊公神道碑銘（伊朝棟） 一五·一二一
候選教諭朱君墓志銘（朱光曜） 一九·七一
何元長傳（何世仁） 二一·一四三
誥封朝議大夫纍封中憲大夫翰林院檢討何公行狀（何思鈞） 二一·二六七

封文林郎國子監生宋君墓志銘（宋經邦）　二五・三三一

貤封奉直大夫例晉奉政大夫國子監生沈君墓志銘（沈虞揚）　二九・二二七

古心翁小傳（沈虞揚）　二九・二三三

清故建威將軍浙江提督總兵官總統閩浙水師軍功加二級紀録二次追封三等壯烈伯世襲謚忠毅李公行狀（李長庚）　三三・一八七

恩貢生候選教諭俞君墓志銘（俞英）　四三・二九

署湖北蘄州知州徐君墓志銘（徐鏷慶）　五四・二四九

清故廣西道監察御史前江南儀真縣知縣歸安陸公事狀（陸師）　五五・一八七

贈儒林郎刑部司務陶君墓志銘（陶緒濟）　六一・四七

嘉善縣學生袁君墓志銘（袁璉）　六三・四七

湖廣蘄州衛守備贈武翼都尉郭君墓表（郭璋）　六五・一三一

贈中憲大夫晉贈武翼都尉郭君墓表（郭鎮域）　六五・三三五

東城指揮曹君墓志銘（曹鋭）　七四・三四九

清故光禄大夫經筵講官兵部尚書致仕彭公神道碑銘（彭啓豐）　八〇・九五

河南布政使司經歷楊君墓志銘（楊汝璉）　八八・一八七

詹府君葬記（詹淳）　九〇・二一

内務府司庫廣公墓志銘（廣順）　九〇・一〇七
壽先生傳（壽星）　九〇・一九三
誥授朝議大夫纍封中憲大夫掌山西道監察御史加三級鮑府君行狀（鮑志道）　一〇四・三二九
例授通奉大夫鹽運使銜加二級議叙加十級又加十級鮑君墓志銘（鮑漱芳）　一〇四・三九一
繆舍人小傳（繆炳泰）　一〇五・一二五
宛平鍾先生事狀（鍾晼）　一〇六・二一五
河南上北河同知顧君墓志銘（顧禮琥）　一一一・二三五
書崇真宮道士祖德傳（祖德）　一一三・二一五
華亭二布衣傳（吴鈞、翁春）　一一三・三五五
故明二楊將軍傳（楊國柱、楊振）　一一四・三一三

王先謙

毛青垣先生傳（毛國翰）　四・一九
始祖子泉公傳（王霑）　七・二七
先伯兄會廷府君行狀（王先和）　九・一一
季弟禮吾行狀（王先恭）　九・一七
先仲兄敬吾府君行狀（王先惠）　九・二三

四畫 王

五世祖若水公傳（王慎修） 一一・九三
長男榮祖壙銘（王榮祖） 一一・二五七
向家衡先墓記（王聲揚） 一二・一二一
故明督師太傅武英殿大學士兵部尚書史忠正公傳（史可法） 一二・三一一
皮先生家傳（皮炳） 一三・一九三
誥授光禄大夫經筵講官工部尚書兼管順天府府尹事務祁文恪公神道碑（祁世長） 一六・二一三
雲貴總督贈太子太傅岑襄勤公神道碑（岑毓英） 二五・三八七
李徵君墓碣（李檕） 三〇・三二五
誥授光禄大夫貴州布政使李公神道碑（李元度） 三一・二三九
江西候補知府李君墓志銘（李光瑩） 三二・一三一
誥授通奉大夫江蘇補用道李君墓表（李宗媚） 三三・一七
李爰得生壙志銘（李宗媚） 三三・二一
署欽差大臣辦理南洋通商事務兩江總督兼兩淮鹽政江西巡撫兼提督銜李勤恪公神道碑（李興鋭） 三四・三五七
贈道銜候選同知直隸州知州湖北鄖陽府通判周君墓志銘（周汝驤） 三八・九九
周仲茗墓志銘（周瀹蕃） 三九・二五五

誥贈中憲大夫吏部郎中加二級施君墓志銘（施玉峻） 四五・一一九
布政使銜雲南按察使倉公墓志銘（倉景愉） 四八・一七五
誥封資政大夫安徽桐城馬踏石巡檢陸君墓志銘（陸枚） 五五・一六三
贈太子少保江西布政使陳公墓志銘（陳湜） 五六・三七一
誥贈光禄大夫陳君墓志銘（陳世甯） 五七・三七五
翰林院編修陳君墓表（陳昌紳） 五八・三〇七
鹽城縣學生陳君墓志銘（陳蔚林） 六〇・五九
誥封榮禄大夫三品頂戴四品京堂郭公神道碑（郭昆燾） 六五・二六九
兵部左侍郎郭公神道碑（郭嵩燾） 六五・三〇五
二品頂帶江蘇候補道郭君墓志銘（郭慶藩） 六五・三三一
黄忠壯公傳（黄潤昌） 六八・一三九
江西進賢縣典史張君墓志銘（張景熙） 七二・二九九
梁剛節公傳（梁洪勝） 七六・二九
誥授資政大夫浙江嘉興府知府許公墓志銘（許瑶光） 七八・一三七
贈知府銜署惠州海防通判高明縣知縣許公家傳（許鐏身） 七八・一七九
知府銜特用同知直隸州彭君墓志銘（彭啓昆） 八〇・八三

四畫　王

誥封中議大夫五品銜國子監助教曾君墓表（曾觀文）　八三·三五
閔浩齋先生墓志銘（閔振瀚）　八六·三一
誥授光禄大夫兵部左侍郎楊公神道碑（楊頤）　八七·三一一
吏部左侍郎楊公傳（楊永斌）　八八·四三
河南汝州知州楊公傳（楊兆李）　八八·六七
誥贈中憲大夫楊君墓志銘（楊有發）　八八·一七七
提督銜陝西延綏鎮總兵官楊剛介公神道碑（楊昌泗）　八八·二四七
太子太保陝甘總督世襲一等輕車都尉楊勇慤公神道碑（楊岳斌）　八八·二八五
蔣果敏公家傳（蔣益澧）　九一·二六七
頭品頂戴陝西布政使贈内閣學士蔣公神道碑（蔣凝學）　九一·三六一
江蘇巡撫黎文肅公神道碑（黎培敬）　九六·二七五
劉秉齋墓表（劉冕）　九七·二一
劉觀察傳（劉鎮）　九七·一〇七
歐陽磵東先生傳（歐陽輅）　一〇〇·九一
龍孝子傳（龍光閣）　一〇五·三一
誥授朝議大夫湖南常寧縣知縣龍君墓志銘（龍起濤）　一〇五·三三

王舟瑶

先大父行述（王華）　六・一五七
王子莊先生傳（王棻）　六・一六一
先考行述（王士春）　七・二四一
曾大父行述（王克俊）　九・二六七
族叔父太常君行狀（王彦威）　一〇・七三
王立夫權厝志（王組瑛）　一〇・四〇七
記王歗林明經（王維翰）　一一・二九五
江雲溪先生墓表（江乘鮫）　一七・一五三
邱潛齋先生家傳（邱龍章）　二〇・三九七
太平吴君墓志銘（吴會申）　二四・三一一
資政大夫原任河南河北兵備道西林岑君墓志銘（岑春榮）　二五・三七九
沈侍郎傳略（沈源深）　二九・二〇九
太平金君墓志銘（金燾）　四二・五三
陳佩夫墓志銘（陳鏘墀）　六〇・二〇七
葉愷庵傳（葉其蓁）　八〇・三八五

黃方慶陳寬居傳（黃方慶、陳寬居） 一一四·二〇九

王希伊

國子生黃君東山小傳（黃圻） 六五·三六七

王念孫

晉授奉政大夫福建邵武府同知曾培沈公墓碑（沈之本） 二八·一九九

王宗炎

方榮木家傳（方林） 四·一七三
王次瑶墓表（王琨） 六·一四五
族父綸宣公墓志銘（王模） 六·三四一
王黼臣墓志銘（王鳴玉） 一一·一九三
何葭汀别傳（何其葵） 二一·二三七
汪龍莊行狀（汪輝祖） 二七·三四三
來晨崖家傳（來學謙） 三七·一二七
周雲溪墓志銘（周祖濂） 三八·三四三
周雲溪家傳（周祖濂） 三八·三四七
周遂庵墓志銘（周源冲） 三九·八三

周遂庵家傳（周源冲） 三九・八九
周尹度公家傳（周殿禄） 三九・九五
金協恭墓志銘（金德寅） 四二・二四七
明故嘉議大夫四川按察使僉事金公神道碑（金應奎） 四二・二八五
俞應九家傳（俞龍文） 四三・一二三
俞雪堂家傳（俞鷺文） 四三・一二九
姚媿庵家傳（姚元淳） 四四・七三
姚拙庵家傳（姚清泰） 四四・二二一
胡東白家傳（胡垣） 四六・二六三
孫思贊家傳（孫上驤） 五〇・一
孫楓培墓志銘（孫辰東） 五〇・一五一
黃天木家傳（黃浩） 六五・三八九
張鑑庵家傳（張丙震） 七〇・一四七
張京望公家傳（張鎮華） 七三・三九九
葛漱白墓志銘（葛玉書） 八一・二五五
湘畦湯夫子家傳（湯湰） 八三・二五九

益占湯公墓志（湯元裕）　八三・三一五
鄔尚齋墓碑銘（鄔斝）　八五・二九三
趙豐來家傳（趙鎬）　九四・三一一
瞿逸亭公家傳（瞿廷望）　一〇八・一三五

王昶

王原傳（王原）　六・三三
王掞傳（王掞）　六・五五
國子監司業王公行狀（王太岳）　八・一
誥封中憲大夫安徽和州州同知王君墓志銘（王述濬）　一〇・一三五
王原祁傳（王原祁）　一〇・一四三
四川鹽茶道王君墓志銘（王啓焜）　一〇・三八五
王鳴盛傳（王鳴盛）　一一・一九九
湖北襄陽吕堰鎮巡檢王君墓表（王翼孫）　一二・七一
都察院左副都御史申君墓志銘（申甫）　一四・一〇三
翰林院庶吉士吉君墓志銘（吉夢蘭）　一五・二八三
文學吕君墓表（吕廷揚）　一六・七

江慎修先生墓志銘（江永） 一六・二七三
江聖言墓表（江立） 一六・三〇九
朱子存墓表（朱研） 一七・二七五
翰林院編修朱君墓表（朱筠） 一八・九三
朱上峩墓志銘（朱簡） 一八・一九九
湖北布政使朱君墓志銘（朱一蜚） 一八・二四三
廣西柳州府通判朱君墓志銘（朱秀文） 一九・一九七
山東長清縣知縣朱君墓表（朱懋德） 二〇・一三三
同知署廣西平樂府知府余君墓志銘（佘慶長） 二二・一三一
翰林院檢討前兵部右侍郎吴君墓志銘（吴玉綸） 二三・二七三
前經筵講官都察院左都御史吴君墓志銘（吴省欽） 二四・一二五
吴偉業傳（吴偉業） 二四・二五三
貢生吴君偕朱孺人合葬墓表（吴裕金） 二四・二九五
吴西林先生小傳（吴穎芳） 二五・四三
宋德宜傳（宋德宜） 二五・三三七
汪容甫墓碣（汪中） 二六・一一

四畫　王

翰林院庶吉士汪心揆墓志銘（汪本）　二六・三五
刑部員外郎汪君墓志銘（汪棣）　二六・一三一
文學汪君墓碣（汪藹）　二六・二七五
沈荃傳（沈荃）　二八・九一
沈起元傳（沈起元）　二九・七九
候選員外郎李君墓志銘（李煥）　三〇・九五
太子太保武英殿大學士一等誠謀英勇公謚文成阿公行狀（阿桂）　三六・一七一
太子少保協辦大學士刑部尚書謚文勤阿公行狀（阿克敦）　三六・二一一
工部右侍郎阿君神道碑銘（阿彌達）　三六・二四五
邵西樵墓表（邵玘）　三六・二五三
邵珉高墓志銘（邵炎）　三六・二五七
翰林院侍講學士充國史館提調邵君墓表（邵晋涵）　三七・七
周洽傳（周洽）　三七・二〇五
周綸傳（周綸）　三七・二五九
周士彬傳（周士彬）　三七・三四一
廣西蒼梧道周君墓志銘（周升桓）　三八・五

周斯盛太守小傳（周際清）　三九・一〇一
金誦清墓志銘（金芬）　四一・三一三
蘇州府教授俞君墓志銘（俞昌言）　四三・一〇一
書奎公遺事（奎林）　四三・二八五
寧國府教授施君墓志銘（施淇）　四五・八九
河南道監察御史胡君墓表（胡紹鼎）　四七・三〇七
胡寶瑔傳（胡寶瑔）　四八・五九
廣西巡撫孫君墓志銘（孫永清）　五〇・二九
禮部員外郎前四川按察使司孫君墓志銘（孫嘉樂）　五一・一六九
兵部尚書都察院右都御史湖廣總督贈太子太保畢公神道碑（畢沅）　五四・三一一
陸元輔傳（陸元輔）　五五・三〇七
浙江按察使陸君墓志銘（陸伯焜）　五六・一
國子監生陸君潤之墓志銘（陸時化）　五六・八三
陸振芬傳（陸振芬）　五六・八九
都察院左副都御史陸君墓志銘（陸錫熊）　五六・一八一
歲貢生陳先生墓志銘（陳麟詩）　六〇・二七九

四畫　王

四畫 王

秦倬傳（秦倬） 六一・一二七
書黃公纘事（黃公纘） 六六・二〇三
黃仲則墓志銘（黃景仁） 六七・三一九
雲南沅江府知府商君墓志銘（商盤） 六八・二三一
張蘊輝墓碣銘（張廷璧） 七一・六九
張德純傳（張德純） 七三・二〇一
內閣中書舍人張君墓志銘（張熙純） 七三・二一三
張鵬翀傳（張鵬翀） 七四・一
曹仁虎傳（曹仁虎） 七五・一五
太子太保東閣大學士梁文莊公行狀（梁詩正） 七六・一一三
山西寧武縣知縣彭君墓志銘（彭禮） 七九・二四九
金壇縣教諭葛君墓志銘（葛恒） 八一・二三三
惠定宇先生墓志銘（惠棟） 八二・一一一
國子監生焦君墓表（焦葱） 八三・七七
太子太保大學士謚文襄舒公墓志銘（舒赫德） 八五・八九
誥贈朝議大夫縣學生賀君墓志銘（賀廊佐） 八五・二四七

鄒允颺傳（鄒允颺）　八五・三三九
誥贈奉政大夫訓導馮君墓表（馮達文）　八七・一九
户部侍郎署翰林院掌院學士夢公神道碑（夢麟）　八七・一〇一
文學楊君墓志銘（楊世淦）　八八・三九
翰林院侍讀學士褚君墓志銘（褚穀）　八九・二六九
含山縣訓導蔡先生墓志銘（蔡瓏）　九〇・二五五
蔡希真墓志銘（蔡元冲）　九〇・二六九
翰林院編修蔣君墓志銘（蔣士銓）　九一・一四一
蔣升枚墓表（蔣業鼎）　九一・三二五
趙俞傳（趙俞）　九四・二三七
恤贈光禄寺少卿户部主事趙君墓志銘（趙文哲）　九四・三五七
法師劉君墓表（劉敏）　九七・七
誥封中憲大夫中書科中書舍人劉君墓志銘（劉濤）　九七・八九
進士劉君墓表（劉鑾）　九七・一三一
潘君上舍小傳（潘榮錦）　一〇〇・二七九
詹事府少詹事錢君墓志銘（錢大昕）　一〇二・二三五

雲南迤東道錢君墓志銘（錢受穀）　一〇三・二七
刑部左侍郎贈尚書錢文敏公神道碑銘（錢維城）　一〇三・一八三
繆君笏巖上舍家傳（繆珽）　一〇五・七一
戴東原先生墓志銘（戴震）　一〇七・一
左都督藍公家傳（藍理）　一〇七・二六五
碭山縣教諭瞿君墓志銘（瞿塘）　一〇八・九七
羅臺山墓志（羅有高）　一〇九・六九
翰林院編修嚴君墓志銘（嚴福）　一〇九・三七三
甘肅涼莊道署四川按察使司顧君墓志銘（顧光旭）　一一一・六五
顧在觀傳（顧在觀）　一一一・八一
顧陳垿傳（顧陳垿）　一一一・一六七
振華長老塔銘（釋振華）　一一二・三〇五

王峻

徐俟齋傳（徐枋）　五二・三一
陳少章先生墓志銘（陳景雲）　五九・二一三

王棻

樨園方君墓志銘（方文翰） 四・三一五
王小林小傳（王維翰） 一一・二九九
貤封武略騎尉江君墓志銘（江乘鮫） 一七・一四九
牟以南傳（牟以南） 二〇・三一一
忠義吴琮傳（吴琮） 二三・三〇五
吴執御傳（吴執御） 二四・二二七
李静軒先生傳（李誠） 三〇・二七一
李君淡人家傳（李旭陽） 三二・二〇三
李山漁先生傳（李飛英） 三三・二一五
官小樵夫婦傳略（官德潤） 三九・三二三
金章傳（金章） 四一・三四三
北山姜先生墓版文（姜文衡） 四四・三六五
施穆亭先生小傳（施際清） 四五・一八七
陳宗傳（陳宗） 五六・三〇七
黃巖鎮總兵陳公行狀（陳紹） 五六・三五三

永嘉陳處士墓志銘（陳體芳） 六〇・二七三
黄治傳（黄治） 六五・三八一
黄濬傳（黄濬） 六六・七一
張振夔傳（張振夔） 七二・一一三
戚學標傳（戚學標） 七五・二三七
符之合傳（符之合） 七七・一七五
葉慎傳（葉慎） 八〇・二三一
附貢生臨海葉君墓志銘（葉履鏞） 八一・四九
文學項斯傳（項斯） 八六・四三
蔡仲吹傳（蔡篪） 九〇・二二三
蔡鎬傳（蔡鎬） 九〇・二四七
端木國瑚傳（端木國瑚） 九三・一八九
盧錫疇傳（盧錫疇） 一〇二・三一
瞽者三先生傳（王藻、牟汝霖、姜文衡） 一一六・二〇三

王國維

誥封中憲大夫海寧陳君暨妻鄒太淑人合葬墓志銘（陳鎬） 五七・二三一

羅君楚傳（羅福萇）　一〇九・一八三

王紹蘭

何晋書先生墓志銘（何楷）　二一・三三

傅中翰毅齋家傳（傅淦）　七八・二六九

獨樂翁傳（傅兆祥）　七八・三三七

王植

户部郎莫緯蒼傳（莫象年）　六二・一〇三

郯城尹黄思湖傳（黄六鴻）　六六・一九七

和平尹張玉衡傳（張象乾）　七二・三四七

深澤尹二劉合傳（劉璋、劉元暉）　一一四・三六一

王頌蔚

記鄭少萊司馬軼事（鄭璇）　九二・二八一

文學錢君别傳（錢榮高）　一〇三・一六九

烏爾呼濟公錫齡死事記（錫齡）　一〇三・二八九

王源

于忠肅公傳（于謙）　二・二七一

于侍郎傳（于仕廉）　二・三〇三
先兄汲公處士行實（王潔）　六・三三三
興國公傳（王之仁）　七・一三九
先府君行實（王世德）　八・二三一
王將軍傳（王好智）　九・一六五
五公山人傳（王餘佑）　一一・三四九
吳孝廉墓志銘（吳璠）　二三・九
進士吳君墓志銘（吳士傑）　二三・一四五
李夙公文學墓志銘（李在公）　三二・二一五
李孝慤先生傳（李明性）　三三・一一一
李處士傳（李若傑）　三三・三二一
周孝廉傳（周炳文）　三八・三〇一
金主事傳（金廷詔）　四二・一五一
文林郎中書科中書舍人侯君墓志銘（侯元棐）　四二・三四一
姚少保傳（姚啓聖）　四四・二〇一
姜都督傳（姜名武）　四四・三六七

徐雲若墓志銘（徐仁彝） 五二·二七五
秦舍人傳（秦敬傳） 六一·二五一
秦處士傳（秦驥生） 六一·三〇七
司禮監高時明傳（高時明） 六四·三六一
張文學墓表（張嵒） 六八·四〇七
曹太學傳（曹以植） 七五·一
梁鷦林先生墓表（梁以樟） 七五·三七一
封君甯獻賢墓志銘（甯獻賢） 七九·一八一
温孝懿先生傳（温樹洸） 八四·九
廖處士墓志銘（廖燕） 九〇·一四三
蔡叔謙墓志銘（蔡學圃） 九〇·三三三
蔣退庵太學墓志銘（蔣進） 九一·二五
劉誠意伯傳（劉基） 九六·三四七
新樂侯傳（劉文炳） 九七·二五五
劉處士墓表（劉獻廷） 九九·三五七
諸天祐傳（諸天祐） 一〇〇·三三

四畫 王

鞏都尉傳（鞏永固） 一〇一・三五
顏習齋先生傳（顏元） 一〇八・一八七
譚參政傳（譚昌言） 一〇九・二五七
李若連高文彩傳（李若連、高文彩） 一一三・三九七
關中二烈士傳（劉長庚、劉温克） 一一四・三六七

王鳴盛

巴雅思胡朗傳（巴雅思胡朗） 三・一六一
江慎齋墓志銘（江文彬） 一六・三六三
阿拉密傳（阿拉密） 三六・二二七
哈克山傳（哈克山） 四三・一七九
處士姚君墓志銘（姚易修） 四四・一二九
拜才傳（拜才） 四五・七一
胡申布魯傳（胡申布魯） 四七・七五
陳言夏傳（陳瑚） 五七・五九
知柳州府事袁君墓志銘（袁承幼） 六三・一三一
海州知州黃君墓志銘（黃建中） 六七・一九七

葉映榴傳（葉映榴）　八〇・三九三
葛思特傳（葛思特）　八一・二六五
封文林郎翰林院檢討温君墓志銘（温德厚）　八四・一
費揚古傳（費揚古）　八五・一九三
賀布索傳（賀布索）　八五・二三一
泰安府通判衛君墓志銘（衛蓑）　一〇〇・一七
穆赫林傳（穆赫林）　一〇一・二〇五
静默寺僧海寬塔銘（釋海寬）　一一二・三〇九
上人明玢塔銘（釋燦海）　一一三・一三三
唐八繡王八千墓志銘（唐八繡、王八千）　一一四・一三三

王榮商

丁君壙志（丁惠堂）　二・一三五
方公仰喬墓表（方喬）　四・二二五
方正甫傳（方義路）　五・九七
方内翰壙志銘（方駿萃）　五・一六七
先大父述（王永肩）　八・二九五

四畫　王

王已生傳（王景鳳）　一一・三一
從兄雨人傳（王榮沛）　一一・二五五
亡弟康侯權厝志（王榮晉）　一一・二五九
兄友夔壙志（王榮唐）　一一・二六三
王小農傳（王銘思）　一一・三〇五
家祥雲叔生壙志（王錫光）　一一・三五五
先府君述（王錫山）　一二・一
贈奉政大夫王府君墓志銘（王錫封）　一二・二三
王紫珊先生生壙志（王顯謨）　一二・一八七
記祁文恪公軼事（祁世長）　一六・二二三
江秀蓀傳（江仁葆）　一六・三六一
舅氏邱鞠臣先生事略（邱煥章）　二〇・三八九
李雪篁傳（李渭）　三〇・一五七
杜君夢廬墓表（杜錫齡）　三六・七七
卓子培墓志銘（卓厚栽）　三七・一四九
卓鎮鰲墓表（卓厚振）　三七・一五一

林子繩先生墓表（林文翰） 四一・五七
中書科中書林公墓志銘（林瑞璜） 四一・一五一
林本初家傳（林禮孝） 四一・一九七
俞君樹周壙志（俞汝昌） 四三・八九
胡綸元先生傳（胡宋駿） 四七・一〇五
胡子籛傳（胡龍壽） 四八・四九
夏封君家傳（夏慶增） 五一・三七一
陳爾修傳（陳丰昌） 五八・一七九
陳協中傳（陳協中） 五八・二七七
贈資政大夫峻峰陳公墓表（陳雲岐） 五九・二四三
張昆泉家傳（張家政） 七一・三五三
贈中議大夫傅君鯉門墓表（傅昌禮） 七八・三四七
傅寶榮傳（傅家珍） 七八・三五七
傅君莓軒墓志銘（傅家楠） 七八・三五九
傅君崇德家傳（傅鼎基） 七八・三八七
程參議傳（程利川） 八四・二三一

四畫　王

翰林院檢討楊公理庵墓表（楊泰亨）　八八・三四七
虞敦甫傳（虞本初）　八九・一八三
虞澹初傳（虞景璜）　八九・一八五
樂俊奎壙志（樂駿）　一〇〇・三五一
樂秉國先生墓志銘（樂汝驤）　一〇〇・三五九
樂達四先生墓表（樂嗣聰）　一〇〇・三六一
繆養庵小傳（繆繼功）　一〇五・一五七
謝櫓峰先生墓表（謝周訓）　一〇五・三一九
鍾君杏仙墓志（鍾穎先）　一〇六・二六五
蘇經士傳（蘇兆霖）　一〇八・三五七
顧舵舫家傳（顧家枋）　一一一・一四一
顧湖舫先生墓志銘（顧家桐）　一一一・一四九
顧湖舫先生傳（顧家桐）　一一一・一五一
顧嘯舫先生墓表（顧家校）　一一一・一五三
顧家興傳（顧家興）　一一一・一五五
顧君詩舫生壙志（顧家槤）　一一一・一五七

顧一仙傳(顧霈霖) 一一一·二一九
張周二布衣傳(張友德、周斗建) 一一四·三三七
張雪厓兄弟傳(張錫釆、張祖培) 一一四·三三九

王樹枏

丁永齋墓表(丁在海) 二·八七
審計院院長羅山丁公神道碑(丁振鐸) 二·一〇五
眉州直隸州知州毛君墓志銘(毛慶藩) 四·六五
清振威將軍貴州威寧鎮總兵方府君墓志銘(方致祥) 五·一七
王曉峰先生墓表(王嵒) 六·一一一
大理評事王伯霞墓志銘(王金綬) 一〇·四五
王師竹墓志銘(王建中) 一〇·六七
王普齋先生墓志銘(王敬照) 一一·一〇三
清棠邑知縣王君墓志銘(王福曾) 一一·二七五
漢陽田半翁先生家傳(田維翰) 一四·六七
宋牧九墓表(宋運貢) 二五·三三三
誥封朝議大夫亳州知州李君墓表(李登洲) 三四·一〇九

四畫　王

孝感李佛生墓表（李傳黻）　三四·一五五
永年武次彭墓志銘（武延緒）　四一·二七一
武君墓表（武河清）　四一·二八三
桐城姚府君墓表（姚濬昌）　四四·二九七
金匱施奎垣墓志銘（施炳星）　四五·一四九
黄岡洪侍御墓表（洪良品）　四五·三一九
夏次珊墓志銘（夏玉瑚）　五一·三三九
柴府君墓表（柴明）　五四·二七三
山西知府陳君暨配宋淑人墓志銘（陳學富）　六〇·七五
清振威將軍總兵馬公神道碑銘（馬福禄）　六四·四一
四川雲陽縣知縣高府君墓志銘（高以莊）　六四·二四五
寧河高文通公墓表（高賡恩）　六五·四一
南陽張慶之暨配周氏繼配廖氏合葬墓表（張光雲）　七〇·二五九
安定知縣張立庵墓表（張國本）　七二·一三九
合肥張靖達公墓志銘（張樹聲）　七三·二九一
雄縣崔府君墓表（崔旺）　七四·一八九

蓬溪梁府君墓表（梁世師） 七五·三八七
許嶧山先生家傳（許如桐） 七七·三二三
清封光禄大夫陝西布政使許公墓志銘（許涵度） 七八·七三
新樂縣教諭楊先生墓表（楊一峰） 八七·三三九
楊雲庵墓志銘（楊元第） 八七·三七五
楚雄府教授楊曉亭府君墓表（楊紀元） 八八·三一七
欒亭趙瑞庠墓表（趙連會） 九五·二四九
獻縣劉仲履墓表（劉肇坦） 九九·一四三
清苑樊府君墓表（樊達滙） 一〇一·一
謝廉峰墓表（謝鍔） 一〇五·二三九
南海羅徵君墓表（羅度） 一〇九·一一
羅府君家傳（羅亨炳） 一〇九·一〇一
井研龔亭堂墓表（龔震東） 一一二·二五

王懋竑

義僕王珍傳（王珍） 六·一
翰林院修撰叔父樓邨王公行狀（王式丹） 九·一八九

朱君嵇村墓志銘（朱嵇村）　一九・三三五
喬君楮堂墓志銘（喬崇讓）　七九・一一七
翰林院編修蔣君西圃墓志銘（蔣繼軾）　九二・三三五

王闓運

丁鋭義傳（丁鋭義）　二・一九一
清故湘潭縣學附生王君之碑（王之駿）　七・一八五
皇清例贈文林郎王君墓志銘（王士璠）　七・二七九
王仲章碣（王代豐）　八・三三一
皇贈侍郎賜祭葬光禄大夫貴州布政司使王君墓志銘（王德榜）　一一・三二九
李仁元傳（李仁元）　三一・一三九
振威將軍武提督碑（武明良）　四一・二七九
皇朝贈總督太子太保湖北巡撫文忠胡公祠碑（胡林翼）　四七・一七一
皇清誥授榮禄大夫振威將軍故兵部侍郎都察院右副都御史巡撫安徽兼提督奇齊葉勒特
依巴圖魯唐公墓志銘（唐訓方）　四九・一一
桂陽直隸州泗洲砦陳侍郎年六十有九行狀（陳士杰）　五七・二九七
陳永豫墓志銘（陳永豫）　五八・五

皇中憲大夫候官陳君墓志銘（陳景純） 五九・二一七
陳景雍傳（陳景雍） 五九・二二一
慈溪令秦君墓志銘（秦簧） 六一・一六九
郭新楷傳（郭新楷） 六五・三一三
皇朝追贈布政使銜予謚忠壯記名湖南道員鄱陽黃君墓志銘（黃淳熙） 六七・二五九
黃淳熙傳（黃淳熙） 六七・二六三
振威將軍張君墓志銘（張紹棠） 七二・二二一
常儀庵先生墓志銘（常豫） 七四・二六一
皇朝追贈總督銜調任山西巡撫湖北巡撫謚文節常公神道碑（常大淳） 七四・二六五
贈太子太保兵部尚書世襲一等輕車都尉剛直彭公墓志銘（彭玉麟） 七九・三一一
誥授光禄大夫太子少保兵部尚書詳勇巴圖魯世襲一等輕車都尉欽差巡視長江水師贈太子太保衡陽彭公年季七十有五行狀（彭玉麟） 七九・三一三
皇清誥授中議大夫彭君墓志銘（彭嘉玉） 八〇・一六一
曾孝子碑文（曾侗） 八二・二五一
皇清誥授中議大夫衡陽程君墓志銘（程學伊） 八五・一一
永興教官賀君墓表（賀廷欽） 八五・二三七

四畫　王

鄒漢勛傳（鄒漢勛）　八五・三八五
皇授光禄大夫兵部尚書右都御史雲貴總督贈太子太保予謚武慎劉公墓志銘（劉長佑）　九八・二四三
長沙攸縣慶都龍君年七十六行狀（龍友夔）　一〇五・一一
儲玟躬傳（儲玟躬）　一〇六・一八一
羅熙贊傳（羅熙贊）　一〇九・一八七
嚴咸傳（嚴咸）　一〇九・三五七

牛運震

江南銅沛河務同知孔君墓志銘（孔傳橿）　三・二二七
廬州府知府孔公墓志銘（孔興誥）　三・二四七
叔父眉郵公墓志銘（牛夢英）　五・二九五
王先生傳（王瑍）　六・一九三
書王勷還金事（王勷）　七・七一
故明秀才嶧縣李君墓志銘（李之房）　三一・一〇九
孝正先生范公墓志銘（范豐鼎）　四〇・二八三
范氏兩世行狀（范豐鼎）　四〇・二八九
贈君金公小傳（金通）　四一・三四九

安定孫君墓表（孫昭） 四九・二五一
武城縣教諭秦公孺人孔氏合葬墓志銘（秦渥） 六一・一三三
文林郎陝西臨洮府狄道縣知縣鄒邑秦公墓志銘（秦濟） 六一・一六三
東郵袁公墓表（袁塏） 六三・四一
内閣學士黃公墓志銘（黃孫懋） 六七・二三一
廣州府知府嘉祥張公墓志銘（張瑗） 六九・一〇五
貴州黎平府錦屏縣知縣董君墓志銘（董淑昌） 八二・五七
魯齋曾公行狀（曾貞鳳） 八二・二九五
湯生中正墓碣銘（湯中正） 八三・三一一
衷樂先生傳（程啓忻） 八四・三三七
廣東巡撫楊公墓表（楊文乾） 八八・九
外祖楊公外祖母高孺人墓志銘（楊世清） 八八・三三
靳舍人墓志銘（靳高峋） 九〇・八三
總督直隸河道都察院右僉都御史劉公墓志銘（劉勷） 九七・一一三
潘公李氏合葬墓志銘（潘應旟） 一〇〇・三三一
觀城縣教諭顏君墓志銘（顏幼客） 一〇八・二一三

四畫　牛

丙辰科舉人顏君墓志銘（顏崇政）　一〇八・二四九
醉公子傳（顏紹庥）　一〇八・二五七
西郛居士顏君墓志銘（顏懋企）　一〇八・二七三
協辦禮部儀制司行人司行人顏公墓志銘（顏肇維）　一〇八・二八三
孝子顧載光傳（顧載光）　一一一・一七七

毛奇齡

仇鉞（仇鉞）　三・四七
家忠襄公傳（毛吉）　三・二八一
瘞珍志銘（毛珍）　三・二九七
敕贈文林郎家明府君暨高孺人墓碑銘（毛濬）　三・三二三
敕贈文林郎家明府君暨孺人方氏墓志銘（毛一森）　三・三二九
毛稚黄墓志銘（毛先舒）　三・三五五
自爲墓志銘（毛奇齡）　三・三六五
家義門彦恭公傳（毛彦恭）　四・三
敕贈徵仕郎翰林院檢討先君竟山公崇祀鄉賢事狀（毛竟山）　四・二三
孝子聲遠王君暨節婦汪孺人合葬墓志銘（王鉽）　六・二七五

誥授明威將軍進封昭武將軍王君墓志銘（王之策）　七・一六三
王徵君墓志銘（王攸甯）　八・三六七
吏部進士候補内閣中書王君墓志銘（王先吉）　九・一
王文成傳本（王守仁）　九・三三
王文成傳本續補（王守仁）　九・七七
王承裕（王承裕）　九・四〇三
明廣東按察司副使分巡廣南韶道殉節前紹興府知府王公傳（王孫蘭）　一〇・二〇五
思舊銘（王孫蘭）　一〇・二一一
江西饒州府浮梁縣儒學教諭王君墓志銘（王起芬）　一〇・二九三
徵士包二先生傳（包秉德）　一二・二五一
白昂（白昂）　一三・二五九
大理寺寺丞前兵科掌印給事中任君行狀（任辰旦）　一四・三二五
呂孝子傳（呂升）　一五・三四一
兵部侍郎呂公傳（呂獻）　一五・三七三
呂訓導傳（呂不用）　一五・三九一
敕授江寧北捕通判呂公墓表（呂繼勛）　一六・一二五

四畫　毛

明少傅兵部尚書前巡撫都察院右副都御史祁公傳（祁彪佳）　一六·二二七
明特進左柱國少師兵部尚書都察院右都御史總督貴湖川雲廣五省軍務兼巡撫貴州朱公傳（朱燮元）　二〇·七七
何顛傳（何顛）　二一·五五
何孝子傳（何競）　二一·五七
何毅庵墓志銘（何之杰）　二一·八七
台州教授何公墓志銘（何汝尹）　二一·一八五
誥授奉直大夫都察院湖廣道監察御史何君墓志銘（何嘉祐）　二一·三九九
明太子少保兵部尚書吴公傳（吴兑）　二三·二一三
吴洪（吴洪）　二三·二三九
吴寧（吴寧）　二三·三三九
吴文學暨烈婦戴氏合葬墓志銘（吴錫）　二三·四七
武林處士吴先生遺狀傳（吴盛祖）　二四·二九九
汪贈君墓碑銘（汪廷瑜）　二七·六七
敕贈文林郎益園沈君遺事狀（沈以庠）　二八·二三五
沈君墓志銘（沈功宗）　二八·二五九

沈七傳（沈禹錫）　二八・三八一
刑部廣西清吏司主事沈君墓碑銘（沈胤笵）　二九・一〇五
德州文學李先生狀（李潤）　三〇・二九三
錢唐李記室墓表（李干霄）　三一・一二九
誥封奉政大夫直隸順德府同知李先生墓志銘（李采蘭）　三三・六三
蠡吾李孝慤先生暨馬孺人合葬墓表（李明性）　三三・一〇三
李紹賢（李紹賢）　三四・七九
李夢陽（李夢陽）　三四・二〇五
清故年貢士正白旗教習候補知縣邵君墓志銘（邵方平）　三六・三〇七
故明中憲大夫太常寺少卿兵科給事中來君墓碑銘（來集之）　三七・一一九
周季麟（周季麟）　三八・二五一
明吏科右給事中周公傳（周洪謨）　三八・三一三
周文忠公傳（周鳳翔）　三九・一五三
敕封承德郎雲南永昌軍民府通判林君墓表（林灁）　四一・三一
山陰金司訓雪岫墓志銘（金烺）　四一・三三五
敕授文林郎沂州郯城縣知縣金君墓志銘（金煜）　四一・三五五

金文學魯孺人合葬墓表（金樞） 四二・一九

誥授通議大夫江南提刑按察使司按察使金君墓志銘（金鎮） 四二・四一

俞敦（俞敦） 四三・三三

俞諫（俞諫） 四三・三七

俞御史傳（俞志虞） 四三・九七

敕封儒林郎山東都運分司運判俞君墓志銘（俞鳳章） 四三・一〇九

姜光禄公傳（姜鏡） 四四・三四三

故明户部尚書原任廣東布政使司左布政使姜公墓碑銘（姜一洪） 四四・三四九

誥授中憲大夫奉天府丞前禮科都給事中定庵姜公神道碑銘（姜希轍） 四四・三七三

奉天府府丞前禮科都給事中姜君行狀（姜希轍） 四四・三八九

姜桐音墓志銘（姜廷梧） 四五・一

姜尚書傳（姜逢元） 四五・九

誥授奉政大夫翰林院侍讀加一級施君墓表（施閏章） 四五・一七五

文學洪君偕張孺人合葬墓表（洪潢） 四五・二四七

洪鐘（洪鐘） 四五・二八七

故明大學士前兵部職方司郎中歷九江道僉事孫公墓碑銘（孫嘉績） 五一・一七五

浙東招撫使故明工部員外監靖南侯軍徐公墓表（徐準） 五二・五九
明正治卿中奉大夫兵部右侍郎纍加一品服俸徐公傳（徐人龍） 五二・一八七
敕封儒林郎玉宗徐君墓志銘（徐之璉） 五二・二一五
徐徵君墓志銘（徐芳聲） 五三・二三三
徵士徐君墓碑銘（徐咸清） 五三・二五五
柴徵君墓狀（柴紹炳） 五四・二八九
涂禎（涂禎） 五五・六五
陸三先生墓志銘（陸堦） 五五・二一九
皇清予告内閣學士兼禮部侍郎雅坪陸公神道碑銘（陸棻） 五五・二三三
陳金（陳金） 五六・二九三
陳天祥（陳天祥） 五七・三四七
敕贈承德郎陳先生墓志銘（陳長吉） 五八・三四七
陳老蓮別傳（陳洪綬） 五八・三七三
馬中錫（馬中錫） 六三・三一三
凌處士墓志銘（凌克闇） 六四・一三五
誥贈翰林院侍講學士高公崇祀鄉賢主陰事狀（高厚） 六四・一六一

四畫 毛

敕贈内閣中書舍人高君暨敕封孺人丁太君合葬墓志銘（高登第）　六五・三三
郭東山（郭東山）　六五・二四七
故明兵部車駕司郎中黄君墓表（黄運泰）　六八・一三
山陰張南士墓志銘（張杉）　六八・二七一
張梯墓志銘（張梯）　六八・三八九
張瑄（張瑄）　六九・九五
張大司空傳（張賁）　六九・一一九
誥贈奉直大夫都察院監察御史張公墓碑銘（張鎮）　六九・二六九
張士隆（張士隆）　六九・三七九
張中丞傳（張元冲）　七〇・八五
禮部精饍司主事曹公墓志銘（曹琪）　七四・三三三
曹太常卿别傳（曹惟才）　七五・八一
盛處士墓志銘（盛應奎）　七五・三〇三
明吏科都給事中章公傳（章正宸）　七七・一一
誥授御前二等侍衛拖沙喇哈番原任兵部郎中加一級達君暨誥封淑人錫克特勒氏墓表（達思虎）　八〇・一八五

臨海葉贈君狀（葉維藩）　八一・四三
焦芳（焦芳）　八三・四一
紹興府知府湯公傳（湯紹恩）　八三・三三七
程贈君墓志銘（程世顯）　八四・一八七
賀欽（賀欽）　八五・二三五
鄒昊（鄒昊）　八五・三一三
文華殿大學士太子太傅兼刑部尚書易齋馮公年譜（馮溥）　八六・二九三
楊旦（楊旦）　八七・一五五
明左僉都御史恭惠楊公傳（楊誠）　八七・二〇七
誥授通議大夫通政使司通政使楊公神道碑銘（楊鼐）　八七・三一七
楊孝子傳（楊文蔚）　八八・二九
明提督雁門等關兼巡撫山西地方都察院右副都御史忠襄蔡公傳（蔡懋德）　九〇・三六一
處士蔣君墓志銘（蔣名登）　九一・一九一
誥授嘉議大夫布政使司參政趙君暨誥封許恭人合葬墓志銘（趙廷標）　九五・一一三
誥授嘉議大夫陝西督糧道布政使司參政趙君暨誥封恭人許太君墓表（趙廷標）　九五・一二七
趙少府墓志銘（趙嘉煒）　九六・一

劉孝子遂安公傳（劉謹） 九七・一〇三
明左都御史蕺山劉先生傳（劉宗周） 九八・一二一
敕封文林郎内閣中書舍人劉先生墓志銘（劉源長） 九九・六三
山陽劉勃安先生墓志銘（劉漢中） 九九・一五五
潘蕃（潘蕃） 一〇〇・一四九
皇清敕封文林郎弗庵盧公墓志銘（盧宜） 一〇一・二二七
敕封文林郎軼秦錢君墓志銘（錢封） 一〇二・八九
駱明府倪孺人合葬墓志銘（駱復旦） 一〇三・三八七
贈太僕少卿原雲南道御史狷齋謝公傳（謝愉） 一〇五・一九五
明少傅謹身殿大學士文正謝公傳（謝遷） 一〇五・二三九
明南京吏部尚書進階一品榮禄大夫謚文靖魏公傳（魏驥） 一〇六・七七
叢蘭（叢蘭） 一〇八・四五
誥授通奉大夫廣西布政使司布政使顔君暨誥封二品夫人田氏合葬墓志銘（顔敏） 一〇八・一九九
越州西山重開古真濟禪寺傳曹洞正宗第三十世以揆道禪師塔志銘（釋以揆） 一一三・七九
傳臨濟正宗三十四世松居開山古山音禪師塔志銘（釋古山） 一一二・八九
少林傳正衣優婆夷香林涅禪師塔志銘（釋香林） 一一二・二六一

洞宗二十九世傳法五雲佷亭挺禪師塔志銘（釋佷亭） 一一二·二六七
傳臨濟正宗三十二世蛤庵圜禪師塔志銘（釋蛤庵） 一一二·三六七
湖南净慈寺舜瞿禪師塔志銘（釋舜瞿） 一一三·一
重建天童開山義興禪師塔志銘（釋義興） 一一三·二一
傳曹洞正宗壽昌下第六代慧通浚禪師塔志銘（釋慧通） 一一三·五七
傳臨濟正宗三十二世彌壑澧禪師塔志銘（釋彌壑） 一一三·一四三
二友銘（來蕃、徐緘家） 一一四·四五
伍文定邢珣徐璉（伍文定、邢珣、徐璉） 一一五·三二五

毛嶽生

奉直大夫四川簡州知州先大父毛公行狀（毛大瀛） 三·三四三
次兒和之壙志（毛和之） 四·一
姚先生墓志銘（姚鼐） 四三·三八九
通奉大夫四川布政使婁縣姚公神道碑銘（姚令儀） 四四·九一
贈奉直大夫福建臺灣縣知縣姚君墓志銘（姚斟元） 四四·二四九
三等侍衛兼公中佐領故武顯將軍甘肅涼州鎮總兵官漢軍蔣公神道碑銘（倭星額） 四八·二九九
奉直大夫江西義寧州知州陸君墓志銘（陸模孫） 五六·一七一

僕黃厭墓磚志（黃厭） 六六・四九
黃損之墓志銘（黃鐘） 六六・八三
黃潛夫墓志銘（黃汝成） 六六・三五九
黃耀富家傳（黃煥華） 六七・三七七
江蘇江陰縣知縣漢軍蔣君墓志銘（蔣德宣） 九一・三四一
奉直大夫前山東膠州知州藍君墓志銘（藍嘉言） 一〇七・二八三
龔士燕傳（龔士燕） 一一一・三一七

方苞

刁贈君墓表（刁再濂） 二・二一五
尹元孚墓志銘（尹會一） 三・一〇七
兄百川墓志銘（方舟） 四・一四三
記百川先生遺言（方舟） 四・一四九
弟椒塗墓志銘（方林） 四・一六九
自訟（方苞） 四・二〇一
大父馬溪府君墓志銘（方幟） 四・二四九
弟屋源墓志銘（方式濟） 四・三二五

兄孫仁壙銘（方孫仁）　五・一一
族子根穎壙銘（方根穎）　五・三三
兄子道希墓志銘（方道希）　五・一〇七
王大來墓志銘（王大來）　七・二〇一
王生墓志銘（王兆符）　八・三七三
王處士墓表（王式金）　九・二三七
刑部右侍郎王公墓表（王承烈）　九・四一五
左仁傳（左仁）　一三・九一
左未生墓志銘（左待）　一三・一〇三
左忠毅公逸事（左光斗）　一三・一六九
白玫玉墓志銘（白斑）　一三・二七一
光禄卿吕公墓志銘（吕謙恒）　一六・一一九
朱字緑墓表（朱書）　一七・三四三
朱履安墓表（朱文鑣）　一八・三六三
少京兆余公墓志銘（余甸）　二二・五一
余處士墓表（余鉦）　二二・六五

四畫　方

佘君墓志銘（佘兆鼎）　二二・一五九
同知紹興府事吳公墓表（吳勉）　二二・二六五
吳宥函墓表（吳啓昆）　二四・二〇一
記吳紹先求二弟事（吳紹先）　二四・二三三
宋山言墓表（宋至）　二五・一七三
完顏保及妻官爾佳氏墓表（完顏保）　二五・三六五
汪武曹墓表（汪份）　二六・四三
沈孝子墓志銘（沈育）　二八・四一
沈編修墓志銘（沈淑）　二八・九五
李友楷墓志銘（李栻）　三〇・九一
李剛主墓志銘（李塨）　三〇・一八七
釋言（李塨）　三〇・一九七
二山人傳（李鍇）　三〇・三六五
安溪李相國逸事（李光地）　三二・一〇七
李皋侯墓志銘（李清江）　三四・五三
安徽布政使李公墓志銘（李學裕）　三四・四〇一

記李默齋實行（李默齋）　三五・一一
李世賁墓志銘（李鍾旺）　三五・二六七
李世得墓表（李鍾倫）　三五・二七一
李抑亭墓志銘（李鍾僑）　三五・二七九
杜蒼略先生墓志銘（杜岕）　三五・三八五
杜茶村先生墓碣（杜濬）　三六・二三
邵抑齋墓志銘（邵惔）　三六・二七七
武强縣令官君墓表（官朝京）　三九・三一九
季瑞臣墓表（季熙）　四〇・二三
兵部尚書法公墓表（法海）　四〇・一二九
兵部尚書范公墓表（范承勛）　四〇・二六一
三山林湛傳（林湛）　四一・一九
武商平墓表（武文衡）　四一・二六一
吏部侍郎姜公墓表（姜橚）　四四・三三七
記姜西溟遺言（姜宸英）　四五・二五
詹事府少詹事兼翰林院侍講學士查公墓表（查昇）　四六・二九

四畫

方

四畫　方

翰林院編修查君墓志銘（查慎行）　四六・五三
胡右鄰墓志銘（胡一倫）　四六・三五七
教授胡君墓志銘（胡禹冀）　四七・二四九
理藩院員外郎贈資政大夫席公神道碑（席爾泰）　四九・二一五
孫積生傳（孫永慶）　五〇・三七
高陽孫文正逸事（孫承宗）　五〇・二九七
孫徵君傳（孫奇峰）　五〇・三一九
陸以言墓志銘（陸詩）　五五・二四九
陳馭虛墓志銘（陳典）　五六・二八九
廣東副都統陳公墓志銘（陳昂）　五六・三〇一
禮部尚書陳公神道碑（陳詵）　五七・一二七
陳西臺墓表（陳西臺）　五八・一七五
陳依宣墓志銘（陳新楷）　五九・二七七
通議大夫江南布政使陳公墓志銘（陳德榮）　六〇・二一
廣文陳君墓志銘（陳鶴齡）　六〇・二六五
莊復齋墓志銘（莊亨陽）　六二・一九三

高素侯先生墓志銘（高裔）　六四・二〇五
大理卿高公墓碣（高裔）　六四・二一一
高仲芝墓表（高廷芳）　六四・三一一
黄際飛墓表（黄越）　六六・三一七
巡撫福建都察院右副都御史黄公墓志銘（黄秉中）　六七・一
知寧國府調補部員黄君墓志銘（黄叔琪）　六七・一八一
贈通奉大夫刑部侍郎黄公墓表（黄華蕃）　六七・三五三
黄耕山墓表（黄虞世）　六八・一
白雲先生傳（張怡）　六八・三〇九
中議大夫知廣州府事張君墓志銘（張銷）　六九・一八一
刑部郎中張君墓志銘（張丙厚）　七〇・一四一
誥封内閣中書張君墓志銘（張丙謙）　七〇・一五五
潮州知府張君墓表（張克嶷）　七一・二七
張巖舉墓志銘（張若霖）　七二・二七
張樸村墓志銘（張雲章）　七二・三五一
張文端公墓表（張鵬翮）　七四・三三

四畫　方

四畫　方

沛天上人傳（崔海寬）　七四・二二三
梅徵君墓表（梅文鼎）　七六・二七五
全椒縣教諭甯君墓志銘（甯擢）　七九・一六九
彭訒庵墓志銘（彭佑）　七九・二三三
萬季野墓表（萬斯同）　八一・一七一
葛君墓志銘（葛士巽）　八一・二四五
湯潛庵先生逸事（湯斌）　八三・二二九
翰林院掌院學士兼禮部侍郎湯公墓志銘（湯右曾）　八三・三二一
程贈君墓志銘（程增）　八四・一三九
楊千木墓志銘（楊三炯）　八七・三四九
禮部尚書贈太子太傅楊公墓志銘（楊名時）　八八・一一七
工科給事中暢公墓表（暢泰兆）　九二・五一
大理卿熊君墓志銘（熊暉吉）　九二・一一三
鄭友白墓志銘（鄭青蓮）　九三・三九
東昌鄧嶧亭墓表（鄧基哲）　九三・二八五
贈右副都御史趙公神道碑（趙良）　九四・二三一

趙處士墓表（趙瑗） 九四・二七五
劉古塘墓志銘（劉捷） 九七・一五
長寧縣令劉君墓志銘（劉永禄） 九七・三一五
劉紫函墓志銘（劉永禎） 九七・三二三
内閣中書劉君墓表（劉宗泗） 九八・一八九
都察院副都御史巡撫貴州劉公墓表（劉喬南） 九八・三八九
劉篤甫墓志銘（劉德培） 九九・一九九
潘函三墓志銘（潘藴洪） 一〇〇・三三七
書盧象晋傳後（盧象晋） 一〇一・三八七
田間先生墓表（錢澄之） 一〇三・二四七
謝季方傳（謝季方） 一〇五・三一五
禮部侍郎魏公墓志銘（魏方泰） 一〇六・九七
禮部尚書韓公墓表（韓菼） 一〇七・三一三
記長洲韓宗伯逸事（韓菼） 一〇七・三一九
翰林院檢討竇君墓表（竇克勤） 一一〇・二〇七
顧飲和墓志銘（顧一本） 一一〇・三二五

顧友訓墓志銘（顧同根）　一一一・七七
兵部主事龔君墓碣（龔健陽）　一一一・三八七
龔君墓志銘（龔聲振）　一一二・三一
釋蘭谷傳（釋蘭谷）　一一三・一六九
四君子傳（王源、劉齊、張自超、劉捷）　一一五・三七五

方東樹

王君學儒墓表（王學儒）　一一・三七七
書惜抱先生墓志後（姚鼐）　四三・三九七
徐静川傳（徐熒）　五二・九九
敕授文林郎山西陽城縣知縣前户部主事徐君墓志銘（徐璈）　五二・一一五
贈朝議大夫山東濟寧直隸州知州張君墓志銘（張黼）　六九・二四一
張大令勔園墓志銘（張敏求）　七二・二〇九
舒保齋家傳（舒采願）　八五・七五
中憲大夫候選道前兩淮鹽運使廖公墓志銘（廖寅）　九〇・一三七
管異之墓志銘（管同）　九三・三七三
劉君應臺暨夫人吴氏合葬墓志銘（劉宿光）　九八・三〇一

方宗誠

丁孝子傳（丁德輔） 二・一八一
書丁孝子事略後（丁德輔） 二・一八五
記六安尹孝廉死事（尹寶鉒） 三・一二七
毛先生傳（毛士） 三・二七五
敦化先生墓表（方元善） 四・二九七
記從兄立三死事（方宗建） 四・三三九
儀衛先生行狀（方東樹） 四・三六九
方其明傳（方其明） 四・三九九
兒培凝壙志（方培凝） 五・五七
中憲大夫江西臨江府知府方君墓表（方錫慶） 五・一四七
文鍾甫權厝志（文漢光） 五・二三三
王遯齋先生傳（王化） 五・三〇九
王魯園先生傳（王璪） 七・四五
王君崇峰墓表（王光裕） 八・三七九
候選教諭王君傳（王汝貴） 九・一七九

四畫　方

光禄大夫吏部右侍郎王公神道碑銘（王茂蔭）	一〇・一一五
王大令傳（王恩綬）	一〇・二四七
石主事家傳（石廣均）	一三・二四五
記天津石太守事（石襄清）	一三・二五五
記甘南薰死事（甘南薰）	一四・一七三
記任隨成事（任隨成）	一四・三八九
記新城任孝子事（任騎馬）	一五・二二五
伊孝廉傳（伊樂堯）	一五・一二七
呂敬甫傳（呂緝熙）	一六・九五
記江忠烈公軼事（江忠源）	一七・一一五
記江莊節公死事（江忠信）	一七・一二五
朱伯韓先生傳（朱琦）	一七・四〇七
朱少香傳（朱啓鴻）	一九・二八五
朱魯岑先生傳（朱道文）	一九・三七三
朱主事傳（朱麟祺）	二〇・一五一
南陽鎮總兵邱公傳（邱聯恩）	二〇・四〇三

太學生吴君傳（吴楠） 二二·二三一
吴牧皋先生墓表（吴犖） 二二·三五七
孝廉方正吴君墓志銘（吴元甲） 二三·一九一
光禄大夫刑部右侍郎吴公神道碑銘（吴廷楝） 二三·三八七
吴蝠山先生傳（吴庭煇） 二四·一五一
吴生壙碣（吴康平） 二四·一八三
汪養園先生傳（汪桂月） 二七·一四五
汪儉庵家傳（汪紹墉） 二七·一七五
署理松滋知縣汪君墓志銘（汪維誠） 二七·二六一
汪學鑑傳（汪學鑑） 二七·三八七
沈大令傳（沈衍慶） 二八·三八七
李太守傳（李榞） 三〇·二五五
内閣典籍銜河南嵩縣訓導李君墓表（李濬） 三〇·三五五
記湘鄉李公死事（李續賓） 三五·三三一
記周蔭芝司馬死事（周憲曾） 三九·一九七
金太守傳（金雲門） 四二·一八九

四畫　方

書張嘯山哈孝匈傳後（哈孝匈）　四三·一八五
姚毅圃先生傳（姚長林）　四四·一三三
縣學生胡君傳（胡浚）　四六·二八三
胡東潭家傳（胡笴）　四六·二八七
候選訓導胡君傳（胡澤順）　四八·二九
祁門知縣唐君傳（唐治）　四八·三一九
孫太史傳（孫樹）　四九·三〇一
夏先生傳（夏鑾）　五一·二九三
徐觀察傳（徐豐玉）　五四·二二三
署福建按察使前汀漳龍道桂公墓志銘（桂超萬）　五五·一三五
贈太子少保江蘇巡撫署兩江總督陳公神道碑銘（陳鑾）　五七·二六三
廣濟知縣陳君傳（陳肖儀）　五八·二三三
陳啓之墓表（陳東明）　五八·三二三
記陳長湖死事（陳長湖）　五八·三五七
記陳節愍公殉節三河事（陳智泉）　五九·二〇七
陳獻清傳（陳壽熊）　五九·三七三

陳鼎霈傳（陳鼎霈） 六〇・一
馬徵君傳（馬三俊） 六三・二七九
記馬命之遺言（馬三俊） 六三・二九一
記馬元伯先生死事（馬瑞辰） 六四・二九
馬公實傳（馬樹華） 六四・七九
寧國府儒學訓導黄君墓表（黄德華） 六八・一三五
義士張君傳（張勛） 六九・六七
湖北漢陽縣知縣張君墓表（張中孚） 七〇・一一
張子彬傳（張開運） 七二・三七一
張愧農墓表（張遇春） 七三・五一
張勇烈公事狀（張樹珊） 七三・二五一
循吏張君傳（張聰賢） 七三・三八一
記曹綬卿死事（曹綬卿） 七五・一〇九
玉峰先生行狀（許鼎） 七七・二三五
許東山先生傳（許懋昭） 七八・一八五
彭嗜亭墓表（彭嗜亭） 八〇・一三五

四畫

方

四畫　方

記彭福壽死事（彭福壽）　八〇・一五三
葉瑞廷傳（葉瑞廷）　八一・一五
舒觀察傳（舒化民）　八五・六三
馮福基傳（馮福基）　八七・四七
楊文軒傳（楊文軒）　八八・七
楊樸庵家傳（楊擒藻）　八九・九七
虞孝子墓表（虞朝鼎）　八九・一八七
鄭司直中丞事略（鄭端）　九二・二七三
記鄭孝子尋親事（鄭立本）　九二・三六五
義士翟君墓志銘（翟藩）　九三・三四三
管異之先生傳（管同）　九三・三七九
宿遷臧公傳（臧紓青）　九四・一二五
内閣中書銜教諭趙君傳（趙起）　九四・二四九
趙介山先生權厝志（趙獻）　九四・三一七
趙孝子傳（趙深彦）　九五・二二三
劉孟塗先生墓表（劉開）　九七・三五

記劉孟塗先生軼事（劉開）　九七·三九
劉茮雲傳（劉傳瑩）　九九·五七
記劉孝子廣興復姓事（劉廣興）　九九·一五一
慶孝子墓表（慶之源）　一〇〇·六五
遵義縣知縣潘君墓志銘（潘光泰）　一〇〇·一八一
記樂提軍死事（樂善）　一〇〇·三四七
魯通甫傳（魯一同）　一〇一·一〇七
閻省齋傳（閻淑震）　一〇三·三四七
封振威將軍浙江提督鮑公墓表（鮑昌元）　一〇四·三四三
侍讀銜内閣中書鍾君傳（鍾淮）　一〇六·二〇九
戴存莊權厝志（戴鈞衡）　一〇七·一六九
聶迂齋傳（聶邦彥）　一〇八·一八三
蘇府君墓表（蘇求恒）　一〇八·三六三
蘇厚子先生傳（蘇惇元）　一〇八·三八五
蘇菊村傳（蘇源生）　一〇八·三九七
浙江巡撫羅公傳（羅遵殿）　一〇九·二〇三

釋常奉傳（釋常奉） 一一二·三一九
二義士傳（方先甲、方恩露） 一一三·二二三
義士吴方二君傳（吴調鼐、方曜） 一一三·三七三
周氏兩世循吏傳（周際華、周灝） 一一四·五九
宗義宗智傳（宗義、宗智） 一一四·六七
安慶二典史傳（張寶蓴、平源） 一一四·二三一
項雁湖几山兩先生墓表（項霽、項傅霖） 一一四·二六一
二孝子傳（鄭連、方性連） 一一四·三五三
廬舒二義士傳（鍾繼昌、吴廷香） 一一五·六一
三忠傳（世焜、德克登額、韓體震） 一一六·一六七
三孝子傳（左樹德、劉桂枝、王靖） 一一六·一七三
三隱君子傳（方日新、胡國釴、孫學顔） 一一六·一七九

方朔

虎兒埋志（方虎） 四·一七五

孔繼涵

族人桐右志銘（孔桐右） 三·二二一

經筵講官太子太保東閣大學士兼吏部尚書熊文端公年譜（熊賜履） 九二・一三一

五畫

石韞玉

王南章家傳（王文瑞） 八・一一三
王巡檢傳（王廷璟） 九・三一一
王椒畦家傳（王學浩） 一一・三六七
十一郎壙志（石季常） 一三・二三七
江尊師傳（江全義） 一六・三九三
何元長墓志銘（何世仁） 二一・一二五
雪香翁家傳（余作梅） 二三・八九
清故湘鄉縣丞吳君墓志銘（吳英玉） 二四・一三三
吳枚庵墓志銘并序（吳翌鳳） 二四・二一三
山東糧儲道宋公墓志銘（宋思仁） 二五・二七九
沈處士墓表（沈洽霖） 二九・七
周蓼疇墓志銘（周克緒） 三八・一五三

五畫　石

四川叙永直隸同知周君墓志銘并序（周明德）　三八・二四三
贈奉直大夫周公墓志銘（周東吾）　三八・二四七
浦江縣知縣岳君墓志銘并序（岳炯）　三九・三二五
俞封君墓表（俞世隆）　四三・六五
倪貞簡先生傳（倪元坦）　四八・一九九
杭州同知席公墓志銘（席維世）　四九・二〇九
徐石軒同知墓志銘（徐石軒）　五三・八五
徐孝子墓表（徐金霖）　五三・一八九
處士陳君墓表（陳圻）　五六・二四五
陳封君家傳（陳傳焯）　五九・一七七
威勤公事略（勒保）　六五・三五一
秋清居士家傳（黃丕烈）　六六・二二五
山東按察使張公家傳（張彤）　六八・二六五
張君墓志銘（張吉安）　七〇・二九五
餘杭縣張君事狀（張吉安）　七〇・二九九
葉小鸞傳（葉小鸞）　八〇・二九九

鐵雲山人傳（舒位）　八五・五九
劉蓉峰墓志銘（劉恕）　九六・三四一
故宮保劉公墓志銘（劉鳳誥）　九九・一二七
農部潘君家傳（潘世璜）　一〇〇・一七七
內閣學士錢公墓志銘（錢棨）　一〇二・一三三
韓聽秋家傳（韓崧）　一〇七・二九七
嚴少峰墓志銘并序（嚴榮）　一〇九・三七九

包世臣

皇敕授文林郎山東肥城縣知縣丁君墓碑（丁履恒）　二・一六一
方補德傳（方補德）　五・七九
皇祟祀名宦陝西白水縣知縣告改江蘇青浦縣教諭王君墓表（王希伊）　九・二七九
清故揀選知縣道光辛巳舉人包君行狀（包季懷）　一二・二三七
書包擯達事（包擯達）　一二・二五七
史雲州家傳（史紹登）　一三・一三
清故江安鹽巡道署江寧布政使除名戍伊犁放還漢軍朱君行狀（朱爾賡額）　二〇・一
余九傳（余觀德）　二二・一四七

清故處士吳君星宇墓表（吳明煌）　二四・八一
故大臣昭文吳公墓碑（吳熊光）　二四・二六五
皇誥授朝議大夫禮科給事中吳君墓志銘（吳敬恒）　二四・三一九
清故文學汪君之碑（汪穀）　二六・二一五
汪冬巢傳（汪潮生）　二七・三二九
皇敕授修職郎安徽寧國縣學訓導沈君行狀（沈欽韓）　二九・一九九
李鳳臺傳（李兆洛）　三二・一三七
皇誥授朝議大夫江蘇松江府知府加二級蓴村李君墓志銘（李宣範）　三三・二三五
給事中谷先生家傳（谷際岐）　三六・一四五
邵生碣文（邵式穀）　三六・三二七
皇誥授榮祿大夫户部左侍郎提督江蘇學政周公神道碑（周系英）　三八・二〇五
清故翰林院編修崇祀鄉賢姚君墓碑（姚範）　四三・三五五
姚生傳（姚承謙）　四四・一二一
清故文學旌德姚君傳（姚配中）　四四・一五一
清故優貢生孫君墓志銘（孫經世）　五一・二〇五
皇誥授奉政大夫河南涉縣知縣候補同知贈資政大夫都察院右副都御史兼兵部侍郎江南

河道總督徐君墓志銘（徐振甲） 五三・二七七
畢成之墓志（畢貴生） 五四・三六五
臺澎節制各鎮原品休致特旨起家仍以提督用襄理浙江軍務泗州陳公行狀（陳安魁） 五八・一一九
陳羽士傳（陳見聖） 五八・二五一
清故國子監生凌君墓表（凌曙） 六四・一一一
郭君傳（郭大昌） 六五・一四五
皇誥授奉直大夫陝西山陽縣知縣加三級黃君墓志銘（黃燀） 六六・四一
雲鸛老人小傳（黃塈） 六六・六五
黃徵君傳（黃乙生） 六六・一二七
皇敕授文林郎山東館陶縣知縣加五級張君墓表（張琦） 六九・一五
張館陶墓志銘（張琦） 六九・二九
張琴舫傳（張二官） 六九・三三三
皇崇祀名宦浙江餘姚縣知縣張君行狀（張吉安） 七〇・三一三
張童子傳（張楚生） 七三・三五
梅蘊生傳（梅植之） 七六・三三五
眭履平墓表（眭秉衡） 七七・一三五

五畫

包

五畫　包

董定園墓銘（董達章）　八二・八三
曾撫部別傳（曾燠）　八二・二六三
清故四川邛州火井司巡檢楊君墓志銘（楊長泰）　八八・二七七
書故明恤贈太子少保榮禄大夫左都督懷標總兵楊國柱告後（楊國柱）　八八・三五一
清故中憲大夫山東東昌府知府原品致仕前兗沂曹濟兵備道軍工加一級熊君行狀（熊方受）　九二・七一
皇誥授資政大夫廣東布政使司布政使軍功隨帶加一級熊公墓志銘（熊常錞）　九二・一一九
甘泉訓導鄭先生碑陰述（鄭環）　九二・三〇五
完白山人傳（鄧石如）　九三・二四九
翟秀才傳（翟翬）　九三・三三七
翟孝子傳（翟彩令）　九三・三六七
趙提刑家傳（趙仁基）　九四・三三三
趙江寧家傳（趙本揚）　九五・一九
趙承德墓志銘（趙廷俊）　九五・一三五
劉國子家傳（劉錫瑜）　九九・二六一
清故候選兵馬司正指揮魯君墓志銘（魯湘）　一〇一・七一
錢獻之傳（錢坫）　一〇二・六三

錢魯斯傳（錢伯坰） 一〇二・三八七
清故文學薛君之碑（薛傳均） 一〇四・一一三
書薩乾清事（薩乾清） 一〇四・二七一
繆孝子傳（繆士毅） 一〇五・七九
清故例授承德郎吏部常調府通判廩貢生謝君墓志銘（謝承煒） 一〇五・三三五
皇誥封奉直大夫河南永寧縣知縣加三級國子監生魏君墓志銘（魏云） 一〇六・二一
清故予告太子太保文淵閣大學士食全俸晋太子太師在籍除名大庾戴公墓碑（戴均元） 一〇七・一四七
額侍郎别傳（額勒布） 一〇八・三〇三
霈霖雨和尚塔銘（釋霈霖） 一一三・一一一

皮錫瑞

王黝笙墓志銘（王子庚） 七・一九三
湖南糧儲道署按察使夏公墓志銘（夏獻雲） 五一・三八九

六畫

呂星垣

迤西兵備道唐公墓志銘（唐宸衡） 四九・一

資政大夫湖北巡撫盧公神道碑（盧焯）　一〇一·二五三

呂留良

從孫琦墓志銘（呂琦）　一五·三六三
從子恿忠壙志（呂恿忠）　一六·七五
從子進忠墓志銘（呂進忠）　一六·七七
從子履忠墓志（呂履忠）　一六·一〇一
孫子度墓志銘（孫爽）　四九·二五九
隆德令贈奉直大夫静寧州刺史費公墓志銘（費彦方）　八五·一五七

朱文翰

朝議大夫山東濟南府知府普公別傳（普爾泰）　七九·四一
書福君事（福泰）　八九·二九五

朱珪

内閣典籍誥封榮禄大夫尹公墓志銘（尹均）　三·七五
太子太傅東閣大學士軍機大臣予告在家食俸特贈太子太師謚文端王公墓志銘（王杰）　五·三七一
誥封朝議大夫王涵齋先生墓志銘（王千仞）　七·一八九
明兵部尚書兼右都御史總制兩廣江西湖廣軍務封新建伯贈侯王文成公墓碑（王守仁）　九·一一三

誥封朝議大夫史乙山墓志銘（史鴻義） 一三・七九
吕君慕堂墓志銘（吕元龍） 一五・三九五
翰林院編修誥授中議大夫前日講起居注官翰林院侍讀學士加二級先叔兄朱公墓志銘（朱筠） 一八・七七
邱府君家傳（邱雲錦） 二〇・三六五
日講起居注官文淵閣校理教習庶吉士詹事府左春坊左庶子加二級汪君墓志銘（汪學金） 二七・三七七
鎮遠府分駐台拱同知李君墓志銘（李應虞） 三五・五三
敕封儒林郎邵翁墓志銘（邵升陛） 三七・四三
光禄寺卿范君墓志銘（范鏊） 四〇・一八九
誥封奉政大夫林君墓志銘（林正輝） 四一・六九
衢州府知府林君墓志銘（林明倫） 四一・九五
前博山縣知縣詔起引見武君墓志銘（武億） 四一・二〇三
上書房行走禮部左侍郎加二級金公墓志銘（金甡） 四一・三一七
經筵講官太子少保協辦大學士禮部尚書管國子監事謚文達紀公墓志銘（紀昀） 四八・八七
武定府知府徐君墓志銘（徐觀孫） 五四・二五三
致仕鎮守雲南楚姚蒙景等處地方總兵官世襲三等子誥贈振威大夫浙江提督陳公墓志銘（陳福） 五七・六七
陳聖周家傳（陳賢） 五七・二〇三

陳大受傳（陳大受） 五七・三二五
寧波府同知陳君家傳（陳洪範） 五八・三七九
前陝西漢興道陳君墓志銘（陳庭學） 五九・五五
浙江督糧道陳君墓志銘（陳夢説） 五九・三〇七
提督四川等處總兵官領隊大臣謚莊節馬公墓志銘（馬全） 六三・二四三
太學生黄存庵墓志銘（黄岡） 六五・三七一
黄芳度傳（黄芳度） 六七・一四九
黄衡州家傳（黄興仁） 六八・一二七
吏部稽勳司郎中張君墓志銘（張模） 六九・一七一
保靖縣知縣曹君墓志銘（曹雲昇） 七五・八七
宗人府府丞曹公墓志銘（曹學閔） 七五・一三七
掌陝西道監察御史特恩贈副都御史曹公墓志銘（曹錫寶） 七五・一六五
太子少傅經筵講官東閣大學士兼户部尚書贈太子太保謚文定梁公墓志銘（梁國治） 七六・四三
章淳庵墓志銘（章遹翰） 七七・一一一
湖南布政使司布政使葉君墓志銘（葉佩蓀） 八〇・三七九
湖北按察使司按察使馮君墓志銘（馮廷丞） 八六・二三五

大名府知府靳君墓志銘（靳榮藩） 九〇・八九
日講起居注官翰林院侍講學士加一級裕軒先生墓志銘（圖鞈布） 九〇・一〇一
工部侍郎蔣公墓志銘（蔣曰綸） 九一・一五七
誥贈奉直大夫鄭蕙園先生墓志銘（鄭培） 九二・二四九
鄭賓日文學家傳（鄭之罕） 九二・三二三
太常寺少卿鄭公墓志銘（鄭其儲） 九三・四五
鄭敬夫墓志銘（鄭崇禮） 九三・七三
翟瞿園家傳（翟洗心） 九三・三五九
臧禮堂家傳（臧禮堂） 九四・一五五
誥封中憲大夫鮑翁墓志銘（鮑志道） 一〇四・三二三
太僕寺少卿加三級戴公墓志銘（戴第元） 一〇七・一九七
顧治齋文學墓志銘（顧成志） 一一一・九一

朱珔

封中議大夫柏巖支君墓志銘（支景山） 五・二五七
史館擬固原提督王文雄傳（王文雄） 八・一二三
通政渭厓吉公傳（吉夢熊） 一五・二七七

太學生后君墓志銘（后松）　一六・一三九
族父心園公家傳（朱同）　一七・一八三
從兄秀含公墓志銘（朱芝）　一七・一八九
六世族祖樂吾公傳（朱快）　一七・一九九
從侄勿厓明經墓志銘（朱佩）　一七・二〇九
族兄篤齋廣文墓志銘（朱怡）　一七・二二五
從父遵先公墓表（朱法）　一七・二三一
從侄静庵明經墓志銘（朱修）　一七・二三七
從兄如松公墓志銘（朱茂）　一七・二五九
從兄翔亭公别傳（朱苞）　一七・二六九
皇清賜進士出身歷任貴州巡撫前倉場總督江蘇巡撫刑部左右侍郎先兄静齋朱公行狀（朱理）　一七・三六三
從兄謌廷通判墓志銘（朱菁）　一八・三
從兄功一公墓志銘（朱著）　一八・一一
從兄學圃公家傳（朱菜）　一八・一七
族叔石泉先生傳（朱菉）　一八・二一
從兄又荃公墓志銘（朱蓀）　一八・七一

族叔柳堂先生墓志銘（朱寵） 一八・二一三
家養泉明經傳（朱鑕） 一八・二三一
族侄東陽封君墓志銘（朱一昆） 一八・二三七
伯祖仲起公墓志銘（朱必達） 一八・三七三
書家西浦宰邑事（朱西浦） 一九・三七
從父禹九公墓志銘（朱安河） 一九・八九
從父硯山公墓志銘（朱安池） 一九・九五
本生先考妣行略（朱安邦） 一九・一〇一
從父聖遇公墓志銘（朱安渭） 一九・一一三
太學生秀峰朱公墓志銘（朱安崱） 一九・一一九
家楷堂秀才墓志銘（朱廷模） 一九・一三一
朱孝子墓碣銘（朱修來） 一九・二一五
先大父大母行略（朱慶霈） 二〇・三五
伯祖昆彩公墓志銘（朱慶霦） 二〇・四七
重修始遷祖拙翁府君墓碑銘（朱緯一） 二〇・六三
皇清賜進士及第四品京堂前雲南按察使司棣華吴公墓志銘（吴廷琛） 二四・一

沈君建霞家傳（沈標） 二八・一五九
閒亭洪君小傳（洪吉泰） 四五・三一五
胡玉鐎大令傳（胡世琦） 四七・三九
外舅胡雲昭公墓志銘（胡承漢） 四七・二三五
贈通議大夫永曾胡公墓志銘（胡遠齡） 四七・三三九
文淵閣大學士孫文靖公傳（孫士毅） 四九・三八三
石埭縣教諭鳳石陳君墓志銘（陳寶泉） 六〇・二一一
候選訓導問舟陳先生墓表（陳繼昌） 六〇・二五一
張子巘明經小傳（張珽） 六八・三九七
太學生韵齋張君墓碣銘（張楷） 六九・九一
湯孝子墓碣銘（湯淵） 八三・一四一
兩淮鹽運使廖公神道碑銘（廖寅） 九〇・一一五
趙豳亭家傳（趙同岐） 九五・二九
趙琴士徵君傳（趙紹祖） 九五・二三九
賽箬坑墓碑銘（賽箬坑） 一〇五・一五九
竹坡顧公家傳（顧增光） 一一一・二〇五

家璞園司訓暨子霽嵐明經合傳（朱瑛、朱宗慶） 一一三・三一九
張聖言暨弟致齋合傳（張中泰、張中和） 一一四・二二三
史館擬文苑傳（施閏章、陳維崧、潘耒、陸棻、汪楫、梅清、姜宸英、趙青藜） 一一五・一四五

朱彬

方敏恪公軼事（方觀承） 五・一九九
表微（王步墀） 一〇・三九
表微（成致華） 一五・三一五
先考行略（朱宗贄） 一九・一五七
書何玉事（何玉） 二一・一
書李栲兒事（李栲兒） 三三・三五五
張户部傳（張肱） 六八・三二一
劍溪先生墓表（喬億） 七九・七九
國子監生喬君墓志銘（喬士宗） 七九・八九
喬君月岩墓志銘（喬玉蟾） 七九・九九
兵部侍郎兼都察院右副都御史巡撫福建葉公神道碑（葉世倬） 八〇・三二七
福建古田縣知縣葉君墓志銘（葉世經） 八〇・三三九

寶應縣儒學訓導湯君墓志銘（湯潞）　八三・二六五
劉端臨行狀（劉台拱）　九七・三五三
劉静之先生逸事（劉静之）　九九・一一九

朱爲弼

升賓旭總憲墓表（升寅）　一二・二一九
吉生傳（吉泰）　一五・二七三
贈吏部尚書郁甫朱公墓志銘（朱彬）　一七・三四七
贈承德郎厚村朱公暨配金太安人合傳（朱安仁）　一九・八三
文學香霞吴君傳（吴金藻）　二四・一一三
李君億侯傳（李億侯）　三四・三六七
國子監生陳君墓志（陳亮世）　五八・三六九
文學秋畬張君傳（張煜）　六九・八一
朝議大夫山西潞安府知府一山張公墓志銘（張一山）　六九・三一三
張秋樵墓志銘（張慶成）　七三・二〇五
朝議大夫福建道監察御史簡緣彭君墓志銘（彭希洛）　八〇・三五
通議大夫户部山東司郎中雲谷葉公墓志銘（葉夢龍）　八一・一九

奉直大夫候選州同知石琴程公墓表（程鴻緒） 八五・四七

朱軾

毛芝亭墓表（毛渾） 三・三一七
少司寇王公墓志銘（王承烈） 九・四〇七
三弟行狀（朱爌） 一八・一九三
皇清敕封徵仕郎翰林院庶吉士待贈資政大夫都察院左都御史顯考北坡府君行述（朱極光） 一九・二九三
吴贈君名三墓表（吴錦） 二三・三九
傅忠毅公家傳（傅弘烈） 七八・三一三
明經喻公墓表（喻本義） 七九・二三

朱筠

外舅王舜夫先生墓志銘（王詢） 六・一九九
封光禄寺署正候選州同知王君墓志銘（王鳴） 六・二二九
蕭山王君家傳（王之槐） 七・一七七
外王舅王北臺先生墓志銘（王枚士） 一〇・一五
封奉直大夫禮部儀制司主事史先生墓志銘（史全義） 一二・三三七
史先生墓碣銘（史猶興） 一三・三五

庚午科舉人呂君行狀（呂元龍）　一五・三九九
邵武縣學生朱君墓志銘（朱圻）　一七・二〇三
博平縣知縣朱正甫先生墓碣銘（朱坤）　一七・二一五
先兄仲君行狀（朱垣）　一七・二四三
先兄仲君墓志銘（朱垣）　一七・二五五
先府君行述（朱文炳）　一八・三四一
朱梅厓先生墓志銘（朱仕琇）　一八・三七九
從子錫秬暨婦裴合葬墓碣銘（朱錫秬）　二〇・七一
婺源余生墓志銘（余元遴）　二三・八三
汀州府同知吴君墓志銘（吴寬）　二三・三六一
婺源縣學生汪先生墓表（汪烜）　二六・九三
浙江提刑按察使司副使分巡温處道芮君墓碣銘（芮復傳）　三五・三六三
邵念魯先生墓表（邵廷采）　三六・三五九
國子監生范君墓碣銘（范文聯）　四〇・二一一
衢州府知府穆庵林君行狀（林明倫）　四一・一〇一
編修林君墓志銘（林澍蕃）　四一・一八七

奉政大夫吏部驗封司郎中偃師武君神道碑銘（武紹周） 四一・二九一
誥封奉直大夫刑部貴州司主事祝君墓志銘（祝元矩） 四三・二四一
國子監生洪君權厝碣銘（洪翹） 四五・二五五
河南道監察御史胡君墓志銘（胡紹鼎） 四七・二九九
安平縣知縣郭君墓志銘（郭興讓） 六五・三三三
西城兵馬司副指揮使張君墓碣銘（張本） 六八・二四三
處士安州張君墓碣銘（張和修） 七一・三一七
紀張孝子事略（張淑旺） 七二・一八七
贈儒林郎翰林院檢討曹先生墓表（曹曰英） 七五・三九
麻城梁君客葬墓碑記（梁景陽） 七六・八一
書歙程密事（程密） 八四・一〇七
贈儒林郎翰林院編修鄒慎堂先生墓志銘（鄒應挺） 八五・三九九
附貢生楊君墓志銘（楊顯聖） 八九・一七三
蔣秋涇先生別傳（蔣德） 九一・一一三
編修蔣君墓志銘（蔣雍植） 九一・三〇一
劉鼎彝先生行狀（劉士銘） 九七・一七一

六畫　朱

朱學勤

皇清誥授武顯將軍晉贈振威將軍提督銜鎮守江西南瑞撫建廣饒九江等處地方總兵官世襲騎都尉兼雲騎尉賜謚襄愍馬公神道碑銘（馬濟美）　六四・九一

朱駿聲

家莬亭先生傳（朱光宅）　一九・六五
余君振昌小傳（余慶元）　二三・一二五
吴卿憐小傳（吴卿憐）　二四・一四七
記宋助教遺事（宋大樽）　二五・二三七
僕者陳忠傳（陳忠）　五六・三一九
贈奉政大夫鹽課司提舉候選訓導廪貢生謝君墓志銘（謝士松）　一〇五・二七五

朱彝尊

吏部驗封清吏司員外郎卜君墓表（卜陳彝）　二・二一九
翰林院侍講尤先生墓志銘（尤侗）　三・一七一
處士文君墓志銘（文點）　五・二〇九
王洪傳（王洪）　五・三八五
王偁傳（王偁）　六・一九

王紱傳（王紱）　六·一〇七
王冕傳（王冕）　六·一二五
王廉傳（王廉）　六·一七三
王蒙傳（王蒙）　六·二六一
王彝傳（王彝）　七·六三
儒林郎户科給事中郃陽王君墓志銘（王又旦）　七·一一七
王處士墓志銘（王席民）　一〇·一五三
誥封朝議大夫國子監祭酒新城王公墓碑（王與敕）　一一·一七一
文林郎湖廣道監察御史王公墓表（王與胤）　一一·一七五
德州田君墓表（田實栗）　一四·七三
掌京畿道監察御史任君墓志銘（任玥）　一四·二〇九
靖南王墓表（仲明）　一五·一六三
朱右傳（朱右）　一七·一七九
文林郎知舒城縣事朱君墓志銘（朱振）　一七·二八九
朱開仲墓志銘（朱扉）　一八·一
朱廉傳（朱廉）　一八·三七

六畫　朱

貞毅先生墓表（朱士稚）　一八·三〇九
通奉大夫福建布政司使内升汪公墓表（汪楫）　二六·一六七
汪克寬傳（汪克寬）　二七·四七
沈度傳（沈度）　二八·五五
文學沈君墓志銘（沈進）　二八·一二三
光禄大夫太子太保刑部尚書李公神道碑（李化熙）　三一·一七七
李无垢傳（李无垢）　三二·七一
徵士李君行狀（李良年）　三二·二五九
高士李君塔銘（李彦貞）　三三·二五七
贈中憲大夫知灤州事李公墓表（李溉之）　三四·一〇五
貝瓊傳（貝瓊）　三六·九九
布衣周君墓表（周質初）　三九·二〇七
太保孟忠毅公神道碑銘（孟喬芳）　三九·三五七
林鴻傳（林鴻）　四一·二七
孝潔姜先生墓志銘（姜晋珪）　四五·一三
文學昝君墓志銘（昝弘祖）　四五·二一九

儒學訓導倪君墓志銘（倪我端） 四八·二五九
唐肅傳（唐肅） 四八·三三九
工部主事席君墓志銘（席啓寓） 四九·一九一
孫作傳（孫作） 四九·二三九
孫蕡傳（孫蕡） 四九·三一三
徐賁傳（徐賁） 五二·九七
徐一夔傳（徐一夔） 五二·一七九
通議大夫都察院左副都御史徐公神道碑（徐元珙） 五二·三六三
徵士徐君墓志銘（徐林鴻） 五三·二〇七
殷先生墓志銘（殷岳） 五四·三八一
中憲大夫知思州府事陸公墓志銘（陸世楷） 五五·三四五
奉政大夫提督福建學政按察司僉事山陽陸公墓志銘（陸求可） 五六·一三
陳基傳（陳基） 五六·三二九
袁凱傳（袁凱） 六三·三七
高啓傳（高啓） 六四·一八一
高棅傳（高棅） 六四·一九七

六畫　朱
前進士高公墓表（高承埏）　六四·三三一
張處士墓志銘（張蓋）　六九·一四一
嘉定張君墓志銘（張履素）　七三·一九一
文學曹君墓志銘（曹山秀）　七四·三八一
許封君墓志銘（許信孚）　七八·三一
傳恕傳（傳恕）　七八·二四九
翰林院侍讀喬君墓表（喬萊）　七九·七一
葉子奇傳（葉子奇）　八〇·三〇七
歲貢生程君墓志銘（程浚）　八四·一〇三
答禄與權傳（答禄與權）　八五·一〇三
中奉大夫分守嶺北道江西右布政使賀公祠堂碑（賀萬祚）　八五·二五一
歸安縣儒學教諭馮君墓志銘（馮鎮鼎）　八七·六九
光禄大夫兵部左侍郎楊公神道碑銘（楊雍建）　八九·一一
知交城縣事靳君墓志銘（靳治青）　九〇·七九
文學鄭君壙志銘（鄭玥）　九二·二三一
趙壎傳（趙壎）　九四·二九一

趙撝謙傳（趙古則）　九五・一
朝議大夫户科給事中降補國子監學正趙君墓志銘（趙吉士）　九五・四五
劉溥傳（劉溥）　九七・四九
劉永之傳（劉永之）　九七・三〇五
孝子長洲劉君墓志銘（劉龍光）　九九・三二七
諸處士墓志銘（諸玄振）　一〇〇・六一
贈日講官起居注翰林院檢討徵仕郎貞靖潘先生墓志銘（潘凱）　一〇〇・一二九
歲貢生潘君墓志銘（潘開甲）　一〇〇・二八三
徐州蕭縣儒學訓導樂君墓志銘（樂又令）　一〇〇・三五五
錢宰傳（錢宰）　一〇二・一〇九
國子監生錢君行狀（錢棅初）　一〇三・九三
文淵閣大學士錢公傳（錢龍錫）　一〇三・二七九
處士繆君墓表（繆孟思）　一〇五・一〇三
鄉貢進士魏君墓志銘（魏坤）　一〇六・三三
戴良傳（戴良）　一〇六・二七三
禮部尚書兼掌翰林院學士長洲韓公墓碑（韓菼）　一〇七・三〇三

六畫　朱

奉政大夫吏部考功清吏司郎中顏君墓志銘（顏光敏） 一〇八·二一九
提督浙江學政翰林院檢討顏君清德碑（顏光斅） 一〇八·二二五
封奉直大夫顏公墓表（顏伯璟） 一〇八·二三一
小譚大夫墓志銘（譚吉璁） 一〇九·二二一
五經進士譚先生墓表（譚貞良） 一〇九·二七五
承德郎日講官起居注右春坊右中允兼翰林院編修嚴君墓志銘（嚴繩孫） 一一〇·一四九
光禄大夫工部左侍郎顧公神道碑銘（顧藻） 一一〇·三〇九
崔子忠陳洪綬合傳（崔子忠、陳洪綬） 一一四·二三五

朱籌

錢塘吴氏家傳（吴憲） 二三·一

朱鶴齡

書王公可大事（王可大） 八·二六七
書史仲彬事（史仲彬） 一二·三三一
贈翰林院待詔孝介朱公傳（朱陛宣） 一九·二六五
太僕卿吴公傳（吴默） 二二·三六七
安丘李公傳（李遷梧） 三五·二二三

杜静臺先生傳（杜偉）　三五・三九七
瑞安令周公傳（周大章）　三七・三四七
贈尚寶少卿袁公傳（袁黄）　六三・二七
書袁杞山事（袁杞山）　六三・一二七
書盛公斯徵事（盛斯徵）　七五・二八九
同安葉公傳（葉翼雲）　八一・八九
贈指揮同知趙公傳（趙廕）　九四・二八一
書趙公蹇卿事（趙蹇卿）　九六・七五
富順劉公傳（劉時俊）　九八・二七七

任兆麟

巡撫公家傳（任忠）　一四・二一三
九姓公家傳（任福）　一四・二七一
忠靖公家傳（任大訓）　一四・二九三
康定公家傳（任仁發）　一四・二九七
先生考文純府君行略（任思謙）　一四・三五一
釣臺公家傳（任啓運）　一四・三六九

忠義公家傳（任啓承）　一四・三八一
書族兄裕堂公事（任裕堂）　一四・三九三
光禄大夫予告經筵講官禮部尚書任公神道碑銘（任蘭枝）　一五・四七
余仲林墓志銘（余蕭客）　二二・一三九
孫雲球傳（孫雲球）　五〇・三九三
馬生學原墓志（馬學原）　六四・八五
南昌黄封翁墓表（黄惠堂）　六七・三三三
先外舅少儀張公墓表（張鳳孫）　七三・一二七
刑部員外郎鶴侶褚公墓表（褚寅亮）　八九・二八三
安徽巡撫錢公傳（錢楷）　一〇二・一六三
補履先生傳（錢近仁）　一〇三・三一
戴東原先生墓表（戴震）　一〇七・九
任府君暨奉直公墓表（任用治、任仕元）　一一三・二五七
任氏兩孝子傳（任遇亨、任裕德）　一一三・二七一

任啓運

尤君培柳傳（尤侃）　三・一七七

息齋公家傳（任元祥）　一四・三〇三
通政司參議署通政使丹叔公家傳（任宏嘉）　一四・三一七
陸君德本傳（陸紹源）　五六・一〇七
明大司馬盧公傳（盧象昇）　一〇一・三六三
盧象晉傳（盧象晉）　一〇一・三八五
太子太傅保和殿大學士兼吏部尚書魏公傳（魏裔介）　一〇六・一六九

全祖望

明浙撫右僉都御史前分巡寧紹台道金壇于公事略（于穎）　二・二六三
蕭山毛檢討別傳（毛奇齡）　三・四〇五
毛户部傳（毛聚奎）　四・五三
前侍郎桐城方公神道碑銘（方苞）　四・一八五
方定思墓志銘（方道章）　五・一一三
記方翼明事（方翼明）　五・一七一
明故都察院右副都御史東王公神道闕銘（王江）　五・三二三
明故兵部右侍郎兼都察院右僉都御史王公墓碑（王翊）　六・八七
王立甫壙志銘（王豫）　七・一九

記王之明事（王之明） 七·一五五
明兵科都給事中前知慈溪縣江都王公事略（王玉藻） 八·三五五
王評事狀（王家勤） 一〇·一八七
蓬萊王孝子傳（王恩榮） 一〇·二三三
刑部侍郎管禮部侍郎事坦齋王公神道碑銘（王蘭生） 一二·一四一
明淮揚監軍道僉事鄞王公神道碑銘（王纘爵） 一二·二〇九
史雪汀墓版文（史榮） 一二·二九七
杭州府錢塘縣教諭左丈江樵墓幢銘（左臣黃） 一三·一三九
石𨻵傳（石𨻵） 一三·二〇七
韭兒埋銘（全韭） 一五·一八一
先公墓石蓋文（全書） 一五·一八七
先府君石槨銘（全書） 一五·一九七
全修齋府君傳（全整） 一五·一九九
先仲父博士府君權厝志（全馥） 一五·二〇五
非堂全先生墓碣銘（全大震） 一五·二一一
族祖葦翁先生墓志（全美閑） 一五·二一九

穆翁全先生墓志（全美樟） 一五・二二三
殤兄壙銘（全祖謙） 一五・二四七
明故都督江公墓碑銘（江漢） 一六・三三一
明文華殿大學士兵部尚書督師金華朱公事狀（朱大典） 一八・二七五
明工部尚書仍兼吏部侍郎上海朱公事狀（朱永祐） 一八・三六七
翰林院編修贈學士長洲何公墓碑銘（何焯） 二一・一七
吴職方傳（吴祖錫） 二四・一六一
明禮部尚書仍兼通政使武進吴公事狀（吴鍾巒） 二五・一二九
宋菊齋傳（宋菊齋） 二五・三〇九
右贊善埜山宋君墓志銘（宋楠其） 二五・三一九
明晦溪汪參軍墓碣（汪涵） 二六・一二一
汪孝子墓志銘（汪之麟） 二六・二九九
沈果堂墓版文（沈彤） 二八・三五
沈太僕傳（沈光文） 二八・二七五
明户部右侍郎都察院右僉都御史贈户部尚書崇明沈公神道碑銘（沈廷揚） 二八・三一一
題沈端恪公神道碑後（沈近思） 二八・三四七

沈東甫墓志銘（沈炳震）　二九・一
耕巖沈先生續志（沈壽民）　二九・二六一
沈甸華先生墓碣銘（沈蘭先）　二九・三六三
貞愍李先生傳（李桐）　三〇・七七
閣學臨川李公神道碑銘（李紱）　三〇・一二三
故儀部韋庵李公阡表（李棡）　三〇・一七三
李東門墓表（李暾）　三〇・三四五
二曲先生窆石文（李顒）　三〇・三八一
蜃園先生神道表（李天植）　三一・二六九
李杲堂先生軼事狀（李文胤）　三一・三三九
李駕部墓志銘（李文纘）　三一・三七三
李次行墓版文（李世法）　三二・七
明兵部尚書兼掌都察院事鍾祥李公事狀（李向中）　三二・二〇七
前侍郎達州李公研齋行狀（李長詳）　三三・一三一
李梅岑小傳（李國標）　三四・四九
端孝李先生窆石銘（李景濂）　三四・一〇一

明管江杜秀才窆石志（杜懋俊） 三六・八三
邵得魯先生事略（邵以貫） 三六・三〇三
吏部侍郎兼翰林掌院學士巡撫江蘇思蓼邵公神道碑銘（邵基其） 三七・四九
周布衣傳（周西） 三七・一六九
周穆門墓志銘（周京） 三七・一八五
周徵君墓幢銘（周容） 三七・二一七
周之蕃傳（周之蕃） 三七・三三五
周監軍傳（周元初） 三八・一一
周思南傳（周元懋） 三八・一七
宗徵君墓幢銘（宗誼） 三九・二八一
明大興知縣宗公傳（宗顯） 三九・二八七
范冲一穿中柱文（范鵬） 四〇・一九五
范處士墳版文（范兆芝） 四〇・二三七
范培園墓志銘（范培園） 四〇・二七九
明太常寺卿晋秩右副都御史藺庵林公逸事狀（林時對） 四一・一一一
明故大理寺評事林先生阡表（林時躍） 四一・一一九

六畫 全

姚薏田壙志銘（姚世鈺）　四四・七七
姚敬恒先生事略（姚宏任）　四四・一一五
太子少保兵部尚書兼督察院右都御史總督福建世襲輕車都尉會稽姚公神道第二碑銘（姚啓聖）　四四・一六一
翰林院編修湛園姜先生墓表（姜宸英）　四五・一七
施石農先生墓志銘（施相）　四五・九三
明施公子墓碣銘（施邦玠）　四五・一二三
河南禹州牧蘗齋施君墓志銘（施念曾）　四五・一三九
翰林院編修初白查先生墓表（查愼行）　四六・五七
胡吉雲傳（胡守恒）　四七・一〇一
故甘撫復翁胡公墓碑銘（胡期恒）　四七・三一五
順天府丞提督學政鹿亭胡公神道碑銘（胡德邁）　四八・一三
明兵部尚書兼東閣大學士贈太保謚忠襄孫公神道碑銘（孫嘉績）　五一・一八一
夏萬亭傳（夏萬亭）　五一・三六一
題徐俟齋傳後（徐枋）　五二・三三
徐都御史傳（徐孚遠）　五三・一六九

明錦衣徐公墓柱銘（徐啓睿） 五四・二二五
柴丈漁山墓表銘（柴梓庭） 五四・二七九
陸麗京先生事略（陸圻） 五五・一四一
陸雪樵傳（陸昆） 五五・一七七
陸佛民先生志（陸觀） 五五・二八七
陸桴亭先生傳（陸世儀） 五五・三五一
陸披雲先生阡表（陸宇燝） 五五・三七五
明故按察副使監軍贛庵陸公墓碑銘（陸宇爆） 五五・三八五
陸荼塢墓志銘（陸錫疇） 五六・一八九
陳卜年志（陳坊） 五六・二四一
陳光禄傳（陳士京） 五七・二九一
陳裕齋先生墓版文（陳士良） 五七・三一五
陳仙傳（陳王賓） 五七・三五五
大理悔廬陳公神道碑銘（陳汝咸） 五八・一三九
陳南皋墓志銘（陳汝登） 五八・一五五
明四川道御史再贈都察院右副都御史謚忠貞今謚恭潔陳公神道碑（陳良謨） 五八・二五九

陳丈孔塘壙志銘(陳昌泗)　五八・三〇三
尚書職方郎陳公墓碣銘(陳時臨)　五九・九三
太常晚聞陶公神道碑銘(陶正靖)　六〇・三四九
華氏忠烈合狀(華夏)　六一・三四九
莊太常傳(莊元辰)　六二・一五五
記馬士英南奔事(馬士英)　六三・三〇一
明故兵部員外郎蘗庵高公墓石表(高宇泰)　六四・二九一
郭芥子墓志銘(郭永麟)　六五・二一五
黃丈肖堂墓版文(黃之傳)　六六・一三五
鷓鴣先生神道表(黃宗炎)　六七・一七
梨洲先生神道碑文(黃宗羲)　六七・五三
明處士四岑張先生墓幢文(張棟)　六九・一六七
張南漪墓志銘(張熷)　六九・一八七
明故太師定西侯張公墓碑(張名振)　七〇・三三一
明故都督張公行狀(張廷綬)　七一・五三
書江陵張相國行狀後(張居正)　七一・一九一

明太傅吏部尚書文淵閣大學士華亭張公神道碑銘（張肯堂）　七一・二八一
明太傅大學士張公神道碑側記（張肯堂）　七一・三〇七
明故權兵部尚書兼翰林院侍講學士鄞張公神道碑銘（張煌言）　七三・一
通判知山東堂邑縣事張府君行狀（張興宗）　七三・一四一
張丈韞山墓表銘（張錫璁）　七三・三一五
明婁秀才窆石志（婁文煥）　七四・二九七
工科給事中前翰林院編修濟寰曹公行狀（曹一士）　七四・三五三
記許都事（許都）　七七・二一九
陽曲傅先生事略（傅山）　七八・二二九
葉處士志（葉謙）　八〇・二七九
提督貴州學政翰林院編修九沙萬公神道碑銘（萬經）　八一・一〇九
萬循初墓志銘（萬光泰）　八一・一二三
翰林院學士南昌萬公墓碑銘（萬承蒼）　八一・一三三
磁州牧西郭萬君墓表（萬承勛）　八一・一三九
萬貞文先生傳（萬斯同）　八一・一七七
學正董筆雲先生墓表（董允霦）　八一・三七五

六畫　全

墨雲董丈墓志銘（董允爵）　八一・三八一
董次歐先生墓版文（董正國）　八二・一
董永昌傳（董永昌）　八二・五
明兵科都給事中董公神道表（董志寧）　八二・二三
湖上社老曉山董先生墓版文（董劍鍔）　八二・九七
推官温公傳（温璜）　八三・三五七
明故太僕寺少卿眉仙馮公神道闕銘（馮元飂）　八六・二〇三
馮丈南耕墓碣（馮南耕）　八六・三三三
楊職方塋域志（楊文琮）　八八・二五
江陰楊文定公行述（楊名時）　八八・一四三
天多老人墓石志（楊秉紘）　八八・二三一
知平凉府蔣公墓表（蔣兆龍）　九一・一八五
翰林蓼厓蔣先生穿中柱文（蔣拭之）　九一・二四一
明遼督熊襄愍公軼事略（熊廷弼）　九二・九九
鄭侍讀質谷先生墓碑銘（鄭江）　九二・一八五
五嶽游人穿中柱文（鄭性）　九二・二〇九

鄭芷畦窆石志（鄭元慶） 九二·三五一
厲樊榭墓碣銘（厲鶚） 九四·一一三
工部尚書仁和趙公神道碑銘（趙殿最） 九五·三五九
劉繼莊傳（劉獻廷） 九九·三六五
錢東廬徵君墓表（錢廉） 一〇二·一八五
明直隸寧國知府玉塵錢公神道表（錢玉塵） 一〇二·三二一
錢蟄庵徵君述（錢光繡） 一〇二·三五九
明監紀推官叶虞錢公墓志銘（錢肅典） 一〇三·一九一
明監察御史退山錢公墓石蓋文（錢肅圖） 一〇三·一九七
明翰林院簡討兼兵科給事中箕仲錢公竢詞（錢肅範） 一〇三·二〇三
明錢八將軍墓表（錢肅繡） 一〇三·二〇九
明職方主事兼三錢公壙銘（錢肅遴） 一〇三·二一三
題田閒先生墓表後（錢澄之） 一〇三·二五三
薛高士塚闕文（薛士珩） 一〇四·四一
杭州海防草塘通判辛浦鮑君墓志銘（鮑鉁） 一〇四·二八五
應潛齋先生神道碑（應撝謙） 一〇五·五三

六畫　全

亭林先生神道表（顧炎武）　一一一・九七
前甘泉令明水龔君墓志銘（龔鑑）　一一一・二七一
錢唐龔隱君生傳（龔明水）　一一一・三六七
龔丈省齋壙志銘（龔茂城）　一一一・三七七
忍辱道人些詞（忍辱）　一一二・一八七
南獄和尚退翁第二碑（釋退翁）　一一二・二九九
雪竇山人墳版文（釋雪竇）　一一二・三三三
張太傅守墓僧無凡塔志銘（釋無凡）　一一二・三五一
先曾王父先王父神道闕銘（全大和、全吾騏）　一一三・二七三
屠董二君子合狀（屠獻宸、董德欽）　一一四・二四一
明嵩明州牧房仲錢公兩世窆域志銘（錢美恭、錢士驌）　一一五・一
楊氏四忠雙烈合狀（楊文琦、楊文琮、楊文瓚、楊文球）　一一五・三六一
甬上桂國三忠傳（任斗墟、余鯤起、陳純來）　一一五・三七一

江藩

毛乾乾傳（毛乾乾）　四・一五
朱處士墓表（朱質）　一八・一八一

廩膳生吴君墓表（吴兆松）　二三・二九三
汪先生墓表（汪鎬京）　二八・一一
清故刑部山東司員外郎鄭君墓志（鄭宗汝）　九三・三一

阮元

誥授光禄大夫刑部右侍郎述庵王公神道碑（王昶）　五・三四五
王石臞先生墓志銘（王念孫）　一〇・五一
記任昭才（任昭才）　一四・三六三
順昌縣訓導伊君墓表（伊應聚）　一五・一三三
太傅體仁閣大學士大興朱文正公神道碑（朱珪）　一七・二九五
朱勇烈公傳（朱射斗）　一九・二六九
野雲山人傳（朱鶴年）　二〇・一四七
雷塘自定壽壙記（阮元）　二〇・一六三
四川廣安州知州阮君墓表（阮和）　二〇・一六九
瑞州府學教授浦亭阮公墓表（阮湖）　二〇・一八三
北渚二叔墓表（阮鴻）　二〇・一九七
誥贈資政大夫晋光禄大夫户部侍郎王考琢庵太府君行狀（阮玉堂）　二〇・二一一

雷塘阡表(阮廷和) 二〇·二二九
誥封光禄大夫户部左侍郎顯考湘圃府君顯妣一品夫人林夫人行狀(阮承信) 二〇·二四三
刑部侍郎唐山阮公傳(阮葵生) 二〇·二八七
誥贈昭勇將軍高祖孚循太府君行述(阮樞良) 二〇·二九七
誥授光禄大夫經筵講官户部尚書晋贈太子太保謚文安何公神道碑銘(何凌漢) 二一·二八七
循吏汪輝祖傳(汪輝祖) 二七·三三五
翰林編修河東鹽運使司沈公既堂墓志銘(沈業富) 二九·二四三
高郵孝臣李君傳(李惇) 三〇·一〇九
李尚之傳(李鋭) 三〇·三一三
壯烈伯李忠毅公傳(李長庚) 三三·一六三
福建布政使良吏李君傳(李賡芸) 三四·三三七
例贈儒林郎候選州同知蘭汀林公墓表(林閬) 四一·二二三
林清泉公傳(林廷岳) 四一·九一
胡西棽先生墓志銘(胡廷森) 四七·一一
賜按察使銜河南開歸陳許兵備道柘田唐君墓志銘(唐仁植) 四八·三五五
山東分巡兖沂曹濟道唐公神道碑銘(唐芝田) 四八·三八五

孫頤谷侍御史傳（孫志祖）　五〇・一三九
誥贈中憲大夫山東兗沂曹濟兵備道一鳳孫公暨妻許恭人墓表（孫枝生）　五〇・一七一
山東糧道淵如孫君傳（孫星衍）　五〇・三四一
南昌府同知璧堂徐君傳（徐聯奎）　五四・二一三
誥封奉直大夫奉賢陳君墓表（陳遇清）　五九・三二九
隱屏山人陳編修傳（陳壽祺）　五九・三三九
江都凌君士驐傳（凌士驐）　六四・一一九
江都春谷黄君墓志銘（黄承吉）　六七・二一九
女婿張熙女安合葬墓碣（張熙）　六九・一六一
大竹縣知縣死事張君傳（張位中）　七一・一
浙儒許君積卿傳（許宗彦）　七七・三七七
翰林院編修彭遠峰墓志銘（彭蘊輝）　八〇・一七一
通儒揚州焦君傳（焦循）　八三・五七
誥封奉政大夫掌陝西道監察御史歲貢生游君墓表（游晟）　八三・一二七
童處士墓表（童孝源）　八四・六三
户部右侍郎管錢法堂春海程公神道碑銘（程恩澤）　八四・三〇一

杭州府西海防同知路君墓志銘（路錞） 八九・三七五
蔣士銓傳（蔣士銓） 九一・一五一
誥封刑部山東司員外郎鄭君墓志銘（鄭鑑元） 九三・一四七
臧拜經别傳（臧庸） 九四・一一七
武進臧布衣傳（臧繼宏） 九四・二〇三
江西銅鼓營同知劉台斗傳（劉台斗） 九七・三三五
劉端臨先生墓表（劉台拱） 九七・三四七
太子少保兩廣總督世襲一等輕車都尉贈太子太師兵部尚書敏肅盧公神道碑（盧坤） 一〇一・二一一
安徽巡撫裴山錢公傳（錢楷） 一〇二・一四七
贈承德郎翰林院庶吉士加一級例晋朝議大夫錢君暨配屠恭人墓志銘（錢汝鼎） 一〇二・三六九
知不足齋鮑君傳（鮑廷博） 一〇四・三一七
吏部左侍郎謝公墓志銘（謝墉） 一〇五・二〇五
歙縣江鶴亭橙里二公傳（江春、江昉） 一一三・二七九
李晴山喬書酉二先生合傳（李道南、喬椿齡） 一一三・四〇七
集傳録存（毛奇齡、沈國模、談泰、桂馥、錢澄之、朱鶴齡、臧庸、閻循觀、汪紱、王鳴盛、丁杰、任大椿、汪中、孔廣森、張惠言、孔興燮、孔廣棨、孔繼涵、顔光猷、顔光敏、顔光斆） 一一五・一八三

嚴忍公子餐方貽傳（嚴武順、嚴沆、嚴曾榘） 一一五·四二三

七畫

杜貴墀

前山西布政使方公墓銘（方大湜） 四·二七七
方清池墓志銘（方崇智） 五·五一
縣學生方君彝叔墓志銘（方朝棐） 五·七一
安化縣學訓導任先生墓表（任哲） 一四·二二九
任寅台府君家傳（任德佑） 一五·九
誥授中憲大夫郭府君墓表（郭侖燾） 六五·二八三
優貢生黃仲輔傳（黃嗣翊） 六七·三六九
前署山西按察使司河東道黃公神道碑（黃照臨） 六七·三八一
處士黃君默初墓志銘（黃默初） 六八·一四三
許文盛家傳（許光治） 七七·三一九
誥封中憲大夫馮君墓表（馮仕楷） 八六·二一五
巴陵縣學生趙君墓表（趙世謙） 九四·三八五

劉武烈公家傳(劉騰鴻)　九九・三八五
歐陽翁蔭堂墓表(歐陽世美)　一〇〇・九五
歐陽君培卿家傳(歐陽世篤)　一〇〇・一〇一

李文藻

廣信府同知丁琰傳(丁琰)　二・三七
濱州學正王君傳(王作善)　九・二五七
吏部左侍郎俞公傳(俞兆岳)　四三・七七
舉人張君墓志銘(張錦麟)　七三・三四一
永康州知州葛君傳(葛沛)　八一・二一九

李兆洛

微明孔君墓志銘(孔昭孔)　三・一九七
毛府君墓志銘(毛景維)　四・三五
雙流縣知縣毛君墓志銘(毛會掄)　四・三九
方君彥聞傳(方履籛)　五・一三九
永康州知州方君墓志銘(方聯聚)　五・一六一
國子監生王君碑(王曰旦)　八・九一

江陰縣學教諭王君墓志銘（王錫康） 一二・二九
史右章先生傳（史次星） 一二・三四九
湖南巡撫左公墓志銘（左輔） 一三・一一一
邢君魯風家傳（邢學成） 一五・二六九
浙江寧波府知府吕君墓志銘（吕子班） 一五・三八三
安岳縣知縣朱君傳（朱向隆） 一九・七五
許州知州何公墓表（何熊光） 二二・九
江西巡撫吴公墓志銘（吴光悦） 二三・三〇三
德陽縣知縣吴君傳（吴經世） 二四・三三五
汪君心農傳（汪穀） 二六・二一一
汪孝子傳（汪一崧） 二六・二九七
汪快士先生墓表（汪鎬京） 二八・一五
沈次山先生傳（沈濤） 二八・一七九
沙君岱峰傳（沙旦勛） 二九・三八九
沙生慎之小傳（沙念祖） 二九・三九七
亡兒顒葬志（李顒） 三〇・三九五

七畫 李

伯兄五初先生行述（李康齡）　三四・一一三
先府君行述（李徵蘭）　三四・二六一
江蘇學政辛公行述（辛從益）　三六・一二五
兵馬司副指揮屈君墓志銘（屈軼）　三九・二六三
承君青亭家傳（承選）　四〇・五五
孝廉方正祝君行狀（祝百十）　四三・二五一
祝君筠溪傳（祝朝縉）　四三・二六五
祝君賡颺家傳（祝登墀）　四三・二六九
東湖縣知縣洪君墓志銘（洪飴孫）　四六・一一
臨縣知縣孫君墓志銘（孫讓）　四九・三四三
孫君渭川家傳（孫兆鯨）　五〇・五九
翰林院庶吉士孫君墓志銘（孫原湘）　五〇・三六九
外祖奚蕉峰先生傳（奚賓）　五一・二七五
揀選知縣徐君墓志銘（徐紹基）　五四・三七
齊東縣知縣時君傳（時銘）　五四・三〇七
陸君勖堂家傳（陸佩璵）　五六・四九

陸君劭文傳（陸燿遹） 五六·一七七
貴溪縣知縣陸君墓志銘（陸繼輅） 五六·二一三
綏寧縣知縣陳君墓志銘（陳新） 五七·四五
旌德縣知縣陳君墓志銘（陳柄德） 五八·三八五
陶君升庵傳（陶文烝） 六〇·三二七
大城縣尉陶君墓表（陶兆麐） 六〇·三六一
明登萊巡撫陶朗先傳（陶朗先） 六一·一五
薌溪華先生傳（華薌溪） 六二·五
河南分守河北兵備道莊君家傳（莊振） 六二·一三七
莊珍藝先生傳（莊述祖） 六二·二〇七
附監生考取州吏目莊君行狀（莊綬甲） 六二·二三九
莊君酉君傳（莊闕和） 六二·二五九
含山縣學訓導高先生墓志銘（高蘿簪） 六五·一〇九
郭敬齋傳（郭恂） 六五·一一五
賢令黃君仁山傳（黃璵） 六六·七三
黃潛夫家傳（黃汝成） 六六·三六五

七畫　李

七畫　李

張君翰風傳（張琦）　六九・四五
張君萼汀傳（張南齡）　七一・三四一
隱谷張翁傳（張敬用）　七三・三一
樹香張君墓志銘（張燕譽）　七三・二三七
張君劑堂傳（張劑堂）　七三・三四五
循吏静溪康公傳（康基淵）　七四・一二九
光禄寺卿康公行狀（康紹鏞）　七四・一五一
慶陽府知府盛君墓志銘（盛惇大）　七五・二七七
章君六泉傳（章亮撝）　七七・六三
明經葉君墓志銘（葉廷甲）　八〇・三五九
泰州知州葉君行狀（葉維庚）　八一・三三
董君方立傳（董祐誠）　八二・四一
湯西箴小傳（湯自銘）　八三・三三一
費君稼軒家傳（費鐘）　八五・一三三
北江鄒君祠版文（鄒牧）　八五・三〇七
刑部員外郎楊君墓志銘（楊景仁）　八八・三八五

楊君西園家傳（楊新甲） 八九・三五
楊君公兆家傳（楊夢松） 八九・四九
蒙山路君墓志銘（路同申） 八九・三七九
明經蔣君墓志銘（蔣鎮藩） 九二・二九
石如鄧君墓志銘（鄧石如） 九三・二三九
管生孝逸傳（管繩萊） 九四・八七
候補通判趙君墓志銘（趙廷俊） 九五・一四一
趙君孟符墓志銘（趙慶齡） 九六・五五
劉生朝幹傳（劉汝楨） 九八・三三
禮部劉君傳（劉逢禄） 九八・三二一
錢君鑑遠傳（錢士鏡） 一〇二・二七九
荊川錢君墓志銘（錢文洵） 一〇二・二九三
雅安縣知縣錢君墓志銘（錢秉德） 一〇三・二三
愚溪薛先生家傳（薛淇） 一〇四・二一
慶陽府知府薛君墓志銘（薛玉堂） 一〇四・五一
薛資塘先生傳（薛傳源） 一〇四・一二九

七畫　李

東湖縣知縣蕭君墓志銘（蕭瑾） 一〇四・一八三
涇縣訓導歸君墓志銘（歸衔） 一〇八・七七
署陽湖縣訓導瞿君墓志銘（瞿紹基） 一〇八・一七三
龐君月村家傳（龐榕） 一〇九・三〇七
樸庵龐君墓志銘（龐煥若） 一〇九・三二七
公覲嚴翁傳（嚴昭） 一〇九・三六一
澗薲顧君墓志銘（顧廣圻） 一一一・一八七
桐城姚氏薑塢惜抱兩先生傳（姚範、姚鼐） 一一四・一一七
西郭陸氏兄弟合傳（陸楷、陸模） 一一四・一九五
舊言集詩人小傳（楊士熿、李慶來、劉煥章、奚寅、吕嶽、吴一諤、錢履坦、錢季重、徐宗鄭、吴飛鵬、翟震龍、吴濟、路揆居、劉遵陸、李荃、吴鴻壁、張月霄） 一一六・三九五
桑梓潛德録善士傳（張纘、屠南琛、畢應箕、汪兆鼎） 一一六・四一五
鳳臺縣志人物傳（郭世安、吴櫑、劉錫祉） 一一七・二〇三

李佐賢

誥授奉直大夫廣東德慶州知州晋贈文林郎翰林院庶吉士先考鏡秋府君行述（李文桂） 三一・二九九
世父若甫公家傳（李文綬） 三一・三二九

貤贈翰林院五經博士虞琴孟公暨元配孫孺人合葬墓志銘（孟繼烑） 四〇・一
范蘇山先生傳（范承俊） 四〇・二五七
范仲敏先生傳（范承愿） 四〇・二六七
誥授中憲大夫紹興府知府加一級次封高君墓表（高貢齡） 六四・三六九
老僕謝武墓志銘（謝繼武） 一〇六・一三

李宗昉

王壯節公傳（王文雄） 八・一四五
艾隱君墓志銘（艾錫朋） 一四・一九三
朱餐仙翁傳（朱甯蒲） 一九・三〇九
文林郎江西南昌縣知縣鏡潭阿君墓志銘（阿應麟） 三六・二四一
文林郎周芳亭墓表（周應祺） 三九・二三三
紀文達公傳略（紀昀） 四八・九七
貤贈文林郎孫岱山墓碑銘（孫朝楝） 五〇・三九七
馬安基家傳（馬安基） 六三・三二五
湯世龍傳（湯世龍） 八三・三一九
國學生鄒漪筠墓志銘（鄒經） 八五・三二九

閔牧齋墓銘（閔牧齋）　八六・二三
四品銜前浙江巡撫柏溪楊公墓志銘（楊護）　八七・三三三
福文襄公傳略（福康安）　八九・二九九
管松崖先生傳略（管幹貞）　九四・六五
浙江上虞縣知縣鶴邨劉君墓志銘（劉大瑄）　九七・一八三
潘畫堂墓志銘（潘錦）　一〇〇・一五七
吏部侍郎錢公墓志銘（錢樾）　一〇二・一九一
錢黼堂師傳略（錢樾）　一〇二・一九九
閻百詩先生傳略（閻若璩）　一〇三・三三七

李祖望

任漢卿傳略（任雲倬）　一四・三八三
二知老人傳（戴文燦）　一〇七・一〇一

李塨

書方靈皋一節（方苞）　四・一九九
王子傳（王源）　六・一七七
王孫裔小傳（王孫裔）　一〇・二二一

李以傳（李以） 三〇・一
李子恕谷墓志（李塨） 三〇・一九三
長子習仁行狀（李習仁） 三四・六一
李贈翁傳（李雍熙） 三四・一四三
内邱縣儒學教諭李君墓志銘（李樹碩） 三五・七
委攝四川仁壽峽江兩縣知縣陳君墓志銘（陳正試） 五七・三七一
郭御史傳（郭金城） 六五・二一九
郭令小傳（郭金湯） 六五・二三三
觀察黄公傳（黄世發） 六六・二一五
張太翁傳（張興家） 七三・一六七
安平崔君聞遠墓志銘（崔甲鍠） 七四・二一九
彭山人傳（彭通） 七九・二四三
彭蘊秀先生墓表（彭毓宗） 八〇・一六三
萬季野小傳（萬斯同） 八一・一八五
馮君傳（馮壅） 八六・一三九
馮先生傳（馮夢徵） 八七・一一

楊公生傳（楊勤）　八七・二三五
六真居士劉君墓表（劉鑣）　九七・一二一
劉君化吾墓表（劉冲善）　九七・三七七
劉君來獻墓志銘（劉琛元）　九九・三
原任户部郎中閻公易庵墓志銘（閻中寬）　一〇三・二九三
戴景惠先生墓表（戴景惠）　一〇七・二〇七
記杜紫峰傳青主軼事（杜越、傅山）　一一四・四三
馮劉二翁合傳（馮廷獻、劉起聲）　一一四・二九三

李紱

敕封文林郎恩貢生干先生墓表（干特）　三・四一
故江南按察使王公墓志銘（王繻）　七・八三
予告吏部左侍郎兼都察院左都御史瑯邪王公墓表（王沛憻）　一〇・二一
廣西按察使司按察使白君墓志銘（白洵）　一三・二六五
大學士白公家傳（白潢）　一三・二七五
予告光禄大夫太子太傅文華殿大學士兼户部尚書田文端公墓表（田從典）　一四・三七
奉新甘公墓表（甘應其）　一四・一七九

威略將軍福建水師提督吴公墓志銘（吴英）　二三・二四七
高安縣學吴君墓表（吴瑗）　二三・三四五
孝義吴君墓表（吴鴻錫）　二五・六三
翰林院侍讀學士沈公墓志銘（沈朝初）　二九・一六一
亡弟李巨方墓志銘（李紳）　三〇・一四五
亡兄李巨中墓志銘（李纘）　三〇・三七一
先考新安府君墓志銘（李日生）　三一・二七九
左都督李公墓志銘（李世芳）　三三・一
下殤男孝渭壙記（李孝渭）　三三・二八九
侍讀李公傳（李澄中）　三四・三七七
鄉貢進士周君墓表（周徐綵）　三八・三五五
湖南按察使郎公暨元配金夫人合葬墓志銘（郎廷棟）　四〇・七七
資政大夫總督淮陽等處地方提督漕運海防軍務兼理糧餉兵部右侍郎兼都察院右副都御史
　加四級謚温勤郎公墓志銘（郎廷極）　四〇・八五
敕封翰林院編修林君墓表（林企俊）　四一・七三
功加左都督封翰林院庶吉士姚公墓志銘（姚昌）　四三・二八九

誥贈中議大夫太常寺少卿加一級唐公墓志銘（唐詩系）　四九・七五
陳君彥瑜墓表（陳震）　五七・一七七
桑處士墓表（桑天顯）　六一・七三
擬四川提督加贈右都督謚襄毅馬見伯碑文（馬見伯）　六三・三四五
大學士謚文端張鵬翮傳（張鵬翮）　七四・二七
文學曹青及傳（曹蒲先）　七五・一一三
學正盛君傳（盛楓）　七五・二三一
傅忠毅公家傳（傅弘烈）　七八・二八九
程亞園傳（程猷）　八四・一三五
户部江南清吏司主事裘君行述（裘奏）　八九・一九一
經筵講官禮部左侍郎漳浦蔡公墓志銘（蔡世遠）　九〇・二七三
蔣文河傳（蔣瑛）　九一・一〇九
故平安知縣管公墓志銘（管閣）　九三・三八九
故常熟知縣趙君行述（趙濬）　九四・二九五
文學劉先生墓志銘（劉丁）　九六・二九七
會昌鄉飲大賓劉翁墓志銘（劉文定）　九七・二四七

蕭定侯墓志銘（蕭復遠） 一〇四・二三五
應上治先生墓表（應昇） 一〇五・四五
魏公尚之墓表（魏尚之） 一〇六・一一一
文林郎江西廣信府貴溪縣知縣加一級韓公墓志銘（韓菼） 一〇七・三四三
龔近辰暨元配許孺人墓志銘（龔如垣） 一一一・三三七

李富孫

鄉飲賓王澮人先生傳（王選） 七・二三
貤贈修職郎先府君行狀（李國華） 三四・三五
從叔撝齋小傳（李德華） 三四・三一一
金香谷傳（金蓀） 四二・九
馬叔子弢生小傳（馬叔明） 六三・三四七
張君子鶴傳（張邦樞） 七一・一〇五
許晦堂先生傳（許燦） 七七・二五七

李慈銘

書鮎埼亭集外編蕭山毛檢討別傳後（毛奇齡） 三・四一五
王杏泉墓志銘（王英灝） 一〇・一二七

七畫　李

王秀才暨妻孫烈婦墓表（王繼本）　一二・一六五
六世祖天山府君事略（李登瀛）　三四・一一五
太子太保體仁閣大學士周文勤公神道碑（周祖培）　三八・三三五
姚叔怡墓志銘（姚綷）　四三・三六三
訓導連君傳（連仲愚）　五五・八七
陳德夫墓志銘（陳驥）　五七・二五七
中憲大夫仁和高君墓志銘（高錫恩）　六五・七九
三品銜候選同知葛君墓志銘（葛肇基）　八一・二九三
封儒林郎内閣中書舍人翰林院庶吉士楊君墓志銘（楊慶槐）　八九・一二三
誥封光禄大夫追贈三品卿銜前四品卿銜内閣侍讀潘公墓志銘（潘曾綬）　一〇〇・二六九
誥授光禄大夫建威將軍内閣學士前户部尚書軍機大臣顏扎公神道碑銘（顏景濂）　一〇八・二六一
陳壽祺王星誠孫廷璋三子傳（陳壽祺、王星誠、孫廷璋）　一一六・一九五

李禎

廣東候補知府江君墓表（江孝棠）　一六・四〇一
五世祖石峰公家傳（李天柱）　三一・二六五
四世祖澹庵公家傳（李有藻）　三二・二五七

族曾祖蔚中公家傳（李律鳳）　三三・二六三
祖考友笣公家傳（李厚埧）　三三・三三七
袁繼彰傳（袁繼彰）　六三・二三九
河南候補知府嵇君墓志銘（嵇有慶）　七九・二一五
舒霞叔傳（舒佐堯）　八五・七一
羅念生先生家傳（羅汝懷）　一〇九・九七
記名提督羅公墓志銘（羅逢元）　一〇九・一三一

李調元

朱貴傳（朱貴）　一八・三三
朱雲飛墓志銘（朱鵬）　一八・二〇九
敕授文林郎晋封奉直大夫山東泰安縣知縣何瑞庵墓志銘（何人麟）　二一・七七
誥封奉政大夫同知順天府北路事石亭府君行述（李化楠）　三一・一四七
誥封朝議大夫貴州南籠府知府唐公堯春墓志銘（唐樂宇）　四九・八九
誥授中憲大夫永定河道韞山陳公墓志銘（陳琮）　五七・五
户部河南司郎中袁松山公墓表（袁承紱）　六三・一三九
處士郭世藩墓志銘（郭繼先）　六五・三三九

誥授文林郎翰林院檢討充國史館纂修鶴林張公墓志銘（張囂） 六九・二〇五
誥封文林郎翰林院檢討例贈奉直大夫掌福建道監察御史彥庵劉公墓志銘（劉溢） 九七・四三
藍胡子傳（藍胡子） 一〇七・二七三
羅義傳（羅義） 一〇九・三三
禮汀禪師生壙塔銘（釋禮汀） 一一三・一五一
綿州三高傳（高第、高簡、高節） 一一五・四一五

吴之英

毛公墓志（毛錫純） 四・七五
候銓知縣胡孝廉碑（胡體仁） 四八・七五
廬江令張君碑（張琴） 六九・五三
揀選知縣張孝廉墓道碑（張錫衡） 七三・三一九

吴汝綸

弓斐安墓表（弓斐安） 三・三一
尹處士傳（尹龍驤） 三・一二三
福建臺澎道剛介孔公碑銘（孔昭慈） 三・二一三
誥授武顯將軍總兵銜京城左營游擊王公墓碑（王燮） 七・二九

左文襄公神道碑（左宗棠） 一三・一四九
贈太僕卿故福建臺灣兵備道吳君墓銘（吳大廷） 二三・一五一
從兄鄆城知縣吳君墓表（吳康之） 二四・一七七
汪府君家傳（汪仁和） 二六・三四九
汪星次墓銘（汪應張） 二八・一
李文忠公神道碑銘（李鴻章） 三五・六五
李文忠公墓志銘（李鴻章） 三五・七七
李文忠公事略（李鴻章） 三五・八五
姚慕庭墓志銘（姚慕庭） 四四・二六一
胡問渠墓志銘（胡源清） 四七・三五九
榮成孫封君神道碑銘（孫福海） 五一・三九
武安縣孫君墓志銘（孫慧基） 五一・二二五
陝西留壩廳同知陳君墓銘（陳文瓛） 五七・三五九
贈道員直隸州知州陳公墓碑（陳黌舉） 六〇・二八七
光禄大夫刑部左侍郎袁文誠公神道碑（袁文誠） 六三・六七
黃侍御墓表（黃廷珍） 六六・三八九

七畫　吴

黃來庭墓表（黃鳳翩）　六八・一二一
安徽按察使豐潤張君墓表（張印塘）　七〇・二〇五
張靖達公神道碑（張樹聲）　七三・二八一
張薊雲墓碣銘（張懋畿）　七三・三五七
章冠鏊傳（章冠鏊）　七七・六七
江安傅君墓表（傅誠）　七八・二七五
高郵董君墓志銘（董丙元）　八一・三八七
皇清誥授光禄大夫贈太傅武英殿大學士兩江總督一等毅勇侯曾文正公神道碑（曾國藩）　八二・三〇七
湯勉齋墓志銘（湯敦善）　八三・三四三
程忠烈公神道碑（程學啓）　八五・一五
楊壽山先生墓志銘（楊鼎元）　八九・一一九
贈内閣學士東海關道劉公墓志銘（劉含芳）　九八・一一三
前工部侍郎潘公神道碑（潘曾瑩）　一〇〇・二六三
廣西潯州府知府薛君墓碑（薛湘）　一〇四・二五

吴昌綬

清故修職郎包君墓志銘（包承善）　一二・二四七

清故李君墓志銘（李玉如）　三二・五七
唐棲勞氏三君傳（勞檢、勞權、勞格）　一一六・二二五

吴育

例封文林郎國子監生李君墓碣（李康齡）　三四・二九
李景昉傳（李寶璐）　三五・二九三
祝聘君墓志銘（祝百十）　四三・二四七
祝炳季墓志銘（祝百五）　四三・二五七
北東湖縣知縣洪君傳（洪飴孫）　四六・一一五
黃徵君傳（黃乙生）　六六・一三一
鄧生傳（鄧石如）　九三・二四五
僕射山樵傳（錢伯坰）　一〇二・三九三

吴定

方漱愚傳（方琢）　四・二二九
任氏子壙志（任炳章）　一四・三六七
何生權厝志（何秉棣）　二一・二三五
山西臨晉縣知縣吴公墓志銘（吴開）　二二・三三五

七畫　吴

先考行略（吴闓）　二二・三九九
再從兄協廷墓志銘（吴之寀）　二三・一〇一
再從兄惟翼墓志銘（吴之寵）　二三・一一三
吴蕙川墓志銘（吴紹澤）　二四・二四五
亡兒壽祖壙志（吴壽祖）　二四・三四九
翰林院修撰金先生墓志銘（金榜）　四二・一
外弟曹侣東權厝志（曹南金）　七五・七三
葉元習墓志銘（葉敦）　八〇・二九一
贈大夫程翼山先生傳（程御龍）　八四・三四一
贈禮部郎中程君墓表（程斯覺）　八四・三四九
程巽行傳（程學權）　八五・三五
贈大夫程騤履先生傳（程襄龍）　八五・五五
亡友閔宛中權厝志（閔道隆）　八六・三五
鄭用牧先生墓志銘（鄭牧）　九二・二一七
鄭府君墓志銘（鄭賓浦）　九三・一一五
海峰先生墓志銘（劉大櫆）　九七・一九一

鮑君墓志銘（鮑嘉命） 一〇四・三八七
吴偉業
監察御史王君慕吉墓志銘（王範） 七・一三
少保大學士王文通公神道碑銘（王永吉） 八・二八五
中憲大夫廣東兵備副使王公畹仲墓志銘（王孫蘭） 一〇・二一五
封中書舍人石公乾籙墓志銘（石孕玉） 一三・二三三
太傅兵部尚書吕忠節公神道碑銘（吕維祺） 一六・八五
嘉議大夫按察司使江公墓志銘（江用世） 一六・三八一
朱昭芑墓志銘（朱明鎬） 一九・一六五
歸村躬耕記（吴偉業） 二四・二六一
先伯祖玉田公墓表（吴諫之） 二五・三五
志衍傳（吴繼善） 二五・一五七
書宋九青逸事（宋九青） 二五・二二七
宋幼清墓志銘（宋懋澄） 二五・三五七
汪處士傳（汪鳳齡） 二七・二六七
福建道御史忠毅李公神道碑銘（李應昇） 三五・三九

邵山人僧彌墓志銘（邵彌）　三六・二九五
卓海幢墓表（卓禺）　三七・一三五
姚胤華墓志銘（姚葉）　四三・三二五
柳敬亭傳（柳敬亭）　四六・一三七
爲柳敬亭陳乞引（柳敬亭）　四六・一四九
鴻臚寺序班封兵部武庫司主事丹陽荆公墓志銘（荆文端）　四六・二三五
吴郡唐君合葬墓志銘（唐景錢）　四九・三五
席處士允來墓志銘（席元泰）　四九・一七一
太僕寺少卿席寧侯墓志銘（席本禎）　四九・一八三
封徵侍郎翰林院檢討端陽孫公暨鄒孺人合葬墓志銘（孫榦）　四九・二七七
誥贈奉議大夫秘書院侍讀徐君坦齋墓志銘（徐開法）　五四・四五
中憲大夫太僕寺少卿泰掖徐公暨李恭人合葬墓志銘（徐憲卿）　五四・一六一
封中憲大夫按察司副使秦公神道碑銘（秦重采）　六一・二二五
張南垣傳（張漣）　六八・三二七
太學張君季繁墓志銘（張介祉）　七〇・六七
處士近陽張公墓志銘（張國賓）　七二・一四五

通議大夫兵部右侍郎永寧玉調張公神道碑銘（張鼎延） 七三・九七
梁宮保壯猷紀（梁化鳳） 七五・三四一
僉憲梁公西韓先生墓志銘（梁維樞） 七六・一四五
南京福建道監察御史葉公瞻山偕配嚴孺人合葬墓志銘（葉樹聲） 八一・七七
贈奉直大夫户部福建清吏司員外郎仲常費公墓志銘（費良佐） 八五・一四九
左諭德濟寧楊公墓志銘（楊士聰） 八七・三六一
鄭孝子青山墓志銘（鄭之洪） 九二・三三九
保御鄭三山墓表（鄭欽諭） 九三・一〇一
贈内翰林國史院檢討鄧公墓志銘（鄧讓） 九三・二三一
内閣中書舍人經筵正字官衡齋劉公墓志銘（劉明翰） 九八・二一一
穆苑先墓志銘（穆雲桂） 一〇一・一九九
敕贈大中大夫盧公神道碑銘（盧如鼎） 一〇一・二九九
謝封翁傳（謝瀚） 一〇五・二六一
謝天童孝廉墓志銘（謝泰交） 一〇五・三四一
工部都水司主事兵科給事中天愚謝公墓志銘（謝泰宗） 一〇五・三四七
香山白馬寺巨冶禪師教公塔銘（釋巨冶） 一一二・五九

七畫

吴

靈隱具德和尚塔銘（釋具德）　一一二·二一九
炤如禪師生塔頌（釋炤如）　一一二·二四九

吴榮光

先府君行狀（吴濟運）　二五·八一
書寶雞令徐公遺事（徐萬詵）　五四·一一五
重修詩人梁藥亭先生故墓碑記（梁佩蘭）　七六·二二五
皇清誥授通議大夫户部山東司郎中加七級葉君墓志銘（葉夢龍）　八一·二一七
皇清誥授光禄大夫兵部右侍郎加二級貿坡温公墓志銘（温汝适）　八三·三六九
皇清誥授資政大夫鴻臚寺少卿前翰林院侍讀學士德清蔡公墓志銘（蔡之定）　九〇·二五九

吴德旋

國子監生王君墓表（王浩）　六·四三
櫟塘王君傳（王煒）　六·二五九
例授承德郎候選布政司理問王君墓表（王震）　六·三九一
凝夏王君傳（王勷）　七·六七
學愚王君傳（王曰旦）　八·八一
贈朝議大夫鳳陽府知府王君墓志銘（王世秀）　八·二一三

王季耀小傳（王星南） 一〇・九五
芑臣王君傳（王咸亨） 一〇・一〇七
贈文林郎吕君墓表（吕茂綸） 一六・二七
協恭佘君墓志銘（佘國模） 二三・一〇七
鄱陽縣知縣吴君家傳（吴琦） 二三・二九三
吴耶溪墓志銘（吴鋋） 二三・三九一
吴少蕚傳（吴諤） 二三・三三
族父晋望先生傳（吴士模） 二三・一四三
候選知州吴君墓志銘（吴文忠） 二三・二一三
吴府君墓表（吴偉業） 二四・二五七
先考吴府君述（吴學載） 二五・二三
陛宣汪君墓版文（汪震） 二六・二三九
元義烈汪君傳（汪益謙） 二七・一五九
五初李君墓志銘（李康齡） 三四・二三
李心陔傳（李復來） 三四・九一
李鹿籽墓志銘（李慶來） 三四・三一三

七畫　吴

周先生墓志銘（周瑆）　三七・二四五
祝人齋先生傳（祝淦）　四三・二三三
姚孝子傳（姚熙）　四三・三三七
姚薑塢先生墓表（姚範）　四三・三五一
姚惜抱先生墓表（姚鼐）　四三・三八一
洪孟慈傳（洪飴孫）　四六・五
國子監生荆君墓表（荆揚）　四六・二三一
胡孝子傳（胡鍈）　四六・三四五
胡封君墓志銘（胡邦綏）　四七・二二五
魯堂胡君墓志銘（胡紹曾）　四七・三一一
孫虹如先生家傳（孫璟）　四九・三〇七
孫庶翼傳（孫勵）　四九・三一一
孫訪山傳（孫讓）　四九・三四九
芝澤孫君傳（孫芝澤）　五〇・一四九
徐孝子傳（徐爾正）　五四・一二一
徐磋砆先生傳（徐瀛士）　五四・二三五

雨亭畢君墓志銘（畢應箕） 五四・三七七

含章殷君傳（殷發） 五四・三八七

厚齋陸君傳（陸隆） 五五・二一五

誥授資政大夫禮部左侍郎陳公神道碑銘（陳用光） 五八・二一五

謹齋陳君墓志銘（陳壽存） 五九・三三五

秦震宇先生傳（秦鳴雷） 六一・二六一

古愚張君傳（張侗） 六八・二九七

亡友張介軒墓志銘（張起） 六八・三七一

張宛鄰先生述（張琦） 六九・四九

張皋文先生述（張惠言） 七二・二九五

偉瞻張君傳（張遠覽） 七二・三四一

張楊園先生傳（張履祥） 七三・一七五

璞山屠君傳（屠南琛） 七四・二九五

許伯清傳（許學夷） 七八・一五三

誥授奉政大夫刑部安徽清吏司主事葉君墓志銘（葉煒） 八〇・二三五

午生葉君墓志銘（葉元墀） 八〇・三一五

七畫 吴

棲梧葛君墓志銘（葛晉昌） 八一·二六九
晉卿董君傳（董士錫） 八一·三五五
惲子居先生行狀（惲敬） 八二·一六一
例授承德郎六品銜孝廉方正惲君墓志銘（惲秉怡） 八二·二一三
誼卿湯君傳（湯洽名） 八三·三三三
讓溪程君家傳（程昌） 八四·九三
詒穀程君家傳（程成標） 八四·二六七
程子香墓志銘（程德賚） 八五·一
半笠程君家傳（程應科） 八五·三七
東帆費君墓志銘（費湘） 八五·一二九
宿州知州楊君墓志銘（楊國棠） 八八·三五三
贈文林郎路君墓表（路承啓） 八九·三八三
路慕堂先生家傳（路學宏） 九〇·七
國子監生鄭君墓志銘（鄭浩） 九二·二三七
管樂斯小傳（管學湛） 九四·八三
毅軒談君傳（談履中） 一〇一·二九

中憲大夫廬州府知府薛君墓表（薛之佐） 一〇四・三七
薛畫水傳（薛玉堂） 一〇四・五七
溪北謝君墓志銘（謝炎） 一〇五・一七七
盤幅顧君傳（顧亨榮） 一一一・八三
書顧孝子事（顧恒丰） 一一一・一二七
朱鶴濮仲謙傳（朱鶴、濮仲謙） 一一三・三二五

吴騫

任伯子壙志（任昇） 一四・二一五
任安上文學生壙志（任安上） 一四・三一三
伯兄拙巢先生狀略（吴霖） 二三・五七
仲兄石齋先生墓版文（吴嶸） 二三・八一
先考行略（吴玟中） 二四・九三
記沈文慤公遺事（沈德潛） 二九・三一一
周耕厓孝廉傳（周廣業） 三九・一七五
陳溪齋文學墓碣銘（陳璘） 五七・一九七
婺源令馮君傳（馮大山） 八六・一五七

龔硯農處士墓碣銘（龔時可）　一一一・三八三
興福禪院戒浮上人塔銘（釋戒浮）　一二二・一七三
戴荆山張金元合傳（戴荆山、張金元）　一一五・六七

何紹基

贈資政大夫王公墓表（王槐康）　一一・二四七
贈奉直大夫王君墓志銘（王槐康）　一一・二五一
王述巖先生傳（王鍾吉）　一三・一二五
兵部左侍郎史公墓志銘（史譜）　一三・三〇七
先考文安公墓志（何凌漢）　二一・三一九
先考文安公墓表（何凌漢）　二一・三二五
仲弟子毅墓志（何紹業）　二一・三五五
仲弟子毅墓表（何紹業）　二一・三六一
封朝議大夫吴君晋齋墓志銘（吴懷寶）　二五・五三
道州廪生周君雪案墓表（周克映）　三八・一二一
署乍浦同知浙江候補運判周君芋生墓志（周詒棫）　三九・四三
師君席聘墓志銘（師象珍）　四九・一五五

黔陽縣教諭陳文亭先生墓表（陳學奎） 六〇・七三
江南河道總督張公墓志銘（張井） 六八・二三五
張受之傳略（張辛） 六八・二九三
喻少瀛明府傳（喻少瀛） 七九・一七
福建興泉永兵備道熊君墓表（熊光大） 九二・八一
記鄧完伯先生遺事（鄧石如） 九三・二六一
贈光祿大夫劉公神道碑銘（劉象謙） 九八・三五七
羅君笑山墓志銘（羅正春） 一〇九・四五
靈石楊君兄弟墓志銘（楊尚文、楊尚志） 一一四・三〇七

何焯

管父才傳（管父才） 九四・一
顧蒼羽小傳（顧大鵬） 一一〇・三九三

何慶涵

先府君墓表（何紹基） 二一・三四五
湘陰李公暉安傳（李暉安） 三四・一六五

余廷燦

王船山先生傳（王夫之）　七・三四七
江慎修永傳（江永）　一六・二九三
朱侍讀學士筠傳（朱筠）　一八・二二五
郝京山先生傳（郝敬）　四六・一九三
存樸居士傳（胡申潮）　四七・七一
陳恪勤公行狀（陳鵬年）　六〇・一八一
羅洋山人傳（郭焌）　六五・一一九
郭君小傳（郭世遵）　六五・二一一
敕封文林郎原任安徽宿松縣知縣黄君秋水墓志銘（黄堂）　六六・二五
孝廉黄華川墓志銘（黄大年）　六六・一四五
張太史江傳（張江）　六八・二五七
故掌陝西道監察御史葛君墓志銘（葛德潤）　八一・三〇七
明孝廉馮一第傳（馮一第）　八六・一四七
劉經雪行狀（劉林青）　九八・二一七
戴東原事略（戴震）　一〇七・二三

書米脂令邊大綬事（邊大綬） 一〇八·五七

汪士鐸

方仲堅墓志銘（方凝） 四·二四三
直隸候補道王公墓志銘（王立人） 八·三四一
通政使司通政使貴溪朱公墓表（朱夢元） 一九·三六七
何子清別傳（何忠萬） 二一·二二一
陝安兵備道上元何公墓志銘（何桂芬） 二一·三三一
先考妣述（汪均） 二六·四九
種樗老人傳（汪士鐸） 二六·三二五
自述（汪士鐸） 二六·三二七
記李太守事（李傳黻） 三四·一六三
大理寺卿李公墓志銘（李聯琇） 三五·三四三
誥贈武顯將軍周公墓志銘（周國梁） 三八·三九五
户部主事胡先生墓志銘（胡培翬） 四七·二九三
湖南辰州府教授胡公墓志銘（胡達澍） 四七·三三五
記達什巴事（達什巴） 八〇·一七九

葉金甫家傳（葉庭鑾）　八一・七
湖北荊門直隸州知州蔣君傳（蔣照）　九一・一〇三

汪大經

沈沃田先生行狀（沈大成）　二八・二一九

汪之昌

伯兄行略（汪克昌）　二七・四三
沈先生傳（沈肇基）　二九・二八一
李安浦孝廉行略（李福）　三〇・二一三
施君子百傳略（施應桂）　四五・二〇七
吴縣學廩膳生員陶子瓛傳略（陶承潞）　六一・五

汪中

巴予藉別傳（巴慰祖）　三・一五九
大清故奉直大夫掌江西道監察御史江君墓志銘（江德量）　一七・一六五
自序（汪中）　二六・三一
江都縣學增廣生員先考靈表（汪一元）　二六・二八五
大清故貢生汪君墓志銘（汪梧鳳）　二七・一六三

大清誥授通議大夫山東提刑按察使司按察使原品致仕思加一級沈公行狀（沈廷芳）　二八・二九九
大清故候選知縣李君之銘（李惇）　三〇・九九
書周義僕事（周大從）　三七・三四五
大清故國子監生贈句容縣儒學教諭孫君墓銘（孫枝生）　五〇・一六三
大清故吴縣儒學教諭喬君墓碑（喬汲）　七九・四九
大清故翰林院檢討程君墓表（程元基）　八四・一七七
大清故貢士馮君墓銘（馮鄄）　八六・一三七
大清誥授通議大夫湖北提刑按察使司按察使兼管驛傳馮君碑銘（馮廷丞）　八六・二四三
提督楊凱傳（楊凱）　八七・二〇一
大清故高郵州學生賈君之銘（賈田祖）　八九・三五三
大清故國子監生顧君墓志銘（顧春生）　一一一・一二一

汪由敦

光禄大夫經筵講官吏部尚書謚文肅王公墓志銘（王安國）　九・一四三
光禄大夫禮部尚書吴文簡公神道碑（吴襄）　二三・六五
太保光禄大夫保和殿大學士致仕謚文和桐城張公墓志銘（張廷玉）　七一・三三
文林郎前右春坊右贊善兼翰林院檢討趙秋谷先生墓志銘（趙執信）　九五・二二七

汪師韓

先親行略（汪振甲） 二七·一六五
叔父重闐府君權厝志（汪德容） 二七·二八三
陸清獻公行狀書後（陸隴其） 五六·二〇七
山東按察使盧君墓記（盧憲觀） 一〇二·二五

汪萊

先府君暨妣洪孺人行述（汪昌） 二六·六九

汪琬

湖廣湖南布政使于公墓志銘（于朋舉） 二·三八七
朝議大夫江南布政使司參議分守蘇松常道加三級方公墓志銘（方國楝） 五·四一
文文肅公傳（文震孟） 五·二四五
昭信校尉芬德撥什庫王君墓志銘（王仕） 五·三一七
忘庵王先生傳（王武） 五·三三七
節孝王先生傳（王士禄） 七·二一七
前禮部主事王先生小傳（王泰徵） 一〇·二五九
光禄大夫太子太保禮部尚書王公行狀（王崇簡） 一〇·三四七

御史王公傳（王與胤）　一一・一八五
史兆斗傳（史兆斗）　一二・三四五
申甫傳（申甫）　一四・九七
廣西提學道僉事申君墓志銘（申繸）　一四・一〇七
仲翁墓志銘（仲文濤）　一五・一六九
江太一墓志銘（江五聲）　一六・三四九
江天一傳（江天一）　一六・三五五
朱翁墓志銘（朱慎闇）　一九・三五五
布政使司參政邱公墓志銘（邱俊孫）　二〇・三四九
前明兵科右給事中吴公墓志銘（吴适）　二二・二七九
誥贈文華殿大學士兼吏部尚書宋公墓志銘（宋用晦）　二五・二六一
亡弟南賁墓志銘（汪珮）　二六・八五
亡兒蘅瘞志（汪蘅）　二六・二七一
湘鄉知縣汪君墓志銘（汪觀）　二六・二七九
書沈通明事（沈通明）　二九・一一九
誥授奉政大夫廣西按察司僉事分巡左江道李公墓表（李允禎）　三一・二二一

特進光禄大夫提督陝西統轄漢兵兼管烏珍超哈諳班章京世襲一等阿斯罕尼哈番又一拖沙喇哈番李公墓志銘（李思忠） 三三・二六七
李太公墓志銘（李紹胤） 三四・八三
鄉飲賓邵公墓表（邵文燦） 三六・三一五
邵宗元傳（邵宗元） 三六・三九九
周宏叔墓志銘（周宏叔） 三八・一六一
周文季墓志銘（周炳文） 三八・二九三
周忠介公遺事（周順昌） 三九・六一
鄉飲大賓周翁墓志銘（周嘉申） 三九・一二五
岳先生傳（岳薦） 三九・三三七
前明福建布政使司右參議范公墓碑（范允臨） 四〇・二〇一
觀濤翁墓志銘（金汝鼐） 四二・一三一
金孝章墓志銘（金俊明） 四二・一六一
金府君墓志銘（金朝勛） 四二・一八一
侯記原墓志銘（侯汸） 四二・三三一
貞憲先生墓志銘（侯泓） 四二・三三一

資政大夫世襲一等阿達哈哈番又一拖沙喇哈番駐防京口協領加二級祖公墓志銘（祖光璽） 四三・二〇九
廣西巡撫右副都御史加四級郝公墓志銘（郝浴） 四六・一五九
鄉飲賓席翁墓志銘（席本久） 四九・一七五
席舍人墓志銘（席啓圖） 四九・一九五
鄉飲賓徐府君墓志銘（徐綸） 五二・一二一
廣西布政使司左參政分守桂平道徐先生墓志銘（徐致公） 五三・三二一
陳處士墓表（陳貞慧） 五九・三九
華鳳超先生傳（華允誠） 六一・三六九
黃孝子事略（黃洪元） 六七・二〇五
書張緡始末（張緡） 六九・一九三
張贈公小傳（張民感） 七〇・二三五
張府君墓志銘（張明勛） 七一・二七一
前明吏部驗封司郎中曹公墓志銘（曹元方） 七五・一九
曹孝子事略（曹廣攄） 七五・九九
彭貽令先生墓志銘（彭行先） 八〇・一
彭公子籛傳（彭而述） 八〇・二三

七畫　汪

葛府君墓志銘（葛雲漄）　八一・二八七
工部尚書充經筵講官湯公墓志銘（湯斌）　八三・一四五
前明提督雁門等關兼巡撫山西地方都察院右副都御史加一級蔡忠襄公墓志銘（蔡懋德）　九〇・三四五
奉直大夫前山東按察司僉事蔣公神道碑（蔣鳴玉）　九一・三二七
熊府君墓志銘（熊秉鉉）　九二・一〇三
敕封徵仕郎翰林院庶吉士劉太翁墓志銘（劉士壯）　九七・一六三
劉公惟中傳（劉廷傳）　九八・八五
文林郎岑溪知縣劉公墓表（劉昌言）　九八・二〇三
敕授文林郎閩縣知縣劉君墓志銘（劉惠恒）　九八・三八一
誥封奉直大夫翰林院修撰加二級鄉飲大賓繆公墓志銘（繆慧隆）　一〇五・一四三
敕贈承德郎翰林院修撰加一級韓府君墓碑（韓誦先）　一〇八・一三
顏中和事略（顏中和）　一〇八・二〇七
敕贈文林郎户科左給事中藺公墓表（藺獻徵）　一〇八・三一三
顧徐赤墓志銘（顧埴）　一一〇・二三七
天岳山人墓表（龔策）　一一一・二五九
昆山選佛場性空臻禪師塔銘（釋性空）　一一二・二一一

中峰曉庵了法師塔銘（釋曉庵） 一一三·一一五
廣福院藐庵谷禪師塔銘（釋藐庵） 一一三·一五九
楊顧兩先生傳（楊彝、顧夢麟） 一一四·二九九
袁氏六俊小傳（袁表、袁褧、袁衮、袁褒、袁袠、袁裘） 一一五·三三七

沈大成

孝潔周先生傳（周吉士） 三八·九一
翰林院待詔小湖高先生墓表（高不騫） 六四·二四一
福建巡撫敏惠潘公神道碑（潘思榘） 一〇〇·二二七

沈彤

翰林院編修贈侍讀學士義門何先生行狀（何焯） 二一·二五
右春坊右中允汪先生行狀（汪士鋐） 二六·三三七
故叔父元洲府君墓志（沈模） 二八·一六五
贈山東布政使司參議沈公墓表（沈元滄） 二八·二四三
先考真崖府君述（沈始樹） 二八·三七三
周先生墓表（周靖） 三七·二四九
茅鈍叟傳（茅星來） 四〇·三〇七

都督洪公祖烈傳（洪祖烈）　四五・三八九
檢討潘先生耒傳（潘耒）　一〇〇・一一五
徵侍郎翰林院檢討潘先生行狀（潘耒）　一〇〇・一一九
嘉善魏君千里墓表（魏爲圻）　一〇六・一二一
顧府君墓表（顧濡）　一一〇・三〇一

沈垚

都統銜工部右侍郎前太子太保武英殿大學士謚文清松筠公事略（松筠）　四〇・三五一
紀思詒事略（紀慶曾）　四八・一四三
都察院左副都御史提督安徽學政鄂木順額公遺事述（鄂木順額）　七七・一六一
謝府君家傳（謝維）　一〇五・二一五
恩貢生戴君墓表（戴宸）　一〇六・二八三

沈家本

遵化直隸州知州嚴君墓表（嚴以盛）　一一〇・二五
嚴秋樵傳（嚴章福）　一一〇・一一五

沈欽韓

清故揀選知縣辛巳科舉人包君墓志銘（包世榮）　一二・二三九

敕授文林郎天長縣知縣申汝慧行狀（申汝慧）　一四・一三三
處士邱君墓碣（邱民鋕）　二〇・三四三
書汪孝子事（汪一崧）　二六・二九三
處士沈君傳（沈韶益）　二九・二八五
敕贈承德郎刑部主事周君墓志（周敬熙）　三九・七九
書柳仲塗事（柳開）　四六・一二一
登仕佐郎吴縣光福司巡檢胡君翔九墓志銘（胡鵬昇）　四八・六五
徐孝子傳（徐有章）　五三・一六三
明總兵官太子太師左柱國靖南侯黄忠桓公墓碑（黄得功）　六七・二五一
敕封承德郎翰林院庶吉士加一級例晋朝議大夫屠丈墓志銘（屠邦瑞）　七四・二八九
處士許君墓碣（許宗源）　七七・三八七

沈登瀛

邢書城先生傳（邢典）　一五・二五一
朱文肅公傳（朱國楨）　一九・二七九
施北研先生傳（施國祁）　四五・一六三
盛眉庵傳（盛朝勛）　七五・二九三

馮篔園先生行略（馮鳴盛）　八七・二五
楊秋室先生傳（楊鳳苞）　八九・一一五

沈業富

天台萬年寺杲明禪師塔銘（釋杲明）　一一二・二〇五

沈德潛

王耕烟墓志銘（王翬）　六・三七三
李文襄公傳（李之芳）　三一・八五
李逸民墓志銘（李魁春）　三四・三〇七
徵士翁霽堂傳（翁照）　六二・二七一
黄太常傳（黄性震）　六七・一七五
黄尊古墓志銘（黄尊古）　六七・二九一
詹事府詹事兼翰林院侍讀學士張先生行狀（張鵬翀）　七四・三
葉先生傳（葉燮）　八〇・二七三
明學博劉先生傳（劉永錫）　九七・三三七
三孝子傳（黄孔昭、顧廷琦、劉龍光）　一一五・三八七

宋翔鳳

太子太保禮部尚書升勤直公神道碑銘（升寅）　一二·二一三

李岳泉文學墓表（李文昊）　三一·二九五

莊珍藝先生行狀（莊述祖）　六二·二一一

書鮚埼亭集亭林先生墓表後（顧炎武）　一一一·一一一

宋犖

亡弟介子行狀（宋炌）　二五·一八七

亡兒陸行略（宋陸）　二五·二〇一

亡兒著壙志（宋著）　二五·二〇七

邵廷采

青門山人墓志銘（邵長蘅）　三七·一

宦者王永壽傳（王永壽）　八·三〇九

明侍郎遂東王公傳（王思任）　一〇·七九

丰霖史顯臣先生傳（史標）　一二·三〇三

明巡撫蘇松副都御史世培祁公傳（祁彪佳）　一六·二三五

少師恒岳朱公傳（朱燮元）　二〇·九七

七畫　邵

何侍御傳（何嘉祐）　二二・一
明左都御史李忠文公傳（李邦華）　三二・三三九
刑部左侍郎梅墩公家傳（邵陛）　三六・二六一
驃騎將軍敬齋周公傳（周國奎）　三八・三八五
明副都御史謚忠愍施公傳附周巢軒公傳（施邦曜）　四五・一三三
明户部尚書死義倪文正公傳（倪元璐）　四八・二〇五
徵君孫鍾元先生傳（孫奇峰）　五〇・三一三
督師白谷孫公傳（孫傳庭）　五一・一九
明保定府通判陳丹冶公墓碣（陳本鎔）　五八・四七
陳恭介公傳（陳有年）　五八・一六五
陳執齋先生墓表（陳執齋）　五九・一二一
外大父陳蜀庵先生墓碣（陳蜀庵）　五九・二九一
承德郎江南寧國府通判前兵部職方清吏司主事及庵陶公墓表（陶秉禮）　六〇・三八一
遺獻黃文孝先生傳（黃宗羲）　六七・八五
黃忠端公傳（黃尊素）　六七・三〇九
盛將軍傳（盛國政）　七五・二六九

明侍郎格庵章公傳（章正宸） 七七・二一
河南布政使許公傳（許弘勛） 七七・三〇七
東池董無休先生傳（董瑞生） 八二・八七
貞孝先生傳（劉汋） 九六・三一一
翼明劉先生小傳（劉光世） 九七・三八九
明儒劉子蕺山先生傳（劉宗周） 九八・一三七
明江陰縣典史閻應元傳（閻應元） 一〇三・三七三
羅文懿公傳（羅萬化） 一〇九・一六三
瑞麥里二高士傳（朱純、朱用調） 一一三・二九三
余金二公傳（余增遠、金廷韶） 一一三・三四一
余陳陳三公傳（余煌、陳潛夫、陳函輝） 一一五・三五五
王門弟子所知傳（徐愛、錢寬、鄒守益、羅洪先、董澐、朱節、徐珊、夏淳、范引年、孫應奎、
聞人銓、趙錦、張元忭、王畿、王艮） 一一六・二七三
宋遺民所知傳（謝翱、王炎午、張千載、鄭思肖、王英孫、唐鈺、林景熙、鄭宗仁） 一一六・二九三
明遺民所知傳（章正宸、熊開元、張利民、劉汋、徐枋、姜埰、金堡、李顒、陳恭尹、楊湛露、
余增遠、徐復儀、張廷賓、吕章成、施博、陶復、陳洪綬、楊正經、陳貞慧、沈壽民、

七畫　邵

巢鳴盛、王一翥、包捷、邵泰清、汪渢、鄭鉉、張岱、談遷、于穎、王正中、劉永錫、王弘撰、魏公韓、張遺、張不二、朱兆殷、朱之璵、萬斯大、顧炎武、葉振名、魏禧、韓位、鄧大臨、謝泰臻、戴易、周茂蘭） 一一六・三一九

邵志純

書潘孝子（潘瑁） 一〇〇・一四一

邵晋涵

敕封儒林郎翰林院編修王雲巖先生墓志銘（王武彬） 一〇・三五
年遐齡列傳（年遐齡） 一六・二四九
敕授承德郎户部福建司主事何君墓志銘（何思温） 二一・二七五
誥贈奉直大夫内閣侍讀吴先生墓志銘（吴鴻基） 二五・五九
誥授中憲大夫兵部車駕司郎中宋君墓志銘（宋國樅） 二五・二九三
徵士汪先生家傳（汪沆） 二六・五七
淇縣典史汪公暨配方孺人旌表雙節繼配王孺人側室徐孺人合葬墓志銘（汪楷） 二六・一八五
例授儒林郎李君家傳（李長白） 三三・一二一
敕贈修職郎欽庵府君墓志銘（邵大文） 三六・二九九
族祖念魯先生行狀（邵廷采） 三六・三七一

先兄雲亭甫行狀（邵履涵） 三七·八一
户部湖廣司主事來君墓志銘（來起峻） 三七·一一一
文學周君墓志銘（周汝翼） 三八·九五
誥封中大夫候選道金公墓志銘（金肇鐸） 四二·二〇九
國子監生洪先生行狀（洪翹） 四五·二七九
誥贈中憲大夫福建分巡興泉永海防兵備道歲貢生候選訓導胡公墓志銘（胡和） 四六·二五七
誥授光禄大夫太常寺卿倪公墓志銘（倪承寬） 四八·二七三
浙江布政使孫公家傳（孫含中） 五〇·一五七
誥封奉直大夫翰林院編修徐公墓志銘（徐肇南） 五四·一三九
例贈文林郎悠園陳君墓志銘（陳標） 五七·一六一
貴溪縣縣丞署建昌縣知縣陳君墓志銘（陳宗江） 五八·二八九
翰林院編修張君行狀（張錦芳） 七三·三三五
宗人府府丞曹公家傳（曹學閔） 七五·一五三
誥封奉政大夫章公家傳（章錦麟） 七七·一一五
翰林院侍讀學士彭先生墓志銘（彭紹觀） 八〇·一三一
敕封文林郎平羅縣知縣曾公墓志銘（曾椿年） 八三·一一七

鄔致庵先生墓志銘(鄔春林)　八五・三〇一
孝廉蔣君家傳(蔣勵容)　九二・一九
誥授中憲大夫升授江南守巡道淮安府知府鄭君墓志銘(鄭基)　九二・二四一
鄭君墓志銘(鄭崇禮)　九三・六九

邵齊燾

翰林院編修柏東皋先生行狀(柏謙)　四六・一一三
碭山縣教諭勉廬謝先生行狀(謝晉)　一〇五・一八七

邵齋謙

宗人府主事孫君墓志銘(孫夢逵)　五一・八七

邵懿辰

王孝子傳(王殿墀)　一一・一〇九
吳子樸墓志銘(吳嘉材)　二四・三五五
湖北糧儲道林君墓表(林培厚)　四一・一二五
孫芝房墓志銘(孫鼎臣)　五一・二二一
張楊園先生傳(張履祥)　七三・一七九
福建水師提督許公墓表(許松年)　七八・九

許修門墓志銘（許學歐）　七八・一六一
葛壯節公墓表（葛雲飛）　八一・二七九
錢子方墓表（錢炳森）　一〇三・三三
戴文節公行狀（戴熙）　一〇六・三一五
處士蘇君墓志銘（蘇堃）　一〇八・三二七

八畫

武億

偃師縣知縣王君行實輯略（王復）　六・一一七
史若豪先生狀略（史猶興）　一三・四三
山西平陽府水利同知候補郎中田府君墓志銘（田進陛）　一四・五七
李仲謀墓石志（李坊）　三〇・一一
刑部山東司主事升補廣西司員外郎加三級李公行狀（李堅）　三〇・二一九
書李敬堂先生逸事（李堅）　三〇・二三一
國子監生李君合葬墓志銘（李鑌）　三一・二一
陝西吳堡縣知縣李府君墓碣（李遐齡）　三四・二三五

武敬齋墓志銘（武修己）　四一・二八七
姬府君墓志銘（姬廷實）　六一・六九
贈奉直大夫吏部考功司主事高府君墓志銘（高永定）　六四・二八一
馮厚之壙志銘（馮士載）　八六・一五三

林昌彝

師友存知詩録小傳（何紹基）　二一・三五一
林子萊詩集小傳（林仰東）　四一・八七
咄咄翁傳（陳偕燦）　五九・一一一
陳恭甫先生傳（陳壽祺）　五九・三五七
陳欽若家傳（陳霽學）　六〇・二六九
蔣孝子傳（蔣春堂）　九一・二四七

杭世駿

女夫丁秀才停棺志（丁健）　二・三三
隱君丁敬傳（丁敬）　二・五一
方聖祥墓志銘（方士麟）　四・二八九
孝廉殳萬夫墓碣（殳聞望）　五・二七一

明經王澮和墓碣（王德溥）　一一・三三五
刑部右侍郎王公行狀（王蘭生）　一二・一四九
南陽府知府前翰林院編修任君墓志銘（任應烈）　一五・一一七
天台縣教諭江君墓志銘（江作楫）　一六・三九七
朱秋圃先生行狀（朱元文）　一八・三一七
國子監學正邱星河墓志銘（邱永）　二〇・三三一
文學吳協南墓志銘（吳嘉丙）　二四・三五一
朝議大夫刑部貴州司主事吳君墓表（吳震生）　二四・三七三
汀州府同知汪君墓志銘（汪郊）　二六・八一
文學汪蘅洲墓表（汪浦）　二六・一〇五
贈儒林郎汪君墓志銘（汪純）　二六・一〇七
汪問松傳（汪家珪）　二七・一四一
沈房仲墓碣（沈心）　二八・一九
孝子沈煌傳（沈煌）　二八・一二七
沈先生墓表（沈世楷）　二八・二四七
資政大夫都察院左都御史贈禮部尚書太子少傅謚端恪沈公神道碑銘（沈近思）　二八・三三一

沈逸庵墓志銘（沈建業）　二八・三九五
内翰李公遺事（李甡麟）　三三・三五七
文學周汝盤墓志銘（周鉞）　三七・二五五
黔陽令死事周文曄傳（周文曄）　三八・四五
先叔祖壙銘（杭士珍）　四〇・三一五
先伯祖壙銘（杭士瓖）　四〇・三一七
志伯兄殯（杭志伯）　四〇・三四九
林阮林墓碣（林元）　四一・一
金存齋墓志銘（金肇鑾）　四二・二一七
施南府通判姜君墓志銘（姜震）　四四・三三五
封承德郎江南淮南儀所監掣通判查君墓志銘（查日乾）　四六・三九
贈奉直大夫奉化縣縣丞胡君墓表（胡隆）　四六・二九一
胡東樵先生墓志銘（胡渭）　四六・二九九
胡夙成墓志銘（胡宗穎）　四七・一五九
胡樂庵墓志銘（胡應煌）　四八・五一
孫隱谷傳（孫宗濂）　五〇・三〇七

光禄大夫太子太傅東閣大學士兼禮部尚書加贈少傅文穆徐公墓志銘（徐本）　五二·五
通奉大夫例晋資政大夫宗人府府丞徐公墓表（徐杞）　五二·二一
資政大夫内閣學士兼禮部侍郎徐公墓志銘（徐以烜）　五二·二七九
移志局理學名儒柴先生狀（柴紹炳）　五四·二九七
番禺陳氏墓碑（陳達）　五七·二五
玉几山人小傳（陳撰）　五七·一五七
中憲大夫瑞州府知府陳君墓表（陳士璠）　五七·三一九
達州知州陳君墓志銘（陳慶門）　六〇·四五
朝議大夫候補主事加二級馬君墓志銘（馬曰琯）　六三·三〇三
馬石蓮傳（馬榮祖）　六四·四九
黄再岑墓志銘（黄元嘉）　六六·一九五
吴川令死事黄應乾傳（黄應乾）　六八·一七三
欽天監博士張君墓碣（張永祚）　七〇·二〇一
禮部尚書張公伯行傳（張伯行）　七〇·三六一
封光禄大夫經筵講官太子少師協辦大學士吏部尚書加一級歲進士授諸暨縣儒學訓導梁公墓志銘（梁文濂）　七五·三七九

梁葰林傳（梁啓心）　七六・五五
大學士贈太保文莊梁公墓志銘（梁詩正）　七六・九七
梅文鼎傳（梅文鼎）　七六・二〇九
符南竹傳（符之恒）　七七・一七九
涿州知州許君行狀（許恒）　七七・一九五
封文林郎許君墓志銘（許堯堂）　七八・八九
通奉大夫工部右侍郎喬公神道碑銘（喬世臣）　七九・九三
彭無山遺事（彭鵬）　七九・二五九
榮禄大夫福建福寧總兵官加贈左都督費公神道碑銘（費俊）　八五・一一七
贈奉政大夫户部員外郎費君墓表（費啓昭）　八五・一八三
馮景傳（馮景）　八六・一〇七
楊雪門傳（楊楷）　八七・二三一
侍讀鄭公行狀（鄭江）　九二・一九一
鄭氏家傳（鄭勱）　九二・三〇九
明職方司主事鄭元勛傳（鄭元勛）　九二・三三七
文學鄭載黄墓表（鄭光琮）　九二・三七七

華泉居士傳（鄭宗堯）　九三・三五
封儒林郎衢州府學教授翟君墓志銘（翟之瑞）　九三・三四七
趙谷林傳（趙昱）　九四・二四一
候補主事趙君墓志銘（趙方觀）　九四・三七七
松谷趙君墓志銘（趙殿成）　九五・三五三
資政大夫禮部右侍郎齊公墓志銘（齊召南）　九六・一四三
名醫盧之頤傳（盧之頤）　一〇一・二六一
閻若璩傳（閻若璩）　一〇三・三〇九
戴珠淵墓碣（戴廷熺）　一〇七・一四三
翰林院庶吉士嚴君墓志銘（嚴遂）　一〇九・三八五
文林郎行人司行人管理廣東電白縣知縣事顧君墓志銘（顧之珽）　一一〇・三三七
顧包山墓表（顧錫祜）　一一一・二一五
龔鑑傳（龔鑑）　一一一・二七九
詩僧亦公塔銘（釋亦諳）　一一二・一五七
賜紫主持南屏净慈禪寺炅虛大師塔銘（釋炅虛）　一一二・一九三
住持秀溪龍翔寺嶺雲大師塔銘（釋嶺雲）　一一三・一三七

周壽昌

誥授光祿大夫兵部尚書贈太子少保毛文達公神道碑銘（毛昶熙） 四・五
江西吉安府王君本梧傳（王本悟） 八・三三七
李君鵬飛傳（李鵬飛） 三五・二九一
周大勛傳（周大勛） 三七・三五九
三男濬蕃權厝志銘（周濬蕃） 三九・一三五
例授修職郎候選教諭金公墓志銘（金友蘭） 四二・八七
兩江總督陸公小傳（陸建瀛） 五六・七一
安徽池州府知府陳君源兗傳（陳源兗） 五九・二八一
彭君三元傳（彭三元） 七九・二六九
湯君蠖傳（湯蠖） 八三・二八五
候補知府謝君繼超傳（謝繼超） 一〇六・一七
山西平陽府通判顏君瑩組傳（顏瑩組） 一〇八・二九一

周濟

江之桐傳（江之桐） 一六・三四五

法式善
朝議大夫寧夏府知府何君墓表（何道生）　二一・三七三
例授奉直大夫禮部主事吴君墓表（吴蔚光）　二四・三六七
誥封中憲大夫浙江分巡温處兵備道例晋通議大夫雲南提刑按察司按察使李公墓志銘
（李學夫）　三四・三九七
周贊平傳（周廷寀）　三八・一八五
本生府君逸事狀（法廣順）　四〇・一五一
南陽清軍同知林君墓志銘（林適中）　四一・一八三
武虚谷傳（武億）　四一・二二一
侍衛恒公家傳（恒斌）　四五・八一
洪稚存先生行狀（洪亮吉）　四五・三七七
贈武功將軍雲南通判岸亭陳公墓表（陳聖修）　五九・三〇三
耿處士墓表（耿奇標）　六一・三三一
張逸庵傳（張邦緯）　七一・一〇九
張新塘傳（張爲鈞）　七一・三七一
臧和貴行狀書後（臧禮堂）　九四・一八七

誥授朝議大夫禮部員外郎前翰林院編修江南道監察御史謝君墓表（謝振定）　一〇五・三五九
蘇竹嶼傳（蘇於洛）　一〇八・三七五

九畫

郝懿行
王再門（王再門）　九・二九
王景西傳（王景西）　一一・二五
田光福（田光福）　一四・二九
紫綬邵君墓志銘（邵世璽）　三六・三三一
陳甫堂傳（陳甫堂）　五八・一八七
許瑄遺事（許瑄）　七七・二二三
贈奉直大夫賈公傳（賈至剛）　八九・三五七
老道人（老道人）　一一三・二〇一
五君政蹟記（燕增元、劉大紳、張玉樹、徐國才）　一一五・四三九
胡天游
禮部尚書任公墓志銘（任蘭枝）　一五・三九

書李晉福（李晉福） 三三・三四五
特贈太僕卿周公墓志銘（周中鋐） 三七・三六九
句容縣周君墓表（周應宿） 三九・二三五
書侯振東（侯振東） 四二・三五七
寧夏中衛典史陳君墓表（陳瑋） 五七・一三九
陳少陽墓銘（陳少陽） 五八・一五
有道先生安頤蔣君碑（蔣請煙） 九一・三四九
書趙萬全事（趙萬全） 九五・四〇三
盧杰夫墓表（盧杰夫） 一〇一・三三九
謝貢士墓志銘（謝德星） 一〇五・三九五
瞿先生駿墓志銘（瞿駿） 一〇八・一〇三

胡承珙

例授中憲大夫候選員外郎加三級吕君墓志銘（吕培） 一五・三四七
朱俊三家傳（朱佑） 一七・一九五
奉直大夫布政使司理問朱君墓志銘（朱蕙） 一八・一八五
誥贈通奉大夫朱府君墓志銘（朱慶霨） 二〇・三一

誥授奉政大夫山東曹縣知縣胡君墓志銘（胡世琦）　四七・三三
例授儒林郎州同銜從兄方明公墓志銘（胡承端）　四七・二三一
先府君事略（胡遠齡）　四七・三四五
國子監生戴府君墓志銘（戴自機）　一〇七・一〇五

胡思敬

李祖陶傳（李祖陶）　三三・二九七
候補同知貴州鎮遠縣知縣胡薌穀公行狀（胡元英）　四七・五
家中憲君暨漆太恭人六十壽乞言行述（胡燊雲）　四八・三七
南洲廳通判趙柳溪公墓表（趙潤生）　九六・三三
魏伯慰葬銘（魏均）　一〇六・二七

胡培翬

清故孝子朱皋亭先生墓表（朱瑋）　一八・一六三
石埭訓導汪先生行略（汪萊）　二六・一五五
汪叔辰先生別傳（汪龍）　二六・二四五
姚鏡塘先生行略（姚學塽）　四四・二九一
郝蘭皋先生墓表（郝懿行）　四六・二一五

贈奉直大夫叔祖繩軒公行狀（胡匡憲） 四七·一二九
福建臺灣道胡君別傳（胡承珙） 四七·二一三
徽州府訓導夏先生墓志銘（夏鑾） 五一·二八三
章雷川先生行略（章大澤） 七六·三六九

胡鳳丹

議叙八品銜太學生王蘭亭公暨配胡孺人合傳（王永芳） 八·二九一
贈通奉大夫史公暨配趙夫人合傳（史錫恩） 一三·七五
贈通奉大夫施奂齋公暨德配贈夫人節母楊太夫人合傳（施美輪） 四五·一四三
封武功將軍先叔父春圃公行略（胡仁柳） 四六·三七三
辨先叔父春圃公遺骸記（胡仁柳） 四六·三七九
先大夫雅堂公行略（胡仁楷） 四六·三八一
贈通奉大夫胞伯父宏齋公傳（胡仁模） 四七·一
贈通奉大夫曾祖考臨川公暨曾祖妣王太夫人行略（胡友怡） 四七·二三
郡庠生從侄墨林小傳（胡宗湄） 四七·一五五
贈通奉大夫先祖考酉山公暨祖妣李太夫人行略（胡南枝） 四七·二五三
修職郎鄞縣訓導桐村六弟行略（胡鳳岡） 四七·三七七

掖庭從弟行略（胡鳳恩）　四七・三八一
武功將軍紫庭從弟行略（胡鳳鳴）　四七・三八五
處士蓮西從弟小傳（胡鳳洲）　四八・一
邑庠生虞卿七弟暨弟婦王氏行略（胡鳳詔）　四八・五
武義都尉藜庭從弟行略（胡鳳雝）　四八・九
郡庠生裕堂從兄小傳（胡繼昌）　四八・七一
徐丹山先生傳（徐鳳立）　五四・一三七
資政大夫內閣學士袁公筍陔傳（袁希祖）　六三・一一九
黃度洪先生傳（黃元泰）　六六・一九一
張西潭先生譜傳（張化英）　七〇・二三
太子少保頭品頂戴體仁閣大學士兩廣總督漢陽葉公家傳（葉名琛）　八〇・三五一
暨陽琴軒趙公家傳（趙琴軒）　九五・三四七
外兄樓際昌傳（樓泰交）　一〇一・九
舟山雅材樓公譜傳（樓雅材）　一〇一・一三
正覺寺中興第一祖故正峰大師塔志銘（釋正峰）　一一二・一三一
王賓山舜敷兩先生合傳（王永興、王耿光）　一一三・二四三

胡賡善

大理丞巴君墓志銘（巴廷梅）　三・一四七
方君晞原權厝志（方根矩）　五・二七
署郡太守江公碑頌（江恂）　一六・三一五
江處士家傳（江驤）　一六・三四三
郡文學江杞原先生家傳（江宜掄）　一七・一
江先生家傳（江宜撰）　一七・三
江贈君潛齋太學傳（江誕龍）　一七・一六一
朱君思貽行狀（朱其傳）　一九・一三七
中憲大夫分巡保正等處清河道朱公墓志銘（朱芫星）　一九・二〇三
資政大夫吴君墓志銘（吴邦佩）　二四・三七
吴君惠川權厝志（吴紹澤）　二四・二四九
吴隱村先生家傳（吴學洙）　二五・一七
國子生雨亭汪君家傳（汪時中）　二七・一五三
獨行汪君夫婦小傳（汪聖林）　二七・二二三
署郡太守汪公碑頌（汪夢齡）　二七・二二五

歲貢生謹堂周君家傳（周廷憲）　三八·一九一
例贈文林郎太學生周君家傳（周思紹）　三八·三〇五
洪生淑平墓志銘（洪源析）　四五·四〇一
司馬洪君家傳（洪運錦）　四六·一
通議大夫候補知府仁齋胡君家傳（胡士榮）　四六·三六七
族兄魯瞻國子胡君家傳（胡正嶽）　四七·五七
書胡孝子事（胡如楷）　四七·九五
州司馬待堂胡君家傳（胡廷注）　四七·一一五
族父國子君家傳（胡嗣蕃）　四七·三五五
澹園張先生家傳（張大侃）　六九·四〇七
例授修職郎候補訓導顒堂曹君家傳（曹孚）　七四·三二五
福建福州府侯官縣縣丞署漳州府同安縣知縣程君家傳（程嘉讚）　八四·三七三
州司馬鮑君家傳（鮑立然）　一〇四·三一一
書鮑上舍事（鮑起正）　一〇四·三五五
故友畢方二生傳（畢仰高、方廉）　一一四·一九一

胡薇元
光禄大夫禮部左侍郎殷公墓志銘（殷兆鏞） 五五・三七
贈雲騎尉世職雲南永北直隸廳同知張君神道碑銘（張愉） 六九・一
十二故人傳（樊維周、武謙、王崇昆、王金鏞、裘嗣錦、秦宗城、藍耀樞、雷爾卿、陳葆真、王保健） 一一六・四二九

冒廣生
皇清誥授光禄大夫振威將軍頭品頂戴賞戴花翎署陝西布政使司布政使前貴州布政使司布政使署貴州巡撫李公神道碑銘（李用清） 三二・三九
舅氏周君外傳（周蘭） 三七・三一九
皇清誥授資政大夫二品頂戴賞戴花翎兩廣鹽運使司鹽運使伯外祖周公畇叔行狀（周星譽） 三八・二八一
擬象珠先生家傳（冒璜） 四三・一四一
茂頁莊墓表（冒保泰） 四三・一五一
擬處冲先生家傳（冒超處） 四三・一五七
擬伯麐先生家傳（冒愈昌） 四三・一六一
皇清誥授奉直大夫提舉銜福建按察使司經歷升用知縣先府君冒公子端墓志（冒樹楷） 四三・一六五
擬明孫應鰲傳（孫應鰲） 五一・二四一

擬黃鐘傳（黃鐘）　六六・一〇九
顧氏子高墓碣（顧則明）　一一一・一二五

段玉裁

中憲大夫四川嘉定府知府王公墓志銘（王裕疆）　一一・六九
八十自序（段玉裁）　四五・二三三
陳芳林墓志銘（陳樹華）　六〇・八五
高蘇生先生傳（高作霖）　六四・二九七
前明四川定遠縣知縣高蘇生先生墓表（高作霖）　六四・三〇一
蔡一帆先生傳（蔡泳）　九〇・二〇一
蔡居拙傳（蔡居拙）　九〇・三〇三
臧孝子傳（臧禮堂）　九四・一六三
誠孝潘君傳（潘德馨）　一〇〇・二九九
翰林院侍讀學士盧公墓志銘（盧文弨）　一〇一・二七五
中憲大夫雲南分巡迤南兵備道龔公神道碑銘（龔敬身）　一一二・一一

俞樾

丁君松生家傳（丁丙）　二・一

詹事府詹事桐生丁君墓碑（丁立幹）　二・五五
心齋丁公家傳（丁守存）　二・六九
誥封通議大夫丁君與妻汪淑人墓志銘（丁有珩）　二・八一
尤麓孫傳（尤麓孫）　三・一八五
方正甫觀察生壙記（方義路）　五・一〇一
王君笑山墓碑（王華）　六・一五三
王研香傳（王正春）　八・二六三
耕雲王君墓表（王克俊）　九・二六一
王夢薇傳（王廷鼎）　九・三一九
贈太子少保謚文勤福建巡撫王公神道碑（王凱泰）　一一・一
王瞻生傳（王源通）　一一・一一三
浙江嘉興縣知縣王君墓志銘（王壽楠）　一一・二二五
王封公傳（王瑤楨）　一一・二八一
王梅庵處士墓志銘（王維祺）　一一・二八七
王瑞如孝廉傳（王鳳璘）　一一・三三三
女婿王康侯及長女雲裳合傳（王豫卿）　一一・三八七

九畫　俞

王孝子傳（王繼穀） 一二・一七五
浙江候補道史君墓志銘（史杰） 一二・二七一
浙江巡撫任公墓志銘（任道鎔） 一四・三九七
陝西候補知府恤贈太常寺卿祁君墓志銘（祁兑） 一六・一六七
江君嚴恭人合傳（江文鳳） 一六・三七一
雲溪江君傳（江乘鮫） 一七・一四五
贈光禄大夫候選道朱君墓碑（朱宗溱） 一九・一四九
何賡堂墓碣銘（何錫金） 二二・三九
余蓮村墓志銘（余治） 二二・五九
江蘇候補道吴君墓志銘（吴雲） 二二・三〇九
味琴吴公傳（吴鰲） 二三・九三
前湖南巡撫吴君墓志銘（吴大澂） 二三・一五九
南陽縣知縣吴君墓碑（吴竹侯） 二三・三六三
福建布政使吴君墓志銘（吴承璐） 二四・八五
吴學相傳（吴學相） 二五・一三
翰林院侍讀學士絜齋吴君傳（吴寶恕） 二五・一四五

兵部候補主事汪君行述（汪丙照） 二六・三七一
長蘆鹽運使汪君墓志銘（汪君牧） 二七・五五
汪君樵鄰傳（汪翔麟） 二七・二〇七
江蘇補用道汪君墓志銘（汪福安） 二七・二一三
贈太僕寺卿銜福建基隆廳撫民同知汪君墓志銘（汪興禕） 二七・二七三
⿰瓜生生沈君墓表（沈中堅） 二八・二二九
安徽巡撫沈公墓志銘（沈秉成） 二八・三五七
沈文節公家傳（沈炳垣） 二八・三九九
沈君楚齋墓志銘（沈裕增） 二九・一九三
江蘇候補知府沈君墓志銘（沈瑋寶） 二九・二七一
沈懋卿事釋疑（沈懋卿） 二九・三四三
李也亭墓志銘（李容） 三〇・六七
霽嵐李君傳（李光祐） 三二・一一三
李弼庵墓志銘（李承輔） 三三・九九
尚書立齋李公家傳（李奕疇） 三三・二四七
襲一等肅毅侯李君墓志銘（李經述） 三四・二一七

九畫

俞

九畫　俞

三品卿銜記名海關道李君墓志銘（李鳳苞）　三四・二九七
江蘇按察使李君墓志銘（李鴻裔）　三五・二三三
江蘇候補道杜君墓志銘（杜文瀾）　三六・三一
吏部左侍郎邵公墓志銘（邵亨豫）　三六・三四三
周君雲笈外傳（周祖誥）　三八・三三七
恤贈知府安徽鳳臺縣知縣孟君墓志銘（孟纘祖）　四〇・一一
禄庭杭君墓志銘（杭安福）　四〇・三四三
翰林院侍讀學士林君墓表（林天齡）　四一・四五
誥封中議大夫武君墓志銘（武日中）　四一・二四五
金孔昭傳（金炳漢）　四二・一六九
先府君行述（俞羽）　四二・三八七
先壬甫兄家傳（俞林）　四三・五
蓉生俞君墓志銘（俞汝棨）　四三・九一
恤贈四品卿銜兵部員外郎祝君家傳（祝德純）　四三・二八一
舅氏平泉姚公家傳（姚光晋）　四四・九七
胡春喬先生遺書記（胡秉虔）　四七・一三九

唐峻生墓志銘（唐型） 四八・三三五
貴州布政使唐君墓志銘（唐樹森） 四九・一一九
海壇鎮總兵孫公家傳（孫大剛） 四九・三六一
蒼培孫君家傳（孫文徵） 五〇・一九
孫芳蓉傳（孫芳蓉） 五〇・三二三
順盦孫君傳（孫家治） 五〇・三三一
吏部左侍郎孫公墓表（孫葆元） 五一・七三
孫玉堂墓志銘（孫寶書） 五一・二五九
杉泉徐公家傳（徐鼐） 五二・一六一
光禄大夫漁臣徐公家傳（徐夔） 五二・一七一
兵部尚書徐公墓志銘（徐用儀） 五三・四七
徐君雲泉墓碑銘（徐立慶） 五三・一一三
月樵徐公暨元配朱夫人繼配王夫人墓表（徐承恩） 五三・二一三
候選郎中徐君墓志銘（徐寅階） 五四・七
石船徐公家傳（徐紹基） 五四・四一
昭文縣知縣徐君墓表（徐樹釗） 五四・一八五

九畫　俞

九畫　俞

徐若洲君傳（徐鴻謨）　五四·二〇三
候選訓導連君墓志銘（連仲愚）　五五·八一
山東運河道陸君墓志銘（陸仁愷）　五五·二九一
廣東高廉道陸君墓志銘（陸心源）　五五·三三一
浙江補用道陸君墓志銘（陸同壽）　五五·三九七
湖南辰永沅靖兵備道陸君墓志銘（陸增祥）　五六·一一九
陳筱浦墓志銘（陳坦）　五六·三〇九
陳君芳畦傳（陳英）　五六·三三三
蒔茗陳君墓志銘（陳光照）　五八·六一
贈光禄大夫清溪縣知縣陳公墓志銘（陳炘煜）　五八·三三九
蓴齋陳君墓志銘（陳烈新）　五九·七五
贈資政大夫星源陳君家傳（陳開基）　五九·二五一
湖南永明縣知縣陳君墓志銘（陳濟鈞）　六〇·一〇九
開原縣訓導華君墓表（華長卿）　六一·三八五
定海廳學訓導莫君墓志銘（莫炳垣）　六二·八三
少畦翁君傳（翁傳照）　六二·二七五

少蘭翁君傳（翁傳煦） 六二・三五七
福建鹽法道署按察使翁公家傳（翁學本） 六二・三七五
兩浙鹽運使高君墓志銘（高卿培） 六四・三五五
資州直隸州知州高君墓志銘（高培穀） 六五・七
三等男爵長江水師提督黃武靖公神道碑（黃翼升） 六八・一八三
莪軒區君墓志銘（區錫朋） 六八・二一九
福建巡撫張公墓志銘（張兆棟） 七〇・二七七
西安縣知縣張君墓碑（張廷璜） 七一・四三
游擊張君墓碑（張培基） 七二・一七五
雲南景東直隸廳同知張君墓表（張啓辰） 七二・一九一
記名提督鼓勇巴圖魯張君墓碑（張紹棠） 七二・二一一
故泰興縣知縣張君墓志銘（張興詩） 七三・一五七
廣西巡撫張公墓志銘（張聯桂） 七三・三八九
婁君受之生壙記（婁受之） 七四・三〇三
署安平縣知縣婁君墓碑（婁詩漢） 七四・三一七
仙槎曹君傳（曹仙槎） 七五・五一

卹贈太僕寺少卿盛君墓志銘（盛星懷）　七五・二六一
贈中憲大夫章公墓志銘（章大豐）　七六・三八一
章君子三墓志銘（章思培）　七七・七三
故吏部左侍郎許公神道碑（許景澄）　七八・九七
吏部左侍郎許公墓志銘（許景澄）　七八・一〇五
卹贈知府前高明縣知縣許君墓碑銘（許錞身）　七八・一七一
傅君江峰傳（傅岱）　七八・二三七
傅商巖傳（傅羹梅）　七八・三七三
彭剛直公神道碑（彭玉麟）　七九・二八五
彭副郎墓志銘（彭見綬）　八〇・五五
吴縣主簿葉君墓志銘（葉煒）　八〇・二四一
候選道葉君墓志銘（葉成忠）　八〇・三六五
候選同知葛君墓表（葛肇基）　八一・二九九
候選訓導葛君墓志銘（葛龍光）　八一・三一一
浙江海寧州知州惲公家傳（惲敷）　八二・一七一
故湖南巡撫惲公神道碑（惲世臨）　八二・二〇一

湖北漢黃德道惲君墓志銘（惲彦琦） 八二·二二三
候選訓導惲君墓志銘（惲夔章） 八二·二四三
曾惠敏公墓志銘（曾紀澤） 八二·二八三
童嘯泉墓志銘（童履康） 八四·七七
清故徵仕郎中書科中書程君墓志銘（程紱） 八四·一一七
程碩甫墓表（程令儀） 八四·一九三
湖北修補道項君墓志銘（項晋藩） 八六·四五
江蘇候補道馮君墓志銘（馮邦棟） 八六·二六七
靳君芝亭墓志銘（靳芝亭） 九〇·七一
浙江巡撫廖公墓志銘（廖壽豐） 九〇·一六五
户部候補主事前翰林院庶吉士壽君墓志銘（壽昌） 九〇·一八一
贈通奉大夫蔡君墓碑（蔡煌） 九〇·二一三
蔣澤山墓志銘（蔣學溥） 九一·三八五
宣化府知府鄭君家傳（鄭賢坊） 九三·一二三
贈太傅封一等男文華殿大學士瓜爾佳文忠公墓志銘（榮禄） 九三·一六九
故四川總督劉公墓志銘（劉秉璋） 九八·九三

九畫　俞

九畫　俞

贈右副都御史劉公神道碑（劉郇膏）　九八・二六一
記名道劉君墓志銘（劉傳楨）　九九・二三
廣東巡撫劉公墓志銘（劉瑞芬）　九九・八一
廣東巡撫劉公神道碑（劉瑞芬）　九九・一〇一
劉贈君與妻留太淑人合傳（劉增貴）　九九・二〇七
左春坊左中允劉君墓碑（劉熙載）　九九・二二一
峽江縣知縣暴君墓志銘（暴大儒）　一〇〇・七一
暴方子傳（暴式昭）　一〇〇・七七
吏部左侍郎潘公墓志銘（潘曾瑩）　一〇〇・二五五
西圃潘君家傳（潘遵祁）　一〇〇・三〇五
河南府知府樊公傳（樊琨）　一〇〇・三七一
貴州候補道樊君傳（樊希棣）　一〇〇・三七七
江蘇候補道錢君墓志銘（錢志澄）　一〇三・一
江蘇候補道錢君家傳（錢志澄）　一〇三・一一
錢敏肅公神道碑（錢鼎銘）　一〇三・二三
都察院左副都御史薛公神道碑（薛福辰）　一〇四・一三

都察院左副都御史薛公墓志銘（薛福辰）　一〇四・一四三
鮑君竺生傳（鮑晟）　一〇四・二九五
鮑公吴夫人合傳（鮑嗣僑）　一〇四・三七五
贈通議大夫謝君傳（謝元慶）　一〇五・二八九
謝老人傳（謝可明）　一〇五・二九九
訓導謝君墓表（謝篪賢）　一〇五・三八五
布政使銜候補道魏君神道碑（魏棟）　一〇六・五一
誥授通議大夫賞戴花翎按察司銜貴州即補道署平越直隷州兼署開州知州贈太常寺卿
世襲騎都尉戴君墓表（戴鹿芝）　一〇七・一八七
表兄戴琴莊先生傳（戴福謙）　一〇七・二二三
冠縣知縣韓君墓碑銘（韓光鼎）　一〇七・三七一
雲南巡撫譚公墓碑（譚鈞培）　一〇九・二八一
嚴公王夫人合傳（嚴廷玨）　一一〇・六五
德輝竇君家傳（竇鳳翔）　一一〇・二二一
顧孝子傳（顧槃基）　一一一・二一一
本空和尚塔銘（釋本空）　一一二・一〇五

九畫　俞

九畫　俞施

雲溪和尚塔銘（釋雲溪）　一二二・三八九

朱氏兩孝子傳（朱寶籍、朱寶篁）　一一三・三三一

施朝幹

任幼植墓表（任大椿）　一四・二八九

施閏章

平樂府知府贈太僕寺卿尹公墓志銘（尹明廷）　三・九一

封文林郎城固縣知縣毛君墓志銘（毛之履）　三・三三五

毛子傳（毛奇齡）　三・四一七

方虎隣傳（方召）　四・一三三

吏部考功司員外郎王君墓碑（王士禄）　七・二二七

贈奉政大夫蓼庵田公傳（田緒宗）　一四・六三

心源吕先生傳略（吕堅）　一五・三五九

禮部左侍郎兼秘書院侍讀學士吕公神道碑（吕崇烈）　一六・五三

贈奉政大夫吏部考功司郎中余公墓碑（余廷機）　二二・一〇一

潮州知府吴君墓志銘（吴穎）　二三・四三

前翰林院編修吴公墓志銘（吴孔嘉）　二三・二〇五

吴處士傳（吴延支）　二四・一一
處士吴雲翀墓表（吴瑞鵬）　二四・三一五
處士吴公美生墓志銘（吴徽明）　二五・一一三
處士汪長公墓志銘（汪以功）　二六・三五三
汪覺非先生墓志銘（汪如江）　二七・一
汪惟清先生小傳（汪有源）　二七・二一
徵仕郎知九江德化縣借庵汪先生家傳（汪作霖）　二七・三七
資深汪公墓志銘（汪逢原）　二七・一八五
江西按察使司按察使東園李公墓志銘（李光座）　三二・一一三
石鹿山人傳（李希喬）　三二・二六五
李忠肅傳（李邦華）　三二・三二九
李于鱗先生墓碑（李攀龍）　三五・三五一
房季子墓志銘（房廷祥）　四〇・一一
故藍山縣知縣侯君墓志銘（侯振世）　四二・三五三

九畫　施

先叔父文學公砥園府君行狀（施譽）　四五・一〇一
東城兵馬司指揮施君匪莪先生墓志銘（施端教）　四五・二〇三

誥贈朝議大夫禮部郎中加一級崇祀鄉賢洪公傳（洪德常）　四六・一九
陸處士墓志銘（陸可宗）　五五・三七一
陳文學墓志銘（陳袺）　五六・三四九
故徵君晋州知州陳公墓志銘（陳弘緒）　五八・三三
陳季子墓志銘（陳應鳳）　六〇・一〇七
袁君啓先生小傳（袁光南）　六三・一一一
鴻臚卿袁公家傳（袁業泗）　六三・二一三
九江總督袁公傳略（袁繼咸）　六三・二二九
袁勝之進士墓志銘（袁繼梓）　六三・二三五
靈璧縣知縣馬公墓志銘（馬驌）　六三・二七三
外大父馬公墓志銘（馬御璽）　六三・三八三
馬季房小傳（馬猶龍）　六三・三八七
奉政大夫晋府左長史張公墓志銘（張鎡）　六九・二七五
張懿靖傳（張五權）　七〇・一九
前贈文林郎直隸大名府推官霖海張公墓志銘（張民感）　七〇・二三一
前孝廉張穉青先生墓志銘（張光球）　七〇・二五三

翰林院侍講學士曹公顧庵墓志銘(曹爾堪) 七五・一〇三
封中憲大夫曹公暨王恭人合葬墓志銘(曹繼祖) 七五・一八五
明經梁君墓志銘(梁天爵) 七五・三三五
梅秀才育生墓表(梅爊) 七六・一七三
梅處士墓志銘(梅堯中) 七六・三一五
明處士章獻仲墓志銘(章其修) 七七・四三
楊老癡傳(楊貞) 八七・一八九
文學楊子商賢墓志銘(楊彭齡) 八八・三七一
故翰林修撰蔣君墓志銘(蔣超) 九一・三七
封給事中蔣公暨太安人韓氏墓志銘(蔣應祿) 九一・三九一
熊御史仲龍傳略(熊化) 九二・五七
齊祚龍先生墓表(齊瀛) 九六・一三三
劉若木傳(劉日陽) 九七・二三九
前嘉議大夫江西按察使司按察使劉公墓志銘(劉有源) 九八・三七
業師劉伯陽先生墓表(劉尚安) 九八・一九九
蕭正固先生家傳(蕭岐) 一〇四・一五九

九畫 施

象山縣知縣顧君墓表（顧煜） 一一〇・二六九
顧貞譽先生墓志銘（顧天錫） 一一一・二一
顧與治傳（顧夢游） 一一一・二〇一
智元小傳（釋智元） 一一二・三五九
兩孫先生傳（孫經、孫緯） 一一四・一四一

施補華

刑部主事王君墓志銘（王蘭） 七・九七
書王世祜（王世祜） 八・二一七
王定伯墓志銘（王承羲） 一〇・一
誥封朝議大夫候選訓導左君墓志銘（左世望） 一三・一三一
石紹漢傳（石紹漢） 一三・二四一
朱紱傳（朱紱） 一七・三九一
朱叔壽墓志銘（朱叔壽） 一九・一四七
吴蓮舟墓志銘（吴元吉） 二三・一九七
書吴守備事（吴鳳祥） 二四・三八三
周洪彝傳（周洪彝） 三八・三三一

書俞德和（俞德和） 四三·一一七
姚子展墓志銘（姚諶） 四三·三六七
孫宜生墓志銘（孫澐） 四九·二八九
定海黃先生別傳（黃式三） 六六·二四九
張仲厚墓志（張堯封） 七二·一八三
書張仲子（張福僖） 七三·四一
誥封朝議大夫湖南安化縣訓導梅君墓志銘（梅蓋南） 七六·三二九
書程子祥（程符） 八四·一三一
程慶餘傳（程慶餘） 八四·三九三
費鼎成傳（費鼎成） 八五·二〇七
鈕右庭墓志銘（鈕亮） 八五·二七三
楊璞山墓志銘（楊維昆） 八九·一一三
裘府君家傳（裘寶善） 八九·二四九
裘府君家傳（裘寶鏞） 八九·二五九
潘錦芳傳（潘錦芳） 一〇〇·三一七
錢江傳（錢江） 一〇二·五五

九畫

施

戴子高墓表（戴望）　一〇六·二九三
沈錦翖徐榮桂傳（沈錦翖、徐榮桂）　一一三·三八三
姚天保朱大斌傳（姚天保、朱大斌）　一一四·一二三
徐蔭培沈心燦傳（徐蔭培、沈心燦）　一一四·一八七
奚疑周農王漁陳長孺傳（奚疑、周農、王漁、陳長孺）　一一七·四二五

姜宸英

户科掌印給事中黄湄王公墓表（王又旦）　七·一二一
前錦衣衛指揮僉事王公墓表（王世德）　八·二四三
新城王方伯傳（王象晋）　一一·七七
掌京畿道事監察御史任公墓志銘（任玥）　一四·二〇三
山陰仲淵何公合葬墓志銘（何弘仁）　二一·一六一
明經吴君約庵合葬墓志銘（吴鉅）　二三·三五三
贈光禄大夫吴公合葬墓志銘（吴自玉）　二三·二八三
敕封文林郎翰林院編修沈公行狀（沈幼升）　二八·二六五
李中丞傳（李植）　三〇·一六五
河津令李公墓表（李源）　三〇·二〇一

國子監學正李君墓志銘（李楨） 三〇・二〇九
文學李君墓碣（李潤） 三〇・二八九
明經李君墓志銘（李西園） 三二・二二五
文學李公墓志銘（李遷梧） 三五・一九
文學邵君墓志銘（邵儒榮） 三七・八九
江南布政使司參議前户部右侍郎櫟園周公墓志銘（周亮工） 三八・二五七
江南糧儲參議道前户部右侍郎櫟園周公墓志銘（周亮工） 三八・二六七
先參議贈太僕公傳略（姜國華） 四五・三三
先太常公傳略（姜應麟） 四五・五一
兵部督捕理事官前浙江道御史徐公神道碑（徐公越） 五二・二八九
通議大夫一等侍衛進士納臘君墓表（納蘭性德） 六一・一一三
中大夫布政使司參政秦公合葬墓志銘（秦鉞） 六一・一三九
桂林府知府翁君合葬墓志銘（翁介眉） 六二・三〇七
黄長君墓表（黄長君） 六七・一六五
董公傳（董時彦） 八二・四七
工部尚書睢陽湯公神道碑（湯斌） 八三・一八三

九畫

姜

通議大夫兵部右侍郎項公神道碑文（項景襄）　八六・六三
文學馮君墓志銘（馮宗儀）　八六・二八七
安城楊君墓志銘（楊賓）　八七・二八五
封徵仕郎劉太翁墓志銘（劉承明）　九八・二二九
資政大夫魯公合葬墓志銘（魯重明）　一〇一・一六七
謝工部傳（謝泰宗）　一〇五・三五三
太學生謝君墓志銘（謝謌昌）　一〇六・一
光禄卿介岑龔公墓碑陰（龔介岑）　一一一・三二五
香山了義禪師塔志（釋了義）　一一二・五五

洪朴

李君傳（李國標）　三四・四三

洪亮吉

敕授登仕郎晉贈武德騎尉恤授雲騎尉世職湖北吕堰驛巡檢王君神道表（王翼孫）　一二・七七
包文學家傳（包士曾）　一二・二二三
文學吕先生墓表（吕祖輝）　一六・三五
書朱學士遺事（朱筠）　一八・一三三

奉政大夫刑部河南司主事候補員外郎李君墓表（李以健）　三一·一八三

書李恭勤遺事（李世傑）　三二·二三

書提督花連布遺事（花連布）　三五·三七七

書文成公阿桂遺事（阿桂）　三六·二〇一

邵學士家傳（邵晉涵）　三七·三三

書杭檢討遺事（杭世駿）　四〇·三二七

誥授通議大夫内閣侍讀學士升鴻臚寺卿加三品銜特贈光禄寺卿賜祭葬胡君墓志銘（胡時顯）　四七·二七九

誥授朝議大夫山東濟南府知府改補京員徐君家傳（徐大榕）　五二·二二七

書畢宮保遺事（畢沅）　五四·三四五

候選縣丞附監生黄君行狀（黄景仁）　六七·三三五

福建鳳山縣知縣贈雲騎尉世襲死節湯君墓表（湯大奎）　八三·二八九

刑部江蘇司員外郎楊君墓表（楊夢符）　八九·五三

書裘文達遺事（裘日修）　八九·二三九

翰林院編修記名御史鉛山蔣先生碑文（蔣士銓）　九一·一四五

湖廣道監察御史蔣先生別傳（蔣和寧）　九一·二一九

蔣定安墓碣（蔣寶善）　九二·三一

書劉文正遺事（劉統勛） 九九・七
又書三友人遺事（汪中、武億、汪蒼霖） 一一五・四三一

洪榜

戴先生行狀（戴震） 一〇七・四五

姚文田

光禄大夫禮部右侍郎王公墓志銘（王以銜） 八・三一三
武功大夫漕標中軍副將白公墓志銘（白雲上） 一三・三五七
江南海防河務同知沈君墓志銘（沈琪） 二八・一〇五
午庭沈公墓表（沈光正） 二八・二八一
檝師沈公家傳（沈榮儁） 二九・二六五
武功縣知縣周公家傳（周鼎樞） 三九・一四三
職方姚君傳（姚學塽） 四四・二八五
青陽縣令段君墓表（段中律） 四五・二二三
鳳陽府教授倪君墓志銘（倪模） 四八・一八九
贈雲騎尉福建彰化縣巡檢陳君墓志銘（陳慶） 五七・一五一
莆田陳徵君銘陰（陳恒山） 五九・四七

張鱸江墓志銘（張士元）　六九・三六三
誥授中憲大夫四川川東兵備道贈按察使司按察使符公墓志銘（符兆熊）　七七・一八三
太傅董文恭公行狀（董誥）　八一・三二五
芳園費翁墓表（費榮春）　八五・二〇一
中議大夫兩淮都轉鹽運使廖公墓志銘（廖寅）　九〇・一二七
户科掌印給事中蔣君墓志銘（蔣雲寬）　九一・二九三
書愛日臧君傳後（臧履素）　九四・一三七
歷贈中憲大夫刑部山西司郎中趙君墓表（趙連）　九四・二五九
封中憲大夫户部福建司郎中趙君墓表（趙璜）　九四・二八五
封奉直大夫戴公墓表（戴殿江）　一〇七・二一一
季父伯兄合葬墓志銘（姚益潢、姚加穎）　一一四・一三一
金壇十生事略（王重、袁大綬、王明試、曹宗璠、鍾浩、馮班）　一一六・三六七

姚華

清故誥授中憲大夫四品銜同知直隸州用山西右玉縣知縣私謚靖康文先生墓志銘（文明欽）　五・二一五
鶴山老人文君墓志銘（文明鈺）　五・二二五
王夢白小傳（王雲）　六・一六九

行唐花先生德銘（花懋德） 三五・三八一
分發廣東任用縣知事貴定郎君墓志銘（郎先錦） 四〇・七一
姚孫墓碣銘（姚孫） 四三・二九七
姚鏊墓碣（姚鏊） 四四・三三
姚鏊傳（姚鏊） 四四・三七
姚鑾墓碣銘（姚鑾） 四四・五五
先祖贈中憲公家傳（姚廷輔） 四四・一一九
先府君碑（姚源清） 四四・二三三
孝憲先生家傳（姚源清） 四四・二三七
葉昇初先生家傳（葉蔭昉） 八一・五三
汝南劉君懿行碑（劉源清） 九九・七五
清授中憲大夫攝知直隸永平府同知熱河圍場江川欒公之碑（欒觀韶） 一〇〇・三六三

姚椿

毛生甫墓志銘（毛嶽生） 四・八三
直隸通州州判王君家傳（王錫景） 一二・二五
文學何君墓志銘（何世英） 二一・一四七

吴仲倫先生墓志銘（吴德旋）　二四・三九九
汪家禧別傳（汪家禧）　二七・一三一
通州學正李君墓表（李謹）　三〇・三七三
樵峰山人小傳（李用五）　三二・三五
魯山副貢生李君墓志銘（李宗泰）　三三・七
特舉孝廉方正候選知縣周君墓志銘（周昆）　三七・一八一
周倬雲家傳（周爲漢）　三八・二八七
勝溪居士傳（柳樹芳）　四六・一五三
胡君墓志銘（胡履端）　四八・二一
禹州孫君墓志銘（孫九同）　四九・三五三
鹽運通判徐君墓志銘（徐懋學）　五四・一九三
陸桴亭先生傳（陸世儀）　五五・三六三
皇清恩賜八品職銜國子監生陸君墓志銘（陸見球）　五六・二七
通政司參議陳君墓志銘（陳鴻）　五七・二一五
陳稽亭工部家傳（陳鶴）　五七・二三五
文學陳夢琴君墓志銘（陳夢琴）　五九・三一五

九畫

姚

誥封奉直大夫高君墓志銘（高崇文） 六五・一
內閣中書高君墓志銘（高鳳臺） 六五・三七
承德郎例晉朝議大夫户部貴州清吏司主事候選知府黃君墓志銘（黃光焯） 六六・三五一
寶應縣訓導張君墓志銘（張鼎） 六九・一四三
湖南湘潭知縣張君墓志銘（張雲璈） 七二・三五七
青陽縣教諭張先生墓志銘（張璿華） 七三・三七一
梅君小庾墓志銘（梅春） 七六・一六七
許君澹生墓志銘（許嗣茅） 七八・一三三
喬君葆堂墓志銘（喬洤） 七九・五三
喬仲子壙志（喬重袿） 七九・一〇九
彭甘亭墓志銘（彭兆蓀） 八〇・一一
恩賜五品蔭生董君墓志銘（董斯壽） 八二・七三
通議大夫前山東按察使司刑部奉天司員外郎劉公墓碑（劉大懿） 九七・一九九
敕封儒林郎候補布政司經歷華亭學附貢生潘君墓志銘（潘銘） 一〇〇・一四五
錢同人墓志銘（錢侗） 一〇二・五九
皇清敕授修職郎候選縣丞例晉文林郎韓瘦山翁墓志銘（韓璜） 一〇七・三三一

河南按察使司按察使嚴公墓志銘（嚴士鋐）　一一〇・一
嚴記庵君家傳（嚴正紀）　一一〇・四五
顧處士祖禹傳略（顧祖禹）　一一一・一三一

姚鼐

孔信夫墓志銘（孔繼涑）　三・二六三
江蘇布政使方公墓志銘（方昂）　四・一六三
方侍廬先生墓志銘（方澤）　四・二五三
方晞原傳（方根矩）　五・二三
方染露傳（方賜豪）　五・一四三
方恪敏公家傳（方觀承）　五・一八五
光禄大夫東閣大學士王文端公神道碑文（王杰）　五・三八一
中議大夫通政司副使婺源王君墓志銘（王友亮）　七・三八七
中憲大夫雲南臨安府知府丹徒王君墓志銘（王文治）　八・一〇九
中憲大夫順德府知府王君墓志銘（王廷言）　九・二九七
左衆郛權厝銘（左世經）　一三・一三五
禮恭親王家傳（永恩）　一三・一八五

印松亭家傳（印憲曾）　一三・三七九
印庚實傳（印鴻緯）　一三・三八三
陜西道監察御史興化任君墓志銘（任大椿）　一四・二七五
贈光禄寺少卿寧化伊君墓志銘（伊爲皋）　一五・一〇七
資政大夫光禄寺卿加二級寧化伊公墓志銘（伊朝棟）　一五・一一一
高淳邢君墓志銘（邢復誠）　一五・二六五
朝議大夫臨安府知府江君墓志銘（江濬源）　一七・一六七
中憲大夫保正清河道朱公墓表（朱瀾）　一八・二二一
副都統朱公墓志銘（朱倫瀚）　一九・二三七
何季甄家傳（何思鈞）　二一・二六三
贈武義大夫貴州提標右營游擊何君墓志銘（何道深）　二一・三八三
吴殿麟傳（吴定）　二二・二二九
吴石湖家傳（吴山南）　二三・一七一
朝議大夫户部四川司員外郎加二級吴君墓志銘（吴元念）　二三・二〇一
汪玉飛墓志銘（汪兆虹）　二六・三九三
實心藏銘（汪志伊）　二七・四九

禮部員外郎懷寧汪君墓志銘（汪德鉞）　二七・二八七
光禄少卿沈君墓志銘（沈琳）　二八・一一七
奉政大夫順天府南路同知歸安沈君墓志銘（沈錦）　二八・一七三
抱犢山人李君墓志銘（李僊枝）　三四・二五九
翰林院庶吉士侍君權厝銘（侍朝）　三七・一三一
中憲大夫杭嘉湖海防兵備道長沙周君墓志銘（周克開）　三八・一三一
周梅圃君家傳（周克開）　三八・一三七
周青原墓志銘（周發春）　三九・三七
贈中憲大夫湖廣道兼掌河南道監察御史加一級孟公墓表（孟鴻品）　三九・三九三
博山知縣武君墓表（武億）　四一・二〇九
亡弟君俞權厝銘（姚訏）　四三・三〇一
姚休那先生墓表（姚士晋）　四四・五七
通奉大夫四川布政使姚公墓志銘（姚令儀）　四四・八五
封文林郎巫山縣知縣金壇段君墓志銘（段世續）　四五・二二九
安徽巡撫荆公墓志銘（荆道乾）　四六・二三九
歙胡孝廉墓志銘（胡受穀）　四七・一四九

贈奉政大夫刑部郎中南昌縣儒學教諭鄱陽胡君墓志銘（胡祚安） 四七・二六七
知縣銜管石碑場鹽課大使事師君墓志銘（師問忠） 四九・一五一
太子少保兵部尚書總督江南河道提督軍務兼右副都御史徐公墓志銘（徐端） 五二・一〇一
中議大夫兩廣鹽運使司鹽運使蕭山陳公墓志銘（陳三辰） 五七・二八一
中憲大夫陳州府知府陳君墓志銘（陳守詒） 五八・七三
新城陳君墓志銘（陳吉冠） 五八・一三五
陳謹齋家傳（陳志鋐） 五八・二三九
江蘇布政使德化陳公墓志銘（陳奉兹） 五八・二七九
兵部侍郎巡撫貴州陳公墓志銘（陳步瀛） 五八・三一七
贈朝議大夫户部朗中福建臺灣縣知縣陶君墓志銘（陶紹景） 六一・四三
袁隨園君墓志銘（袁枚） 六二・三九七
郭君墓志銘（郭元灝） 六五・一八一
贈文林郎鎮安縣知縣婺源黃君墓志銘（黃君獎） 六六・三八五
黃徵君傳（黃調鼎） 六八・一五五
浮梁知縣黃君墓志銘（黃繩先） 六八・二一五
廣州府澳門海防同知贈中憲大夫翰林院侍講加一級張君墓志銘（張汝霖） 七〇・三四九

內閣學士張公墓志銘（張廷瑑）　七一・六三
淮南鹽運通判張君墓志銘（張廷璇）　七一・七一
張逸園家傳（張若瀛）　七二・五五
順天府南路同知張君墓志銘（張曾份）　七二・二五一
原任少詹事張君權厝銘（張曾敞）　七二・二五五
中憲大夫松太兵備道章君墓志銘（章攀桂）　七七・一二三
通奉大夫廣東布政使許公墓志銘（許祖京）　七八・四一
四川北道按察副使鹿公墓志銘（鹿邁祖）　七八・二一九
吉州知州喻君墓志銘（喻賓忠）　七九・三三
中憲大夫開歸陳許兵備道加按察使銜彭公墓志銘（彭如幹）　八〇・一七
舉人議叙知縣長洲彭君墓志銘（彭希韓）　八〇・四一
疏生墓碣（疏枚）　八四・一七
程養齋暨子心之家傳（程文邃）　八四・一八一
程樸亭家傳（程尚友）　八四・二八五
誥贈中憲大夫刑部員外郎加三級瀘溪縣教諭楊府君墓志銘（楊芳）　八七・一七五
蔣君墓碣（蔣知廉）　九一・二三一

九畫　姚

贈承德郎刑部主事鄭君墓志銘（鄭士俊）　九二·三三三
鄭大純墓表（鄭際熙）　九三·一〇九
贈奉直大夫翰林院編修加三級鄧君墓志銘（鄧巨源）　九三·二六五
臧和貴墓表（臧禮堂）　九四·一三九
贈中憲大夫武陵趙君墓表（趙宗海）　九五·一六七
劉海峰先生傳（劉大櫆）　九七·一九五
河南孟縣知縣新城魯君墓表（魯鴻）　一〇一·九九
夏縣知縣新城魯君墓志銘（魯九皋）　一〇一·一一九
光禄大夫刑部尚書贈太傅錢文端公墓志銘（錢陳群）　一〇三·一〇五
廣西巡撫謝公墓志銘（謝啓昆）　一〇五·三七一
中議大夫太僕寺卿戴公墓志銘（戴璐）　一〇七·七一
修職郎碭山縣教諭瞿君墓表（瞿塘）　一〇八·九三
蘇獻之墓志銘（蘇去疾）　一〇八·三五一
石屏羅君墓表（羅會恩）　一〇九·一六一
吏部左侍郎譚公神道碑文（譚尚忠）　一〇九·二二七
奉政大夫江南候補府同知軍功加二級仁和嚴君墓志銘（嚴守田）　一一〇·四九

嚴冬友墓志銘（嚴長明）　一一〇・八七

姚瑩

廣東鹽運司知事王府君墓表（王祖佑）　一〇・二七五
左石僑墓志銘（左德慧）　一三・一八一
仲童子傳（仲貽勤）　一五・一七七
春麓先生傳（吳賡枚）　二四・四〇五
宋君墓志銘（宋昌蕃）　二五・二七五
朝議大夫福建漳州府知府周公墓志銘（周鎬）　三七・二八五
樂鄒先生傳（姚訓）　四三・三〇五
陝州知州姚府君墓志銘（姚莆）　四三・三二一
朝議大夫刑部郎中加四品銜從祖惜抱先生行狀（姚鼐）　四四・一五
先府君行略（姚騤）　四四・四三
處士大年君墓碣銘（姚大年）　四四・六一
陸畫村傳（陸畫村）　五六・一一一
陳忠愍小傳（陳化成）　五七・三三七
張亨甫傳（張際亮）　七三・六五

張阮林傳（張聰咸）　七三・三七七
湯海秋傳（湯鵬）　八三・二七九
鄭君墓表（鄭兼才）　九三・五五
太子少保兵部尚書都察院右都御史雲貴總督謚文恪武趙公行狀（趙慎畛）　九五・三二五
光禄大夫兵部尚書戴公墓志銘（戴聯奎）　一〇七・二四三
王卜二隱君傳（王曰旦、卜維憲）　一一三・二三七
沈宋二君傳（宋永岳、沈蓮）　一一三・三七九

紀昀

曹宗丞逸事（曹學閔）　七五・一六一

紀慶曾

族祖治夫先生家傳（紀峻）　四八・八五
宣符先生家傳（紀象台）　四八・一三九

十畫

馬其昶

雲南知府巡防營統領孔君墓志銘（孔繁琴）　三・二五九

方君墓志銘（方元衡）　四・三〇三
新野縣知縣方君墓志銘（方昌翰）　四・三六三
清提督銜貴州威寧鎮總兵方君墓志銘（方致祥）　五・一三
三品銜刑部督捕司郎中方君墓志銘（方寶彝）　五・一七三
鳳陽關監督王君墓志銘（王裕承）　一一・六三
直隸清河道史君墓志銘（史克寬）　一二・三五三
永定河道吕君家傳（吕珮芬）　一六・二一
贈太僕寺卿南昌縣知縣江君家傳（江召棠）　一六・三八五
署徐州府知府江君墓志銘（江雲龍）　一七・一五七
吴先生墓志銘（吴汝綸）　二三・三一九
直隸通永鎮總兵吴君墓碑（吴宏洛）　二四・二一
貴池縣知縣長沙宋君墓表（宋慶嵩）　二五・三五三
沈石翁傳（沈用熙）　二八・二四九
鎮海李府君家傳（李嘉）　三〇・二四三
清贈太僕寺卿銜兵部郎中李君行狀（李本方）　三二・五三
江蘇補用道李君墓表（李厚礽）　三三・三三三

十畫　馬

贈光禄大夫甘肅甘凉道李公墓碑（李鶴章）　三五・三三一
井陘縣知縣言君墓表（言家駒）　三六・一〇九
清故光禄大夫陸軍部尚書兩廣總督周愨慎公神道碑文（周馥）　三七・二九九
湖南提督周剛敏公神道碑（周盛波）　三九・一一
姚叔節墓志銘（姚永概）　四四・八一
兩淮鹽大使洪君墓志銘（洪紹奎）　四五・三九七
郝孝子傳（郝贇清）　四六・二二三
唐桐卿先生傳（唐錫晋）　四九・一三一
書孫秀才事（孫磏）　四九・二九三
武英殿大學士贈太傅孫文正公神道碑文（孫家鼐）　五〇・三三七
四品銜刑部奉天司主事孫君墓志銘（孫傳奭）　五一・三三
直隸永年縣知縣夏君家傳（夏詒鈺）　五一・三五五
龍泉老牧傳（徐子苓）　五二・二六五
陳虎臣先生墓表（陳艾）　五六・二三五
陳府君墓志銘（陳耿光）　五九・八七
陳静庵墓志銘（陳禮從）　六〇・一一三

閩縣陳君家傳（陳寶璐）　六〇・二二三
贈中議大夫道員候補知府陳君墓表（陳贇舉）　六〇・二九三
袁勵之墓志銘（袁世揚）　六三・九五
馬徵君墓志銘（馬三俊）　六三・二九五
遯園生壙銘（馬忠駿）　六三・三五一
先考妣蓮花岡墓志（馬起升）　六三・三六九
先太僕公逸事（馬起升）　六三・三七三
陽江鎮總兵馬君墓表（馬復震）　六三・四〇一
贈道銜原任工部員外郎馬公墓表（馬瑞辰）　六四・二三
怡軒府君墓石後志（馬樹章）　六四・六三
大父怡軒府君行狀（馬樹章）　六四・六五
高佩之墓志銘（高春浦）　六四・三四五
四品卿銜張君墓志銘（張士珩）　六九・三七三
張敬齋先生墓表（張士棻）　六九・三八五
清故吏部侍郎張公暨配胡夫人墓志銘（張仁黼）　七〇・三一
清山西布政使張公墓志銘（張紹華）　七二・二三五

張元莊先生行狀（張樹錡） 七三・二七五
清故出使義國大臣許公墓志銘（許玨） 七七・一八九
許府君家傳（許恭壽） 七八・六九
資政院議長許君墓表（許鼎霖） 七八・一四一
學部左丞喬君墓表（喬樹枬） 七九・一三五
强賡廷先生墓志銘（强汝詢） 八五・一一一
廉君家傳（廉浩） 八七・七三
修補四品京堂蒯君墓志銘（蒯光典） 八七・一一一
泗州楊公神道碑（楊士琦） 八七・三五五
鄭東父傳（鄭杲） 九二・二〇一
清封光禄大夫奉天巡警道鄧君墓志銘（鄧嘉縝） 九三・二九一
趙編修墓表（趙曾重） 九五・二五五
冀州趙君墓表（趙魁升） 九六・一五
劉君輔棠墓表（劉仁貴） 九七・二三三
贈内閣學士山東登萊青兵備道劉公墓碑（劉含芳） 九八・一〇七
贈太子太保兵部尚書銜福建臺灣巡撫一等男爵劉壯肅公神道碑銘（劉銘傳） 九九・一七五

總兵樊君墓表（樊政升）　一〇〇・三八七
盧處士墓表（盧廷楨）　一〇一・三〇七
蘇廷光傳（蘇廷光）　一〇八・三五九
循吏羅君事狀（羅度）　一〇九・一九
雲南糧儲道譚君墓表（譚宗浚）　一〇九・二四一
宜春縣學教諭饒君墓志銘（饒延年）　一一〇・一六九
銅仁府知府饒君墓表（饒佩揥）　一一〇・一七五
處士龍張二君墓表（龍德、張傳誥）　一一五・一七

馬國翰

頓邱子小傳（李滄瀛）　三四・一八五
李處士碑（李興起）　三四・三五三
清邑庠武生屈茂才彬然墓志銘（屈文雅）　三九・二七一
清處士歷山翁墓表（侯國印）　四二・三五九

馬徵慶

誥授奉政大夫請改選懷寧教諭唐君墓志銘（唐瑩）　四八・三四三
皇清誥授奉政大夫誥贈中議大夫咸豐制科選舉孝廉方正先考古虛府君行狀（馬安愚）　六三・三二七

戴君廷幹墓碣表（戴廷幹） 一〇七・一四一

秦瀛

刑部侍郎蘭泉王公墓志銘（王昶） 五・三五九
王惕甫墓志銘（王芑孫） 九・三三九
薊州知州王君墓表（王若常） 一〇・一三一
湖北襄陽府襄陽縣呂堰驛巡檢王君行狀（王翼孫） 一二・八三
前兵部尚書閩浙總督達齋玉公神道碑（玉達齋） 一三・二〇一
光禄寺卿雲林伊君家傳（伊朝棟） 一五・一一七
安彙占家傳（安吉） 一六・一四七
安隱君墓表（安泉） 一六・一五一
安先生家傳（安經傳） 一六・一六三
何君墓表（何世仁） 二一・一三七
寧夏府知府蘭士何君墓志銘（何道生） 二一・三七九
江西督糧道晉封兵部左侍郎懋堂初公墓志銘（初之朴） 二三・一七九
貢生汪小海墓志銘（汪淮） 二六・八九
山東泰安府知府沈君舫西墓表（沈琨） 二八・一一三

沈秋渚墓表（沈德鴻） 二九·三一五
福建布政使許齋李君墓志銘（李賡芸） 三四·三三一
封中憲大夫浙江温處兵備道青上李公墓表（李學夫） 三四·三九三
雲南巡撫四川布政使石農李公神道碑（李鑾宣） 三五·三三七
大定府知府希甫周君墓志銘（周有聲） 三八·一〇五
都察院左都御史東屏周公墓志銘（周興岱） 三九·一六三
施雨窗墓志銘（施鳳立） 四五·一九一
原任翰林院編修洪君墓表（洪亮吉） 四五·三三一
武顯將軍閩粵漳潮總兵官綺茗胡君墓表（胡于鋐） 四六·三六一
廣東城守協副將唐君墓表（唐光茂） 四八·三八一
明太子太保南京吏部尚書謚忠懿寶摩徐公墓碑（徐石麒） 五三·一〇三
貤贈内閣中書徐二磯先生墓表（徐德宗） 五四·一四七
布衣陳景辰墓志銘（陳經） 五七·八九
州通判震西陳君墓表（陳璽） 五七·二二三
工部主事陳稽亭墓志銘（陳鶴） 五七·二三一
陳州府知府約堂陳君墓志銘（陳守詒） 五八·七七

十畫　秦

亡弟士蓮行略（秦濂）　六一·一五九
候補知府從祖介庵公墓志銘（秦兆雷）　六一·二〇一
秦廷珪傳（秦廷珪）　六一·二一一
山東濟東泰武臨道叔父蓉莊府君墓志銘（秦震鈞）　六一·二三三
幼兒緗承壙志（秦緗承）　六一·二六九
先府君行述（秦鴻鈞）　六一·二九五
雲南永北府知府袁近齋先生墓表（袁德達）　六三·二一七
贈武選司員外郎瑩臺凌君墓表（凌瑩臺）　六四·一四三
書高明詔殉節事（高明詔）　六四·三二三
書梁文定公遺言（梁國治）　七六·五一
書嵇文恭遺事（嵇璜）　七九·二〇一
葉槐傳（葉槐）　八〇·二四七
葉白湖墓志銘（葉燕）　八〇·二六九
鴻臚寺卿星實馮君墓表（馮應榴）　八七·六三
處士饒宇路君家傳（路復然）　八九·三八七
兵部車駕司主事蔣君東橋傳（蔣師瀹）　九一·二五三

孝節臧君和貴傳（臧禮堂） 九四·一七三
禮部侍郎天台齊公墓表（齊召南） 九六·一六三
書齊少宗伯軼事（齊召南） 九六·一八三
書安南黎侗事（黎侗） 九六·二三九
潘隱君墓表（潘兆鸞） 一〇〇·一九三
魯孝子傳（魯元曜） 一〇一·一二三
禮部員外郎前監察御史謝君墓志銘（謝振定） 一〇五·三六三
都察院左都御史竇公墓志銘（竇光鼐） 一一〇·一九七
廣州府知府顧涑園墓表（顧光） 一一〇·二二一
顧春臺先生墓志銘（顧熙） 一一〇·二七九
净慈寺可成禪師塔銘（釋可成） 一一二·九七
嘉興廣仁寺瘞骨四塔碑（佚名） 一一三·二〇七
僧野蠶碎琴傳（釋野蠶、釋碎琴） 一一五·一〇五
三友傳（程楚芳、蔣同元、侯佺） 一一五·四四九

袁枚

内務府總管丁文恪公傳（丁皂保） 二·九五

于清端公傳（于成龍）　二・三一九
文華殿大學士尹文端公神道碑（尹繼善）　三・一三七
方綺亭先生墓志銘（方求義）　四・三三五
方君柯亭傳（方源聚）　五・九三
太子太保直隸總督方敏恪公神道碑（方觀承）　五・一七七
文淵閣大學士太倉王公傳（王掞）　六・四七
厨者王小余傳（王小余）　七・一九七
海州州同王君墓志銘（王發桂）　一一・四九
吉安府知府王君墓志銘（王銘琮）　一一・三〇七
光禄大夫禮部尚書王公神道碑（王澤宏）　一一・三八一
史先生墓志銘（史中）　一二・二六七
誥授資政大夫兵部右侍郎抑堂史公墓志銘（史奕昂）　一二・三五七
文淵閣大學士史文靖公神道碑（史貽直）　一三・四七
山東巡撫白公墓志銘（白準泰）　一三・三六五
慶遠府知府印公傳（印光任）　一三・三七三
淮徐營游擊加贈文林郎田公墓志銘（田玉）　一三・三八七

常德府知府吕君墓志銘（吕又祥）　一五・三七七
誥封光禄大夫奉宸苑卿布政使江公墓志銘（江春）　一六・三二五
書朱山（朱山）　一七・一七三
文華殿大學士太傅朱文端公神道碑（朱軾）　一八・一四三
海州知州何君墓志銘（何廷模）　二一・一九五
元和縣知縣吴君墓志銘（吴賢）　二三・三七
吴省曾墓志銘（吴省曾）　二四・一二三
松潘鎮總兵宋公傳（宋元俊）　二五・二四三
九江府同知汪君傳（汪沂）　二六・五三
汪存樸先生傳（汪衛南）　二七・一七
補蘿先生墓志銘（沈鳳）　二八・一五五
光禄寺卿沈公行狀（沈起元）　二九・八三
太子太師禮部尚書沈文慤公神道碑（沈德潛）　二九・二九七
翰林院檢討李君墓志銘（李英）　三〇・五七
内閣學士原任直隸總督臨川李公傳（李紱）　三〇・一三七
廣東惠州府知府李君墓志銘（李棠）　三〇・一五九

十畫　袁

十畫　袁

直隸總督兵部尚書李敏達公傳（李衛）　三〇・三三一
李敏達公逸事（李衛）　三〇・三三九
李訒庵先生墓志銘（李大章）　三一・一一七
巡視臺灣監察御史李公墓志銘（李元直）　三一・二三五
李晴江墓志銘（李方膺）　三一・三八一
江蘇按察使李公墓志銘（李永書）　三一・三八五
雪溪李先生傳（李東紹）　三三・五三
浙江按察使李公墓表（李治運）　三三・七五
李孝子傳（李維煌）　三四・二九五
安徽布政使李公墓志銘（李學裕）　三四・四〇七
文華殿大學士領侍衛內大臣來文端公傳（來保）　三七・一〇一
周君少霞墓志銘（周昂）　三七・一九七
幔亭周君墓志銘（周棨）　三七・二二三
威信公岳大將軍傳（岳鍾琪）　三九・三四三
范西屏墓志銘（范西屏）　四〇・二三五
林君毅庵墓志銘（林嘉俊）　四一・一六一

永昌府龍陵同知金公墓志銘（金岳） 四一・三〇九
禮部侍郎海住金公傳（金甡） 四一・三二七
浙江督糧道金公傳（金溶） 四一・三六三
廣西巡撫金公神道碑（金鉷） 四二・一一三
廣東雷瓊道按察使司副使金公墓志銘（金允彝） 四二・七一
侯夷門墓志銘（侯嘉繙） 四二・三六五
禮部尚書姚公傳（姚成烈） 四四・一〇九
福建總督太子少保姚公傳（姚啓聖） 四四・一九三
封公胡葆亭先生墓志銘（胡開熙） 四七・三五一
太子少傅河南巡撫胡公墓志銘（胡寶瑔） 四八・五五
江防同知倪君帝培墓志銘（倪廷模） 四八・二五三
帆山子傳（員燉） 四八・三〇五
湖北巡撫唐公神道碑（唐綏祖） 四九・五九
太子太保文淵閣大學士封一等公孫公神道碑（孫士毅） 四九・三七一
協辦大學士吏部尚書孫文定公神道碑（孫嘉淦） 五一・一三九
湖北布政使徐公傳（徐垣） 五二・四七

十畫

袁

十畫　袁

徐靈胎先生傳（徐大椿）　五二・二四七
江蘇巡撫雨峰徐公神道碑（徐士林）　五二・二五三
徐君星標墓志銘（徐璇生）　五四・一五一
湄君小傳（陸建）　五五・一八一
湖南巡撫陸公神道碑（陸燿）　五五・二六九
東閣大學士陳文恭公傳（陳宏謀）　五八・二三三
河道總督陳恪勤公傳（陳鵬年）　六〇・一六三
誥授通議大夫陝西按察使秦公墓志銘（秦勇均）　六一・二三九
吏部侍郎留松裔先生傳（留保）　六一・三三一
淮徐海道按察司副使莊復齋先生傳（莊亨陽）　六二・一九九
寧國府知府莊公傳（莊經畬）　六二・二三五
鳳陽府同知高君墓志銘（高辰）　六四・一五三
江寧南捕通判高公墓志銘（高植）　六四・一九三
江寧典史高君墓志（高慧）　六四・二三九
户部尚書兩江總督高文良公神道碑（高其倬）　六四・三一五
高守村先生傳（高爲阜）　六四・三四九

禮部主客司郎中兼鴻臚寺少卿高公墓志銘（高景蕃） 六五·二一
武英殿大學士忠勤伯太保黃公神道碑（黃廷桂） 六六·三九三
蕪湖兵備道張公墓志銘（張士範） 六九·三九五
書張郎湖臬使逸事（張坦熊） 七一·二〇七
常德府知府張公傳（張開士） 七二·三六七
常孝子傳（常裕綸） 七四·二七七
武英殿大學士太傅鄂文端公行略（鄂爾泰） 七七·一四一
鄂文端公逸事（鄂爾泰） 七七·一五一
刑部尚書富察公神道碑（傅鼐） 七八·二八三
太子太師文淵閣大學士錫山嵇文恭公墓志（嵇璜） 七九·一八七
香山同知彭君小傳（彭翥） 七九·二四五
經筵講官兵部尚書彭公神道碑（彭啓豐） 八〇·八九
蘇州管糧同知曾公傳（曾琇） 八二·二五九
郴州知州曾君墓表（曾尚增） 八二·二六九
蘇州府知府童公傳（童華） 八四·一九
童二樹先生墓志銘（童鈺） 八四·二三

十畫 袁

原任湖北巡撫太常寺少卿程公墓志銘（程燾）　八四·一五七
徵士程綿莊墓志銘（程廷祚）　八四·二三三
翰林院編修程君魚門墓志銘（程晋芳）　八四·二九一
程南耕先生傳（程嗣章）　八四·三六九
領侍衛内大臣撫遠大將軍費襄壯公傳（費揚古）　八五·一八七
郡文學項君莘甫墓志銘（項穆之）　八六·七三
光禄寺少卿楊公墓志銘（楊⿰酉必）　八七·二八一
蘇州府知府楊公墓志銘（楊燦）　八七·三〇一
禮部尚書太子太傅楊公神道碑（楊名時）　八八·一一三
邛州知州楊君笠湖傳（楊潮觀）　八九·一二七
太子少傅工部尚書裘文達公神道碑（裘日修）　八九·二三三
吴縣文學蔡君勉旃傳（蔡璘）　九〇·二三七
施秉縣知縣蔡君傳（蔡謹）　九〇·二四三
贈編修蔣公適園傳（蔣堅）　九一·四三
翰林院編修候補御史蔣公墓志銘（蔣士銓）　九一·一三一
誥授奉政大夫湖廣道監察御史蔣公墓志銘（蔣和寧）　九一·二〇九

徐州府知府熊公墓志銘（熊會玜） 九二·一〇七
大理寺卿鄧公傳（鄧時敏） 九三·二八一
左副都御史趙公墓志銘（趙大鯨） 九四·三二九
短人傳（趙元文） 九四·三五一
勇略將軍趙襄忠公傳（趙良棟） 九五·一四九
原任禮部侍郎齊公墓志銘（齊召南） 九六·一三七
和碩簡親王碑（德沛） 一〇〇·九
中憲大夫分巡廣東肇羅道衛公墓志銘（衛詣） 一〇〇·二三
六合縣知縣潘君墓志銘（潘涵） 一〇〇·一二五
書潘荆山（潘兆吾） 一〇〇·一八九
書魯亮儕（魯亮儕） 一〇一·一五三
原任浙江巡撫盧公神道碑（盧焯） 一〇一·二四七
福建布政使錢公墓志銘（錢琦） 一〇二·一三九
刑部尚書加贈太傅錢文端公神道碑（錢陳群） 一〇三·九九
鮑竹溪先生傳（鮑宜瑗） 一〇四·三三九
司經局洗馬繆公墓志銘（繆日藻） 一〇五·九九

十畫　袁

吏部侍郎魏公神道碑（魏定國）　一〇六・一一五
阜寧貢士戴君墓志銘（戴廷瓚）　一〇七・一四五
吏部尚書東河總督顧公傳（顧琮）　一一〇・二四七
虞東先生墓志銘（顧鎮）　一一〇・三〇五
霍邱縣知縣龔君墓志銘（龔鏡）　一一一・二六五
書馬僧（馬僧）　一一三・一九三
江寧兩校官傳（湯偉、唐時琳）　一一四・二五一

莫友芝

誥贈中憲大夫安徽廬鳳兵備道文學李公墓表（李謙）　三〇・三五九
胡君墓志銘（胡秉鈞）　四七・一四五
通奉大夫二品頂戴湖北按察使前湖北布政使唐公神道碑銘（唐樹義）　四九・九九
外舅夏輔堂先生墓志銘（夏鴻時）　五一・三七九
智烈馮童子墓表（馮福基）　八七・三九
潘明府傳（潘光泰）　一〇〇・一八五

莫與儔

皇清敕封文林郎翰林院庶吉士顯考健行君家傳（莫强）　六二・五九

皇清貤贈文林郎翰林院庶吉士大父崇級君家傳（莫嘉能）　六二・一一七
雲南河西縣知縣斯未張君家傳（張自信）　七〇・二四一

莊述祖

文林郎議叙知縣彭君行狀（彭希韓）　八〇・四七

桂馥

王先生墓表（王宣釗）　九・三六九
周君墓志銘（周士孝）　三七・三三七
周先生傳（周永年）　三八・六七
郎太傅（郎汶）　四〇・六九
范君墓志銘（范溜）　四〇・一七七
陳先生生壙志（陳穎）　五七・二〇七
魏君墓表（魏可式）　一〇六・一〇三
顏君墓表（顏崇穀）　一〇八・二五五
穌道人生壙志（顏懋仝）　一〇八・二六九

徐子苓

江蘇即補知縣于府君墓碑銘（于松）　二・二五一

十畫　徐

王君墓志銘（王然簡）　一一·四五
書王學博（王學博）　一一·三七三
廬江徵士吴君墓志銘（吴廷香）　二三·三六九
桐城姚先生墓志銘（姚瑩）　四三·三四三
震兒壙記（徐震）　五二·一三九
亡兒元叔行略（徐元叔）　五二·三六九
徐氏子元叔權厝志（徐元叔）　五二·三七七
書陳太守（陳源兖）　五九·二八三
郭贈公墓碑銘（郭法彭）　六五·二五五
張府君墓志銘（張盛愷）　七二·三二三
張光禄墓表（張蔭穀）　七三·二二一
張軍門墓志銘（張樹珊）　七三·二四五
張隱君墓表（張謀璧）　七三·三〇一
潁上教諭曹君墓志銘（曹藍田）　七五·一七九
彭君墓志銘（彭振標）　八〇·七七
馮殤子墓志銘（馮福基）　八七·四三

顧君墓志銘（顧貽綬） 一一·一七一
徐時棟
王總管傳（王元恭） 七·三二五
先師王先生墓表（王日章） 八·六一
請旌表王順孫事狀（王日章） 八·七三
長者王東亭翁傳（王宏詩） 九·二七三
王教諭傳（王厚孫） 一〇·一四七
王孝子傳（王學旦） 一一·三六一
王警庵墓志銘（王鶴翔） 一二·一八三
文林郎前大埔縣知縣任君墓表（任荃） 一四·二三三
贈朝議大夫江君墓志銘（江丙） 一六·三〇五
朱青石傳（朱文杏） 一八·三三五
朱蕙北譜傳（朱立淮） 一九·二一
鄞志寓賢朱緒曾傳（朱緒曾） 二〇·二七
何君荆山譜傳（何承昊） 二一·二一五
余尊沚墓志銘（余濤） 二二·六九

十畫

徐

吳丞相傳（吳潛） 二二・三七五
吳孝廉墓志銘（吳翰） 二三・二七
壽昌縣學教諭殉節宋君墓碣銘（宋紹周） 二五・三〇一
請旌表沙孝子事狀（沙孝賡） 二九・三九三
故隴州知州李君墓碑（李承道） 三三・八三
封文林郎邵君墓志銘（邵淮） 三六・二八一
邵又橋墓志銘（邵汝楫） 三六・三三七
貢生周君墓志銘（周沅） 三七・一七五
周抑齋先生傳（周良劭） 三八・二一九
中憲大夫知金山縣署知丹徒華亭縣加同知銜周君墓表（周紹濂） 三九・一
記周嘉瓚（周嘉瓚） 三九・一三三
記杭董浦（杭世駿） 四〇・三三七
記武公（武新安） 四一・三〇一
姚梅伯傳（姚燮） 四四・二九
贈文林郎山東臨淄縣知縣洪君墓表（洪秉璋） 四五・三九三
胡尚書傳（胡棨） 四六・三三七

胡君引之譜傳（胡允善） 四七・一九
武顯將軍福建海壇鎮總兵官鎮海倪公神道碑銘（倪起蛟） 四八・二八三
建陝唐四傳（唐四） 四八・三〇九
小同瘞銘（徐小同） 五二・二七三
徐遠香墓志銘（徐元第） 五二・三八一
鹽運司知事徐先生墓志（徐時楷） 五三・三〇九
先伯兄醒墨先生家傳（徐時楷） 五三・三一三
先義行府君事略（徐桂林） 五三・三四一
先考義行府君家傳（徐桂林） 五三・三五五
贈奉直大夫陳君墓門記（陳圻） 五六・二四九
封文林郎陳君權厝志（陳沅） 五六・二八一
贈朝議大夫陳君墓表（陳詔） 五七・一九
陳清毅傳（陳塏） 五七・二九
陳西耕先生傳（陳濂） 五七・一八一
死事陳君墓表（陳竹壽） 五八・一七一
南山陳君墓門記（陳德梧） 六〇・三九

十畫　徐

十畫　徐

秦孝子傳（秦嗣瀛）　六一·二五七
同年袁君墓碣（袁世恒）　六三·八三
城南袁君墓志銘（袁丕營）　六三·九九
請旌表袁孝子事狀（袁行漳）　六三·一一五
殉難庠生郭君墓碣銘（郭萊鷺）　六五·三一七
張侍郎傳（張津）　六八·三四三
許小雲譜傳（許徵三）　七八·一二九
上高縣知縣死事傅君墓碑（傅自銘）　七八·三三七
户部郎中慈溪葛君墓碑（葛朝）　八一·二二七
董君耿軒譜傳（董秉忠）　八二·三一
記董秋史（董承琨）　八二·三七
記費緯祉（費緯祉）　八五·二一五
蔣秀才墓版文（蔣淙）　九一·二三
布政司經歷贈資政大夫鄭君墓志銘（鄭錦章）　九三·一三一
徵舉孝廉方正鄭君墓碣（鄭繼高）　九三·一五一
劉忠肅傳（劉瀓）　九七·九五

魏吉洲傳（魏峴） 一〇六・三七
鄞志藝術鍾世俊傳（鍾世俊） 一〇六・二三五
明武德將軍驍騎尉寧波衛左所世襲正千户殉難韓君廟碑銘（韓綱） 一〇七・三二五
顔尚書傳（顔頤仲） 一〇八・二九五
方校官羅録參傳（方萬里、羅濬） 一一三・二二七
梅太府劉通判傳（梅應發、劉錫） 一一四・二三九
馮州判馬總管傳（馮福京、馬澤） 一一四・二九五
它山朱氏三君子合傳（朱立濟、朱立淇、朱立河） 一一六・七五
袁劉汪王繆蔣伍樓余夏李傳（袁藻、劉叔温、汪煇、王埛、繆暹、蔣淵明、伍子獻、樓槃、余楠、夏嘉、李采紹） 一一六・八五
郭教諭吴教授徐訓導傳（郭薦昌、吴廷獻、徐亮） 一一六・九一

徐乾學

吏部驗封司員外郎卜君墓志銘（卜陳彝） 二・二二三
資政大夫兵部郎中加二級卜公神道碑銘（卜書庫） 二・二三五
資政大夫經筵講官内閣學士兼禮部侍郎牛公墓志銘（牛鈕） 五・二八三
進士東亭王君墓志銘（王士祜） 七・二四五

書王君詔事（王君詔）　九・三三三
光禄大夫太子太保禮部尚書誥贈太子太傅保和殿大學士謚文貞王公合葬墓表（王崇簡）　一〇・三三五
清故文學元遴王君墓志銘（王掄春）　一〇・三六七
敕封内閣中書舍人王清有先生墓志銘（王體健）　一二・一九九
光禄大夫工部尚書幼庵朱公墓志銘（朱之弼）　一八・二五一
光禄大夫太子太傅吏部尚書文華殿大學士加一級宋文恪公行狀（宋德宜）　二五・三三九
刑部主事季用汪君墓志銘（汪懋麟）　二七・三九九
李映碧先生墓表（李清）　三〇・一一三
李葆甫傳（李日爆）　三一・二八七
湖廣按察司提學僉事候補布政使司參議元仗李公墓志銘（李可汧）　三二・四五
荆南道參議祖仁淵墓志銘（祖澤深）　四三・二一九
巡撫四川等處地方兼理糧餉都察院右僉都御史岱麓姚公墓志銘（姚締虞）　四四・二六七
姜太常傳（姜應麟）　四五・三九
内閣中書席君傳（席啓圖）　四九・二〇三
内閣學士兼禮部侍郎孫公神道碑銘（孫在豐）　五〇・六七
誥授中憲大夫兵部督捕左理事官加一級徐公存庵墓志銘（徐越）　五二・七五

誥授中憲大夫直隸河間府知府升山東提督學政按察使司副使加七級梅溪徐府君墓志銘（徐可先） 五三・六五
敕封儒林郎翰林院修撰先考坦齋府君行述（徐開法） 五四・五一
封徵仕郎翰林院庶吉士陳君墓志銘（陳基命） 五九・一一五
陳檢討志銘（陳維崧） 六〇・一一三
通議大夫一等侍衛進士納蘭君墓志銘（納蘭性德） 六一・七九
通議大夫一等侍衛進士納喇君神道碑文（納蘭性德） 六一・九三
額駙將軍勤僖耿公墓志銘（耿昭忠） 六一・三三五
翁元直暨配席孺人合葬墓志銘（翁天浩） 六二・三〇一
馬文毅公廣西殉難始末（馬雄鎮） 六四・一一三
太常寺少卿高君神道碑（高層雲） 六五・四七
通議大夫吏部左侍郎張公墓志銘（張鵬） 六九・二八七
河南提學僉事封通議大夫內閣學士兼禮部侍郎張公行狀（張九徵） 六九・三四七
待贈都察院左副都御史張公墓志銘（張我佩） 七一・九一
葉石君傳（葉樹蓮） 八一・六七
工部尚書湯公神道碑（湯斌） 八三・一六一

通奉大夫經筵講官兵部右侍郎加一級眉山項公墓志銘（項景襄）　八六・五三
誥封通奉大夫前侍衛兼管參領事石公神道碑（綽里幔）　九四・二一一
奉直大夫左春坊左中允兼翰林院編修晋封中憲大夫景之趙公墓志銘（趙士春）　九四・三三一
資政大夫刑部尚書謚敏果魏公神道碑（魏象樞）　一〇六・一二三
光禄大夫太子太傅禮部尚書保和殿大學士加一級柏鄉魏公墓志銘（魏裔介）　一〇六・一四九
顔參原墓志銘（顔知天）　一〇八・二四三
顧庸庵先生墓表（顧樞）　一一〇・二九一
誥封奉直大夫翰林院侍讀學士待贈禮部右侍郎顧先生神道碑銘（顧天朗）　一一一・一一
丹霞澹歸釋禪師塔銘（釋澹歸）　一一三・一二三

徐鼐

誥授光禄大夫太子太保經筵講官刑部尚書史公神道碑銘（史致儼）　一二一・三六三
李薌園司馬墓志銘（李枝青）　一三三・四三
高祖楚珍公暨妣王太安人墓碑文（徐昆）　五二・二九
吉芝長兄行狀（徐鼐）　五二・一五九
王父遠郇府君暨妣何汪兩太恭人墓碑文（徐鑑）　五二・一七七
曾祖佩蒼公暨妣欒太安人墓碑文（徐必純）　五三・三三

敇授修職郎纍晋中憲大夫顯考軼陵府君行述（徐石麟） 五三·一〇七
張公暨配瞿宜人墓志銘（張文虎） 七〇·一二七
張紫庭封翁墓表（張維垣） 七三·一〇五
許憲章先生墓表（許景文） 七八·九五
達成榮傳（達成榮） 八〇·一八一
補明史列傳（唐紹堯、石萬程、陳君寵、婁銹、馮一第、謝如珂、周繼盛） 一一六·四二一
補六合縣志列傳（常忠、馬純仁、毛至潔） 一一七·二〇七

翁方綱

丁小疋傳（丁杰） 二·二三
皇清誥授朝議大夫户部河南司主事孔君墓志銘（孔繼涵） 三·二六七
皇清例授文林郎賜同進士出身署福建將樂縣知縣惺齋王君墓志銘（王元啓） 七·三三一
李南磵墓表（李文藻） 三一·三五五
國子監助教辛君墓表（辛紹業） 三六·一三七
金愚巖小傳（金克城） 四二·一三九
次兒樹培小傳（翁樹培） 六二·三七一
黄秋盦傳（黄易） 六五·三七七

十畫　翁

黄忠恪公傳（黄梧）　六六·一九
黄忠襄公傳（黄芳世）　六七·一四一
黄襄懿公傳（黄芳泰）　六七·一五三
曹慕堂小傳（曹學閔）　七五·一五九
許扶岡墓志（許扶岡）　七七·三四九
皇清誥授奉政大夫翰林院編修加四級蕺園程先生墓志銘（程晋芳）　八四·二九七
皇清誥授奉政大夫刑部主事魚山馮君墓表（馮魚山）　八六·三七三
蔣度臣墓志（蔣進）　九一·三三
翰林院編修蔣公墓志銘（蔣士銓）　九一·一三七
金壇蔣氏三世合傳（蔣振生）　九一·二五七
補録鄭芷畦窆石志（鄭元慶）　九二·三五五
孝節處士臧君墓表（臧禮堂）　九四·一四三
皇清誥授朝議大夫前日講起居注官翰林院侍讀學士抱經先生盧公墓志銘（盧文弨）　一〇一·二七三
謝元誠墓志（謝元誠）　一〇五·二八五
顔懋企墓志（顔懋企）　一〇八·二七九

郭嵩燾

誥授建威將軍王公神道碑銘（王永章） 八·三〇三
王子壽先生墓志銘（王柏心） 一〇·一〇一
左彦沖及妻郭氏合葬銘（左渾實） 一三·一七三
誥封通議大夫白公墓表（白希甫） 一三·三四三
任府君家傳（任瑛） 一四·二五五
贈總督安徽巡撫江忠烈公行狀（江忠源） 一七·一五
廣西布政使江公神道碑銘（江忠濬） 一七·一二九
吴南屏墓表（吴敏樹） 二四·二〇七
誥授通奉大夫汪君墓志銘（汪簠） 二六·二五九
沈仲怡家傳（沈棣輝） 二九·一四一
敕授文林郎辰州府教授李君墓志銘（李長蕃） 三三·二〇三
李石帆别傳（李濟湘） 三五·二五七
誥授通奉大夫周府君墓志銘（周昺奎） 三八·二七五
誥授資政大夫署理福建巡撫周公墓志銘（周開錫） 三九·五三
周崧予先生墓志銘（周鴻琛） 三九·二四一

姚桂軒慕志銘（姚紹崇）　四四·二二五
胡文忠公神道碑銘（胡林翼）　四七·一七三
贈總督湖北巡撫胡文忠公行狀（胡林翼）　四七·一八一
誥封光禄大夫胡府君墓志銘（胡達湑）　四七·三三一
唐蘋洲家傳（唐逢辰）　四九·三一
贈太子少保席公神道碑銘（席寶田）　四九·二二一
陳府君墓碑銘（陳偉琳）　五九·一八三
贈光禄大夫陳府君墓志銘（陳維之）　六〇·七
陶益謙墓志銘（陶鏡瑩）　六一·五七
郭武壯公神道碑銘（郭松林）　六五·二二五
郭武壯公家傳（郭松林）　六五·二三三
郭席儒傳（郭芳鈐）　六五·二六一
櫻叟家傳（郭昆燾）　六五·二七五
湖南鹽法長寶道郭君墓志銘（郭從矩）　六五·二九五
黄南坡事略（黄冕）　六六·三一
誥封奉直大夫黄君墓表（黄之翰）　六六·一三九

貤封承德郎黃君墓志銘（黃大鐘）　六六・一五一
誥封通奉大夫黃府君墓志銘（黃世綬）　六六・二〇九
誥封通議大夫黃君墓志銘（黃習溶）　六七・二八五
黃琴隖先生墓表（黃輔辰）　六八・六七
誥封朝議大夫張府君墓志銘（張啓鵬）　七二・二〇三
張少衡先生墓志銘（張學尹）　七三・二二七
湖南即補知府戚君墓志銘（戚天保）　七五・二〇七
署理四川潼川府知府彭公墓志銘（彭洋中）　八〇・六一
誥授中憲大夫湖北漢黃德道彭公行狀（彭舒萼）　八〇・一三九
誥授朝議大夫候選郎中彭君行狀（彭鴻恩）　八〇・一六七
曾伯祥墓志銘（曾紀瑞）　八二・二七七
曾文正公墓志（曾國藩）　八二・三二一
誥封通奉大夫湯府君墓表（湯新甫）　八三・三四九
誥授通議大夫鄒府君墓志銘（鄒孔搢）　八五・三四五
馮府君家傳（馮家浦）　八六・三五一
楊小皆墓志銘（楊澍）　八七・二九三

十畫

郭

揀選知縣楊君墓表（楊任光） 八八・六一
鄧伯昭墓志銘（鄧瑶） 九三・二一
誥授光禄大夫劉公墓志銘（劉典） 九六・三二一
陝西巡撫劉公墓志銘（劉蓉） 九七・六一
誥授光禄大夫劉勇介公神道碑銘（劉連捷） 九八・三四七
誥封光禄大夫劉府君神道碑銘（劉楚元） 九九・一一三
誥授光禄大夫劉公墓志銘（劉嶽昭） 九九・二九五
誥授光禄大夫薛公墓志銘（薛焕） 一〇四・一
誥授榮禄大夫蕭公神道碑銘（蕭韶） 一〇四・一六九
誥授榮禄大夫蕭公墓志銘（蕭韶） 一〇四・一七七
龍襄堯先生墓志銘（龍友夔） 一〇五・五
贈榮禄大夫儲府君墓志銘（儲迺昌） 一〇六・一八七
誥封資政大夫瞿君墓志銘（瞿元霖） 一〇八・一〇五
署廣東鹽運使羅君墓志銘（羅勛） 一〇九・二三
羅研生墓志銘（羅汝懷） 一〇九・八九
羅忠節公墓志銘（羅澤南） 一〇九・一九七

翰林院編修譚君墓志銘（譚鑫振） 一〇九・三〇一

唐仲冕

湖南長安司巡檢王君墓志銘（王敬曾） 一一・九五
前揚州府知府伊君墓志銘（伊秉綬） 一五・九九
詩人寧鄉縣學生何君墓志銘（何星田） 二一・二五九
賜同進士出身翰林院檢討兼充三通館纂修官余公墓表（余廷燦） 二二・九五
禮部右侍郎安溪李公郁齋先生行狀（李宗文） 三三・三八九
會同縣教諭李君墓志銘（李道寧） 三四・二三一
歲貢生李君墓志銘（李懷信） 三五・五九
國子生車君暨配朱孺人墓志銘（車士暘） 三六・一一三
贈太子少保侍郎岳公行狀（岳起） 三九・三三一
原任江西萍鄉縣知縣胥君墓志銘（胥繩武） 四八・八一
祥孫墓志（唐祥） 四八・三二九
長兄鞠溪先生墓志銘（唐家鬯） 四八・三九九
荊溪布衣陳生墓志銘（陳經） 五七・八五
海州學正翁君志銘（翁咸封） 六二・三三九

例贈文林郎寧鄉縣學增廣生黃君墓表（黃湘南）　六七·三三七
金山縣知縣張君墓志銘（張思甸）　七一·三八一
詩人盛百堂小傳（盛元灝）　七五·二五七
長沙宗聖祠奉祀生曾君墓志銘（曾衍先）　八二·二七三
欽賜祭葬祀昭忠祠署定陶縣知縣賀君墓志銘（賀德翰）　八五·二五五
例授文林郎辛酉科舉人候選知縣蔡君墓表（蔡復午）　九〇·三一五

唐晏

文暢軒別傳（文惠）　五·二〇五
何吟秋別傳（何吟秋）　二一·一九九
辛竹村別傳（辛海）　三六·一一九
張叔憲別傳（張度）　六八·三二三
壽伯茀別傳（壽富）　九〇·一九七
濮青士別傳（濮文暹）　一〇五·六一

唐鑑

朝議大夫福建知府孔君墓志銘（孔傳綸）　三·二二五
誥贈奉直大夫廩貢生王府君暨其配龐太宜人墓志銘（王延壽）　九·三九九

徐珉傳（徐珉） 五二·五三
誥贈中憲大夫黄府君暨配唐恭人墓碑銘（黄栻） 六六·一
通奉大夫湖北布政使司布政使張君墓志銘（張岳崧） 七一·二二七
朝議大夫司經局洗馬戚君墓志銘（戚人鏡） 七五·二〇一
按察使銜山東登萊青兵備道舒君墓志銘（舒夢齡） 八五·八五
誥授榮禄大夫前雲貴總督賀君墓志銘（賀長齡） 八五·二三九
誥授朝議大夫掌四川道監察御史賀君墓志銘（賀熙齡） 八五·二六一
書劉君茉雲墓志後（劉傳瑩） 九九·四五

陸心源

誥授資政大夫布政使銜署山東督糧道丁君墓表（丁彦臣） 二·九九
記卞小疋遺事（卞乃繩） 三·六一
誥授光禄大夫兵部尚書銜都察院右都御史原任兩廣總督歷城毛公神道碑銘（毛鴻賓） 四·九七
誥授光禄大夫太子少保兵部尚書兼都察院右都御史湖廣總督吴文節公神道碑（吴文鎔） 二三·二三三
誥授通奉大夫貴州布政使沈公神道碑銘（沈棣輝） 二九·一二九
祉堂屈君墓志銘（屈元爔） 三九·二六七
貴州糧儲道郎君别傳（郎葆辰） 四〇·一〇三

茅鈍叟先生別傳（茅星來）　四〇·三一一
贈知府銜署廣東南雄直隸州知州孫君墓表（孫福謙）　五一·六七
徐莊愍公別傳（徐有壬）　五三·一四七
徐主事別傳（徐曾庾）　五四·九九
同知潮州府事贈通議大夫徐君家傳（徐槐庭）　五四·一三一
韶兒壙志銘（陸韶）　五五·二五七
亡弟子壽權厝志銘（陸性源）　五六·五三
陳忠毅公別傳（陳丹赤）　五七·三四一
凌少茗先生別傳（凌介禧）　六四·一二三
謷隅先生傳（黄晞）　六六·一五
書張念哉大令遺事（張祖基）　七一·三九三
刑部右侍郎浙江學政丹徒張公權厝志（張錫庚）　七三·三〇九
誥贈資政大夫章君家傳（章大豐）　七六·三七七
湖州府知府善君別傳（善慶）　七九·三七
鈕主事別傳（鈕福海）　八五·二八七
署紹興府知府廖君別傳（廖宗元）　九〇·一五九

蔣州判別傳（蔣世鏞） 九一・一六一
誥授朝議大夫禮部精膳司郎中鄭君家傳（鄭步雲） 九三・二九
書鄭東野遺事（鄭裕國） 九三・九七
趙忠節公别傳（趙景賢） 九五・二六三
二忠傳（瑞春、鄂爾霍巴） 一一四・三二七
湖州府志人物傳政迹（沈豐、沈珩、聞人奭、莫伯虚、劉誼、蔡蹈、成無玷、史祺孫、沈調、沈該、沈昭遠、施鉅、劉岑、俞俟） 一一七・二一三
湖州府志人物傳文學（沈友、姚信、閻士和、楊衡、沈亞之、周朴、邱光庭、張先、賈收、朱臨、丁注、張大亨、劉燾、吴倜、賈安宅、陸元光、張有、劉唐稽、沈長卿、沈作喆、葛立方、周頡、莫汲、施元之、沈清臣、章冲、陳振孫、宋伯仁、周密、牟巘） 一一七・二六七
湖州府志人物傳藝術（曹不興、張僧繇、朱肱、錢選） 一一七・三二九
湖州府志人物傳寓賢（方勺、王洋、李迎、蕭德藻、龐謙孺、沈度、韓元吉、袁説友、姜夔、陳存、敖繼翁、顧阿瑛） 一一七・三三七

陸錫熊

榮禄大夫吏部侍郎恭定吴公墓志銘（吴紹詩） 二四・二三七

陸燿

給諫阮公家傳（阮應商）　二〇・三〇三
保安縣知縣邱君墓志銘（邱仰文）　二〇・三四五
四川布政使吴公墓志銘（吴士端）　二三・一三五
文林郎内閣中書舍人沈公墓志銘（沈謙）　二八・一八三
静學迮先生墓表（迮尚志）　四〇・一九
資政大夫工部侍郎范公神道碑（范璨）　四〇・一八一
五叔祖金聲公墓表（陸鍾）　五五・二六五
誥贈通議大夫顯曾祖考廣生府君暨配吴淑人行略（陸埈元）　五六・七七
舅氏開泰縣丞陳公墓志銘（陳紹虞）　五九・一二九
誥贈通議大夫顯祖考公衡府君暨配張淑人行略（張銓）　六九・一七七
山東鹽運使二梧章公行狀（章棠）　七六・三四七
廬江縣知縣趙公墓志銘（趙宗堡）　九五・一七一
奉政大夫保德州知州錢公墓碣（錢之清）　一〇二・二二九
治河名臣小傳（馬之貞、張孔孫、賈魯、宋禮、陳瑄、金純、徐有貞、劉大夏、潘季訓、萬恭、
張國維、楊方興、朱之錫、靳輔、葉方恒、王新命、于成龍、張鵬翮、張伯行、陳鵬年、

齊蘇勒、嵇曾筠、徐湛恩、白鐘山、李宏、張師載、李清時） 一一五・二五三

陸隴其

中憲大夫江南布政使司參議分守蘇松常道加三級方公墓表（方國棟） 五・三五
施孟達墓志銘（施于德） 四五・一一三
席文學熙庵傳（席温） 四九・一六三
先府君壙記（陸元一） 五五・二九九
亡弟尚桓壙記（陸肇熊） 五六・一五一
越凡曹公傳（曹棻） 七四・三四三
孝廉系宣曹公墓表（曹穎洙） 七五・一七三

陳玉樹

左君金波墓志銘（左士澄） 一三・一二五
唐芝圃先生傳（唐臨遠） 四九・一三七
唐梅村先生傳（唐耀遠） 四九・一四七
亡弟彤甫壙銘（陳玉墀） 五八・五七
明諸生七世祖黄道公傳（陳景星） 五九・二〇九
先君癸丑靖亂記（陳蔚林） 六〇・六三

馬君衣庭墓志銘（馬紹聞）　六三・三七五
崔倚庭先生傳（崔楹）　七四・二〇五
許孝子良棟傳（許良棟）　七七・三三九
明都司酆公報國諸生司公邦基傳（酆報國）　一〇〇・八一
書潘震乙（潘震乙）　一〇〇・三〇三
書瞿定邦（瞿定邦）　一〇八・一五一
馬崔二君傳（馬紹融、崔煦）　一一四・二〇五

陳用光

王叔和墓志銘（王軾）　六・二一三
工部左侍郎浙江學政李公墓志銘（李宗瀚）　三三・二五
資政大夫前湖南巡撫李公神道碑銘（李堯棟）　三四・一
李毓昌傳（李毓昌）　三四・二三九
武虛谷家傳（武億）　四一・二二七
姚子方墓志銘（姚塋）　四三・三〇七
姚先生行狀（姚鼐）　四四・一
從兄仁山侍郎墓志銘（陳觀）　五七・二五一

從兄子玉方墓志銘（陳玉方）　五八・五一
約堂府君西谷葬志（陳守詒）　五八・八一
先考行狀（陳守詒）　五八・八五
五叔父果堂府君墓志銘（陳守譽）　五八・一〇七
伯兄青梧府君墓志銘（陳有光）　五八・一五九
從兄子鍾溪侍郎墓志銘（陳鍾溪）　六〇・一一九
兄子蘭祥墓志銘（陳蘭祥）　六〇・二三三
志亡兒蘭瑞殯（陳蘭瑞）　六〇・二四五
予告刑部右侍郎秦公遂庵墓志銘（秦瀛）　六一・一七三
馬一齋先生家傳（馬翮飛）　六四・八七
書許所望（許所望）　七八・一七
貴州巡撫鶴樵程公墓志銘（程國仁）　八四・三一七
費給諫家傳（費振勛）　八五・一六七
楊蓉裳墓志銘（楊芳燦）　八八・二六九
蔣省齋家傳（蔣祝）　九一・一五
鄧簣山墓表（鄧簣山）　九三・三〇九

臧和貴傳（臧禮堂） 九四・一八一
齊召南傳（齊召南） 九六・一六九
劉葦間墓志銘（劉大懿） 九七・二〇七
劉芝崖墓志銘（劉斯譽） 九八・三九九
内閣中書潘君墓志銘（潘蘭生） 一〇〇・三四一
忻州知州魯公家傳（魯潢） 一〇一・九三
魯習之厝志（魯習之） 一〇一・一七五
潼川府知府魯君墓志銘（魯華祝） 一〇一・一七九
魯賓之墓志銘（魯賓之） 一〇一・一八三
詹事鮑覺生先生墓志銘（鮑桂星） 一〇四・三四七
尚書銜前署工部左侍郎戴公墓志銘（戴三錫） 一〇七・八七
韓理堂先生墓表（韓夢周） 一〇八・一
寶慶府知府譚子受墓志銘（譚光祜） 一〇九・二一三
吏部左侍郎譚公墓志銘（譚尚忠） 一〇九・二三一
光禄大夫經筵講官户部左侍郎致仕歎齋顧公墓志銘（顧皋） 一一〇・二五七

陳立

書汪孝孫事（汪如松） 二七・一五

陳兆崙

光禄大夫吏部尚書協辦大學士事謚文定孫公神道碑銘（孫嘉淦） 五一・一六三

太子少保禮部侍郎徐公行狀（徐元夢） 五二・三八七

太子太保光禄大夫兵部尚書總督河南河東河道提督軍務謚慤敬張公神道碑（張伯行） 七〇・三五五

光禄大夫吏部尚書協辦大學士謚文恪劉公墓志銘（劉于義） 九七・二一七

陳衍

丁叔雅徵君行狀（丁惠康） 二・一三七

文筆山生壙記（文筆山） 五・二三九

故孝廉王君蘭生墓志銘（王景） 六・一二九

吴保初傳（吴保初） 二四・一一九

林旭傳（林旭） 四一・七

故直隸博野縣知縣木庵先生墓志銘（陳書） 五六・三五九

三兒聲被壙志（陳聲被） 六〇・一一七

高逋孫墓志銘（高鍾泉） 六五・一〇五

張之洞傳（張之洞）　六九・三三一
書張廣雅相國逸事（張之洞）　六九・三三九
禮部左侍郎張公行狀（張亨嘉）　七一・一五
劉銘傳別傳（劉銘傳）　九九・一八五
日本曇華和尚塔銘釋（釋曇華）　一一三・一〇九
書姚石甫張亨甫兩先生事（姚瑩、張際亮）　一一四・一一五

陳祖範

王耕烟墓表（王翬）　六・三七九
孫超雲傳（孫尚德）　五〇・三〇五
自序（陳祖範）　五九・二一
先考玉巖府君行述（陳逢午）　五九・一三三
明開封守魚公墓表（魚侃）　七八・一九三
山陰聞人大閑墓志銘（聞人大閑）　九三・一九九
書盧杰夫（盧杰夫）　一〇一・三四三
譚紫章墓碣銘（譚紫章）　一〇九・二七九

陳黄中

中大夫直隸長蘆都轉鹽運使蔣公墓志銘（蔣林） 九一·一

陳壽祺

清敕授文林郎署福建閩縣知縣方君墓志銘（方履籛） 五·一三三
皇清誥授光禄大夫經筵講官太子太傅體仁閣大學士管理工部兼翰林院掌院學士贈太傅大興朱文正公神道碑文（朱珪） 一七·三三三
鄉貢士郊海何君墓志銘（何治運） 二一·二三一
誥封奉政大夫浙江嘉興府海防同知太學生毓峰何君墓志銘（何璋玠） 二三·二九
晋江學生何君暨配吴氏墓志銘（何翼卿） 二三·四三
皇清誥授光禄大夫禮部右侍郎鑑庵吴公墓碑銘（吴烜） 二三·二六九
清故拔貢生敕贈内閣撰文中書誥贈户部員外郎汪先生墓志銘（汪中） 二六·五
汪德鉞傳（汪德鉞） 二七·二九一
大清建威將軍浙江提督總兵追封三等壯烈伯忠毅李公神道碑文（李長庚） 三三·一四九
皇清敕授文林郎浙江試用知縣約齊林君墓志銘（林啓泰） 四一·一三一
皇清歲貢士例封通奉大夫江宣布政使林暘谷先生墓志銘（林賓日） 四一·一七五
皇清誥授光禄大夫刑部尚書祖公墓志銘（祖之望） 四三·二〇一

皇清敕授文林郎翰林院庶吉士充武英殿協修官孫君墓志銘（孫原湘）　五〇・三七五
大清贈太子太師謚文靖太子少保兵部尚書閩浙總督金匱孫公墓志銘（孫爾凖）　五一・一〇三
先祖行實（陳起龍）　五九・一〇五
隱屏山人傳（陳壽祺）　五九・三五一
先考行實（陳鶴書）　六〇・二五七
皇清誥授通議大夫太常寺卿廣西提督學政梁公墓系銘（梁上國）　七五・三二七
許晝山縣尹墓志銘（許作屏）　七七・三三三
駕部許君墓志銘（許宗彦）　七七・三六七
皇清誥授中憲大夫廣東分巡高廉兵備道葉君墓志銘（葉申萬）　八〇・三四五
楊實庭家傳（楊標）　八七・二九一
皇清敕封文林郎石屏楊公改葬墓表（楊遇春）　八九・六七
清泉州府學生員楊君墓志銘（楊憲曾）　八九・一三三
皇清例封文林郎滋園蔡先生暨室徐孺人墓志銘（蔡晼）　九〇・二一九
蔡蒹秋墓志（蔡鴻儒）　九〇・三四一
誥封朝議大夫鄭公合葬墓志銘（鄭楠）　九二・二六三
皇清敕授修職郎例授文林郎臺灣縣學教諭推升泉州府學教授鄭君墓志銘（鄭兼才）　九三・六一

孝節處士臧君墓表（臧禮堂） 九四·一五一
皇清賜進士敕授文林郎湖南醴陵縣知縣誥封奉政大夫翰林院編修候官齊公墓志銘（齊弼一） 九六·一九一
同安劉氏家傳（劉先登） 九七·三八五
誥封中憲大夫兵部武選司員外郎晋贈資政大夫軍功加三品銜兵馬司正指揮加四級文巖潘君傳（潘振承） 一〇〇·二三五
皇清誥授朝議大夫户部江西司兼山東司主事翰林院庶吉士晋封中憲大夫工部營繕司員外郎薩君墓志銘（薩龍光） 一〇四·二七七
謝震傳（謝震） 一〇五·二二五
皇清敕授文林郎安溪縣學教諭謝君墓志銘（謝金鑾） 一〇五·三三五

陳漢章

外祖佘府君行述（佘勉） 二三·一五五
吴五先生家傳（吴皞如） 二五·一
虞先生述（虞峻） 八九·一七九

陳慶鏞

候補教諭上官君墓志銘（上官曦） 二·二四五
皇振威將軍安徽壽春鎮總兵加提督銜鋭勇巴圖魯寧河剛節王公神道碑文（王錫朋） 一二·一一

呂孝子傳(呂仲誥) 一六・一
皇誥授光禄大夫經筵講官吏部尚書管理順天府府尹事務追贈太子太保寶應文定朱公神道碑文(朱士彦) 一八・二九九
何文軒家傳(何長韶) 二一・二四七
博野縣知縣何君墓表(何長敦) 二一・二五一
皇誥授朝議大夫江南安慶府知府前翰林院庶吉士陳君墓志銘(陳煦) 五七・三九
龍溪黄君墓志銘(黄宗源) 六七・三九
東莞縣丞黄君墓碣銘(黄宗膺) 六七・四三
誥贈中憲大夫楊君墓志銘(楊萬選) 八九・四五
孝友邊紫崖暨配徐氏合傳(邊士垣) 一〇八・五三
龔樸庵墓志銘(龔維琚) 一一二・一
故翰林院編修湖南提督學政龔君墓志銘(龔維琳) 一一二・三

陳璞

伍香洲小傳(伍錕瑶) 一五・一六一
庾園何君墓志銘(何秀棣) 二一・一九一
吏部員外郎李君墓志銘(李光廷) 三二・八一

光禄寺典簿銜教諭李君墓志銘（李柱蘭）　三三・二八七
喜亭杜君墓表（杜濟霖）　三六・八一
鶴山縣訓導招月航先生墓碣（招廣濤）　四〇・六五
先考靈表（陳文瀾）　五七・三六七
即補直隸州知州陳君墓志銘（陳良玉）　五八・二五五
書梁雲程事（梁雲程）　七六・九三
鄒徵君墓志（鄒伯奇）　八五・三六五
候選同知衛府君墓志銘（衛明彬）　一〇〇・二七
朝議大夫知府銜署荆門州知州潘君墓志銘（潘亮功）　一〇〇・二一九
擬廣東儒林傳（馮經、鄧純）　一一七・三六五
擬廣東循吏傳（謝仲坃、馬福安）　一一七・三六九
擬廣東文苑傳（易宏、何彬、吴蘭修、陳在謙、吴應逵、陳曇、譚瑩、李光廷、陳良玉、鄭棻、莫元伯、李黼平、何若瑶、方殿元、蘇珥、吕堅、劉彬華、黎應南、崔弼、凌揚藻、李士楨、黄子高、居樟華、黄培芳、黄玉階、張炳文、胡燕方、温承恭）　一一七・三七五

陳澧

護理廣東肇羅道署肇慶府事瓊州府知府王君墓碑銘（王五福）　七・三〇五

十畫　陳

江西餘干縣知縣史君傳（史善長）　一三・二二
誥封光禄大夫四川岳池縣知縣何公神道碑銘（何曰愈）　二二・一一九
誥贈中議大夫四會縣學生員吴君墓碑銘（吴廣熙）　二四・三五九
山陰汪君墓表（汪鼎）　二六・二〇七
六品銜廣州協候補外委周君墓碣銘（周振鑣）　三八・三七三
書孟蒲生（孟鴻光）　三九・三八九
誥贈通奉大夫廣東升用同知知縣冒君墓碑銘（冒芬）　四三・一三三
廣東知州銜候補知縣署南海縣事胡君墓表（胡湘）　四六・三一三
胡孝子傳（胡燕方）　四八・二五
胡伯薊墓碣銘（胡錫燕）　四八・四五
廣州府學生徐君墓碣銘（徐繼銘）　五四・二四五
江南淮海兵備道桂君墓碑銘（桂文燿）　五五・一二九
先祖考布政司理問銜封奉直大夫尚志府君家傳（陳善）　五六・三六三
先考知縣府君事略（陳大經）　五七・三三三
議叙知縣陳君墓表（陳其鋭）　五八・二七三
長子宗誼墓碣銘（陳宗誼）　五八・二九五

贈知府銜福建武平縣知縣陳君傳（陳應奎） 六〇・九五
體仁閣大學士贈太保翁文端公神道碑銘（翁心存） 六二・二八三
國子監學正銜黃君墓碣銘（黃位清） 六六・三七七
張磬泉先生傳（張杓） 六八・二八五
張賓嵎墓碑銘（張祥晋） 七二・一三三
張南山先生墓碑銘（張維屏） 七三・一〇九
誥贈光禄大夫建威將軍張公神道碑銘（張蔭穀） 七三・二一七
記名提督廣西右江鎮總兵官張公神道碑銘（張樹珊） 七三・二四一
書尉先生（尉繼蓮） 七四・二八三
江南道監察御史梁君傳（梁紹獻） 七六・七一
梁南溟傳（梁漢鵬） 七六・一三一
豆村梁君墓碣銘（梁樹功） 七六・一六三
許青皋墓碣銘（許青皋） 七八・一
醫者萬德華傳（萬德華） 八一・二〇三
誥贈光禄大夫候選知州馮君神道碑銘（馮玉衡） 八六・二二一
誥授資政大夫二品頂戴江蘇蘇松太兵備道監督江南海關馮君神道碑銘（馮焌光） 八六・三六七

浙江湖州府知府候選道楊君墓碑銘（楊榮緒）　八九・九一
五品卿銜刑部主事象州鄭君傳（鄭獻甫）　九三・一三九
廣東補用知府潘君墓碑銘（潘銘憲）　一〇〇・二八七
內閣中書銜韶州府學教授加一級譚君墓碣銘（譚瑩）　一〇九・二〇九
二侯傳（侯康、侯度）　一一四・七三

陳鱣

丁細士傳（丁授經）　二・一三一

陶澍

上舍王虎文先生墓碣（王崇焯）　一〇・三二九
王太翁墓表（王崇煩）　一〇・三三一
內閣中書李君墓志銘（李在青）　三二・二一九
處士夏明旦先生墓碣（夏益後）　五一・三五三
傅明經墓志銘（傅克綏）　七八・三四三
曾生墓碣（曾學寬）　八三・二五
封翰林院庶吉士蔣先生墓志銘（蔣雲安）　九一・二八七
黎拙翁墓表（黎祚照）　九六・二六一

劉水亭墓碣（劉水亭） 九七・二四三
劉槐軒先生墓表（劉承傳） 九八・二三七
劉屏山翁墓表（劉啓義） 九八・三〇七
聶上舍墓志銘（聶名卿） 一〇八・一七九

孫衣言

丁濂甫墓志銘（丁紹周） 二・一一三
朱君墓志銘（朱方） 一七・一七七
鉅野縣儒學教諭辛君墓表（辛本純） 三六・一二三
候選訓導洪君墓志銘（洪坤） 四五・二四一
敬軒先生行狀（孫希旦） 五〇・一〇五
顯考魯臣府君妣丁太淑人行述（孫希曾） 五〇・一一五
先大父行述（孫祖鐸） 五〇・三六三
亡兒貽穀殯志（孫貽穀） 五一・一一三
徐剛毅公傳略（徐剛毅） 五三・二七三
徐惇士墓志銘（徐德元） 五四・一四三
奉直大夫直隸州同知銜徐府君墓志銘（徐獻廷） 五四・二三九

秦澹如墓志銘（秦湘業） 六一·二四三
光禄大夫體仁閣大學士贈太保文端翁公墓志銘（翁心存） 六二·二九一
袁篤臣墓表（袁篤臣） 六三·二二三
馬端敏公神道碑銘（馬端敏） 六四·五五
贈資政大夫馬府君神道碑銘（馬蘭藻） 六四·九七
奉政大夫升用同知直隸州准補湖北松滋縣知縣署襄陽縣知縣黄君墓表（黄秩林） 六七·二四一
光禄大夫前刑部左侍郎黄公行狀（黄爵滋） 六八·一四九
光禄大夫都察院左副都御史前江西巡撫文毅張公神道碑銘（張芾） 六八·三四九
張家珍傳（張家珍） 七一·三五五
張先生墓志銘（張振夔） 七二·一〇五
福建記名道張公平賊紀功碑（張啓煊） 七二·一九九
曹先生墓表（曹應樞） 七五·一三三
誥贈朝議大夫禮部郎中金華章公傳（章大豐） 七六·三九一
封朝議大夫葉君墓志銘（葉錦文） 八一·八三
中憲大夫江蘇候補道萬君墓表（萬方焜） 八一·一一七
蓋竹山阡表（蓋希曾） 八七·九五

臺灣府知府前臺澎兵備道馬平楊君墓志銘（楊廷理）　八八・一九九
奉直大夫中書科中書銜平陽楊府君墓志銘（楊配籛）　八八・三四一
安徽候補直隸州知州褚君墓志銘（褚惟塏）　八九・二八九
户部主事前翰林院庶吉士某氏壽昌墓志銘（壽昌）　九〇・一八九
鄭貴傳（鄭貴）　九二・二六一
大鄭公行年小紀（鄭伯熊）　九三・一
宜春劉氏石筍坑墓表（劉潮）　九七・七七
蘇菊村墓表（蘇源生）　一〇八・三九一
龐先生墓表（龐大堃）　一〇九・三一一
吴希璘温和鈞傳（吴希璘、温和鈞）　一一三・三六五
項氏二先生墓表（項霽、項傅霖）　一一四・二六七
周慶春趙焕文傳附鄭希轍徐紹庭（周慶春、趙焕文、鄭希轍、徐紹庭）　一一六・九九

孫志祖

金治安傳（金兆垣）　四二・一一三
貴陽守徐君墓志銘（徐曰紀）　五三・一一

孫星衍

清故賜進士出身薦舉博學宏詞平番縣知縣牛君墓表（牛運震）　五・三〇三
資政大夫經筵講官刑部尚書王公傳（王士禎）　七・二三三
清故文林郎賜同進士出身福建連江縣知縣贈奉直大夫兵部武選司額外主事王藝山先生行狀（王光燮）　八・三八三
清故河南山東河道總督提督軍務資政大夫兼都察院右副都御史司馬公騊墓志銘（司馬騊）　一三・八五
江聲傳（江聲）　一六・三三七
笥河先生行狀（朱筠）　一八・九七
汪中傳（汪中）　二六・一五
書阿文成公遺事（阿桂）　三六・二〇五
武億傳（武億）　四一・二一三
清故文林郎河南虞城縣知縣施君犨墓碣銘（施犨）　四五・一〇九
國子監生洪先生暨妻蔣氏合葬壙志（洪翹）　四五・二六五
清故奉直大夫翰林院編修加三級洪君墓碑銘（洪亮吉）　四五・三四三
翰林院編修洪君傳（洪亮吉）　四五・三四九
清故資政大夫安徽巡撫兵部侍郎兼都察院右副都御史荆公行狀（荆道乾）　四六・二四三

明北平都指揮使孫公傳（孫泰）　四九・二五五
大清故兵部侍郎兼都察院右副都御史巡撫雲南等處地方提督軍務兼理糧餉孫公行狀（孫曰秉）　五〇・一一
清故江南道監察御史孫君志祖傳（孫志祖）　五〇・一四五
候補部郎山東濟南府知府徐君大榕傳（徐大榕）　五二・二四一
清故封修職郎兩浙鹽課大使陶君正祥墓碣銘（陶正祥）　六〇・三四一
章宗源傳（章宗源）　七七・五九
清故承德郎陝西漢陰通判署乾州知州葉刺史墓志銘（葉文鱗）　八〇・三二一
楊光先傳（楊光先）　八八・八七
資政大夫兵部侍郎兼都察院右副都御史總督漕運管公幹貞行狀（管幹貞）　九四・六九
皇清誥授中憲大夫賜進士及第翰林院編修貴州貴西兵備道庚午科重赴鹿鳴筵宴晋加三品
　頂戴趙甌北府君墓志銘（趙翼）　九四・三〇三
清故山東兗州府運河同知加知府銜前署山東運河兵備道龔君士熣墓志銘（龔士熣）　一一一・三一三

孫原湘

王芑伯小傳（王文瀾）　八・二〇一
王三傳（王茂森）　一〇・一一一
太學生吳麟書傳（吳上林）　二三・一二七

十畫　孫

吴素庵墓表（吴汝謙）　二三・三五九
吴卓信傳（吴卓信）　二四・五九
吴生小傳（吴樹堂）　二五・二七
長蘆都轉鹽運使司鹽運使前署湖南按察使司按察使李公墓志銘（李世望）　三二・九
敕授文林郎廣東欽州知州李君小雲墓志銘（李書吉）　三三・三七一
封奉直大夫刑部湖廣司主事原任浙江浦江縣知縣言公墓表（言朝楫）　三六・一〇五
周春波家傳（周鳳池）　三九・一四九
姚心香小傳（姚肇奎）　四四・二五九
外舅應辰席公墓志銘（席光河）　四九・一八七
先府君行狀（孫鎬）　四九・三一七
調元瘞銘（孫調元）　五一・二三三
徐君墓志銘（徐汝蕃）　五三・一四三
浦孝子傳（浦恒）　五五・四三
陳子準傳（陳揆）　五七・一
封儒林郎翰林院編修竇應學訓導陶公墓表（陶廷塀）　六〇・三七三
署廣宗縣知縣袁君墓志銘（袁斯麟）　六三・二〇九

文學高君墓志銘（高昆源）　六四・三三一
誥授奉政大夫浙江寧紹台海防兵備道張君墓志銘（張燮）　六九・二三五
張克猷家傳（張振基）　七二・八九
河南鎮平縣知縣曾君墓志銘（曾涉）　八二・二五五
楊玉山墓表（楊景昆）　八八・三九一
褚文洲小傳（褚華）　八九・二六五
誥授中憲大夫河南開歸陳許河務兵備道一亭蔣公墓志銘（蔣果）　九一・九
蔣秋涇先生小傳（蔣德）　九一・一一九
趙羹梅傳（趙元鼐）　九四・三五三
趙涵泉傳（趙同匯）　九五・三五
蘇孫瞻傳（蘇瞻）　一〇八・三四三
龐隱君傳（龐文源）　一〇九・三一七

孫葆田

護理廣西巡撫廣東布政使丁公墓志銘（丁體常）　二・二〇五
從一品封典軍功保舉府同知于府君墓表（于鎰）　二・二八七
于子和先生家傳（于文中）　二・二九七

候選儒學訓導于封翁墓志銘（于銘書） 三・五
河南巡撫吉林于公墓志銘（于蔭霖） 三・一一
兵部尚書兼都察院右都御史兩廣總督毛公墓表（毛鴻賓） 四・八九
毛制軍傳略（毛鴻賓） 四・一二一
桐城方先生墓志銘（方宗誠） 四・三四九
廣西補用知府前翰林院檢討王君墓志銘（王塾） 六・二五三
內閣中書銜前即墨縣學訓導王先生墓表（王練） 六・三八三
祥符王府君墓表（王曜） 七・五三
翰林院檢討王君墓志銘（王守訓） 九・一一九
四品銜刑部候補員外郎王君墓表（王希曾） 九・二八七
直隸曲周縣知縣王君墓表（王希賢） 九・二九一
同知銜湯陰縣知縣王君墓碑銘（王珠裕） 一〇・二六七
王伯庚傳（王祖杰） 一〇・二七九
山東候補知府王君墓志銘（王揚芳） 一一・一一九
國子監祭酒王文敏公神道碑銘（王懿榮） 一二・一八九
田封君墓志銘（田仲民） 一四・二三

前濟寧州學正吕府君墓表（吕傳誥） 一六·六七
許州直隸州知州吕君墓表（吕憲瑞） 一六·一〇三
許州直隸州知州吕君墓志銘（吕憲瑞） 一六·一〇九
吕松巖墓表（吕憲棟） 一六·一一五
河南候補道兼襲騎都尉又一雲騎尉吴君墓表（吴丙湘） 二三·二四七
宋君墓碣（宋世範） 二五·二四九
李孝子傳（李中和） 三一·一三五
鄉賢李先生傳（李元緗） 三一·二五九
浙江湖州府知府李君墓表（李念兹） 三二·三五三
李心傳先生家傳（李法中） 三三·七一
廬州府知府循良李公碑銘（李秋槎） 三三·二九一
知府銜河内李府君墓表（李筱坡） 三四·一九三
前河南巡撫李公墓志銘（李慶翺） 三四·三二一
李吉侯墓志銘（李豐綸） 三五·二八五
杜韞輝家傳（杜銹） 三六·一三
候選府同知杜府君墓表（杜景渭） 三六·七三

十畫　孫

束承志家傳（束繼宗）　三六・八九
長清周君墓志銘（周彤桂）　三八・一六七
法徵君墓志銘（法偉堂）　四〇・一四五
誥授榮禄大夫二品銜前湖北漢黃德道武公墓表（武震）　四一・二三五
柯封翁墓志銘（柯蘅）　四六・六七
柳府君墓表（柳相林）　四六・一二五
先府君事略（孫福海）　五一・四九
河南布政使孫公墓表（孫鳳翔）　五一・二一七
鄉賢孫先生傳（孫錫軫）　五一・二三五
徐君墓表（徐楷）　五二・九三
兵部右侍郎徐公神道碑銘（徐致祥）　五三・三三一
大挑知縣加三級畢君墓表（畢茂昭）　五四・三五一
翰林院修撰陳君墓志銘（陳冕）　五六・三六七
鹽運使銜前安徽池州府知府陳君墓志銘（陳介璋）　五八・九
宛平陳公墓志銘（陳恩壽）　五九・六一
工部郎中陳君家傳（陳傳奎）　五九・一七一

前浙江金華府經歷陳府君墓表（陳開基）　五九・二五九
江蘇候補道前署廣東韶州府知府兼權南韶連道陳府君家傳（陳應聘）　六〇・九九
候選儒學訓導陳君墓志銘（陳彝鑑）　六〇・一三九
袁弢父先生傳（袁錦）　六三・五七
安丘馬府君墓志銘（馬雲逵）　六三・三九一
凌怡堂家傳（凌顗德）　六四・一四七
贈太常寺少卿高府君神道碑銘（高静）　六四・二一五
直隸補用知府前通州石壩州判高君墓表（高翰閣）　六五・六七
議叙同知鄉謚敏端郭君墓志銘（郭杭之）　六五・二三九
黃鹿泉先生家傳（黃念晟）　六七・一八九
張君墓志銘（張琳）　六九・五七
河南試用知縣南皮張君墓表（張元翰）　七〇・九三
興化縣知縣張君墓表（張兆楷）　七〇・二七一
萬全縣學教諭張君墓志銘（張嗣陶）　七二・三七七
范縣學訓導崔予思先生墓碑（崔贊襄）　七四・二四三
安平縣知縣循良婁君墓表（婁詩漢）　七四・三〇九

敕封修職郎固始縣訓導曹君墓碣（曹鳴鶴） 七五·九一
鄒府君家傳（鄒湘皋） 八五·三七九
安徽涇縣知縣楊君墓志銘（楊志洵） 八八·二一五
楊府君墓表（楊際三） 八九·八一
蔣琴舟先生家傳（蔣琴舟） 九一·三一九
鄭一泉先生墓表（鄭作相） 九二·三八一
文華殿大學士贈太傅晋封一等男爵瓜爾佳氏文忠公神道碑（榮禄） 九三·一六一
前山東候補知縣署濮州知州鄧君墓表（鄧錫瑞） 九三·三〇五
河南候補同知臺君墓志銘（臺柏紱） 九四·二一七
趙君墓表（趙猛） 九四·二六三
太學生趙君墓碣（趙開運） 九五·三一九
趙蘆洲先生家傳（趙鴻賓） 九六·六五
翰林院撰文劉君墓志銘（劉元亮） 九七·二三三
山東候補道盧君墓志銘（盧昌詒） 一〇一·三三一
閻君墓表（閻淑立） 一〇三·三四一
蕭麗璇先生傳（蕭衡） 一〇四·一八九

韓府君墓碣（韓錦城） 一〇八・四一

孫詒讓

誥授光禄大夫浙江温處兵備道童公神道碑銘（童兆蓉） 八四・二七

誥授光禄大夫頭品頂戴二品銜賞戴花翎浙江温處兵備道童公墓志銘（童兆蓉） 八四・四一

十一畫

黄以周

沈邱知縣王君石農志傳（王修允） 一〇・六三

胡君茳庵家傳（胡洪安） 四七・二六一

先兄質庭志傳（黄以恭） 六六・一七七

先兄仲氏譜傳（黄以巽） 六六・一八一

敕封徵仕郎内閣中書先考明經公言行略（黄式三） 六六・二五三

族蒙莊府君譜傳（黄定齊） 六七・一一一

族爾圭府君譜傳（黄爾圭） 六八・二一

族雨帆府君譜傳（黄維垣） 六八・三一

贈太常寺卿福建臺防同知族子穆府君墓碑銘（黄維煊） 六八・三五

張君午亭家傳（張午亭）　七〇・一五
梅君也琴家傳（梅志山）　七六・二八五
劉君芷人别傳（劉芬）　九六・三三九

黄本驥

湖州琴客沈君素生墓志銘（沈堅）　二八・九九
秀水文學沈君病鶴墓志銘（沈光熙）　二八・二八五
誥封朝議大夫太學生李公墓表（李蕁）　三〇・二三五
周定軒先生行狀（周錫齡）　三九・二三七
張竹泉刺史傳（張範）　六九・一九九
柳江先生小傳（羅柳江）　一〇九・一〇九

黄式三

王君西嶼家傳（王約）　六・一三
明王復翁先生傳（王國祚）　一〇・三〇三
成翁星文暨子荇香家傳（成仁聚）　一五・三一一
袁氏曾祖妣及亡室事實（袁士立）　六三・六一
知非子傳（黄式三）　六六・三四一

族譜菁山公傳(黃式鬯)　六六·三四五
族譜細湖公傳(黃式穀)　六六·三四七
族譜東井公傳(黃定文)　六七·九七
族譜楚生公傳(黃定蘭)　六七·一一九
族譜支山公傳(黃桐孫)　六七·二四五
先考屏山府君事實(黃興梧)　六八·一三一
族譜竹窗公暨包孫二氏傳(黃翼先)　六八·一七九
張君雪峰家傳(張世鈿)　七〇·一七一
傅君肖巖家傳(傅奕豐)　七八·三五一
楊鏡山先生家傳(楊思繩)　八八·三一三
楊感庭先生家傳(楊感庭)　八九·三一
劉君醉生家傳(劉經)　九七·五一
劉君星若家傳(劉燦道)　九九·三一三
謝君仲諧家傳(謝篪賢)　一〇五·三九一
嚴孝子天佩家傳(嚴廷瓚)　一一〇·七三

黄百家

王征南先生傳（王來咸）　九·三五五

黄廷鑑

王先生墓志銘（王庭筠）　一〇·一五七
外舅靄林周先生傳略（周杏芳）　三八·一八一
徐翁小傳（徐涵）　五二·五五
記秦君台佚事（秦君台）　六一·二一五
先大父紫霞公家傳（黄鶴）　六六·一二五
先考牧村府君行略（黄叔燦）　六七·一八五
婁東明經張君墓志銘（張鐸）　六九·三〇五
張月霄傳（張金吾）　七一·一九三
朝議大夫張君行狀（張海鵬）　七二·一二五
張駕鰲傳（張嘉永）　七三·七三
葉震谷傳（葉培祖）　八一·一一
楊崮飛傳（楊希滌）　八八·一九五
趙先生墓志銘（趙同翮）　九五·三九

國學生顧君墓志銘（顧士銓）　一一一・一

黃汝成

候選訓導歲貢生舅氏沈先生行狀（沈宇）　二八・二三
安徽鳳陽府定遠縣主簿郁君墓志銘（郁淳）　四一・三〇五
江蘇試用訓導攝常州府武進縣教諭蘇州府新陽縣訓導歲貢生陸先生行狀（陸珣）　五五・一九九
附貢生貤贈修職郎安徽泗州訓導例贈承德郎顯考損之府君行狀（黃鐘）　六六・八九

黃宗羲

王仲撝墓表（王正中）　八・二五九
王義士傳（王台輔）　八・三三一
王征南墓志銘（王來咸）　九・三四九
朱康流先生墓志銘（朱朝瑛）　一九・三一五
吳處士墓碣銘（吳興或）　二四・三八七
汪魏美先生墓志銘（汪渢）　二六・一二五
徵君沈耕巖先生墓志銘（沈壽民）　二九・二五三
李因傳（李因）　三〇・七
李叔範墓志銘（李士模）　三一・一二一

十一畫　黃

李杲堂先生墓志銘（李文胤）　三一・三三三
五軍都督府都事佩于李君墓志銘（李振玘）　三三・三四一
孝廉子孟卓君墓志銘（卓麟異）　三七・一六三
周雲淵先生傳（周述學）　三八・三五一
林三教傳（林兆恩）　四一・八三
紫環姜公墓表（姜天樞）　四四・三五九
左副都御史贈太子少保謚忠介四明施公神道碑銘（施邦曜）　四五・一二九
查逸遠墓志銘（查遺）　四六・三三
柳敬亭傳（柳敬亭）　四六・一三三
光禄大夫太子太保吏部尚書謚忠襄徐公神道碑銘（徐石麒）　五三・八七
陸文虎先生墓志銘（陸符）　五五・二〇七
陸周明墓志銘（陸宇爅）　五五・三八一
陳乾初先生墓志銘（陳確）　五七・一八五
陳定生先生墓志銘（陳貞慧）　五九・二五
陝西巡撫都察院右副都御史玄若高公墓志銘（高斗樞）　六四・二五七
高旦中墓志銘（高斗魁）　六四・二六九

高古處府君墓表（高克臨） 六四・三〇五
黎眉郭公傳（郭正中） 六五・一八三
亡兒阿壽壙志（黃壽） 六六・五一
前鄉進士澤望黃君壙志（黃宗會） 六七・三一
黃醒泉府君傳（黃尚質） 六七・一六九
黃季真先生墓志銘（黃葆素） 六八・五
張南垣傳（張漣） 六九・一三七
進士心友張君墓志銘（張士塤） 六九・三八九
張景岳傳（張介賓） 七〇・七一
張元岵先生墓志銘（張次仲） 七〇・二八九
明司馬澹若張公傳（張履端） 七三・一九五
吏部左侍郎章格庵先生行狀（章正宸） 七七・一
外舅廣西按察使六桐葉公改葬墓志銘（葉憲祖） 八一・六一
萬悔庵先生墓志銘（萬泰） 八一・一〇三
明驃騎將軍鎮守福建總兵官左軍都督府都督僉事瑞巖萬公墓表（萬邦孚） 八一・一二七
萬充宗墓志銘（萬斯大） 八一・一六五

巡撫天津右僉都御史留仙馮公神道碑銘（馮元颺）　八六・一九三
户部貴州清吏司主事兼經筵日講官次公董公墓志銘（董守諭）　八二・一一
熊公雨殷行狀（熊汝霖）　九二・八七
鄭玄子先生述（鄭鉉）　九二・二六七
劉伯繩先生墓志銘（劉汋）　九六・三〇三
劉瑞當先生墓志銘（劉應期）　九九・二八九
敬槐諸君墓志銘（諸允遴）　一〇〇・四九
談孺木墓表（談遷）　一〇一・一九
前翰林院庶吉士韋庵魯先生墓銘（魯栗）　一〇一・五一
朝議大夫奉敕提督山東學政布政司右參議兼按察司僉事清溪錢先生墓志銘（錢啓中）　一〇三・七七
翰林院庶吉士子一魏先生墓志銘（魏學濂）　一〇六・一七三
清化唯岑嶾禪師塔銘（釋唯岑）　一一二・三一三
蘇州三峰漢月藏禪師塔銘（釋漢月）　一一三・二七
余若水周唯一兩先生墓志銘（余增遠、周齊曾）　一一三・三三五
蔣氏三世傳（蔣洲、蔣有德、蔣之驎）　一一五・三一三

黃承吉

同年任君傳（任煇）　一四・二四九
江虛竹傳（江振華）　一七・一三九
先考通奉府君暨先妣許姚兩太夫人合葬墓志銘（黃其林）　六七・七

黃彭年

王重三先生墓表（王振綱）　一〇・二二五
浙江分巡寧紹台道史公神道碑銘（史致諤）　一三・一
皇清誥封資政大夫呂府君墓志銘（呂君舒）　一六・一一
江忠烈公墓表（江忠源）　一七・八七
刑部員外郎何君墓表（何秋濤）　二一・二八一
西漚先生墓志銘（李惺）　三〇・一五一
書周誠事（周誠）　三七・二五三
洪西林傳（洪調翰）　四六・二五
紀將軍傳（紀冠軍）　四八・一三五
贈知府銜大冶縣知縣倪君小傳（倪應頤）　四八・二九三
記唐敬亭（唐敬亭）　四九・四一

清故二品頂戴湖北按察使唐公墓志銘（唐樹義）　四九·一〇七
皇清誥授中議大夫贈光禄寺卿銜户科掌印給事中陸公墓志銘（陸秉樞）　五六·四一
皇清誥封奉直大夫四川鹽源縣知縣加六品銜重赴鹿鳴陳先生墓志銘（陳廷颺）　五八·二〇三
清故四川三臺縣知縣陳香農先生墓表（陳登華）　五九·二三三
誥授光禄大夫湖北巡撫予謚文節陶公行略（陶恩培）　六一·三一
皇清誥授中憲大夫記名道廣西鎮安府知府署右江兵備道敕祀昭忠祠伯父黄府君行狀（黄輔相）　六八·四三
先府君行略（黄輔辰）　六八·七五
清故例授登仕佐郎晋封中憲大夫梁府君夫人秦氏合葬墓志銘（梁生甲）　七五·三九一
贈通奉大夫直隸候補直隸州知州喬公墓志銘（喬邦哲）　七九·一〇三
清故詹事府右春坊右中允馮君墓志銘（馮桂芬）　八六·三五五
山西河東道楊公墓表（楊寶臣）　八九·一五九
鄧伯昭先生行狀（鄧瑶）　九三·二一七
浙江提督振勇巴圖魯謚襄恪蕭公行狀（蕭福禄）　一〇四·二四七
誥封中憲大夫贈道銜世襲雲騎尉知縣蹇君墓表（蹇諤）　一〇五·一六九
記静海新城兩孝子（毛士、任□□）　一一三·二一九
記高陽兩孝子（李清泰、楊玉相）　一一三·四〇三

李忠武勇毅兩公家傳（李續賓、李續宜） 一一四・一
常州二子傳（蔣曰豫、方恮） 一一四・三三七
記謝大黄把總事（謝大、黄把總） 一一五・五七

梅文鼎

奉議大夫任篁渚傳（任埈） 一四・二三一
沈公厚傳（沈埏） 二八・六一
昝僅齋傳（昝弘祖） 四五・二一一
袁唐伯傳（袁友韓） 六三・七七

梅曾亮

資政大夫户部侍郎總督倉場毛公墓志銘（毛樹棠） 四・七一
方彦聞墓表（方履籛） 五・一二九
王芾傳（王芾） 六・七
王惠川墓志銘（王渭） 六・一三五
光禄大夫兵部尚書王公墓志銘（王宗誠） 九・三八三
王藝齋家傳（王家相） 一〇・一七九
中憲大夫兩淮鹽運使王君墓志銘（王鳳生） 一一・三一一

十一畫　梅

王剛節公家傳（王錫朋）　一二·七
贈奉直大夫甘府君墓志銘（甘福）　一四·一四七
艾方來家傳（艾錫朋）　一四·一九九
候選布政司理問江府君墓表（江本琮）　一六·三九一
朱蘭坡先生墓志銘（朱珔）　一七·三三七
贈奉政大夫翰林院侍講海寧州學正朱府君墓志銘（朱文治）　一八·三三三
欒城令朱君墓志銘（朱承澧）　一九·一七九
朱仁山墓志銘（朱栻之）　一九·二五五
貤贈通奉大夫何府君墓表（何光策）　二一·一六九
鄱陽縣知縣吴君家傳（吴琦）　二三·二八九
朝議大夫南昌府知府吴君墓志銘（吴清皋）　二四·一九五
贈按察司照磨吴府君墓表（吴達德）　二四·三〇五
汪洎齋先生家傳（汪昌國）　二七·一二五
誥封奉直大夫李府君墓志銘（李少白）　三一·三七七
書李廷揚死賊事（李廷揚）　三二·二八五
光禄大夫經筵講官禮部尚書李公墓碑（李宗昉）　三三·一

書李林孫事（李林孫） 三三・五七
李蓴村墓表（李宣範） 三三・二四一
桐柏縣知縣邵君墓表（邵希曾） 三六・三八七
周伯恬家傳（周儀暐） 三九・一五九
季諧寓先生墓表（季熙） 四〇・二七
侯子有先生墓志銘（侯雲錦） 四二・三六三
侯起叔先生家傳（侯學詩） 四二・三七七
洪序也家傳（洪上庠） 四五・二九五
朝議大夫貴州遵義府知府胡君墓志銘（胡鐘） 四六・三四九
胡彝軒墓表（胡先達） 四七・九一
孫保貞墓志（孫瀛） 四九・三二七
栗恭勤公家傳（栗毓美） 五五・九七
貤贈奉直大夫陳府君墓志銘（陳晋） 五六・三三三
資政大夫禮部侍郎陳公墓志銘（陳用光） 五八・一九
陳鐵橋墓志銘（陳憲曾） 六〇・八一
陳師吾墓志銘（陳寶儉） 六〇・二一七

陳易庭墓志銘（陳蘭瑞） 六〇・二四一
陶愚齋家傳（陶宏樸） 六〇・三七九
秦省吾家傳（秦緗武） 六一・二六五
黄先生墓表（黄鎔） 六六・七九
黄个園家傳（黄至筠） 六六・三七一
贈朝議大夫黄府君墓志銘（黄廷幹） 六六・三九九
黄府君墓表（黄焕華） 六七・二五七
梁味愚先生家傳（梁本恭） 七五・三九七
誥封奉直大夫梁府君墓志銘（梁國成） 七六・三九
男八十墓碣（梅八十） 七六・一八一
家秋誒先生家傳（梅立本） 七六・二八一
兵部尚書都察院右都御史陝甘總督富察公神道碑（富呢揚阿） 七九・一六三
葉應傳（葉應） 八〇・二六五
湯府君墓表（湯勛） 八三・一三七
湯海秋墓志銘（湯鵬） 八三・二七三
項府君墓志銘（項灯） 八六・三九

貤贈奉直大夫刑部主事馮府君墓志銘（馮佶）　八六・八三

奉政大夫永定河南岸同知馮君墓志銘（馮德峋）　八七・五九

朝議大夫臺灣府知府蓋君墓志銘（蓋方泌）　八七・八五

兵部侍郎江南河道總督楊公家傳（楊以增）　八七・三八一

誥封中憲大夫安襄鄖荊道即墨縣教諭楊府君墓志銘（楊兆煜）　八八・七一

長清縣知縣楊君墓志銘（楊宣之）　八八・二九七

蔣念亭家傳（蔣作梅）　九一・二〇五

蔣少麓家傳（蔣啓敫）　九一・二八一

湖州府知府蔣君墓志銘（蔣勵宣）　九二・一

蔣岳麓先生家傳（蔣勵常）　九二・七

鄭耐生傳（鄭喬遷）　九三・八五

連州知州鄭君墓表（鄭雲龍）　九三・一〇五

陝西巡撫鄧公墓志銘（鄧廷楨）　九三・二七三

總兵劉公家傳（劉清）　九六・三七七

劉忠義家傳（劉斌）　九七・二五

國子監學正劉君墓表（劉傳瑩）　九九・五一

台州府同知龍君墓志銘（龍光甸）　一〇五・一三
謝封君墓表（謝廷恩）　一〇五・三〇七
原任予告大學士戴公墓碑（戴均元）　一〇七・一六三
韓若谷先生家傳（韓念祖）　一〇七・三八九

曹元弼

妹婿吴伊耕明經傳（吴章澧）　二四・二一九

戚學標

孝廉孔君一齋墓志銘（孔廣栻）　三・二三九
桂山君傳（王木）　五・三一三
紀妖寇王倫始末（王倫）　六・二三
王仁甫傳（王仁甫）　七・三七五
王艾山先生別傳（王艾山）　九・二三五
故四川直隸酉陽州知州畢節阮公棠村偕配黄宜人合葬墓志銘（阮樹）　二〇・一八九
國子助教茗香宋君墓志銘（宋大樽）　二五・二三一
李上舍鳴山墓碣（李文彪）　三一・三四五
故湖北宜昌府歸州守李公墓志銘（李南湖）　三三・二一九

誥授資政大夫翰林院侍講前福建巡撫李公偕配邊夫人合葬墓志銘（李殿圖） 三四・一七一
林樸齋傳（林喬豐） 四一・一三五
姚洙楷傳（姚洙楷） 四四・一三七
孝廉地齋洪君墓碣（洪坤煊） 四五・三三五
登仕郎純雷孫君墓志銘（孫逢淵） 五〇・三八七
故知思恩縣天台徐君桐山墓志銘（徐秉文） 五三・一七九
陳振英事述（陳振英） 五九・九一
陳童子馥洲傳（陳馥洲） 六〇・一三五
故文林郎江西瑞金知縣秦先生墓志銘（秦錫淳） 六一・二八三
邳州知州雙峰康公墓志銘（康杰） 七四・六一
彭梅谷傳（彭遐齡） 八〇・一五七
皇清誥授朝議大夫巡視天津濟寧漕務掌户科給事中誥贈通奉大夫陝西布政使温公墓表
（温常綬） 八三・三七九
程上舍卓亭墓碣（程堂） 八四・一一三
蔣雲川傳略（蔣湘） 九一・九七
孝義趙君傳（趙養浩） 九六・五一

十一畫

戚

十一畫　戚盛

劉文學恪亭墓碣（劉麟珵） 一〇〇・一

盛大士

例贈儒林郎直隸州州同國子監生王君墓志銘（王治） 五・三三三
華亭王瘦山墓碣銘（王爔） 七・九三
王壯節公家傳（王文雄） 八・一三三
賜祀昭忠祠四川松潘鎮左營游擊山陽江君祠版文（江坤） 一六・三一一
文學邱君墓志銘（邱彬） 二〇・三三一
誥授中憲大夫分巡浙江杭嘉湖兵備道署按察使事護理布政使事開州何公墓志銘（何學林） 二二・三三三
汪青州家傳（汪彥博） 二七・一二七
例贈修職佐郎候選訓導山陽李君墓志銘（李元善） 三一・二五五
誥授奉政大夫雲南景東廳同知署楚雄府知府前湖南永州府同知長洲李君墓志銘（李邦燮） 三二・三四九
書贈知府試用知縣李君毓昌事（李毓昌） 三四・二四七
國子監生華亭范君玉渠墓表（范繼文） 四〇・三〇一
胡蛟門傳（胡金誥） 四七・二四一
孫少初傳（孫理） 四九・二六七
徐封君傳（徐樟） 五二・一三一

黄伯璣傳（黄玉衡）　六六・二四一
張椒卿傳（張鐸）　六九・三〇一
先大父維閶公墓表（盛德）　七五・二三五
先府君行狀（盛森桂）　七五・二八三
亡兒行略（盛徵璵）　七五・二九五
賜祀昭忠祠世襲雲騎尉松江提標千總借補劉河營把總雷君墓表（雷震）　九〇・三九
保康縣典史蕭君廣銓別傳（蕭水清）　一〇四・二〇三

盛百二

鄭先生傳（鄭元慶）　九二・三五九

崔述

永州府知府石屏朱公墓志銘（朱煐）　一八・四一
江西贛縣知縣鯤池陳公墓碑（陳萬里）　五九・三一九
先府君行述（崔元森）　七四・二〇七
上本縣先布政公行狀（崔維雅）　七四・二三五
上本縣先曾祖段垣公行狀（崔緝麟）　七四・二三九

十一畫 許

許宗彦

丁教授傳（丁杰） 二·二七
汪絳人小傳（汪初） 二六·六三
山東館陶縣知縣汪君墓志銘（汪立本） 二六·三八七
浙江杭嘉湖兵備道李公墓志銘（李坦） 三〇·二七
杭太史別傳（杭世駿） 四〇·三一九
皇清誥授光禄大夫太子少保工部尚書姜公暨配誥封一品夫人顧夫人合葬墓志銘（姜晟） 四四·三〇七
通政使前副都御史孫公家傳（孫灝） 四九·三三七
太子少保前江南河道總督徐公神道碑（徐端） 五二·一〇七
誥封中憲大人前涉縣令候補同知徐府君墓志銘（徐振甲） 五三·二八三
福州陳氏祭酒嶺墓表（陳起龍） 五九·九九
學士梁公家傳（梁同書） 七六·一一
先考方伯府君行狀（許祖京） 七八·四七
刑部直隸司員外郎順天府治中許君墓志銘（許學范） 七八·一五五
浙江道監察御史許公墓志銘（許寶善） 七八·一八九
廣西思恩府知府葉君墓志銘（葉藩） 八〇·二八五

天目山禪源寺栗庵禪師塔銘（釋栗庵） 一一二·三九五
三文學合傳（汪家禧、楊鳳苞、嚴元照） 一一五·四四五

章炳麟

俞先生傳（俞樾） 四三·五五
孫詒讓傳（孫詒讓） 五一·七
高先生傳（高學治） 六五·六三
勛一位前輩陸軍部總長黃君墓志銘（黃興） 六六·五五
黃先生傳（黃以周） 六六·一七一
故總統府秘書張君墓志銘（張通典） 七二·二三九
書清彭山縣知縣康壽桐事（康壽桐） 七四·一七三
鄒容傳（鄒容） 八五·三二一
鎦永圖傳（鎦永圖） 一〇八·八九
書蘇元瑛事（蘇元瑛） 一〇八·三四七
徐錫麟陳伯平馬宗漢傳（徐錫麟、陳伯平、馬宗漢） 一一六·二五九

章梫

臨海尤君行略（尤瑩） 三·一七九

十一畫　許章

十一畫　章

王文韶傳（王文韶）　八・一六一
任光福墓表（任光福）　一四・三〇九
汪宗沂傳（汪宗沂）　二七・一〇一
林述周明經墓志銘（林端禮）　四一・一五三
金雨梧大令墓碣銘（金潤棠）　四二・二七五
孫昌凱傳（孫昌凱）　五〇・三〇一
徐用儀傳（徐用儀）　五三・三七
陸元鼎傳（陸元鼎）　五五・三〇九
蕭山縣訓導慈溪陳公墓表（陳錦榮）　六〇・九一
袁昶傳（袁昶）　六三・一
袁固之墓志銘（袁世威）　六三・八七
袁保齡傳（袁保齡）　六三・一五三
張仁黼傳（張仁黼）　七〇・三七
家石屏先生傳（章憲）　七六・三五三
許景澄傳（許景澄）　七八・一一五
葛寶華傳（葛寶華）　八一・三一七

童兆蓉傳（童兆蓉） 八四・五五
馮子材傳（馮子材） 八六・一六五
楊斯盛傳（楊斯盛） 八八・三八一
鄭敦允傳（鄭敦允） 九三・八九
趙潤生傳（趙潤生） 九六・三九
劉紫回虞衡別傳（劉安瀾） 九八・一三
貴州清溪縣知縣饒君墓表（饒榆齡） 一一〇・一八七

章學誠

爲座主梁尚書撰于文襄公墓志銘（于叔子） 二・三七七
誥授奉政大夫四川石砫直隸同知王府君墓志銘（王榮緒） 一一・二六五
敕封文林郎湖北孝感縣知縣例晉奉直大夫史府君墓志銘（史端士） 一三・六三
任幼植別傳（任大椿） 一四・二八一
滕縣典史任君家傳（任肇元） 一五・一
朱先生墓志銘（朱筠） 一八・一〇三
朱先生墓志書後（朱筠） 一八・一一一
朱先生別傳（朱筠） 一八・一一五

十一畫　章

訂正莊方耕侍郎所撰朱中憲墓表（朱松年）　一九・一八三
國子監司業朱府君墓碑（朱棻元）　一九・三三九
賀逢聖邱瑜方岳貢傳（邱瑜）　二〇・三三五
例授朝議大夫都察院經歷加三級何君家傳（何承宗）　二一・二〇七
爲金刑部撰余君墓碣（余瀾）　二三・七七
爲歐陽府尹撰霍山知縣吴君墓志銘（吴學山）　二五・七
刑部陝西清吏司郎中吴府君墓志銘（吴聯珠）　二五・一一七
汪泰巖家傳（汪宗魯）　二七・一一五
沈潯州傳（沈信）　二八・四七
誥贈中議大夫河東都轉鹽運使司運使沈府君墓碑（沈之亮）　二八・二〇三
書孝豐知縣李夢登事（李夢登）　三四・一九九
李蘗月小傳（李蘗月）　三五・二九七
杜豐其家傳（杜沛）　三五・三八九
杜夔均家傳（杜秉和）　三六・五九
邵與桐別傳（邵晋涵）　三七・一九
敕贈文林郎獲鹿縣知縣周府君墓志銘（周泓）　三七・一八九

翰林院編修周府君墓志銘（周澧） 三七・三一一
周書昌別傳（周永年） 三八・五一
周松巖先生家傳（周義洙） 三九・七一
周篔谷別傳（周震榮） 三九・一八五
直隸按察使司按察使郎公家傳（郎若伊） 四〇・九五
萬年茂鄉賓林耐閒傳（林正紀） 四一・六三
金指揮家傳（金友勝） 四二・八三
誥贈奉直大夫宗人府主事加一級例晋朝議大夫乾隆己丑科進士安慶府儒學教授金府君墓志銘（金序珽） 四二・一四三
柯先生傳（柯紹庚） 四六・八三
夏松期墓志銘（夏永） 五一・二七九
改正毛西河所撰徐亮生尚書傳（徐人龍） 五二・二〇三
徐漢官學士傳（徐復儀） 五四・一〇三
明通政使司右參議贈大理寺少卿徐龍川公別傳（徐學詩） 五四・一六五
爲畢制府撰浦贈公墓碑（浦文源） 五五・五一
例贈文林郎廣平縣學廪膳生員栗君墓志銘（栗爾寬） 五五・一一五

十一畫　章

十一畫　章

陳伯思別傳（陳本忠）　五八・三九
改訂史蒼言所撰會稽陳君墓碣并銘（陳承梗）　五八・三三七
爲畢制軍撰翰林院編修張君墓志銘（張坦）　六八・三〇一
張介村先生家傳（張洛）　六八・三一三
贈徵仕郎國子監助教張公墓志銘（張見龍）　七一・九九
樂野先生家傳（章諺）　七六・三五七
載璜公家傳（章士熊）　七六・三六三
節愍公家傳（章尚絅）　七七・四七
候選教諭彭君家傳（彭祖賢）　八〇・六九
馮瑶罌別傳（馮邵）　八六・九五
馮定九家傳（馮郲）　八六・一〇一
湖北按察使馮君家傳（馮廷丞）　八六・二五一
鴻齋甄公傳（甄崇德）　八九・三三五
甄鴻齋先生家傳（甄崇德）　八九・三四三
蔣南河先生家傳（蔣四洲）　九一・一七七
蔣漁村編修墓志銘書後（蔣雍植）　九一・三一一

徵君熊志懿墓志銘（熊倩） 九二・六一
兵部侍郎巡撫雲南副都御史裴公家傳（裴宗錫） 九四・九五
劉湘煃傳（劉湘煃） 九八・三六三
謝恕園傳（謝辦） 一〇五・一九九
顧大訓傳（顧大訓） 一一〇・三四九
顧天錫傳（顧天錫） 一一一・二七
徐本仙陳良翼傳（徐本仙、陳良翼） 一一四・一六三
歐魏列傳（歐陽東鳳、魏運昌） 一一四・三七九
瞿九思郝敬傳（瞿九思、郝敬） 一一五・七一
前志傳（徐學謨、郭正域、廖道南、劉湘煃、顧天錫、盧紘、鄒觀光） 一一七・一
開禧守襄陽傳（趙淳、皇甫斌、魏友諒等） 一一七・二七
嘉定蘄難傳（李誠之、秦鉅、趙善腆、阮希甫、寧時鳳、董戡、趙與裕） 一一七・四五
三耿二顧張緒傳（耿定向、耿定理、耿定力、顧問、顧闕、張緒） 一一七・七九
復社名士傳（王一翥、劉敷仁、程良規、劉祺、吴亮思、黄文旦、官撫辰、官撫極、官撫邦、
王泰徵、陳師泰、黄正色、孟道一、曹大聲、楊文薦、易道暹、易爲瑚、易道旦、馮雲鷺、
汪陛延、劉咸慶、傅汝爲、劉申錫、金甌、詹謹之、孫轔、桂啓芳、徐養心、蔡仕、孟登、

方舟、曹之棟、曹大濩、譚如絲、李楚生、易爲鼎、袁素亮、任宏震、張問明、劉康、杜濬、李世恪、汪煉南、韋克振、余順明、王南圖）　一一七・一〇五
明季寇難傳（曾發祥、魏時光、陳類兒、魏友交、呂希允、婁貴宸、熊兆貞、熊兆宗、明睿、陳一房、朱蘊鍦、朱華邐、朱英黎、朱盛濃）　一一七・一四七
平夏逆傳（葉映榴、宣德仁、李國俊、朱璘、張芑、馬雲會、齊國政）　一一七・一七五
庚辛之間亡友列傳（侍朝、胡士震、沈棠臣、陳以綱、唐鳳池、樂武、錢詔、徐薌坡、張羲年、顧九苞、羅有高、曾慎）　一一七・四三一

梁玉繩

靖邊副將軍完顏公墓表（完顏查弼納）　二五・三七五
金星齋小傳（金大緯）　四二・六三
孫文樵小傳（孫維夏）　五一・一九五
志趙映辰殯（趙泰樞）　九五・一九七

梁同書

蔣君修隅墓志銘（蔣知廉）　九一・二二五

梁啓超

清光禄大夫禮部尚書李公墓志銘（李端棻）　三四・二八一

李鴻章（一名中國四十年來大事記）（李鴻章）　三五・八七
袁崇煥傳（袁崇煥）　六三・一七三
嘉應黃先生墓志銘（黃遵憲）　六八・一六七
南海康先生傳（康有爲）　七四・六九
三十自述（梁啓超）　七六・六一
阮文達撰焦理堂傳（焦循）　八三・七五
番禺湯公墓志銘（湯叡）　八三・二六九
戴東原先生傳（戴震）　一〇六・三五三
戴南山孑遺録（戴名世）　一〇七・一三九
戊戌六君子傳（康廣仁、楊深秀、楊鋭、林旭、劉光第、譚嗣同）　一一六・二三一

張士元

王北溪傳（王元文）　七・三一一
書王宋賢事（王元啓）　七・三三五
保定縣知縣沈君墓表（沈翰）　二八・一六七
奉政大夫湖南鳳凰廳同知沈君行狀（沈麟）　二八・一八九
周今圖家傳（周南）　三七・二〇一

奉政大夫同知順德府事徐君行狀（徐豫吉） 五四・一九九
書陸中丞遺事（陸燿） 五五・二八一
先考行略（張友仁） 七〇・一〇五
書張佩璁事（張嘉玲） 七三・七七
書董念橋事（董家麐） 八二・五三
中憲大夫刑科給事中費公事略（費振勛） 八五・一七五
書鈕書城公治縣事（鈕琇） 八五・二七七
楊列歐傳（楊復吉） 八八・三六七
錢繼升傳（錢昌） 一〇二・八三
書御史錢公事（錢灃） 一〇二・二二五
盱眙教諭錢先生行狀（錢大培） 一〇二・二五七
湘鄉謝公述（謝振定） 一〇五・三六七
永嘉縣訓導酈君墓表（酈欣） 一一〇・二一七
顧先生墓表（顧參） 一一〇・二四三
書壽同春李喬基死事（壽同春、李喬基） 一一四・三三一

張文虎

于充甫家傳(于爾大) 三・一
晉贈奉政大夫翰林院庶吉士加四級仇君墓志銘(仇世賢) 三・五五
王望溪家傳(王渭熊) 一一・五三
鳳翔府知府柯亭朱公家傳(朱琦) 一七・四〇一
都察院左都御史性齋朱公家傳(朱椿) 一八・六三
朱伯泉大令家傳(朱大源) 一八・二八七
朱虞欽學博家傳(朱大韶) 一八・二九五
何子清廣文述(何忠萬) 二一・二二五
沈葵軒家傳(沈葵軒) 二九・二二三
浙江候補知府林公家傳(林鈞) 四一・一一
孝匈傳(哈孝匈) 四三・一八一
姚蘇卿先生小傳(姚清華) 四四・二一七
惺齋姚師家傳(姚煒琥) 四四・二五三
姜雲亭家傳(姜熙) 四四・三一九
唐端甫別傳(唐仁壽) 四八・三六三

十一畫　張

陳孝子傳（陳宗源）　五八・二九九
陳曾夔墓碣（陳曾夔）　五九・一八九
黃小園先生傳（黃鐸）　六六・一二一
儒林郎布政司理問雲閣張公行狀（張栻）　六八・三八一
屠巖香公家傳（屠玉基）　七四・二八五
章斗山家傳（章夢斗）　七七・九一
書劉軍門逸事（劉銘傳）　九九・一八九
昭武都尉江寧駐防佐領兼步軍統領卓佳公墓志銘（輝翰泰）　一〇一・三一
盧處士墓志銘（盧有基）　一〇一・三〇五
文學盧君墓志銘（盧祖潢）　一〇一・三四五
錢賓之傳（錢培名）　一〇三・八九
候選訓導錢君殯志（錢熙經）　一〇三・二五七
愚庵錢公家傳（錢樹芝）　一〇三・二六九
繆介夫先生家傳（繆福照）　一〇五・一三七
韓月泉述（韓承恩）　一〇七・三八三
浙江黃巖鎮總兵世襲騎都尉羅公家傳（羅光炤）　一〇九・五七

皇清誥封中議大夫甘肅候補知府階州直隸州知州加三級竹齋顧公墓表（顧岱） 一一〇・二三一
皇清敕贈儒林郎翰林院庶吉士加二級前翰林院庶吉士山西靈石縣知縣顧公墓表（顧夔） 一一〇・三一七
誥封朝議大夫晋封通奉大夫顧公墓志銘（顧鍾秀） 一一一・二二九
顧尚之別傳（顧觀光） 一一一・二三九
張沛霖時霖兄弟合傳（張九思、張九宜） 一一四・二二一
二熊君兄弟合傳（熊其光、熊其英） 一一四・三四三

張成孫

方彥聞傳（方履籛） 五・一二三
王君學愚家傳（王曰旦） 八・八五
國子監學正晁坦齋家傳（晁合宜） 五四・二五七
晁君春谷家傳（晁尚仁） 五四・二六一
章君昂霄傳（章廷幹） 七七・三九
臧孝子傳（臧禮堂） 九四・一八五
盧君雲津墓志銘（盧浩） 一〇一・二三九

張廷玉

大學士白公家傳序（白潢） 一三・三三一

光禄大夫太子太師文華殿大學士兼吏部尚書謚文端田公神道碑銘（田從典）　一四・四七
光禄大夫太子少保吏部尚書兼理兵部尚書謚莊恪甘公墓志銘（甘汝來）　一四・一五七
光禄大夫太子太傅文華殿大學士兼吏部尚書加贈太傅謚文端朱公墓志銘（朱軾）　一八・一四九
資政大夫吏部右侍郎署直隸總督加贈禮部尚書謚端簡何公神道碑銘（何世璂）　二一・一五一
敕撰和碩怡賢親王行狀（冷和碩怡賢）　二三・一八七
資政大夫吏部左侍郎加尚書銜致仕李公神道碑銘（李旭升）　三二・一九三
光禄大夫經筵講官禮部尚書李公墓志銘（李周望）　三二・三六九
資政大夫江蘇巡撫兵部右侍郎兼都察院右副都御史邵公墓志銘（邵基）　三六・二六七
奉直大夫原任廣東學政按察使司僉事翁公墓志銘（翁嵩年）　六二・三四九
先考予告光禄大夫文華殿大學士兼禮部尚書謚文端敦復府君行述（張英）　六八・三六一
冢子内閣學士兼禮部侍郎若靄行略（張若靄）　七二・三一
大學士謚文端張公傳（張鵬翮）　七四・一一
贈中議大夫梅君傳（梅以燕）　七六・二〇三
光禄大夫太子太傅文華殿大學士兼吏部尚書加贈少保謚文敏嵇公墓志銘（嵇曾筠）　七九・二二一
通奉大夫經筵講官禮部侍郎梁村蔡公神道碑銘（蔡世遠）　九〇・二八三
光禄大夫太子少傅吏部尚書專管刑部尚書事謚文恭勵公墓志銘（勵廷儀）　一〇二・三九

張伯行
純孝王命時先生墓表（王命時） 九·三六三
皇清誥授光禄大夫經筵講官户部尚書加七級王公墓志銘（王鴻緒） 一二·四七
冉蟫庵傳（冉覲祖） 一二·二六一
明進士中大夫太僕寺卿管廣東鹽屯水利道事實升一級紫屏何公暨配傅淑人墓志銘（何運亮） 二一·三八九
胡敬齋先生傳（胡居仁） 四七·一六七
翰林侍讀澹成陸公墓表（陸肯堂） 五六·五七
皇清誥授通議大夫總督河道兵部右侍郎謚恪勤陳公墓志銘（陳鵬年） 六〇·一四五
文學華理奇偕配孺人合傳（華汝修） 六一·三七七
皇清敕贈文林郎江南和州含山縣知縣許君墓志銘（許琦） 七七·二三九
嵇留山先生傳（嵇永仁） 七九·二〇九
考授州佐潛若程君墓志銘（程國明） 八四·三三七
太學生待贈文林郎翰林院編修衡湘鄒公墓志銘（鄒卿森） 八五·三七三
蔡恭靖先生墓志銘（蔡璧） 九〇·二三五
薛敬軒先生傳（薛瑄） 一〇四·二九
羅整庵傳（羅欽順） 一〇九·一五七

張庚

二曲先生傳(李顒)　三〇·三七七
書焦存兒事(焦存兒)　八三·一〇九
劉昆傳(劉昆)　九六·三一七
西湖二先生傳(沈蘭先、應撝謙)　一一三·三八五
檇李兩孝廉傳(李天植、巢鳴盛)　一一三·三九一

張星鑑

方確淵傳(方步瀛)　四·三八三
江蘇六合縣知縣朱君傳(朱恭壽)　一九·二四一
書朱莊恪公守鎮遠事(朱桂楨)　一九·二四七
吳高伯厝志(吳曾蔭)　二四·二八三
李尚之先生傳(李鋭)　三〇·三二一
書從化縣知縣李君殉難事(李福培)　三四·一八九
吏部稽勛司員外郎周采三先生墓表(周曾毓)　三九·三一
宣粲文傳(宣陳奎)　四三·一九三
姚桂林傳(姚庭昌)　四四·一四三

書徐福林死難事（徐福林） 五四・一一一
陳碩甫先生傳（陳奐） 五六・二七一
書陳碩甫先生（陳奐） 五六・二七七
書黃耕陶死事（黃師唐） 六七・二三九
書張丹村太守（張作楠） 七一・一一
楊厚存先生墓志銘（楊光照） 八八・一〇九
楊鑑泉傳（楊建昭） 八八・三〇三
戴子高傳（戴望） 一〇六・二九九
文學顧君傳（顧廷翰） 一一一・八七

張惠言

書左仲甫事（左輔） 一三・一一九
江安甫葬銘（江承之） 一七・一三五
封中憲大夫大理寺寺副吴君墓志銘（吴之駿） 二三・一〇九
周維城傳（周豐） 三七・二九五
承拙齋家傳（承任） 四〇・四九
故儒林郎祝君墓志銘（祝士模） 四三・二三七

陸以甯墓志銘(陸致遠) 五六·九五
恭城知縣陸君祠版文(陸廣霖) 五六·一四三
陳長生傳(陳長生) 五八·三四三
濟南知府莊君傳(莊鈞) 六二·一四五
莊君墓表(莊緗衡) 六二·二三九
貤贈文林郎袁君家傳(袁思齊) 六三·一六九
先府君行實(張蟾賓) 七四·四一
許省初家傳(許敦胄) 七八·一二五
例贈文林郎許君墓志銘(許穆宗) 七八·一六七
封文林郎惲君墓志銘(惲輪) 八二·一八一
楊君茹征墓志銘(楊彙吉) 八九·二七
經師誠傳(經綸) 八九·三三一
刑部司獄韓君家傳(韓士純) 一〇七·三六七

張雲璈

武功大夫漕標中軍副將白公傳(白雲上) 一三·三四九
總督銜湖北巡撫汪勤僖公墓志銘(汪新) 二六·一九三

黔江縣知縣李石浦先生墓志銘（李光甲）　三二·七五
太學金君家傳（金應鵠）　四二·二九九
徐潤青小傳（徐綱）　五二·一二七
郭晋庵先生墓志銘（郭連選）　六五·二九九
公車自序（張雲璈）　七二·三六一
文學崔君家傳（崔應榴）　七四·二五五
翰林學士梁公傳（梁同書）　七六·一
梁孝廉小傳（梁履繩）　七六·一五九
修補治中竹軒單君墓志銘（單渠）　七九·一四三
河南布政使諸公墓志銘（諸以謙）　一〇〇·四一
遂安教諭陳君香圃暨弟太學生遠屏合傳（陳徵餘、陳兆蓤）　一一四·一九九

張裕釗

贈中議大夫前浙江寧紹台道方君家傳（方桂）　四·二一一
誥授資政大夫廣西巡撫方公家傳（方顯）　四·二六三
方府君家傳（方秋岡）　五·五
文學余君墓志銘（余翼運）　二二·一四三

吴徵君墓志銘（吴元甲）　二三・一八三
廬江吴徵君墓表（吴廷香）　二三・三七三
贈道銜湖北升用知府荊門直隸州知州李剛介公殉難碑記（李榞）　三〇・二四九
候選郎中查君墓表（查紹籛）　四六・四七
誥授通奉大夫江蘇布政使倪公墓碑（倪良曜）　四八・二六五
唐端甫墓志銘（唐仁壽）　四八・三六九
莫子偲墓志銘（莫友芝）　六二・六三
汝南通判馬府君墓表（馬樹華）　六四・七一
外舅黄君墓表（黄宣）　六五・三八五
誥授中憲大夫即選道江蘇候補知府黄君墓志銘（黄克家）　六六・三七九
兄子慕梁葬志（張後灝）　七一・三四九
先府君暨先妣事略（張善準）　七二・二八一
漢陽馮府君墓表（馮作新）　八六・二二九
誥贈奉政大夫山東長山縣知縣黎府君墓表（黎安理）　九六・二四七
知府銜洮州廳撫民同知劉君墓表（劉詩）　九七・五三

張遠覽

孝廉于先生墓志銘（于蓋臣）　三・二三

張可庭先生傳（張文齡）　七〇・一三七

理君安和傳（理安和）　七七・一三一

爲山先生傳（楊爲山）　八八・三〇七

劉秀才傳（劉景躍）　九九・一

張際亮

丁若士先生墓志銘（丁履恒）　二・一六九

方翁傳（方爲治）　五・一

沁軒朱公墓志銘（朱勛）　一八・四七

朱明經傳（朱文倫）　一八・三三七

邑文學吴君墓志銘（吴德先）　二四・三九三

先曾祖原若公暨妣黄孺人墓碣（張遠憲）　七三・一二三

葉旬卿傳（葉修昌）　八〇・三八七

姊婿鄢太學墓志銘（鄢必魁）　八七・七九

鄭君墓志銘（鄭清瀾）　九三・七七

張壽榮

方務堂君墓表（方勛）　四・二三三
方夢香君墓志銘（方椿）　四・二三九
潤齋方君墓表（方仁照）　四・二九一
族兄舜田墓志銘（張楹）　六九・八七
先考行略（張世鈿）　七〇・一七五
四弟采于墓志銘（張成沚）　七一・七七
仲兄芹香墓志銘（張成泮）　七一・七九
伯兄聽水先生家傳（張成滄）　七一・八三
季弟伊水墓志銘（張成湄）　七一・八七
五十自叙（張壽榮）　七三・九三
鄭蘭亭君墓表（鄭炯）　九二・二二五
鄭八三墓表（鄭堅）　九二・二五五
鄭省吾家傳（鄭紹鼎）　九三・八三
孝子鄭琢田家傳（鄭錦琅）　九三・一三七
捫龍先生傳（繆允昌）　一〇五・八七

繆觀瀾君家傳（繆逢原） 一〇五・一三三
方博泉君暨弟岳庵性齋二君墓表（方仁沛、方泰、方基） 一一五・一一九

張爾岐

陜西西寧道按察司副使王君小傳（王宮臻） 一〇・一六五
連城王先生墓表（王琢璞） 一一・五九
慰山邢先生墓志銘（邢其諫） 一五・二五五
鱗游知縣吴君小傳（吴汝爲） 二三・三四五
渤海李君暨配合葬墓志銘（李若訥） 三三・三〇五
蒼屏陳先生墓表（陳王政） 五七・三五一
處士前川府君墓表（張蘭） 六九・二九九
處士見誠張君暨配劉孺人合葬墓志銘（張夷愫） 七二・一
蒿庵處士自叙墓志（張爾岐） 七三・八五
莘縣訓導温伯先生鄧君墓志銘（鄧光玉） 九三・二六九
明故處士劉君暨配姚孺人墓志銘（劉逢源） 九八・三一七
明處士静齋欒君墓志銘（欒養廉） 一一二・三九

張澍

明伏羌侯毛武勇公傳（毛忠）　三・二九三
支離叟傳（支離叟）　五・二六五
貤贈朝議大夫允若王君墓表（王允若）　七・三八三
誥授通奉大夫山西布政使司布政使王小郇傳（王廷華）　九・三〇一
書王恒一葬棺事（王淳敬）　一〇・四〇三
左都督福建陸路提督贈太子少保謚壯敏王公傳（王萬祥）　一一・一三三
誥贈奉直大夫晋贈中憲大夫王西園先生墓表（王繼謨）　一二・一六九
明河間府知府石公傳（石文器）　一三・二二五
田鑑川傳（田均隨）　一四・三三
敕授文林郎四川銅梁縣知縣鏡泉吕君墓志銘（吕清）　一五・三五一
昭武將軍桂亭何公傳（何守林）　二一・一七三
何梅生小傳（何承先）　二一・二〇三
書吴之巽事（吴之巽）　二三・一〇五
誥封武德騎尉茂華李君墓志銘（李芍）　三〇・一九
誥封武德騎尉茂華李君墓表（李芍）　三〇・二三

忠顯校尉李君傳（李德）　三〇·二七九
書建威將軍浙江提督三等壯烈伯李忠毅公事（李應昇）　三五·四五
誥授朝議大夫掌貴州道監察御史姚君傳（姚堃）　四三·三一五
誥授朝議大夫即用員外郎雲屏晁君墓志銘（晁凝福）　五四·二六五
馬衡山傳（馬璇）　六三·二六三
亡兒阿多墓銘（張多）　六八·二五三
誥授奉直大夫刑部湖廣司主事張雲樵墓志銘（張述燕）　七二·六九
書張撫軍靖叛事（張連登）　七二·二四五
誥授通議大夫廣西按察使程任齋墓志銘（程卓梁）　八四·二七一
劉星五先生傳（劉作垣）　九八·四七
書劉默園觀察蚶洋出險事（劉默園）　九九·二七五
潘石生考功傳（潘挹奎）　一〇〇·二三九
敕封文林郎晉封奉政大夫隆德縣儒學訓導雲峰謝公暨敕贈孺人晉贈宜人陳太君合葬墓志銘（謝鏊）　一〇五·二四五
敕封文林郎晉封奉政大夫隆德縣儒學訓導謝君暨誥贈宜人陳太君墓表（謝鏊）　一〇五·二五三
山東安丘縣知縣謝蓮湖傳（謝葆龗）　一〇五·三八一

十一畫　張

敕贈提督軍門振威將軍法福哩巴圖魯謚武烈韓公傳（韓嘉業）　一〇七·三九九

張履祥

邱平叔傳（邱允琦）　二〇·三四一
吴子仲木墓志銘（吴蕃昌）　二五·三一
吴子裒仲墓志銘（吴謙牧）　二五·一二三
倪寄生傳（倪露）　四八·一九五
徐孔坪遺事（徐孔坪）　五二·二九九
先考事略（張明俊）　七一·二六一
先世遺事（張明俊）　七一·二六五
張公節烈事略（張焜芳）　七二·三一九
生曠引（張履祥）　七三·一八三
錢先生遺事（錢濤）　一〇二·二一一
太學錢先生墓志銘（錢福徵）　一〇三·一二七
同學紀略（鄭弘、屠安世、錢寅）　一一五·三四九

張穆

誥授光禄大夫太子少保兩廣總督高平祁恭恪公墓志銘（祁𡎴）　一六·一八一

揀選知縣李君墓志銘(李曰茂) 三一·二八三
誥授光禄大夫河南山東河道總督贈太子太保渾源栗恭勤公墓志銘(栗毓美) 五五·一〇五
故内閣學士前倉場侍郎會稽莫公事略(莫晋) 六二·九
先大父泗州府君事輯(張佩芳) 七一·一一三
先兄補庵府君行述(張晋暹) 七二·七五
例授奉政大夫翰林院編修記名御史顯考曉浒府君暨顯妣王宜人李宜人行述(張敦頤) 七二·二六一
誥贈奉政大夫左春坊左贊善候補東河縣丞外舅趙君墓志銘(趙學彭) 九六·五九
誥授振威將軍太子太保四川提督齊勇毅公神道碑銘(齊慎) 九六·九七
誥授振威將軍太子太保齊勇毅公家傳(齊慎) 九六·一〇一
高要蘇封君家傳(蘇燦舉) 一〇九·五

張濬

金福九先生墓志銘(金壽康) 四二·二〇五

張鑑

國學生王君家傳(王國闓) 一〇·三一五
太學丘君家傳(丘大圻) 一三·三六九
儒學訓導汪君墓志銘(汪逢堯) 二七·一七九

循吏蒔塘張君別傳(張吉安)　七〇·三二三
例贈儒林郎太學生葛君墓表(葛焕斗)　八一·二七三
温也癡先生家傳(温一貞)　八三·三六三
楓溪程君祔葬墓記(程廷獻)　八四·二四九
鄉飲賓蔡君墓表(蔡璘)　九〇·二三一
包山蔡君改葬墓志銘(蔡猶龍)　九〇·三二一
包山蔡君虚白墓表(蔡鵬九)　九〇·三七七
滕綺嚴君家傳(嚴登)　一〇九·三六九
國學生嚴君家傳(嚴希涑)　一一〇·七七

十二畫

彭元瑞

王君瓊圃家傳(王之宴)　七·一五九
光禄大夫太子太傅兵部尚書海山周文恭公墓志銘(周煌)　三七·二三七
承德郎湖北施南府通判贈榮禄大夫刑部左侍郎姜公合葬墓志銘(姜震)　四四·三三一
胡文良公墓補志(胡文良)　四七·二九

光禄大夫太子太傅禮部尚書曹文恪公墓志銘（曹秀先） 七五·六一
户部山西司郎中劉君墓志銘（劉世寧） 九七·二七九

彭啓豐

資政大夫都察院左都御史贈太子少傅禮部尚書沈端恪公墓志銘（沈近思） 二八·三四一
資政大夫禮部左侍郎胡公墓志銘（胡煦） 四六·三三九
光禄大夫經筵講官太子太傅東閣大學士兼工部尚書陳文恭公墓志銘（陳宏謀） 五八·二〇九
通奉大夫都察院左副都御史雷公墓志銘（雷鋐） 九〇·二五

彭紹升

故兵部尚書兼都察院右副都御史總督江南江西于清端公事狀（于成龍） 二·三三七
王生越珊述（王瑚伯） 一一·一二九
恩授修職郎府學生任君墓志銘（任德成） 一五·一三
吴丈改堂述（吴夑） 二三·七七
汪大紳述（汪縉） 二六·二三三
故中大夫光禄寺卿加二級沈公事狀（沈起元） 二九·八九
沈先生述（沈執中） 二九·一一三
李先生墓志銘（李繩） 三一·一七

故光禄大夫文華殿大學士兼吏部尚書李文襄公事狀(李之芳)　三一・九三
故光禄大夫文淵閣大學士李文貞公事狀(李光地)　三二・八七
書李誠齋行述後(李懷信)　三五・六一
黃石齋先生手書周忠介公神道碑跋(周順昌)　三九・六七
婁縣教諭林君墓志銘(林蕃鍾)　四一・一九三
太學生孫君墓志銘(孫泰溶)　五〇・三八一
故光禄大夫吏部尚書協辦大學士孫文定公事狀(孫嘉淦)　五一・一四七
徐孝子傳(徐炯)　五二・五一
故資政大夫文華殿大學士掌翰林院事徐公事狀(徐元文)　五二・三四七
奉直大夫翰林院編修徐君墓志銘(徐天柱)　五二・三九一
户部雲南司主事徐君墓志銘(徐天驥)　五三・一
陸君丙嘉述(陸金鱗)　五六・六七
故四川道監察御史陸清獻公事狀(陸隴其)　五六・一九三
陳東莊先生傳(陳黃中)　五九・一四七
陳和叔傳(陳黃中)　五九・一五一
故通議大夫總督河道兵部右侍郎兼都察院右副都御史陳恪勤公事狀(陳鵬年)　六〇・一七一

縣學生黃君墓志銘（黃林）　六五・三八三
常州知府黃君墓表（黃永年）　六六・二二九
張翁傳（張予焯）　七〇・一一一
故光禄大夫禮部尚書張清恪公事狀（張伯行）　七〇・三九七
曹孝子傳（曹起鳳）　七五・七五
秋士先生墓志銘（彭績）　七九・二五三
秋士先生述（彭績）　七九・二五五
皇清光禄大夫經筵講官兵部尚書致仕先考彭府君事狀（彭啓豐）　八〇・一〇一
故中憲大夫工部尚書湯文正公事狀（湯斌）　八三・二三七
故資政大夫禮部尚書楊文定公事狀（楊名時）　八八・一五九
故通奉大夫都察院左副都御史雷公事狀（雷鋐）　九〇・三一
故提督河南學政按察使副使蔣公事狀（蔣伊）　九〇・三八七
蔣君墓志銘（蔣大成）　九一・一二七
故東閣大學士吏部尚書熊文端公事狀（熊賜履）　九二・一五七
故資政大夫户部尚書趙恭毅公事狀（趙申喬）　九四・三九一
盧太公墓志銘（盧存心）　一〇一・二九三

閻懷庭墓表（閻循觀）　一〇三・三六三
薛家三述（薛起鳳）　一〇四・一〇九
故資政大夫刑部尚書魏敏果公事狀（魏象樞）　一〇六・一三九
韓長儒墓表（韓愨）　一〇七・三三七
羅臺山述（羅有高）　一〇九・七五

葉昌熾

江蘇即用知縣王君筱艭墓志銘（王濟）　七・三九
滄州知州王公蘭村墓志（王文田）　八・一〇三
內閣中書恩賞舉人王君仙根墓志銘（王偉楨）　一〇・三三一
三品銜軍機處行走戶部湖廣司郎中王君蒿隱墓志銘（王頌蔚）　一一・一四三
江南淮揚海河務兵備道朱先生墓志銘（朱之榛）　一八・二六七
前吏部右侍郎總理各國事務大臣郘亭汪公墓志銘（汪鳴鑾）　二七・二二九
候選同知沈君寬夫墓志銘（沈國琛）　二九・九七
國史循吏宗源瀚傳（宗源瀚）　三九・二九九
五品銜翰林院庶吉士殷君小譜暨德配卓恭人墓志銘（殷源）　五四・三八九
太保東閣大學士贈太傅陸文端公墓志銘（陸潤庠）　五六・一六一

翁亦泉家傳（翁榮義）　六二・三六七
章楨之廣文家傳（章汝梅）　七七・三一
先祖竹齋公事略（葉秀荃）　八〇・三七三
程卧雲家傳（程廷桓）　八四・二四五
蔣穉薌傳（蔣德瀓）　九一・三四五
劉竹屏封翁家傳（劉文林）　九七・二五一
六合縣學訓導劉公静巖墓志銘（劉静巖）　九九・一二一

萬斯同

書徐霞客傳後（徐弘祖）　五三・八一

董以甯

坦然先生傳（周文煒）　三八・三九
金忠潔公傳（金鉉）　四一・三九三
金御史公傳（金毓峒）　四二・一九九
陳定生先生墓表（陳貞慧）　五九・三三
禮部郎中巢君墓表（巢震林）　七五・一九一
歐敬竹傳（歐敬竹）　一〇〇・八三

惠棟

沈君果堂墓志銘（沈彤）　二八・三一

程先甲

上元吴公墓碑（吴藻言）　二五・一五三
皇清誥授振威將軍記名簡放提督張公碑（張紹棠）　七二・二二五
芥法師塔志銘釋（釋介航）　一一二・一七七

程廷祚

少京兆余公墓表（余甸）　二二・四七
易孝子傳（易芳）　四〇・一一五
安徽布政使司布政使安州陳公行狀（陳德榮）　六〇・三一
外舅楚江陶公行狀（陶窳）　六〇・三〇九
許孝子傳（許季覺）　七八・五
先考祓齋府君行狀（程京萼）　八四・二一三
儲恕齋太史傳（儲晋觀）　一〇六・一九三

程晋芳

文木先生傳（吴敬梓）　二四・三二五

晚甘先生傳（程茂）　八四·九九
綿莊先生墓志銘（程廷祚）　八四·二三九
兄溉堂墓志銘（程志銓）　八四·二六三
水南先生墓志銘（程嗣立）　八四·三六五
嚴海珊小傳（嚴遂成）　一一〇·一二一
四死事傳（王日杏、吴璜、孫維龍、趙文哲）　一一五·三九三

程恩澤

王君元長墓志銘（王大善）　七·二〇五
兵部尚書王公墓志銘（王宗誠）　九·三七三
贈長蘆鹽運使伍公神道碑銘（伍光瑜）　一五·一三五
户部福建司郎中鶴皋祁公神道碑銘（祁韵士）　一六·二四一
吴篁洲遷葬志（吴鎔）　二三·八七
汪君別傳（汪炯）　二六·七七
翰林院修撰汪先生墓志銘（汪如洋）　二七·五
候選同知李君墓志銘（李蓂）　三〇·二七五
光禄寺卿興縣康公神道碑銘（康紹鏞）　七四·一三九

戴尚書神道碑（戴三錫）　一〇七・七五
河南按察使嚴公神道碑銘（嚴士鋐）　一一〇・九
通政司副使顧公墓志銘（顧蒓）　一一〇・二七三

程瑤田

河西寓公叙略（方粹然）　五・一一七
端孝先生行略（江世琳）　一六・三七七
吴漫公事略（吴兆傑）　二三・二九九
雲岫先生墓志銘（汪廷龍）　二七・九一
金櫝山墓志（金茗）　四一・三三一
皇清太學生焦君墓志銘（焦葱）　八三・八三
家獻可孝廉家傳（程杞）　八四・八三
先季弟覲文事略（程光烈）　八四・一九九
五友記（江衡、汪隨、洪性鈉、汪肇瀧、戴震）　一一五・四〇一

程鴻詔

衍聖公事述（孔慶鎔）　三・二五五
王朝佐傳（王朝佐）　一一・三七

王立峰傳（王樹本） 一二・六五
儒林郎贈奉直大夫朱府君暨配盧太宜人合祔墓志銘（朱承璋） 一九・一七三
朱和甫傳（朱鏡蓉） 二〇・一四三
何君傳（何元鞏） 二一・一〇九
余君傳（余毓祥） 二二・一二三
贈修職郎吴君家傳（吴廷傑） 二三・三八三
光禄大夫安徽布政使贈内閣學士銜吴君墓志銘（吴坤修） 二四・六九
汪友蓉傳（汪鏡） 二六・二六七
汪朝議行狀（汪日宣） 二六・三六七
邵郎敷傳（邵瑩葆） 三七・八七
林君傳（林戴榮） 四一・一五九
俞薌林先生傳（俞正禧） 四三・七一
胡通議傳（胡元熙） 四七・一五
孫君文燦傳（孫廷貴） 五〇・八七
張先生小傳（張穆） 六九・一九一
張將軍事述（張文奇） 七〇・一一九

十二畫

程

梁中憲墓志銘（梁元）　七五・三一一
葉給諫事述（葉繼雯）　八一・九七
梘溪族星堂君傳（程致煌）　八四・三一三
程吏部傳（程振甲）　八四・三三三
族祖本良君傳（程復心）　八四・三四五
軒宇府君傳（程雲翔）　八四・三五九
誥贈奉政大夫昭武都尉程府君墓碑銘（程學本）　八五・五
馮君仲翔墓志銘（馮壽榕）　八七・一三
武進管君傳（管繩萊）　九四・九一
黟兩先生傳（俞正燮、汪文臺）　一一四・九一
孫吴傳（孫廷冕、吴錫光）　一一四・一四五
胡吴汪俞附諸死事傳（胡浚、吴正貞、汪必珙、俞大望）　一一六・一
待詔府君兩曾孫附三烈傳（程慶治、程恩煦）　一一六・一五

焦廷琥

何梯雲權厝志（何方衢）　二一・一一三
書吴千爲軼事（吴千爲）　二三・一二三

謝景張傳（謝文英）　一〇五・二九五

焦循

書王鷺亭事（王聯）　七・五九
代阮宮保撰王善香觀察墓志銘（王如金）　九・一五三
表叔王容若墓志銘（王容若）　一〇・一六九
朱文正公神道碑後記（朱筠）　一八・一三九
阮湘圃先生別傳（阮承信）　二〇・二三九
吴完甫墓志銘（吴完甫）　二四・一七
石埭儒學教諭汪君孝嬰別傳（汪萊）　二六・一三七
亡友汪晉蕃傳（汪光爔）　二六・四〇一
名醫李君墓志銘（李炳）　三〇・五一
李孝臣先生傳（李惇）　三〇・一〇三
揀選知縣李君濱石事狀（李鍾泗）　三五・二六一
李嵩泉墓志銘（李鍾源）　三五・二七五
周縣丞傳（周大綸）　三七・三五三
陳達夫傳（陳達夫）　五九・二三九

代阮撫君撰雲南府通判岸亭陳君墓志銘（陳聖修） 五九·二九七
喬先生墓志銘（喬椿齡） 七九·一三一
葉霜林傳（葉英） 八〇·二〇五
伯祖心若府君墓表（焦炳） 八三·五三
先考事略（焦蔥） 八三·九三
族父訓導公墓表（焦率祖） 八三·一一三
直隸總督樸園楊公別傳（楊景素） 八八·三九五
儀徵縣學生鄭君暨節婦吴孺人墓志銘（鄭涵） 九二·二五七
鄭孝子墓志銘（鄭禧） 九二·二九一
節孝臧君墓表（臧禮堂） 九四·一四五
書謝少宰遺事（謝金圃） 一〇五·三三一
甘泉優貢生鍾君墓志銘（鍾懷） 一〇六·二三一
顧小謝傳（顧鳳毛） 一一一·一八一
書江都兩生（徐復、周室輔） 一一四·一五七

鄒漢勛

善化知縣方君事略（方炳文） 四·四〇三

貤贈修職郎廩膳生艾先生傳（艾士益）　一四・一八七
江都縣知縣周君傳（周際華）　三九・一〇七
漳浦縣知縣周君傳（周錫齡）　三九・二一五
濟南同知陳君傳（陳炳極）　五八・三九五
新繇縣知縣陳君傳（陳嗣虞）　五九・二六九
例授修職郎候選訓導歲貢生顯考眉山府君行述（鄒文蘇）　八五・三五三
貤贈修職郎優行縣學生鄧先生傳（鄧顯鶴）　九三・三二七

惲敬

王盛墓石記（王盛）　六・一五一
書王麗可事（王銑）　六・二七一
兵部額外主事王君墓志銘（王育琮）　一〇・四一
廣西按察使朱公神道碑銘（朱爾漢）　一九・三八五
彭澤縣教諭宋君墓志銘（宋華國）　二五・三一五
南儀所監掣同知署揚州府知府護兩淮鹽運使李公墓闕銘（李暲）　三〇・三〇七
浙江分巡杭嘉湖道陝西候補道李公墓表（李翮）　三〇・三四九
袁州府訓導李君墓志銘（李步廷）　三三・七九

十二畫　惲

浙江提督李公墓闕銘（李長庚）　三三・一四一
國子監生周君墓表（周志濂）　三八・一七七
刑部尚書金公墓志銘（金光悌）　四二・九一
翰林院庶吉士金君華表銘（金式玉）　四二・一二七
前翰林院編修洪君遺事述（洪亮吉）　四五・三八三
孫九成墓志銘（孫韶）　四九・二八五
前濟南府知府候補郎中徐君遺事述（徐大榕）　五二・二三五
贈光禄大夫陳公神道碑銘（陳道）　五七・九三
莊經饒墓志銘（莊雋甲）　六二・二二三
外舅高府君墓志銘（高光啓）　六四・二八七
張府君墓志銘（張奏勛）　七一・三八五
張皋文墓志銘（張惠言）　七二・二八九
刑部主事曹君墓志銘（曹德華）　七五・一二七
寧都營參將博羅里公墓志銘（博羅里）　七九・一一
前臨川縣知縣彭君墓志銘（彭淑）　七九・二三九
朝議大夫董君華表銘（董大鯤）　八一・三六一

前四川提督董公神道碑銘（董天弼）　八一・三六七
南田先生家傳（惲格）　八二・一五三
后溪先生家傳（惲釜）　八二・一五七
東麓先生家傳（惲巍）　八二・一八七
子惠府君逸事（惲子惠）　八二・一九一
遜庵先生家傳（惲日初）　八二・一九五
香山先生家傳（惲本初）　八二・二一一
少南先生家傳（惲紹芳）　八二・二三九
衷白先生家傳（惲厥初）　八二・二四一
楊貫汀墓志銘（楊元申）　八七・三七三
楊中立戰功略（楊光時）　八八・一〇一
兵部侍郎銜署直隸總督裘公神道碑銘（裘行簡）　八九・二三五
舅氏清如先生墓志銘（鄭環）　九二・二九九
寧都州學正聞君墓志銘（聞星杰）　九三・一九三
漢中府知府護漢興道鄧公墓志銘（鄧夢琴）　九三・二九七
書獲劉之協事（劉之協）　九七・一五五

十二畫　惲

前太子少保雲貴總督劉公祠版文（劉玉麟）　九七・三六五
國子監生錢君墓志銘（錢伯坰）　一〇二・三八五
謝南岡小傳（謝枝崙）　一〇五・三三三
太子少師體仁閣大學士戴公神道碑銘（戴衢亨）　一〇七・二五五
羅臺山外傳（羅有高）　一〇九・七三
饒府君墓志銘（饒珊）　一一〇・一六三
饒陶南墓志銘（饒廷詔）　一一〇・一六七
後二僕傳（夏清、柳芳）　一一四・一四九

曾釗

祁公竹軒行狀（祁𡎴）　一六・一九一
陳觀樓先生傳（陳昌齊）　五八・三一一
安徽六安直隸州知州馬君家傳（馬福安）　六四・三三
張磬泉孝廉家傳（張杓）　六八・二八一
定襄縣知縣廖君墓碣銘（廖翱）　九〇・一四九
鄧徵君別傳（鄧淳）　九三・二〇三
儀君墨農墓志銘（儀克中）　九六・二九三

關東榮先生墓表（關遠光） 一〇九・三四三

曾國藩

丁君墓志銘（丁善慶） 二・一四九
江忠烈公神道碑（江忠源） 一七・五
李勇毅公神道碑銘（李續宜） 三五・三〇三
李忠武公神道碑銘（李續賓） 三五・三一一
邵位西墓志銘（邵懿辰） 三七・九五
季公墓志銘（季芝昌） 四〇・三九
苗先簏墓志銘（苗夔） 四〇・一五七
林君殉難碑記（林源恩） 四一・一四五
唐確慎公墓志銘（唐鑑） 四八・三四七
孫君墓表（孫葆恬） 五一・八一
莫君墓表（莫與儔） 六二・一〇九
郭依永墓志銘（郭剛基） 六五・二九一
張君墓表（張以詁） 七〇・七五
張樹程墓志銘（張善準） 七二・二七七

彭君墓表（彭永思）　七九·二七七
葛寅軒先生家傳（葛大賓）　八一·二四九
季弟事恒墓志銘（曾國葆）　八二·三〇一
曾府君墓志（曾麟書）　八三·二七
鄧湘皋先生墓表（鄧顯鶴）　九三·三二一
趙君神道碑（趙仁基）　九四·三四一
黎君墓志銘（黎愷）　九六·二二一
劉君事狀（劉廷楠）　九八·七七
劉君家傳（劉傳雲）　九九·三三
劉君墓志銘（劉傳瑩）　九九·三九
劉君墓碑銘（劉時華）　九八·二八五
歐陽府君墓志銘（歐陽凝祉）　一〇〇·一〇五
錢君墓表（錢泰吉）　一〇三·四三
戴府君墓志銘（戴道峻）　一〇七·二三三
羅忠節公神道碑銘（羅澤南）　一〇九·一八九

勞乃宣

于曉庵先生家傳（于致紳） 二·四〇一
高麗門下侍中謚文成安晦軒先生神道碑（安珣） 一六·一五五
有清誥贈資政大夫候選主事沈君墓表（沈善孳） 二九·一二五
清故附貢生周君墓志銘（周積華） 三九·二〇五
湖北漢黃德道武公墓志銘（武震） 四一·二四一
有清通議大夫四五品京堂前翰林院侍講學士張君墓表（張佩綸） 七一·一八一
趙杏樓先生家傳（趙曾棟） 九五·二五九
清故恩貢生盧君墓志銘（盧福基） 一〇一·三五三
賜同進士出身誥授通奉大夫廣西右江兵備道戴公行狀（戴恩溥） 一〇七·一八三

馮桂芬

方恬庵先生家傳（方玉璞） 四·三三一
光禄大夫東閣大學士文恪王公墓志銘（王鼎） 六·三六五
恤贈知府銜候選同知秀水王君暨配張恭人合葬墓志銘（王亭謙） 九·二四一
贈知府銜雲騎尉世職湖北揀發知縣無錫王君墓志銘（王恩綬） 一〇·二三九
浙江升用知縣候補府經歷贈雲騎尉世職吴縣王君家傳（王熙恩） 一一·三三九

贈資政大夫知州銜河南永城縣知縣有庚吳公暨配邱太夫人合葬墓志銘(吳毓金) 二四·三四一
四川候補道嘉定府知府李君墓志銘(李文瀚) 三一·三六七
贈太子太保武英殿大學士華陽卓公神道碑銘(卓秉恬) 三七·一三九
按察司銜署安徽廬鳳潁道天津剛愍金公墓志銘(金光筯) 四二·九九
奉政大夫安徽補用同知直隸州署六安州事恤贈雲騎尉世職元和金君墓碑銘(金寶樹) 四二·三一三
職方韋君家傳(韋坦) 四八·一六一
陳君若木家傳(陳時) 五六·三三七
陳君傳(陳瑒) 五七·五三
陳太守傳(陳宗元) 五八·二八五
榮祿大夫贈太常寺卿鹽運使銜福建興泉永兵備道會稽秦公神道碑銘(秦金鑑) 六一·二一九
馬中書傳(馬釗) 六三·二五一
恤贈知州銜雲騎尉世職候選從九品長洲健庵馬君家傳(馬善) 六三·二五七
振威將軍廣東陸路提督幹勇巴魯圖正定郭公暨配李夫人合葬墓志銘(郭繼昌) 六五·三四三
浙江石浦同知張君墓志銘(張祖基) 七一·三八九
振威將軍贈太子太保一等輕車都尉世職霍羅琦巴圖魯幫辦軍務江南提督高要忠武張公小傳(張國樑) 七二·一五三

張繼庚傳（張繼庚）　七四・四五
奉直大夫內閣中書加四級常熟叔巖曾君墓表（曾熙文）　八三・二一
資政大夫太常寺卿蕭山湯公墓志銘（湯修）　八三・一三一
程中書傳（程皶）　八四・一四五
南韶鎮總兵桐城程忠烈公小傳（程學啓）　八五・二七
五十自訟文（馮桂芬）　八六・三六三
誥封奉直大夫晋封奉政大夫例晋中憲大夫翰林院編修加六級顯考春圃府君行述（馮智懋）　八六・三九一
劉觀察傳（劉存厚）　九八・二九
贈騎都尉世職候選道劉君家傳（劉廷瑛）　九八・六三
光禄大夫太傅武英殿大學士文恭潘公墓志銘（潘世恩）　一〇〇・一六三
員外郎銜升用主事內閣中書潘君墓志銘（潘希甫）　一〇〇・二〇九
功甫潘先生暨配嚴宜人合葬墓志銘（潘曾沂）　一〇〇・二四七
顧茂才傳（顧一鳴）　一一〇・三二九

馮浩

桐鄉邑侯吕君傳（吕爾禧）　一六・七九
安肅縣知縣沈君傳略（沈可培）　二八・二五三

孝廉李君傳（李淦） 三〇·一一九
禮部左侍郎加一級李公墓碑（李宗文） 三二·三七九
知蒙陰縣事徐公傳（徐錦） 五二·一四七
湖南巡撫陸君墓志銘（陸燿） 五五·二七五
兩淮鹽運司運判陸公暨配項宜人墓志銘（陸黄鉞） 五六·一〇一
封文林郎静軒張公墓志銘（張國錦） 七二·一四九
盛菊畦先生行狀（盛支焯） 七五·二四七
贈文林郎上海縣知縣姊婿許君暨配孺人姊墓志銘（許士杰） 七七·二七三
先祖考刑部左侍郎伯陽府君傳略（馮景夏） 八六·三八一
楊君立三傳略（楊建） 八七·一八五
秀水縣知縣前任海寧州知州戰君傳略（戰效曾） 一〇一·一九三
贈文林郎全椒縣知縣鍾公暨配馮孺人墓志銘（鍾倬雲） 一〇六·二五一

馮景

山陽邱公曙戒傳（邱象升） 二〇·三八一
俞老僕墓志銘（俞文） 四二·三八一
徐先生傳（徐介） 五二·一

柴處士傳（柴紹炳） 五四・二八三
仁和陸孝子傳（陸承祺） 五六・六三
昌化令陶子師傳（陶元淳） 六〇・三一七
應處士傳（應撝謙） 一〇五・四九
歸安三異人傳（王山、李氏、吳氏） 一一五・一二七

馮登府

毛大鵬傳（毛大鵬） 三・三四一
福建閩縣知縣方君墓志銘（方履籛） 五・一二一
松厓王君墓志銘（王潤） 六・三三九
陽和仲君傳（仲泰） 一五・一六七
吳君思亭墓志銘（吳修也） 二四・一一七
太學生菊庵周君傳（周寰） 三七・二三三
周鄭堂明經傳（周中孚） 三七・三六三
香谷子傳（金蓀） 四二・七
文林郎翰林院編修胡君傳（胡鑑） 四六・三五三
太子太師文靖孫公神道碑（孫爾準） 五一・九九

十二畫　馮

孝廉秋佩馬君墓志銘（馬世芳）　六三・三三一
頻伽郭君墓志銘（郭麐）　六五・一三五
張天錫傳（張天錫）　七〇・七九
皇清誥授儒林郎内閣中書舍人端木府君墓志銘（端木國瑚）　九三・一八五
書羅臺山事（羅有高）　一〇九・八七
江都二詩人傳（朱老匏、李天澂）　一一三・三三九

馮煦

誥授資政大夫光禄寺卿提督浙江學政加五級丁君墓志銘（丁紹周）　二・一二五
孔印川墓志銘（孔昭寀）　三・二〇三
孔宥函先生傳（孔繼鑅）　三・二七一
毛次米傳（毛鳳虎）　四・四五
書毛次米傳後（毛鳳虎）　四・五一
王邁卿傳（王英冕）　一〇・一二三
清故寶應縣學生成先生墓志銘（成孺）　一五・二九一
清故靈壽縣知縣贈太僕寺卿銜謚恭恪成君墓志銘（成肇麐）　一五・三三一
工部尚書祁世長碑文（祁世長）　一六・二二一

大清誥授中憲大夫特用道甘肅凉州府知府署甘州府知府賞戴花翎從舅朱公行狀（朱百川） 一九・二七
誥封榮禄大夫江蘇候補道吴公墓志銘（吴雲） 二二・三二一
岑孝子墓志銘（岑德固） 二五・三八三
安陸李湏上先生墓表（李道平） 三四・二二七
周武壯公神道碑（周盛傳） 三九・一九
周嘯霞先生傳（周榮植） 三九・一三九
清故兩淮鹽運使洪公墓志銘（洪汝奎） 四五・三一一
胡清介先生墓志銘（胡孟奎） 四七・一六三
孫平甫先生傳（孫世均） 五〇・二五
誥授榮禄大夫二品銜湖南按察使桂公墓志銘（桂中行） 五五・一二一
張卓堂墓志銘（張達） 六九・六三
山東巡撫張曜碑文（張曜） 六九・二六七
誥授榮禄大夫廣西布政使護理巡撫康公墓志銘（康國器） 七四・一一九
梁參前先生傳（梁祖緒） 七六・三五
章炳之傳（章觀方） 七七・一二九
軍機大臣兵部尚書許庚身碑文（許庚身） 七七・三九一

許恭慎師墓志銘（許庚身）　七七・三九三
誥授光禄大夫太子少保軍機大臣兵部尚書恭慎許公行狀（許庚身）　七七・三九九
書葛雲門事（葛雲門）　八一・二七七
高祖慎齋府君家傳（馮秉彝）　八六・二七五
五世祖曙雲府君家傳（馮漢煒）　八七・四九
誥授榮禄大夫一品封典廣東廣州府知府馮公墓志銘并序（馮端本）　八七・五三
刑部尚書嵩申碑文（嵩申）　八七・七七
蒯子範先生墓志銘（蒯德模）　八七・一一七
頭品頂戴陝西布政使蔣公神道碑銘（蔣凝學）　九一・三七三
劉縵卿先生墓志銘（劉書雲）　九八・二九一
署江蘇常鎮通海兵備道錢公神道碑（錢寶傳）　一〇三・二八五
薛慰農先生墓表（薛時雨）　一〇四・八七
鮑幼宣先生墓志銘（鮑上傳）　一〇四・三〇七
謝純庵墓表（謝立德）　一〇五・三〇五

馮熙

成先生行狀（成孺）　一五・三〇五

湯金釗

誥贈通議大夫福建按察使綸宣王公墓碑（王模）　六・三五五
誥贈通議大夫例晉資政大夫綸宣王君傳（王模）　六・三六一
誥授光祿大夫經筵講官工部尚書加二級謚文簡伯申王公墓志銘（王引之）　八・四五
誥授光祿大夫大理寺卿前經筵講官工部尚書小山白公墓碑（白鎔）　一三・三三五
朱光信先生墓表（朱恕）　一七・二八五
誥授資政大夫貴州巡撫静齋朱公神道碑（朱理）　一七・三五五
朱孝子傳（朱璉）　一八・一七一
誥封奉直大夫國子監司業潤平李府君墓志銘（李賡颺）　三四・三四九
來虹橋大令家傳（來珩）　三七・一〇七
封文林郎例晉奉直大夫筠堂周府君家傳（周縉）　三七・二六七
查侍臣太翁家傳（查玉衡）　四六・四五
敕授文林郎浙江嚴州府儒學教授前候補內閣中書陳君行狀（陳家騄）　五九・四九
例授修職郎候選儒學教諭翊勛陶府君墓志銘（陶定山）　六一・一
誥授朝議大夫直隸永平府知府筠谷秦君墓志（秦沆）　六一・一二一
張解元傳（張海珊）　七二・一二一

誥授奉政大夫江蘇海州直隸州知州萊山葉君墓表（葉機）　八〇・二五五
例授文林郎候選知縣掌絲侄傳（湯綸）　八三・二五五
駕青九兄家傳（湯應虬）　八三・三五五
敕授文林郎例贈儒林郎淮安府教授前直隸故城縣知縣此山鄒君墓志銘（鄒麟書）　八六・一
敕授徵仕郎前國子監助教南滎鄭君傳（鄭豹文）　九三・五一
衛正節先生傳（衛富益）　一〇〇・三一
誥授通奉大夫太僕寺卿加二級容弇盧君墓志銘（盧浙）　一〇一・二四三
聲南韓丈家傳（韓鏞）　一〇七・三五五

强汝詢

方存之先生家傳（方宗誠）　四・三四三
史禮堂先生家傳（史祐）　一二・二八五
阮君家傳（阮淦）　二〇・一七九
遼陽州知州吴君家傳（吴富春）　二四・二六三
芮巖尹先生傳（芮長恤）　三五・三五九
周棣林先生家傳（周肖豳）　三八・一五七
段慶安先生家傳（段載錫）　四五・二三七

三從叔父堯甫公家傳（强琳） 八五・一〇七

賀濤

于君吉庵墓志銘（于爲儀） 二・三九七
蘿村先生墓表（弓毓華） 三・三七
定州王文泉先生行狀（王灝） 七・一〇九
王小泉先生行狀（王用誥） 八・三三五
王普齋先生墓表（王敬照） 一一・九七
王重璽先生墓表（王瑞祥） 一一・一二五
王榕泉先生墓表（王肇晋） 一一・三〇一
朱君步齋墓志銘（朱靖宣） 一九・三六一
吴先生行狀（吴汝綸） 二三・三二七
吴先生墓表（吴汝綸） 二三・三三七
吴熙甫先生墓表（吴汝純） 二三・三五一
誥封榮禄大夫吴公墓志銘（吴繩曾） 二五・一六七
沈越生傳（沈頌元） 二九・二三七
交河李君墓表（李元術） 三一・二五一

十二畫　賀

李君恕堂墓表（李全仁）　三二・二三五
李亞之先生墓表（李希聖）　三二・二六九
杜潤生先生墓表（杜霖）　三六・二七
慶陽府知府步公墓表（步際桐）　三六・九三
宗蓉舫先生墓志銘（宗于瀛）　三九・二九一
宗鍔廬墓表（宗俊宸）　三九・二九七
宗君華甫墓志銘（宗樹桐）　三九・三一五
孟宜堂先生墓表（孟憲春）　三九・三八五
廣西布政使范公家傳（范梁）　四〇・一七一
兵部郎中永年武君墓志銘（武用章）　四一・二六五
徐君少珊墓志銘（徐嘉賢）　五四・一二五
山西絳州直隸州知州陳君墓志銘（陳世綸）　五八・一
陳尊齋先生墓表（陳烈新）　五九・八三
肅寧郭君墓表（郭奉坤）　六五・二五一
吏部侍郎張公傳（張仁黼）　七〇・六一
南皮張君傳（張元翰）　七〇・九九

張君又新墓表（張銘盤）　七三・一一五
寶慶府知府饒陽常公墓表（常如楷）　七四・二七三
饒陽常君墓表（常熙敬）　七四・二七九
賀立群先生墓表（賀立群）　八五・二三三
叔父鐵君先生事略（賀錫珊）　八五・二六七
楊剛介公家傳（楊昌泗）　八八・二五三
裘翼庵傳（裘祖詒）　八九・二四一
誥封資政大夫署鳳陽府知府泗州直隸州知州裘公墓志銘（裘寶善）　八九・二四五
賈星垣先生墓志銘（賈拱辰）　八九・三六一
武强蔡君墓表（蔡寶桂）　九〇・三八三
劉君範堂墓表（劉仲楷）　九七・三八一
饒陽劉君墓表（劉維藩）　九九・一六七
婺源潘竹銘墓表（潘廷槐）　一〇〇・一九九
謝倬峰墓表（謝山壽）　一〇五・二七一
戴鏡源先生墓表（戴廣涵）　一〇七・二三九

十三畫

蒯光典
誥授中議大夫三品銜補用道夔州府知府監督夔渝兩關税務隨帶加二級先考子範府君事略（蒯德模）　八七·一二五
蓀葆田
翰林院編修王君墓表（王蘭昇）　一二·一五七
楊守敬
清故四品銜户部主事陳君墓志銘（陳喬森）　五九·一五七
楊峴
江忠烈公殉廬州記（江忠源）　一七·一〇五
朱步沆傳（朱步沆）　一九·一八九
漕運總督朱公墓表（朱爲弼）　一九·二二一
石渠吴坔傳（吴坔）　二二·二三五
海鹽縣知縣汪君傳（汪榮棠）　二七·二四五
沈鳳飛傳（沈鳳飛）　二九·二八七

西安縣知縣李君墓志銘（李枝青） 三三・三七
內閣學士兼禮部侍郎銜周公神道碑銘（周玉麒） 三八・八五
光禄寺署正周君墓志銘（周啓儁） 三八・一一一
范禾傳（范禾） 四〇・一六七
宣重光傳（宣重光） 四三・一八九
祝有琳傳（祝有琳） 四三・二六一
施方傳（施方） 四五・八五
山東候補道施君墓志銘（施補華） 四五・一七一
查人倬傳（查人倬） 四六・三七
胡培系傳（胡培系） 四七・二八九
倪印元傳（倪印元） 四八・二五一
奚疑別傳（奚疑） 五一・二七一
陳先生述（陳奐） 五六・二六七
高銓傳（高銓） 六四・二二五
直隸州知州高君墓志銘（高心夔） 六四・二七五
張先生傳（張潮） 六九・一五七

十三畫　楊

張鑑傳（張鑑）　六九·三一一
曹南朱勃傳（曹南）　七四·三三九
許君傳（許月波）　七七·二九七
紫莨翁傳（楊峴）　八七·一九七
叔兄述（楊寶彝）　八九·一六七
臧先生述（臧壽恭）　九四·一三三
慶孝子傳（慶之源）　一〇〇·六九
潘周尊傳（潘周尊）　一〇〇·二一五
韓潮傳（韓潮）　一〇七·三二九
書嚴先生逸事（嚴可均）　一一〇·四一
潼關同知顧君墓表（顧淳慶）　一一一·一五九
徐溥沈錫彤傳（徐溥、沈錫彤）　一一四·一六一
僧量雲達受傳（釋量雲、釋達受）　一一五·一〇九
汪士驤錢松李念孫傳（汪士驤、錢孫、李念孫）　一一六·一〇五

楊椿

尚書唐公墓志銘（唐執玉）　四九·一五

徐僉事傳（徐尚介） 五三・一九五
湯文正公傳（湯斌） 八三・二〇一
單縣知縣立誠墓志銘（楊士凝） 八七・三六七
六弟日乾墓志銘（楊日乾） 八八・一
仲兄古度先生墓志銘（楊古度） 八八・五五
五弟汝穫墓志銘（楊汝穫） 八八・一九一
族祖父衢州公傳（楊廷望） 八八・二〇三
少保楊清端公墓志銘（楊宗仁） 八八・二三五
伯兄遂根先生墓志銘（楊茂實） 八八・三二三
四弟乘萬墓志銘（楊乘萬） 八八・三三三
邑庠生贈文林郎錢學聖先生狀（錢養浩） 一〇三・二六一

楊鳳苞

書孔孟文事（孔孟文） 三・一九一
朱柏廬紀略（朱用純） 一八・三九七
記朱佑明（朱佑明） 一九・一二五
記吴楚（吴楚） 二二・三四九

吴孝靖紀略（吴翢） 二三・九一
沈簡討傳（沈榮） 二八・一四九
書李元旦事（李元旦） 三一・二三一
記李令晳（李令晳） 三三・二九
呼德下紀略（呼谷） 三九・二五九
記茅元銘（茅元銘） 四〇・三〇五
侯文節傳（侯峒曾） 四二・三四九
孫若士紀略（孫元凱） 五〇・七
黄貞文傳（黄淳耀） 六七・二七一
張茂公傳（張萼盛） 七三・四五
曹石霞紀略（曹允昌） 七五・二九
書鮑辛甫遺事（鮑鉁） 一〇四・二九一
歸恒軒紀略（歸莊） 一〇八・七三
孫孟樸沈聖符紀略（孫淳、沈應瑞） 一一四・一三九
潘京慧韓茂貽紀略（潘爾彪、韓繹祖） 一一四・四〇一
吴氏四子紀略（吴振遠、吴宗潛、吴宗泌、吴宗漢） 一一六・一〇九

侯雍瞻父子紀略（侯岐曾、侯元汸、侯元洵、侯元泓）　一一七·四一九

雷鋐

方望溪先生行狀（方苞）　四·一七七
王若濟先生墓志（王汝楫）　九·一八五
伊介耳先生墓表（伊予先）　一五·七九
伊孝廉家傳（伊見知）　一五·八九
朱府君墓碣銘（朱霦）　一八·二〇五
贈吏部尚書朱公家傳（朱極光）　一九·二八九
吴象方墓志銘（吴琮）　二二·三〇一
巫碧瞻墓志銘（巫近漢）　二五·四〇五
李簡庵墓志銘（李圖南）　三四·二七三
夏存齋家傳（夏熙澤）　五一·三七五
徐青牧先生傳（徐世沐）　五三·一七
張簣山先生行略（張其恂）　七一·二〇五
張楊園先生傳（張履祥）　七三·一七一
張警庵先生傳（張鵬翼）　七四·三七

西林鄂文端公逸事(鄂爾泰) 七七・一五七
童寒泉墓志銘(童能靈) 八四・七三
齊峰蔡君墓志銘(蔡可遠) 九〇・二九三
黎敬孺傳(黎時誥) 九六・二六三
劉體先傳(劉文龍) 九七・二七三
閻典史傳(閻應元) 一〇三・三八一
記所聞混同顧公事(顧琮) 一一〇・二五三
顧陸合傳(顧宏勛、陸夢野) 一一五・九七

釋際醒

敕封闡教禪師塔銘(釋達天) 一一二・三六一

十四畫

趙一清

書徐貞明遺事(徐貞明) 五三・二六五
符葯林先生傳(符曾) 七七・一六九
光禄大夫經筵講官工部尚書鐵巖公行狀(趙殿最) 九五・三六七

趙瑾叔傳（趙瑾叔） 九六・四七
劉義士傳（劉翼明） 九九・三四一
明江西參議錢喜起傳（錢喜起） 一〇三・一一一

趙士麟

錢塘少參三餘汪公墓志銘（汪漸磐） 二七・二三七
翰林院編修沈耿巖傳（沈珩） 二八・七一
翰林院編修沈耿巖太史墓志銘（沈珩） 二八・八一
李仲瀾明經傳（李澄） 三〇・三〇三
宮師大學士謚文勤李公坦園先生傳（李霨） 三一・一
李文襄公相國鄴園公傳（李之芳） 三一・四七
明兵科給事中雲岑李公碑銘（李毓新） 三四・二五一
宮師大學士謚文端杜公敬修先生傳（杜立德） 三六・四一
巡撫廣西雪海郝大中丞公傳（郝浴） 四六・一七七
吏部尚書謚恭定郝公端甫先生傳（郝惟訥） 四六・二〇一
封翁信山胡公墓志銘（胡彧） 四六・二七三
徐元修隱君傳（徐國麟） 五四・一七

陝西分守涼莊道参政西嶽崔公墓志銘（崔華）　七四・一九三
葛星巖公傳（葛震）　八一・二三五
馮少司寇再來公傳（馮甦）　八六・一二五
誥贈光禄大夫吏部左侍郎先考忍庵公傳（趙文科）　九四・三六三
先叔考介庵公傳（趙時腴）　九五・一九九

趙之謙

陽湖莊君墓志銘（莊賡熙）　六二・二三五
新寧劉公墓碣銘（劉罕如）　九八・五七
吴縣潘公墓碣銘（潘曾綬）　一〇〇・二七五

趙坦

丁魯齋先生傳（丁傳）　二・四三
朱徵君傳（朱彭）　一七・三九九
紀朱文端公佚事（朱軾）　一八・一六一
朱倚亭先生傳（朱金鐸）　一九・二一一
汪漢郊墓志銘（汪家禧）　二七・一三七
陳豫鍾傳（陳豫鍾）　六〇・八九

張侖發先生傳（張淦）　六八・三八七
單華藏先生傳（單炤）　七九・一四一
書藏孝子傳後（臧禮堂）　九四・一九一
保甓居士傳（趙坦）　九四・二三五
本生考中和府君行述（趙熙）　九四・二八九
錢枕山先生傳（錢選）　一〇二・二三一
羅一林先生傳（羅煜）　一〇九・二九

趙執信

慈峨王君墓志（王昜）　五・三三九
王壽州傳（王棐）　六・一四一
例贈文林郎邁千王君暨楊冷二孺人合葬墓志并銘（王沛憻）　一〇・二七
江都王岸圃先生墓志（王復衡）　一一・一三
翰林院編修文林郎鹿關田君墓志（田需）　一四・一
林庵杜先生墓志（杜樾）　三六・一七
房舍人傳（房蒿）　四〇・一〇七
德州貢生復公金君墓表（金樫）　四二・三七

内翰林秘書院檢討豹嵒唐公墓表（唐夢賚）　四九·五三
承德郎内府光禄寺掌醢署正恕齋孫府君墓志并銘（孫寶仍）　五一·二五三
孫中郎家傳（孫績端）　五一·二六九
處士秦君暨元配鄭夫人合葬墓志并銘（秦驥占）　六一·三一三
光禄大夫刑部尚書鐵庵翁公行狀（翁叔元）　六二·三二三
待贈文林郎太學生張先生墓志（張之堪）　六九·三四一
張芹沚先生墓志（張四教）　七〇·二一七
翰林院庶吉士伯績張先生暨元配相孺人合葬墓志并銘（張禹玉）　七一·三二三
中憲大夫福建臺灣府知府退庵馮君墓志（馮協一）　八六·二七九
奉直大夫陝西興安州知州賈君傳（賈國楹）　八九·三六七
趙浮山先生暨元配于宜人合葬墓志并銘（趙作舟）　九五·五九
先府君行略（趙作肱）　九五·六七
太學生濬鄰叔父墓志并銘（趙作哲）　九五·七九
儒林郎候選州同知九叔父墓志并銘（趙作楫）　九五·八三
候選國子監典簿八叔父墓志并銘（趙作謀）　九五·八七
太學生季父仔大府君墓志并銘（趙作膂）　九五·九一

中大夫福建提刑按察使司按察使先叔祖韞退趙公暨元配張淑人合葬行實(趙進美) 九五・二九一
封儒林郎翰林院檢討加一級敏庵劉公墓志(劉耐) 九六・三三五
通議大夫前掌河南道監察御史涇陽劉君神道碑(劉灝) 九七・一二五
山陽劉君墓表(劉永禎) 九七・三一九
翰林院侍講學士通議大夫東岑潘君墓志并銘(潘應賓) 一〇〇・三三一
潛邱先生墓志并銘(閻若璩) 一〇三・三〇三
兩馮君家傳(馮席、馮永) 一一四・二七七

趙紹祖

朝議大夫朱翔亭公墓志銘(朱苞) 一七・二六三
從叔肖巖公行述(趙良霨) 九五・一五七
藍山僧芝山墓志銘(釋芝山) 一一二・一五九

趙銘

書朱辛泉事(朱鎏) 一八・二〇一
計珠傳(計珠) 四八・一五一
徐蘭史小傳(徐錦) 五二・一五五
陳秋田死孝記(陳秋田) 五九・一

中憲大夫道銜候選同知仁和高君墓志銘(高錫恩) 六五・八三
貤贈奉政大夫先王父頤庵府君家傳(趙煒) 九四・二五三
先曾王父政威府君家傳(趙國柱) 九五・二一七

趙懷玉

例贈文林郎國子監生丁君墓志銘(丁傳甲) 二・一五五
直隸威縣知縣丁君墓志銘(丁履端) 二・一七五
故山東青城縣知縣卞君家傳(卞謨正) 三・六九
毛先生墓表(毛穎士) 四・七九
毛陽明家傳(毛燧傳) 四・一二九
處士方君墓志銘(方梅) 四・二三一
國子監生王君墓表(王曰旦) 八・七七
贈奉直大夫江西宜黃縣知縣王君權厝志銘(王光燮) 八・三九三
朝議大夫晉授資政大夫揚州府知府伊君墓表(伊秉綬) 一五・九三
例封文林郎呂君墓表(呂祖輝) 一六・四一
誥授武義都尉例晉武功將軍玉環營參將何君家傳(何安邦) 二一・一七九
何布衣墓碣(何亮直) 二一・二五五

監察御史吳府君墓表（吳龍見）　二五・四九
中憲大夫議敘鹽運司知事汪君家傳（汪穠）　二六・二五一
文學汪君墓志銘（汪大經）　二六・三四三
直隸棗强縣縣丞汪君別傳（汪兆鼎）　二六・三九五
汪振行墓志銘（汪廷栻）　二七・六三
書沈旡咎（沈旡咎）　二八・二七一
敕授文林郎直隸豐潤縣知縣沈君墓志銘（沈振鵬）　二九・七一
文學沙君家傳（沙重巽）　二九・四〇一
兵部職方司主事李君家傳（李彤）　三〇・一五
書李芬（李芬）　三〇・四一
故浙江杭嘉湖海防兵備道周君別傳（周克開）　三八・一四三
皇清光禄大夫都察院左都御史周公神道碑銘（周興岱）　三九・一六九
屈宙甫壙志銘（屈頌滿）　三九・二七五
刑部奉天司主事金君墓志銘（金德輿）　四二・二六九
恩貢生候選直隸州州判俞君家傳（俞大謨）　四三・五九
文學姜君家傳（姜槐）　四四・三一五

國子監生洪翁墓碣銘（洪公宷）　四五·二九七
皇清奉直大夫翰林院編修洪君墓志銘（洪亮吉）　四五·三三七
孫述甫生傳（孫念劬）　五〇·三三七
故廣西恭城縣知縣署百色同知陸君墓志銘（陸廣霖）　五六·一三三
正二品廕生陳君墓志銘（陳善詒）　五九·一九一
清故奉政大夫陝西邠州直隸州知州莊君墓志銘（莊炘）　六二·一二一
陝西臨潼縣知縣升商州直隸州知州莊府君墓志銘（莊映）　六二·一二九
文學莊君墓志銘（莊勇成）　六二·二〇三
内閣中書舍人莊君行狀（莊選辰）　六二·二四五
例封修職郎國子監生莊君家傳（莊闢和）　六二·二五一
山西交城縣知縣莊君別傳（莊繩祖）　六二·二六三
朝議大夫河南河南府知府張君墓志銘（張松孫）　七一·三一一
河南分巡南汝光道署河南按察使崔君墓志銘（崔景儀）　七四·二三七
誥授中憲大夫分巡湖北荆宜施道崔府君墓志銘（崔龍見）　七四·二四七
故廣東番禺縣知縣許君家傳（許承志）　七八·二五
山東莒州知州許君墓表（許紹錦）　七八·八一

河南衛輝府知府葉君家傳（葉元符）　八〇・三〇九
奉政大夫封朝議大夫貴州大定府水城通判加同知銜葉府君墓表（葉樹滋）　八一・七一
福建鳳山縣知縣世襲雲騎尉湯君墓表（湯大奎）　八三・二九七
朝議大夫廣西潯州府知府例封通奉大夫湯府君墓志銘（湯大賓）　八三・三〇三
封文林郎湯府君墓表（湯自銘）　八三・三二七
廣西荔浦縣知縣楊君墓志銘（楊倫）　八七・一九三
贈太常寺卿楊公墓志銘（楊揆）　八七・二一一
誥授中憲大夫廣東候補道前江西南昌府知府楊君墓表（楊煒）　八七・二五一
故甘肅會寧縣知縣楊君家傳（楊稷）　八七・二九七
户部廣東司員外郎前甘肅靈州知州楊君墓志銘（楊芳燦）　八八・二五九
直隸長蘆鹽運分司天津運同楊君家傳（楊瑛昶）　八九・三九
敕封徵仕郎例贈文林郎國子監生楊君墓志銘（楊詩南）　八九・六一
陝西宜川縣知縣路君墓表（路學宏）　九〇・一
御園織染局司庫伍堯君家傳（廣順）　九〇・一一一
書蔣經元遺事（蔣經元）　九一・三三七
陝西興安府漢陰通判蔣君家傳（蔣騏昌）　九二・二五

揚州府甘泉縣訓導鄭君墓表（鄭環）　九二・二九五
贈儒林郎管君墓表（管景賢）　九四・四九
資政大夫兼兵部侍郎都察院右副都御史總督淮揚等處地方提督漕運海防軍務兼理糧餉管公墓志銘（管幹貞）　九四・五五
候選知州管君家傳（管學洛）　九四・七九
書臧布衣行狀後（臧繼宏）　九四・二〇七
文學趙君家傳（趙秋澤）　九五・一八九
清故三水巡檢趙君墓志銘（趙韋玉）　九五・一九三
秋圃翁行狀（趙彪詔）　九五・二三三
世父待詔府君家傳（趙覲男）　九六・七九
奉政大夫刑部福建清吏司郎中先考趙府君事狀（趙繩男）　九六・九一
劉秩卿行略（劉理之）　九八・三一三
特贈鴻臚寺卿禮科掌印給事中劉君碑文（劉謹之）　九九・三四七
誥授榮禄大夫經筵講官兵部左侍郎劉公墓志銘（劉躍雲）　九九・三九七
書老僕錢恩（錢恩）　一〇二・九九
進士錢君行狀（錢璟）　一〇二・二一七

繆鈞撰墓志銘（繆璟）　一〇五·七五
例贈承德郎保舉孝廉方正龔君墓表（龔烈）　一一一·二五三
龔伯讓壙志銘（龔迎恩）　一一一·三七三
山西河津縣知縣龔君家傳（龔國榜）　一一一·三九三
書龔銓安事（龔銓安）　一一二·二一
龔先生家傳（龔顯祖）　一一二·三五
常州永寧寺如幻大師塔銘（釋如幻）　一一二·一五一
宋萬安和尚袈裟塔銘（釋萬安）　一一三·一三
浙兩人録（吴天生、張映奎）　一一三·三六一
二孝子録（錢聚萬、蔣經元）　一一五·九
李氏三忠合傳（李用楫、李來、李頎）　一一五·四五五

蔣士銓

延榆綏道春融王公墓志銘（王鎧）　七·七五
翰林院檢討伯庸田君墓志銘（田玉成）　一四·一九
江松泉傳（江昱）　一六·三一九
澤州知州佟公信侯傳略（佟國瓏）　二三·一七三

十四畫　蔣

入祀昭忠祠鑑南吴公傳（吴璜）　二三·一三
吴堯圃傳（吴譽）　二三·七五
樸庭先生傳（吴爚文）　二五·一四一
汪魚亭學博傳（汪軔）　二六·一一
溶川汪君墓志銘（汪汝淮）　二七·三一
普洱府知府谷公傳（谷確）　三六·一四一
資政大夫兵部左侍郎墨潭周公傳（周儼）　三七·三二三
明榮禄大夫湖南路正總兵官彝山周公墓志銘（周茹荼）　三八·三七九
左都御史檜門金公行狀（金德瑛）　四二·二二五
贈鄱陽知縣大樗金公墓志銘（金德鉉）　四二·二五九
國子監生洪君傳（洪翹）　四五·二六九
倪文貞公傳（倪元璐）　四八·二三九
龍南慎菴徐公傳（徐成滂）　五三·一四一
涂宗濬軼事（涂宗濬）　五五·六七
通政司副使石溪涂公偕配李淑人合葬墓志銘（涂逢震）　五五·六九
通政涂公傳（涂逢震）　五五·七五

寧夏道雁橋陳公墓志銘(陳履中) 六〇·五三
彰德府知府簡夫陶公墓志銘(陶其愫) 六〇·三九三
贈編修來朂秦公墓表(秦之俊) 六一·一八九
禮部祠祭司主事易齋袁公墓志銘(袁守定) 六三·一〇五
馬文毅公傳(馬雄鎮) 六四·七
孝子高木匠墓志銘(高厚學) 六四·三五三
高孝子傳(高啓夔) 六五·一九
紹興副總兵江村黃公墓志銘(黃世熺) 六六·二一九
寶意先生傳(商盤) 六八·二二五
直隸天津道素村張公墓志銘(張紹渠) 七二·二三一
彭振亭先生傳(彭麟官) 八〇·一七五
明贈光禄寺少卿安化縣知縣斗華萬公傳(萬應奎) 八一·二〇七
奉新令董宏毅傳(董宏毅) 八二·一九
武德郎景瞻曾君墓志銘(曾朝棟) 八三·九
曾君鶴園墓志銘(曾朝瀾) 八三·一三
少宗伯程公傳(程巖) 八四·一六一

十四畫　蔣

楊岸堂先生傳（楊人傑）　八七・三四五
澹園楊君墓志銘（楊國勛）　八八・三五七
太子太傅工部尚書裘文達公墓志銘（裘日修）　八九・二〇五
書蔡秉公事（蔡秉公）　九〇・二九七
先考府君行狀（蔣堅）　九一・五一
工部尚書熊公蔚懷先生墓表（熊一瀟）　九二・六五
暘山熊公墓志銘（熊熙材）　九二・一二七
劉孝子墓志銘（劉鎰）　九七・一〇九
劉孝子傳（劉鎰）　九七・一一一
劉豹君生壙銘（劉文蔚）　九七・二七五
資政大夫工部左侍郎圃三劉公暨夫人余氏趙氏合葬墓志銘（劉星煒）　九八・二四九
洛川劉公墓志銘（劉源長）　九九・六九
劉清溪傳（劉肇基）　九九・一四九
觀亭劉公墓志銘（劉學瀾）　九九・二五三
劉盥而夫婦合傳（劉觀光）　一〇〇・七
知濱州賴君傳（賴晋）　一〇二・三五

贈文林郎孝子吟臺蕭公墓志銘（蕭御龍） 一〇四・二一七
廣東廣州府海防同知犀文魏公墓志銘（魏綰） 一〇六・七三
文學玉山鍾君傳（鍾煇） 一〇六・二三九
隨園徵士邊君傳（邊連寶） 一〇八・六九
杭州府餘杭縣知縣蘇公傳（蘇萬元） 一〇九・一
左中允筠圃饒公墓志銘（饒學曙） 一一〇・一八一
龔一足傳（龔夔） 一一一・二六九
鷹潭二項合傳（項林皋、項九皋） 一一四・二七三
兩孝子傳（蕭啓聖、蕭鳳騰） 一一五・一三
越州七詩人小傳（劉文蔚、陳法乾、劉鳴玉、童鈺、茅逸、沈翼天、姚大源） 一一五・二四七

蔣彤

謝山全先生述（全祖望） 一五・二三五
養一子述（李兆洛） 三二・一五五
洪亮吉傳（洪亮吉） 四五・三五五
陸君萊莊家傳（陸我嵩） 五六・一七
莊存與傳（莊存與） 六二・一七五

館陶縣知縣張公墓表（張琦）　六九·三九
趙君孝存墓碣文（趙允懷）　九四·三四七

蔣超伯

誥封奉直大夫王君仲甫暨周宜人墓表（王啓昆）　一〇·三八一

蔣湘南

兵部侍郎吴公墓志銘（吴其彦）　二四·四九
商城縣知縣周仲甫先生墓志銘（周振之）　三八·三五九
嘉應州知州知府銜金君墓志銘（金錫鬯）　四二·二七九
名宦楊君傳（楊汝楫）　八八·一八一
楊道純傳（楊道純）　八九·七三
劉青天傳（劉清）　九六·三五九
書劉松齋先生軼事（劉清）　九六·三八三
書獲劉之協事（劉之協）　九七·一五九
書劉天保（劉天保）　九七·二二七

厲鶚

歲貢生候選儒學訓導蓋思方公暨元配沈孺人墓志銘（方職）　四·二五七

汪君嘯園傳（汪士嘉） 二六・三三三
奉直大夫深州知州李公暨元配趙宜人合葬墓志銘（李發枝） 三四・一二七
朝議大夫候選主事馬公暨元配洪恭人墓志銘（馬謙） 六三・二六七
候選儒學教諭馬君墓志銘（馬曰楚） 六三・三〇九
張曠庵先生墓志銘（張韶聞） 七三・一一七

臧庸

禮部儀制司員外郎汪君德鉞行狀（汪德鉞） 二七・二九九
禮部侍郎莊公小傳（莊存與） 六二・一六九
亡弟和貴割肱記（臧禮堂） 九四・一九三
皇清日講官起居注前翰林院侍讀學士盧先生行狀（盧文弨） 一〇一・二八一
皇例贈文林郎府學增廣生員蘇景程先生行狀（蘇淳） 一〇八・三三一

管世銘

誥授榮祿大夫兵部尚書謚恭勤李公墓志銘（李世傑） 三二・一三
柴君墓志銘（柴象天） 五四・三〇一
歲貢生鄉飲正賓黎翁墓表（黎景曉） 九六・二八三

管同

資政大夫刑部右侍郎致仕王公行狀（王昶）　五・三六五
王礪可家傳（王銑）　六・二六五
王淑卿傳（王淑卿）　一〇・三九九
舉孝廉方正李君墓志銘（李伊晋）　三二・二三一
陸鴻傳（陸鴻）　五五・二六一
陳仰韓生壙銘（陳兆騏）　五八・六九
黃蛟門傳（黃以旂）　六六・一八五
張大鵬傳（張大鵬）　七〇・七
光禄大夫振威將軍兵部尚書都察院右都御史閩浙總督董文恪公墓志銘（董教增）　八二・六七
鄒梁圃先生傳（鄒森）　八五・三二五
從舅鄒君墓志銘（鄒彝）　八五・三三一
先大父家傳（管霈）　九三・三九三
原任兵部侍郎都察院右副都御史總督漕運管公行狀（管幹貞）　九四・七五
江寧府督糧同知趙君墓志銘（趙世模）　九四・三八一
羅彬文傳（羅彬文）　一〇九・一二三

資政大夫兵部侍郎都察院右副都御史總督江南河道蘭公墓志銘（蘭第錫） 一一〇・一五五
齊召南
任待庵傳（任辰旦） 一四・三四一
力行沈先生墓志銘（沈廷櫰） 二八・三二五
文學邵君復庵墓志銘（邵教忠） 三七・五五
周白民小傳（周振采） 三八・三六九
舅氏張鳴謙先生墓志銘（張正吉） 七〇・一九五
外王父明經張府君墓志銘（張利璜） 七一・二三
秀水教諭張君墓志銘（張超英） 七二・三三一
日講官起居注翰林院侍講學士楊公墓志銘（楊椿） 八七・二三九
先考省齋府君先妣張太夫人壙記（齊鼒） 九六・一一五
敕封徵仕郎翰林院檢討顯考省齋府君行述（齊鼒） 九六・一二一
鄭虎文
國子監生呂君家傳（呂揚廷） 一六・五九
翰林院編修邵公墓志銘（邵齊燾） 三七・七三

鄭珍

王蘭上小傳（王蘭上）　一二・一三七
俞月樵先生墓志銘（俞桂林）　四三・一〇五
唐介石公傳（唐廉）　四八・三三三
柴翁説（鄭珍）　九二・二三三
誥授奉政大夫雲南巧家廳同知舅氏雪樓黎府君墓銘（黎恂）　九六・二〇三
誥授奉政大夫雲南東川府巧家廳同知舅氏雪樓黎先生行狀（黎恂）　九六・二〇七
敕授修職左郎開州訓導子元仲舅黎公行狀（黎愷）　九六・二二七
外祖静圃黎府君家傳（黎安理）　九六・二五五
瀝膽將軍傳（黎維祚）　九六・二八七
聶將軍傳（聶文啓）　一〇八・一七五

十五畫

黎庶昌

丁文誠公專祠碑（丁寶楨）　二・一九九
工部侍郎石公神道碑銘（石贊清）　一三・二四九

贈內閣學士前安徽鳳潁六泗兵備道任君神道碑銘（任蘭生）　一五・三三
書全總戎軼事（全玉貴）　一五・二一五
向伯常墓志銘（向師棣）　一六・一四三
書朱軍門克金陵城事（朱洪章）　一九・二三三
李芋仙墓志銘（李士棻）　三一・一二五
誥封通奉大夫江蘇補用道李君墓表（李宗煝）　三三・一三
江蘇按察使中江李君墓志銘（李鴻裔）　三五・二二七
直隸正定縣知縣循吏周君家傳（周灝）　三七・三三九
臺北府知府循吏林君墓志銘（林達泉）　四一・一三九
翰林院典簿胡君墓表（胡長新）　四七・二四五
知府銜江蘇候補直隸州知州孫君墓志銘（孫玉堂）　五〇・四九
特用知府華君墓志銘（華聯輝）　六二・一
莫徵君別傳（莫友芝）　六二・七一
莫芷升墓志銘（莫庭芝）　六二・八九
莫善徵墓志銘（莫祥芝）　六二・九五
誥授通奉大夫心泉高公家傳（高以廉）　六四・二五三

十五畫　黎

十五畫　黎

書張敬堂軼事（張錫嶸）　七三・三二七
章子和墓志銘（章永康）　七七・二七
晉封通議大夫署雲南恩安縣知縣傅府君墓表（傅羹梅）　七八・三六三
曾太傅毅勇侯別傳（曾國藩）　八二・三三九
楊先生墓志銘（楊開秀）　八九・七
鄭徵君墓表（鄭珍）　九二・二三七
趙剛節公神道碑銘（趙德光）　九六・二一
誥授奉政大夫黎府君墓表（黎恂）　九六・一九七
從兄伯庸先生墓表（黎兆勛）　九六・二四三
仲兄椒園墓志銘（黎庶蕃）　九六・二六五
先兄魯新墓志銘（黎庶燾）　九六・二六九
劉君墓志銘（劉仕元）　九七・三三三
蕭吉堂先生墓志銘（蕭光遠）　一〇四・二一三
誥授光禄大夫山西巡撫鮑公墓志銘（鮑源深）　一〇四・三六五
布政使銜四川候補道蹇君墓表（蹇闇）　一〇五・一六三
鄭兩山人傳（鄭琿、鄭玨）　一一四・三五七

魯九皋

誥封通議大夫光祿寺卿虛亭王公墓志銘（王爾達）　一一・二四三
任復生先生墓表（任思謙）　一四・三四七
梅厓朱先生行狀（朱仕琇）　一八・三八五
太學生吳君墓衡墓志銘（吳慶璠）　二四・四〇九
宋二厓墓表（宋光國）　二五・二七一
恩貢生候選教諭宋健亭先生墓表（宋啓忟）　二五・二九七
太學生汪君墓志銘（汪元）　二六・一
汪魚亭墓志銘（汪韌）　二六・一一七
李見庵墓表（李明）　三〇・三三
李存齋墓表（李大仁）　三一・一一三
李聖池先生墓表（李金益）　三三・一一七
介園翁傳（李榮藩）　三四・二七七
故都察院左都御史前提督江西學政金公教思碑（金德瑛）　四二・二二一
滄州知州徐公行狀（徐時作）　五三・二九三
鄉貢進士候選知縣涂訒庵先生墓志銘（涂瑞）　五五・五九

光禄寺典簿陳君墓志銘（陳元）　五六・二二五
凝齋陳先生行狀（陳道）　五七・一〇九
皇清敕授文林郎湖南江華縣知縣陶適齋先生墓志銘（陶金諧）　六〇・三八五
處士黄敬堂先生墓志銘（黄訓）　六六・七
潔齋先生墓表（黄岡竹）　六七・一二五
雙溪居士傳（黄迺繡）　六七・一九三
書羅臺山張爾岐傳後（張爾岐）　七三・八九
金華葉艮山先生行狀（葉新）　八〇・二一一
馮恥齋先生墓志銘（馮行）　八六・七七
徵仕郎質庵楊公墓志銘（楊忻）　八七・一六九
皇清誥封奉直大夫刑部湖廣司額外主事加一級原任瀘溪縣儒學教諭金溪楊睦亭先生墓志銘
（楊芳）　八七・一七九
省齋楊公墓志銘（楊録）　八七・三〇五
皇清誥授光禄大夫太子太保兵部尚書都察院右都御史總督漕運楊勤慤公神道碑銘（楊錫紱）　八九・一三五
鄧實存先生墓表（鄧華）　九三・二〇七
鄉貢進士候選知縣鄧君墓志銘（鄧士轍）　九三・二三五

覃恩敕封文林郎浙江桐鄉縣知縣奉政大夫敬軒潘公墓表（潘繡） 一〇〇·一五九
通許知縣潘嵩崕先生墓志銘（潘甫生） 一〇〇·二〇三
叔祖蘭亭府君墓志銘（魯宋） 一〇一·四一
歲貢生候選訓導魯公墓志銘（魯泳） 一〇一·四七
太學生臥山府君墓志銘（魯袞） 一〇一·五五
叔父翼堂府君墓志銘（魯淶） 一〇一·五九
文林郎黃巖縣知縣耘莊府君墓志銘（魯淑） 一〇一·六五
候選訓導魯公墓志銘（魯詵） 一〇一·七九
再從兄英賢府君墓志銘（魯徵） 一〇一·八三
忻州知州魯君墓表（魯潢） 一〇一·八七
皇清賜進士河南孟縣知縣候補軍捕同知厚畬府君墓志銘（魯鴻） 一〇一·一〇三
皇清中憲大夫魯公墓志銘（魯之珩） 一〇一·一一三
亡弟騰上墓志銘（魯天驥） 一〇一·一二五
太學生魯公諒夫墓志銘（魯日宏） 一〇一·一二九
太學生魯公諒夫墓志銘（魯日宏） 一〇一·一三三
永寧知縣魯公雲崖先生墓志銘（魯成龍） 一〇一·一三五

族祖約齋府君墓志銘（魯昂舉）　一〇一·一四一
皇清太學生鄉飲介賓待贈文林郎魯公拜昌府君墓志銘（魯邦材）　一〇一·一四七
皇清待贈文林郎魯公墓志銘（魯奎聯）　一〇一·一五九
壽堂先生墓志銘（魯炳枚）　一〇一·一六一
從兄文學贊皇墓志銘（魯德綬）　一〇一·一八九

劉大櫆

吏部侍郎博野尹公行狀（尹會一）　三·九五
漁溪巴君墓志銘（巴維珙）　三·一五三
江西吉南贛道副使方君墓志銘（方浩）　四·二〇五
方府君墓志銘（方元履）　四·三〇七
方府君墓志銘（方元體）　四·三一一
上猶知縣方君傳（方求義）　四·三三一
鄉飲大賓方君墓志銘（方承晟）　四·三八七
封大夫方君傳（方祈宣）　四·三九三
方愷林墓表（方善祖）　五·六五
贈大夫方君傳（方嗣文）　五·八九

藕齋先生傳（左文韓） 一三·一二七
穎州府通判吕君墓表（吕韖） 一五·三六七
江先生傳（江永） 一六·二五五
湖南按察司副使朱君墓志銘（朱陵） 一七·三九三
阮君傳（阮世恩） 二〇·二〇七
阮君墓志銘（阮爲光） 二〇·二八一
吴君墓志銘（吴閬） 二三·三九五
吴錦懷墓志銘（吴文采） 二三·二一七
贈資政大夫吴府君墓表（吴邦佩） 二四·三三
吴義士傳（吴爾襄） 二四·三六三
吴萼千墓志銘（吴錫芳） 二五·三九
汪府君墓志銘（汪景晃） 二七·二〇一
翰林院編修李公墓志銘（李重華） 三三·二〇九
金府君墓表（金公著） 四二·七五
鄉飲大賓金君傳（金長洪） 四二·一五七
胡孝子傳（胡其愛） 四七·一五一

十五畫　劉

張豹林墓志銘（張炳）　六八・三三一
張復齋傳（張召華）　七〇・二二五
內閣學士前工部左侍郎張公墓志銘（張廷瑑）　七一・五七
芋園張君傳（張若泌）　七二・五
下殤子張十二郎壙銘（張若盼）　七二・一三
翰林院侍講張君墓志銘（張若需）　七二・二一
許游擊墓志銘（許廷佐）　七七・三三七
松江府通判許君傳（許曾裕）　七八・一二一
中書舍人程君墓志銘（程佶）　八四・八七
樵髯傳（程駿）　八四・一五三
贈通奉大夫程君傳（程之鴻）　八四・一六七
程府君墓志銘（程志洛）　八四・二五五
程書原傳（程志洛）　八四・二五九
烏程閔君墓志銘（閔永欽）　八六・一三
贈大夫閔府君墓志銘（閔自洙）　八六・一七
贈大夫閔公傳（閔振武）　八六・二五

舅氏楊君權厝志（楊紹奭）　八八・三六五
鄭之文傳（鄭之文）　九二・三一五
伯兄奉之先生墓志銘（劉大賓）　九七・一八七
偃師知縣盧君傳（盧道悦）　一〇二・一
海門鮑君墓志銘（鮑皋）　一〇四・三〇三
謝師其墓志銘（謝嶂）　一〇五・二二一
蝠巢翁傳（嚴紳）　一〇九・三六七

劉文淇

文學方君傳（方申）　四・一三七
王峙亭先生家傳（王家幹）　一〇・一八三
處士佘君暨妻姚孺人合葬墓表（佘沅）　二二・一五一
文學汪君傳（汪穀）　二六・二一九
誥授中憲大夫道銜懷慶府知府汪君墓表（汪喜荀）　二七・一九一
鄉貢士陳君墓表（陳輅）　五七・一三三
清故貢士梅君墓志銘（梅植之）　七六・三一九
寶應喬君傳（喬德謙）　七九・一二五

十五畫　劉

銅陵縣典史程先生墓表（程應鍾）　八五·四一
直隸州州判劉君墓表（劉鞏）　九七·八一
劉迪九先生墓表（劉履恂）　九九·二一五
先府君行略（劉錫瑜）　九九·二六七
薛君家傳（薛長慶）　一〇四·六九
文學薛君墓志銘（薛傳均）　一〇四·一二一
戴静齋先生傳（戴清）　一〇六·二八七
清故貢士戴君墓志銘（戴文燦）　一〇七·九七

劉台拱

容甫汪君傳（汪中）　二六·一九
竹鄰張君家傳（張若筠）　七二·一七
候選訓導喬君墓志銘（喬燮）　七九·八三
誥封奉政大夫嘉興府海防同知前邳州州判葉君墓志銘（葉均）　八〇·一九一
先府君行述（劉世謩）　九七·二八五

劉恭冕

清故蕭縣學教諭詔舉孝廉方正胡君墓志（胡泉）　四六·二六七

清誥授奉直大夫晉封朝議大夫直隸昌黎縣知縣胡君墓志銘（胡璧華） 四八·五三
夏君季質夫婦殉難記（夏家銑） 五一·三四三
清誥授中憲大夫曲靖府知府陳君墓志銘（陳立） 五六·二一九
梁孝子義士傳（梁秀） 七五·三一五
清故優貢生劉君墓志銘（劉毓崧） 九九·一七一
劉師培
汪仲伊先生傳（汪宗沂） 二七·一〇七
先府君行略（劉貴曾） 九九·一五
劉逢祿
記董文恭公遺事（董誥） 八一·三四九
先府君行述（劉召揚） 九七·三五九
四子承宴壙記（劉承宴） 九八·二三五
次子承寵壙記（劉承寵） 九八·二三九
劉毓崧
阮文達公傳（阮元） 二〇·一五五
增貢生候選訓導貤封武德騎尉胡先生墓志（胡吕） 四六·二四九

贈國子監助教上元學教諭夏先生衣冠墓表（夏慶保）　五一・三六七
外祖黃公家傳（黃紹垚）　六七・二七五
舅氏黃公家傳（黃龍驤）　六八・一七五
明吏部尚書張恭懿公別傳（張瀚）　六九・二一三
歲貢生董君家傳（董楚材）　八二・九一
欽差大臣太子太保協辦大學士兼兩江總督世襲一等毅勇侯曾公克復金陵勛德記（曾國藩）　八二・三六一
程玉才先生家傳（程兆棟）　八四・二〇五
鄭景堂先生家傳（鄭鋐）　九二・二八七
先考行略（劉文淇）　九七・二六三

劉綸

文淵閣大學士太保史文靖公墓碑（史貽直）　一三・五五
溧陽縣教諭鐵夫韋君墓志銘（韋前謨）　四八・一六九
給四品銜翰林院侍讀楊君墓志銘（楊述曾）　八八・二二五

潘耒

丁墨霞墓志銘（丁彩） 二·四七
尤侍講艮齋傳（尤侗） 三·一六五
歷陽王先生墓表（王巖楨） 一二·二〇五
中大夫國子監祭酒吴君墓志銘（吴苑） 二三·二五七
高州府通判汪君墓志銘（汪文桃） 二六·三五九
李工部修庵傳（李允禎） 三一·二二三
李寧侯墓志銘（李象坤） 三四·一三九
太原太守周君墓志銘（周令樹） 三八·七九
施紹周傳（施學義） 四五·一九五
孫襄臣墓志銘（孫琪） 四九·二七一
殷公武略記（殷化行） 五五·一
中憲大夫韶州知府陳府君墓志銘（陳廷策） 五八·一九七
許少保江右戰功記（許貞） 七七·二〇三
翰林侍讀喬君墓志銘（喬萊） 七九·五七
費隱君墓表（費大受） 八五·一三七

十五畫　潘

費孝子傳（費大受）　八五・一四一
鈕芥庵墓志銘（鈕宏儒）　八五・二八一
鴻臚寺卿劉君墓志銘（劉國黻）　九八・二九五
先考贈徵仕郎翰林院檢討仲和府君行述（潘凱）　一〇〇・一三五
戴南枝傳（戴易）　一〇六・二七五
池州府學教授顧君墓志銘（顧言）　一一〇・二三五
廣潤巨靈禪師塔銘（釋巨靈）　一一二・六三
敕封大覺普濟能仁國師玉林和尚行狀（釋玉林）　一一二・一〇九
蔣山南音禪師塔銘（釋南音）　一一二・二四三
包山柯庵禪師塔銘（釋柯庵）　一一二・二七九
道場神山禪師塔銘（釋神山）　一一二・二九三
碧天律師塔銘（釋碧天）　一一三・三七

潘奕雋

廣西太平府明江同知宋君墓志銘（宋榮）　二五・二二一
汪文藹傳（汪文藹）　二六・三六五
題黄石齋先生書周忠介公墓碑後（周順昌）　三九・六九

贈光禄大夫禮部尚書金公墓志銘（金潤）　四二・三三
陸舍人甫元傳（陸沅）　五五・一四五
例授文林郎庚子科舉人揀選知縣陸君墓志銘（陸恭）　五五・一八三
從弟奕興墓志銘（潘奕興）　一〇〇・二二五
樊處士硯雲傳略（樊紹堂）　一〇〇・三九一
陝西乾州州判錢獻之傳（錢坫）　一〇二・七三
駱翁西庚傳（駱肇正）　一〇三・三九七
瞿君遠村墓志銘（瞿兆騤）　一〇八・一一一
孝女王素孝子王如松合傳（王如松、王素）　一一三・二四七

潘德輿

誥授奉政大夫廣州府同知丁君墓表（丁如玉）　二・六三
王君墓志銘（王文瑞）　八・一一九
阮君家傳（阮鍾瑗）　二〇・三〇七
邱君家傳（邱廣業）　二〇・三九三
誥封奉直大夫晉中憲大夫吴君墓表（吴朝觀）　二四・二八九
陶君家傳（陶克讓）　六〇・三六七

黄君家傳（黄以炳）　六六·一八七
劉孝子傳（劉希向）　九八·五三
震峰老人傳（薛乘時）　一〇四·一〇五
拜都參贊公家傳（鍾昌）　一〇六·一九九

十六畫

蕭穆

方息翁先生傳（方世舉）　四·三一七
記方恪敏公軼事二則（方觀承）　五·一九三
文斗垣先生事略（文漢光）　五·二三九
左端臨先生傳（左莊）　一三·一〇七
外祖左鴻志先生事略（左知來）　一三·一六五
左沅州傳（左德球）　一三·一七七
朱孝子傳（朱武東）　一九·一九三
朱魯岑先生墓志銘（朱道文）　一九·三七九
記吴文節公遺事一則（吴文鎔）　二三·二四一

汪梅村先生別傳（汪士鐸） 二六·三〇三
節孝先生烏程周君墓志（周思誠） 三八·三一一
按察使銜江南安徽即補道奏調陝西委用道易君墓志銘（易潤壇） 四〇·一一九
孫孝子傳（孫佐標） 五〇·八三
孫文雅事略（孫琴書） 五一·三七
記通州徐清惠公遺事（徐宗幹） 五三·二〇三
二品封典通奉大夫原任桐城馬踏石巡檢山陰陸公神道表（陸枚） 五五·一五五
循吏陸枚傳（陸枚） 五五·一六七
記海寧陸辛齋處士逸事（陸嘉淑） 五六·一二九
故奉天府丞提督學政陳夢湖先生別傳（陳廷桂） 五八·一九一
馬愼庵先生墓志銘（馬起升） 六三·三六三
張舜卿先生墓志銘（張承華） 七一·二四九
贈侍講學士張敬堂太史事略（張錫嶸） 七三·三二三
張愛濤先生軼事（張聰賢） 七三·三八七
故前欽天監監正歙縣楊公神道表（楊光先） 八八·八一
故前欽天監監正楊公光先別傳（楊光先） 八八·九一

記寧化雷貫一副憲遺事（雷鋐）　九〇・三七
劉悌堂先生墓志銘（劉宅俊）　九八・一
原任貴州都勻府知府劉公墓表（劉宗幹）　九八・一九三
劉融齋中允別傳（劉熙載）　九九・二二七
錢警石先生傳（錢泰吉）　一〇三・四九
先從兄延春事略（蕭世發）　一〇四・二〇九
先考溪源府君序略（蕭錫光）　一〇四・二五五
鍾繼昌傳（鍾繼昌）　一〇六・二六七
戴憂庵先生事略（戴名世）　一〇七・一一三
記開化戴簡恪公軼事（戴敦元）　一〇七・二〇三
左文思先生暨子公虔孫采一家傳（左德瑋、左鉞、左昊）　一一六・一六一

盧文弨

國子監生丁君體曾家傳（丁汝驊）　二・九一
贈資政大夫太理寺卿王公墓志銘（王士毅）　七・二九三
贈奉直大夫煥文吉公墓志銘（吉曦曜）　一五・二八七
文學朱梅友家傳（朱夏）　一七・二八一

浙江紹興府知府朱公涵齋家傳（朱煦） 一八・五三
國子生朱君補堂墓碣（朱以寬） 一八・三一三
廣德州學正孚堂朱君家傳（朱裕觀） 一九・三三三
文林郎施秉縣知縣朱君墓志銘（朱履吉） 二〇・五三
奉直大夫候選直隸州同知吳君墓碣（吳正純） 二三・二五五
處士吳愚齋墓碣（吳玟中） 二四・一〇七
奉直大夫吏部文選司主事汪君墓志銘（汪孟鋗） 二七・一一九
李蠡塘先生家傳（李英） 三〇・六一
四川布政使長芳李公家傳（李如蘭） 三二・二三九
封儒林郎翰林院編修邵君墓志銘（邵佳鈗） 三六・三九三
周君坦之家傳（周世道） 三八・四七
浙江杭嘉湖海防兵備道周公墓志銘（周克開） 三八・一二五
承文學應韶小傳（承寶鏞） 四〇・六一
浙江督糧道一齋金公家傳（金溶） 四一・三六九
姚君廣之家傳（姚家勤） 四四・一四五
國子監生洪君家傳（洪翹） 四五・二七三

十六畫

盧

十六畫　盧

孫文定公家傳（孫嘉淦）　五一·一二一
恤贈道銜中憲大夫孫君勖堂家傳（孫維龍）　五一·一九九
文學陳少雲墓志銘（陳一傑）　五七·二七三
陳祇園先生家傳（陳兆瑜）　五八·六五
待贈文林郎增廣生毅齋陳府君墓志銘（陳萬盛）　五九·三二五
贈中憲大夫予寧秦公墓志銘（秦熙）　六一·一五三
翰林院侍講學士秦公墓志銘（秦大士）　六一·一九三
秦封公墓志銘（秦有倫）　六一·二〇七
記烏程袁孝子刲肝事（袁昌齡）　六三·一四七
都察院左副都御史提督山東學政忍廬黃公墓志銘（黃登賢）　六七·三四一
拔貢生注選直隸州判張公佩家傳（張書紳）　七二·八三
梁孝廉處素小傳（梁履繩）　七六·一五三
梅式堂小傳（梅鈐）　七六·一七七
贈奉直大夫永順縣教諭費君墓志銘（費元傑）　八五·一四五
楊文定公家傳（楊名時）　八八·一二七
候選主事蒼毓楊府君家傳（楊應詢）　八九·一四五

山西汾州府知府雷公墓表（雷汪度）　九〇・四三
湖廣道監察御史蔣公墓表（蔣和寧）　九一・二一三
黃河同知蔣君家傳（蔣祈年）　九一・二三五
瞰江山人傳（趙曦明）　九六・八五
贈中憲大夫鄉飲大賓作庵劉公墓志銘（劉清）　九六・三九七
談孝貞墓志銘（談淑範）　一〇一・二五
鄉貢士盧府君墓志銘（盧國佐）　一〇一・三四九
盧君静夫家傳（盧登秩）　一〇一・三五七
族子天保縣知縣孚尹小傳（盧鳳起）　一〇二・一九
四川安邊軍民府知府季章閻公家傳（閻文熛）　一〇三・二九七
文林郎錢塘縣知縣魏公墓志銘（魏𡼖）　一〇六・五九
分巡松江太倉兵備道南村鍾君家傳（鍾光豫）　一〇六・二三九
朝議大夫學南瞿公家傳（瞿連璧）　一〇八・一六七

盧見曾

孟增廣傳（孟宗素）　三九・三五三
苑亮傳（苑亮）　四〇・一六三

山東兖沂曹道張君墓志銘（張潮）　六九·一四九
先叔順也公墓志銘（盧道和）　一〇一·三八九
先府君夢山公暨先母程王兩孺人行述（盧道悦）　一〇二·五
蕭侍讀公小傳（蕭惟豫）　一〇四·二三三
賢可師塔銘（釋賢可）　一一三·一〇五

錢大昕

封榮禄大夫内閣學士兼禮部侍郎加二級前翰林院庶吉士内閣典籍尹公墓志銘（尹均）　三·八三
翰林院檢討毛君墓志銘（毛式玉）　三·三五三
江西道監察御史王先生墓志銘（王峻）　六·三七
文淵閣大學士兼禮部尚書王公傳（王掞）　六·六一
封資政大夫大理寺卿加十四級王公神道碑（王士毅）　七·二八五
西沚先生墓志銘（王鳴盛）　一一·二〇三
鶴溪子墓志銘（王鳴韶）　一一·二一三
虚亭先生墓志銘（王爾達）　一一·二三五
王先生懋竑傳（王懋竑）　一二·三三
江先生永傳（江永）　一六·二八一

何桐蓀墓志銘（何桐蓀） 二一・三三五
內大臣一等公謚忠勇佟公傳（佟國綱） 二二・一六三
中書舍人吴君墓志銘（吴志鴻） 二四・二九
甘肅提刑按察使司按察使宋公神道碑（宋弼） 二五・二一一
工部左侍郎汪公墓志銘（汪廷興） 二七・七九
舅氏沈君墓志銘（沈詮） 二八・一三一
山西分守冀寧道沈公墓志銘（沈之燮） 二八・二一一
候選州判李君墓表（李遠） 三〇・一八一
李静叔傳（李文淵） 三一・三四九
李南澗墓志銘（李文藻） 三一・三五七
日講起居注官翰林院侍講學士邵君墓志銘（邵晉涵） 三七・一三
翰林院侍讀邵先生墓志銘（邵嗣宗） 三七・六一
內閣中書舍人邵君松阿墓志銘（邵齊熊） 三七・六七
周山人傳（周顥） 三七・三〇七
孝廉范君墓志銘（范永祺） 四〇・二一七
胡先生渭傳（胡渭） 四六・三〇七

十六畫

錢

孝廉胡君墓志銘（胡亦常）　四七・八五
徐良輔墓志銘（徐良輔）　五三・一七五
太子太保兵部尚書湖廣總督世襲二等輕車都尉畢公墓志銘（畢沅）　五四・三二七
陸淞園墓志銘（陸名時）　五五・三九一
封通議大夫日講起居注官文淵閣直閣事翰林院侍讀學士加三級陸公墓志銘（陸秉笏）　五六・三五
陳忠愍公家傳（陳福）　五七・七三
布衣陳君墓碣（陳鋐）　五七・一六七
處士陳先生墓表（陳鋐）　五七・一七三
湖北荊宜施道前翰林院修撰陳公墓志銘（陳初哲）　五八・二四三
陳先生祖范傳（陳祖範）　五九・九
光禄大夫經筵講官太子太保刑部尚書秦文恭公墓志銘（秦蕙田）　六一・二七一
巡撫福建兵部右侍郎都察院右副都御史前太子少保協辦大學士刑部尚書莊公墓志銘
（莊有恭）　六二・一七九
凌竹軒墓志銘（凌存淳）　六四・一二九
郭肯構墓志銘（郭大址）　六五・一七七
贈奉政大夫黃松石先生墓志銘（黃樹穀）　六八・一五九

張蔚園墓志銘（張大受）　六九・四〇一
鈍閑詩老張先生墓志銘（張錫爵）　七三・三三一
大理府知府張公墓志銘（張瞻洛）　七三・三六三
日講起居注官翰林院侍講學士曹君墓志銘（曹仁虎）　七五・七
贈儒林郎翰林院檢討曹君墓表（曹曰英）　七五・三三
贈儒林郎翰林院檢討彥杰曹公墓碣（曹曰英）　七五・四七
宗人府丞曹公神道碑（曹學閔）　七五・一四五
鎮守江南狼山總兵官左都督前提督廣西全省軍務總兵官許公神道碑（許成麟）　七七・三六一
都統贈一等伯傅公傳（傅清）　七八・二六一
嵇静園墓志銘（嵇文揆）　七九・二〇五
山東曹州府桃源同知彭君墓志銘（彭紹謙）　八〇・一二五
萬先生斯同傳（萬斯同）　八一・一八九
贈儒林郎董君墓表（董華鏜）　八二・七七
惠先生棟傳（惠棟）　八二・一一七
惠先生士奇傳（惠士奇）　八二・一三九
廣東雷州府知府馮公墓志銘（馮祖悅）　八六・三四三

贈儒林郎翰林院編修加一級晋贈奉政大夫刑部河南司主事加二級馮君墓志銘（馮經邦）　八七・三三
優貢生候選儒學訓導楊君墓志銘（楊履基）　八九・八五
孝廉蔣君墓志銘（蔣勵容）　九二・一三
布衣臧君墓志銘（臧繼宏）　九四・一九七
詹事府詹事盧公墓志銘（盧明楷）　一〇一・三一七
詹事府詹事盧公神道碑（盧明楷）　一〇一・三二五
錢處士行狀（錢民）　一〇二・四九
記生朝（錢大昕）　一〇二・一七一
溉亭別傳（錢塘）　一〇二・二五三
先大父贈奉政大夫府君家傳（錢王炯）　一〇二・二九七
記先大父逸事（錢王炯）　一〇二・三〇三
先考贈中憲大夫府君家傳（錢桂發）　一〇三・五五
先考小山府君行述（錢桂發）　一〇三・五九
敬亭弟墓志銘（錢肇熹）　一〇三・二一九
閻先生若璩傳（閻若璩）　一〇三・三二一
戴先生震傳（戴震）　一〇六・三三七

國子監學正戴先生墓志銘（戴祖啓）　一〇七·一七七
贈儒林郎刑部雲南司小京官加一級補瓢韓先生墓志銘（韓騏）　一〇七·三四九
瞿封翁墓志銘（瞿連璧）　一〇八·一六一
嚴先生衍傳（嚴衍）　一〇九·三四七
內閣侍讀嚴道甫傳（嚴長明）　一一〇·九三
嚴半庵墓志銘（嚴樹蕚）　一一〇·一三三
顧桐井墓志銘（顧應昌）　一一一·二三一
記侯黄兩忠節公事（侯峒曾、黄淳耀）　一一四·七九

錢保塘

王培之墓表（王如楷）　九·一六一
誥授中憲大夫四品銜禮部員外郎余君神道碑銘（余煥文）　三三·一一一
余蕚銜家傳（余蕚銜）　三三·一一七
誥封奉政大夫李君墓表（李長年）　三三·一三七
絳人陳元傳（陳元）　五六·二三一
陳二山傳（陳觀酉）　六〇·二八三
宏農陶泓傳（陶泓）　六〇·二九九

候選知縣袁君墓表（袁壎）　六三·五三
長寧縣訓導高君墓表（高明德）　六四·三三七
書餘姚黃春生事（黃春生）　六七·二一一
鹽運同銜漢州知州黃君墓志銘（黃華鎬）　六七·三五九
黃道恕家傳（黃道恕）　六八·九
福建布政使張公墓表（張銓慶）　七三·五五
鹽運使銜雲南臨安府知府許君墓表（許廷桂）　七七·三四三
工部右侍郎薛公行狀（薛煥）　一〇四·九
廣西巡撫嚴公墓志銘（嚴樹森）　一一〇·一三九
家傳（姚世儁、姚焯）　一一四·一二五
成都浙館先賢祠小傳（沈兆霖、沈炳垣、朱逌然）　一一六·四二五

錢泰吉

書歙縣王君學愚傳後（王曰旦）　八·八九
記沈林（沈林）　二八·三九
湯溪縣學教諭沈君行狀（沈寶麟）　二九·三七三
孝廉方正李先生行狀（李穀）　三〇·二六三

封奉直大夫長沙李翁墓志銘（李景均）　三四・九五
記周氏孝子（周協義）　三八・二二九
胡藹人家傳（胡際盛）　四七・三六三
陸繹亭家傳（陸邦詹）　五六・三一
四品銜兩淮候補鹽運使司運判馬君家傳（馬國棠）　六三・三七九
張北湖先生事狀（張朝晋）　七二・三一一
順天文安縣主簿程君暨配錢孺人權厝志（程若容）　八四・二八七
先考蓉裳府君行述（錢復）　一〇二・一一一
先府君遺事（錢復）　一〇二・一二九
先祖考妣行述（錢汝懿）　一〇二・三七七
四川彭山縣知縣錢君墓表（錢聚仁）　一〇三・一四一
特齋先生墓表（錢爾琳）　一〇三・一六三
四川榮昌縣知縣龍府君墓志銘（龍翔）　一〇四・三九七
秀水二張孝子傳（張淮、張廷標）　一一四・二一七

錢陳群

教授王君傳（王師鷺）　一〇・一九五

十六畫　錢

贈中大夫兩淮鹽運使太學生吳君洎元配錢太淑人合葬墓志銘（吳岱齡）　二四・六三
誥贈朝議大夫原任刑部陝西司員外郎魚亭汪君傳略（汪憲）　二六・二三九
式溪汪君傳（汪燾）　二六・二五五
誥封光禄大夫太子太傅吏部尚書贈太子太師謚文端汪公墓志銘（汪由敦）　二六・三七七
奉宸苑卿汪君廷璋傳（汪廷璋）　二七・七五
沈隱士傳（沈麐）　二八・一八七
明經沈君建偉傳略（沈大業）　二八・二二五
贈太子太師大宗伯沈文愨公神道碑（沈德潛）　二九・三〇三
沈贈君墓志銘（沈應龍）　二九・三三三
金指揮傳（金友勝）　四二・八一
宮怡雲方伯暨元配李夫人合葬墓志銘（宮爾勸）　四三・一九五
同年柯石庵墓志銘（柯煜）　四六・六三
誥授通議大夫晉贈資政大夫禮部左侍郎胡公神道碑（胡煦）　四六・三一九
胡文學傳（胡樹楠）　四八・三三
處州太守敬亭倉君墓志銘（倉聖潢）　四八・一八一
方伯唐公暨夫人吳氏合葬墓志銘（唐綏祖）　四九・六五

鹽運副使蓼塘席君墓表（席襄）　四九・一六七
陶先生傳（陶日襄）　六〇・三三七
光禄大夫經筵講官文淵閣大學士兼吏部尚書議政大臣特贈内大臣賜祀江南河臣合祠謚文定高公墓志銘（高斌）　六四・一八五
考城縣絅堂張君墓志銘（張光復）　七〇・二六三
盛高士傳（盛大鏞）　七五・二四一
許悦成傳（許悦成）　七八・六五
中憲大夫慎齋曾君暨元配陳恭人合葬墓志銘（曾逢聖）　八三・一
文學費雨坪墓志銘（費樹楩）　八五・二二一
誥授文林郎翰林院編修迪甫蔣君墓志銘（蔣恭棐）　九一・二六一
趙景汾庶常墓志銘（趙笏）　九四・二四五
族長從祖文學偶莊公墓表（錢偶莊）　一〇三・七一
待贈文林郎顯考廉江府君行述（錢綸光）　一〇三・一七三
藍明府傳（藍啓延）　一〇七・二七九
直隸開州牧嚴君墓志銘（嚴宗嘉）　一一〇・八一

錢儀吉

明江西按察司副使管建昌府事謚烈愍王公神道碑銘（王域）　六·七五
王先生大經傳（王大經）　七·二一一
朝議大夫江南外南河同知加知府銜王君墓志銘（王士鍾）　七·二八一
孝山王先生傳（王聿修）　八·三六一
東皋王先生傳（王伯勉）　九·二四七
武顯將軍甘肅寧夏鎮總兵署和闐辦事大臣署甘肅提督史公墓碑（史善載）　一三·二七
安徽廬州府合肥縣知縣白君墓志銘（白守廉）　一三·三三九
滑縣教諭吕君死事狀（吕秉鈞）　一六·一五
山西廣靈知縣名宦朱君事狀（朱休度）　一九·四九
吴童子壙銘（吴恩熙）　二四·一五七
汪孝子墓表（汪一元）　二六·二八九
吉石汪先生墓表（汪彝銘）　二八·七
書沈端恪神道碑後（沈近思）　二八·三五三
浙江金華府湯溪縣學教諭沈君墓志銘（沈寶麟）　二九·三六七
太白山人傳（李柏）　三〇·七三

李新泰家傳(李以謙)　三一・一八九
李奇玉傳(李奇玉)　三三・三五
户部陝西司主事李君墓志銘(李培厚)　三三・三七七
李次白墓志銘(李貽德)　三四・一三三
季先生家傳(季麟)　四〇・三三
故光禄大夫福建總督范忠貞公事狀(范承謨)　四〇・二四七
俞鴻馨傳(俞鴻馨)　四三・一一九
江西萬載縣知縣施君事狀(施昭庭)　四五・一五五
徐新田墓志銘(徐養原)　五四・一五五
陳舜俞傳(陳舜俞)　五九・一九七
左海陳先生別傳(陳壽祺)　五九・三六三
陶朗先傳(陶朗先)　六一・一九
張介侯墓志銘(張澍)　六九・七五
鱸江張先生傳(張士元)　六九・三六九
書張楊園先生傳後(張履祥)　七三・一八七
張龍德傳(張龍德)　七三・三四九

十六畫

錢

十六畫　錢

封儒林郎翰林院庶吉士張君墓志銘（張應舉）　七三·三五三
舅氏餘齋先生墓志銘（戚芸生）　七五·二一三
戚府君家狀（戚朝桂）　七五·二一九
西麓許先生墓志銘（許鎬）　七七·二六三
記嵇文恭公逸事（嵇璜）　七九·一九七
此山鄒先生墓表（鄒麟書）　八六·七
馮吉哉墓志銘（馮俊焯）　八六·三三九
楊給事別傳（楊昭）　八七·二四七
贈資政大夫陝西巡撫故山東萊州府即墨縣學教諭熙崖楊公墓碑銘（楊兆煜）　八八·七五
楊雲濤傳（楊鵬飛）　八九·一五一
故四川重慶府南川縣知縣蔣君墓碑銘（蔣作梅）　九一·一九七
故光禄大夫浙江總督趙清獻公事狀（趙廷臣）　九五·一〇一
旌表孝子劉仙芝先生家傳（劉琪）　九七·二九
涿州劉孝子傳（劉德濵）　九九·二〇三
故資政大夫貴州巡撫劉公事狀（劉蔭樞）　九九·二四三
劉孝子傳（劉獻煜）　九九·三七七

魯詹傳（魯詹）　一〇一・七五
追慕録（錢大興）　一〇二・二六一
學源先生墓碣（錢友泗）　一〇二・二八三
亥壽葬志銘（錢亥壽）　一〇二・三八三
從兄學山家傳（錢希憲）　一〇二・三九七
劍門先生家傳（錢殿宣）　一〇三・一二三
世父户部府君神道表（錢豫章）　一〇三・二七三
朝議大夫前江蘇徐州府知府繆君墓志銘（繆元益）　一〇五・九一
釋南潛傳（釋南潛）　一一二・二八九
史氏雙節大忠兩世合葬墓表（史名義、史謙）　一一三・二五一
謝陳兩先生事狀（謝濟世、陳法）　一一五・二一
法閻韓三先生傳（法坤宏、閻循觀、韓夢周）　一一六・二一
稽王沈三先生事狀（嵇永仁、王龍光、沈上章）　一一六・四七
太常府君三友傳（蔣信、黄華、謝廷蒞）　一一六・五五
楊程薛三先生傳（楊名、程文德、薛宗鎧）　一一六・六三

錢謙益

尹孔昭墓志銘（尹嘉賓）　三・一一七
隱湖毛君墓志銘（毛晋）　三・三〇一
毛君墓志銘（毛清）　三・三〇七
方孟旋先生墓志銘（方應祥）　五・一五五
故禮部尚書兼翰林院學士協理詹事府事贈太子太保謚文肅王公行狀（王圖）　六・二三七
故宮保大學士孟津王公墓志銘（王鐸）　七・一〇一
王德操墓志銘（王人鑑）　七・一三五
故工科右給事中臨安王君墓表（王元翰）　七・三四一
通奉大夫湖廣布政司左布政使王公墓碑（王世仁）　八・二〇五
遼東王府君墓志銘（王可登）　八・二七一
光禄大夫贈少保兼太子太保吏部尚書謚文通鐵山王公墓志銘（王永吉）　八・二七七
王季和墓志銘（王宇春）　九・一二九
東昌府通判王君墓志銘（王宇熙）　九・一三七
王淑士墓志銘（王志堅）　九・三二五
懷遠將軍進階安遠將軍錦衣衛指揮同知北鎮撫司掌司事王府君墓志銘（王宗德）　九・三八七

王季木墓表（王象春） 一一·八三
王府君墓志銘（王嘉定） 一一·二一九
瑯邪王府君墓表（王臨亨） 一二·一二九
扶溝縣知縣贈南京湖廣道監察御史左府君墓志銘（左史） 一三·九五
資政大夫兵部尚書贈太子少保申公神道碑銘（申用懋） 一四·一一五
明故光禄大夫太子太保禮部尚書兼文淵閣大學士贈少保謚文穆成公神道碑（成基命） 一五·三一七
吕講經傳（吕智壽） 一六·六三
朱府君墓志銘（朱萊） 一八·二七
朱鷺傳（朱鷺） 一八·二三七
亞中大夫福建布政司左參政管延平府事朱君墓志銘（朱日爍） 一九·一五
明特贈翰林院待詔私謚孝介先生朱君墓表（朱陛宣） 一九·二五九
故淮府左長史何公墓志銘（何鈁） 二一·九
何季穆墓志銘（何允泓） 二一·九七
嶧縣知縣何府君墓志銘（何允濟） 二一·一〇三
何君實墓志銘（何珩枝） 二一·三三九
何仲容墓志銘（何德潤） 二二·二五

十六畫　錢

吳孝子家傳（吳士志）　二三・一三一
吳金吾小傳（吳國輔）　二四・一八七
吳君俞墓表（吳聞喜）　二四・三七九
宋比玉墓表（宋珏）　二五・一九三
新安汪然明合葬墓志銘（汪汝謙）　二七・二二三
南京刑部尚書沈公神道碑銘（沈演）　二八・一三七
都察院司務無回沈君墓志銘（沈守正）　二八・二九一
廣西布政使司左參政沈公墓表（沈應科）　二九・三二一
書沈伯和逸事（沈應奎）　二九・三二七
文林郎陝西道監察御史李君墓志銘（李柄）　三〇・四五
南京刑部浙江司郎中封資政大夫兵部尚書李公神道碑銘（李廷諫）　三一・二七五
都察院左都御史贈特進光禄大夫柱國太保吏部尚書謚忠文李公神道碑（李邦華）　三一・二九五
明故貴州永寧州吏目封行人司行人贈吏部稽勛清吏司主事李公墓碑（李尚德）　三一・三六一
李緝夫墓志銘（李胤熙）　三三・二二九
李長蘅墓志銘（李流芳）　三三・三四九
大中大夫兩淮都轉運鹽使司運使李君墓志銘（李衷純）　三三・三六三

故廣西道監察御史高陽李府君墓志銘（李發元）　三四・一二一
南京禮部尚書贈太子少保李公墓志銘（李維楨）　三四・二八五
李德遠墓表（李德遠）　三四・三七一
福建道監察御史贈通議大夫太僕寺卿諡忠毅李公墓志銘（李應昇）　三五・二九
李貫之先生墓志銘（李鶚翀）　三五・三三五
邵茂齊墓志銘（邵濂）　三六・二八七
卓去病先生墓志銘（卓爾康）　三七・一五三
爲卓去病募飯疏（卓爾康）　三七・一六一
周府君墓志銘（周祝）　三七・二〇九
紫髯將軍傳（周文郁）　三八・二三
周安期墓志銘（周永年）　三八・七一
文林郎福建道監察御史贈太中大夫資治少尹太僕寺卿周公神道碑銘（周宗建）　三八・二三三
周參軍墓表（周敏成）　三八・三九九
金文學小傳（金元復）　四二・六七
金府君墓志銘（金兆登）　四二・一一九
吏科給事中贈太常寺少卿侯君墓志銘（侯震暘）　四二・三六九

姚處士墓表（姚鶚）　四四·五一
抑庵姚君墓志銘（姚以高）　四四·六五
故福建建寧府推官待贈吏科給事嘉善柯君墓志銘（柯元芳）　四六·七五
爲柳敬亭募葬地疏（柳敬亭）　四六·一四三
陝西延安府延長縣知縣郝府君墓志銘（郝鴻猷）　四六·二三五
太原府推官唐君墓志銘（唐公靖）　四八·三七五
誥封中大夫廣東按察司按察使孫君墓志銘（孫林）　四九·二四五
孫長君墓志銘（孫之滂）　四九·三五七
兵部右侍郎孫公墓志銘（孫必顯）　五〇·四一
海陽孫徵士照隣墓碑（孫光宗）　五〇·五三
特進光禄大夫左柱國少師兼太子太師兵部尚書中極殿大學士孫公行狀（孫承宗）　五〇·一七九
高陽孫氏闔門忠孝記（孫承宗）　五〇·二九一
虞逸夏君墓志銘（夏時中）　五一·三四七
徐元晦墓志銘（徐文任）　五三·五
隨州知州贈太僕少卿徐君墓志銘（徐世淳）　五三·二一
明故徐府君墓志銘（徐可久）　五三·五九

徐霞客傳（徐弘祖）　五三・七一

中大夫光禄寺卿奉詔起南京工部右侍郎贈一級徐公墓志銘（徐如珂）　五三・一二三

明故沔陽州知州徐君墓志銘（徐待任）　五三・二四一

明故陝西按察司按察使徐公墓志銘（徐待聘）　五三・二四七

徐元修墓志銘（徐時進）　五三・三〇三

都察院右副都御史巡撫山東贈資善大夫兵部尚書徐公墓志銘（徐從治）　五三・三七五

浦君鎔先生墓志銘（浦大治）　五五・四五

廣西平樂府同知致仕進階朝列大夫陸君墓志銘（陸枝）　五五・一七一

陸孟凫墓志銘（陸銑）　五五・二五一

雲南按察司僉事陳君墓表（陳本）　五六・二三一

陳則興墓志銘（陳三吾）　五七・二七七

玉淵生小傳（陳三恪）　五七・二八七

故明死事孝廉陳君墓表（陳來學）　五八・二六七

貴州布政使司監軍都清道右參議兼僉事贈亞中大夫貴州布政使司右參政陳府君墓志銘（陳禹謨）　五八・三六一

温如先生陳公墓志銘（陳朝典）　五九・二二七

陳府君合葬墓志銘（陳欽光）　五九・二四五
山東兖州府滕縣知縣特贈太僕寺少卿姬公墓志銘（姬文胤）　六一・六一
華徵君仲通墓志銘（華時亨）　六一・三九五
太學生約之翁君墓表（翁彥博）　六二・三四五
嘉興高氏家傳（高巽志）　六五・二五
資德大夫都察院左都御史贈太子少保兵部尚書謚忠憲高公神道碑銘（高攀龍）　六五・九五
承事郎平樂縣知縣郭君墓志銘（郭一緯）　六五・一三九
禮部右侍郎兼翰林院侍讀學士贈太子少保禮部尚書謚文毅郭公改葬墓志銘（郭正域）　六五・一八九
山東道監察御史贈太僕寺卿黄公墓志銘（黄尊素）　六七・二九七
黄子羽墓志銘（黄翼聖）　六八・一九九
蓮蕊居士傳（黄翼聖）　六八・二〇五
張義卿墓志銘（張浩）　六八・三七七
張元長墓志銘（張大復）　七〇・一
中憲大夫廣西按察司副使張府君墓表（張文奇）　七〇・一一三
張孟舒墓志銘（張世俊）　七〇・一六一
張異度墓志銘（張世偉）　七〇・一六五

張叔子墓志銘(張世鸚)　七〇・一八九
南京大理寺評事張君墓志銘(張如蘭)　七〇・三四一
新鄉張府君合葬神道碑(張含惺)　七一・一九七
張益之先生墓表(張尚友)　七一・二三七
張季公墓表(張季公)　七一・二四三
嘉定張君墓志銘(張承寵)　七一・二五七
張昭子墓志銘(張弇之)　七一・三三一
張進諫傳(張進諫)　七二・三三五
資德大夫正治上卿都察院左都御史贈太子太保安邑曹公神道碑(曹于汴)　七四・三七一
曹府君墓志銘(曹以成)　七四・三八五
柱國光禄大夫太子太保吏部尚書贈少保謚貞敏梁公墓志銘(梁夢龍)　七六・一三三
梅長公傳(梅之煥)　七六・一八三
通議大夫兵部右侍郎兼都察院右僉都御史贈副都御史梅公神道碑銘(梅國楨)　七六・二八九
故南京國子監祭酒贈詹事府詹事翰林院侍讀學士石門許公合葬墓志銘(許士柔)　七七・二八一
湖廣提刑按察司副使許府君墓志銘(許成器)　七七・三五三
故孝廉内鄉許府君墓志銘(許維清)　七八・一四七

十六畫 錢

太嘗寺少卿管光禄寺丞事贈大理寺卿賜謚鹿公墓志銘(鹿善繼)	七八·二〇一
嘉議大夫太嘗寺卿管國子監祭酒事贈禮部右侍郎謚文恪傅公神道碑(傅新德)	七八·三七九
嘉議大夫南京工部右侍郎葉公墓志銘(葉茂才)	八一·一
萬尊師傳(萬國樞)	八一·一四五
工部右侍郎贈尚書程公傳(程紹)	八四·一二一
鄒孟陽墓志銘(鄒之嶧)	八五·三三三
都察院右僉都御史巡撫天津慈溪馮公墓志銘(馮元颺)	八六·一八三
馮嗣宗墓志銘(馮復京)	八六·三七七
南京國子監祭酒馮公墓志銘(馮夢禎)	八七·一
處士楊君無補墓志銘(楊補)	八七·二一九
都察院左副都御史贈右都御史加贈太子太保謚忠烈楊公墓志銘(楊漣)	八七·二五九
雷孝子傳(雷振關)	九〇·四九
湖廣行都司斷事蔣君墓志銘(蔣國玦)	九一·二七五
書鄭仰田事(鄭仰田)	九二·三七一
聞子將墓志銘(聞啓祥)	九三·一九五
湖廣提刑按察司僉事晉階朝列大夫管公行狀(管志道)	九四·五

趙靈均墓志銘（趙均） 九四・二三三
嘉議大夫吏部左侍郎兼翰林院侍讀學士贈資德大夫太子少保禮部尚書兼翰林院學士
謚文毅趙公神道碑銘（趙用賢） 九五・五
刑部郎中趙君墓表（趙琦美） 九五・二七一
中憲大夫四川叙州府知府趙君墓志銘（趙隆美） 九五・三〇九
齊孝廉墓志銘（齊國璽） 九六・一八五
特進光禄大夫柱國少傅兼太子太傅吏部尚書中極殿大學士謚文端劉公墓志銘（劉一燝） 九七・一三五
直隸河間府儒學訓導劉君墓志銘（劉廷訓） 九八・六九
書盧孔禮事（盧孔禮） 一〇一・二六七
文林郎湖廣道監察御史錢府君墓表（錢岱） 一〇二・七七
都察院右副都御史巡撫雲南錢公神道碑銘（錢士晋） 一〇二・二六九
族子純中秀才墓志銘（錢文光） 一〇二・二八七
從父弟忠甫令甫壙志（錢世臣） 一〇二・三〇七
從祖父令甫錢君墓表（錢世顯） 一〇二・三一五
明故陝西鞏昌府通判錢君墓志銘（錢翊之） 一〇三・八三
故叔父山東按察司副使春池府君行狀（錢順德） 一〇三・一一五

族孫嗣美合葬墓志銘（錢裔肅）　一〇三・一三五
亡兒壽耈壙志（錢壽耈）　一〇三・一四九
族兄觀伯錢君墓志銘（錢爾光）　一〇三・一五九
薛更生墓志銘（薛正平）　一〇四・四五
天河公生壙志（薛志學）　一〇四・六三
蕭伯玉墓志銘（蕭士瑋）　一〇四・一九五
學士蕭公神道碑（蕭雲舉）　一〇四・二三九
明故整飭遼陽等處海防監督朝鮮軍務山東按察司按察使蕭公墓志銘（蕭應宫）　一〇四・二六三
奉直大夫左春坊左諭德兼翰林院簡討贈通議大夫詹事府詹事兼翰林院侍讀學士繆公行狀
（繆昌期）　一〇五・一〇五
繆采璧墓志銘（繆純白）　一〇五・一二九
教讀謝君墳表（謝恒）　一〇五・一八一
封監察御史謝府君墓志銘（謝一爵）　一〇五・二六五
歸文休墓志銘（歸昌世）　一〇八・八三
瞿元立傳（瞿汝稷）　一〇八・一一七
瞿太公墓版文（瞿依京）　一〇八・一四三

瞿元初墓志銘（瞿純仁） 一〇八・一五五
山東青登萊海防督餉布政使司右參政贈太僕寺卿譚公墓志銘（譚昌言） 一〇九・二四五
明五經進士譚君權厝志（譚貞良） 一〇九・二六九
潘文學墓志銘（潘應鯉） 一〇〇・三二五
陝西按察司副使贈太僕寺卿顧公墓志銘（顧大章） 一一〇・三五七
顧仲恭傳（顧大韶） 一一〇・三六七
顧君升墓志銘（顧世峻） 一一一・五九
鎮遠侯勛衛顧君墓表（顧承學） 一一一・一一七
顧象垣墓志銘（顧維鼎） 一一一・一九七
龔府君墓志銘（龔用賓） 一一一・三三一
龔府君墓志銘（龔復澄） 一一一・三九七
一雨法師塔銘（釋一雨） 一一二・四五
嘉興營泉寺白法長老塔表（釋白法） 一一二・一〇一
石林長老塔銘（釋石林） 一一二・一一七
石林長老小傳（釋石林） 一一二・一二一
汰如法師塔銘（釋汰如） 一一二・一六三

書汰如法師塔銘後（釋汰如）　一一二・一六七
芥庵道人塔前石表題辭（芥庵）　一一二・一八一
固如法師塔銘（釋固如）　一一二・二〇一
竺璠禪師塔銘（釋竺璠）　一一二・二二七
華首空隱和尚塔銘（釋空隱）　一一二・二三三
洞聞禪師塔銘（釋洞聞）　一一二・二八五
華山雪浪大師塔銘（釋雪浪）　一一二・三二三
天童密雲禪師悟公塔銘（釋密雲）　一一二・三三七
雲閒道人生壙志（雲閒）　一一二・三八三
中峰蒼雪法師塔銘（釋蒼雪）　一一三・一五
聞谷禪師塔銘（釋聞谷）　一一三・四三
憨山大師曹溪肉身塔院碑（釋德清）　一一三・六三
海印憨山大師遺事記（釋德清）　一一三・七一
憨山大師廬山五乳峰塔銘（釋德清）　一一三・八七
鶴林法師塔銘（釋鶴林）　一一三・一七三
書澫益道人自傳後（澫益道人）　一一三・二一一

慈溪馮氏先塋節孝碑（馮讚、馮有經） 一一四·二八三

錢馥

祝人齋先生小傳（祝淦） 四三·二二七

龍文彬

奉政大夫山東補用同知前知鉅野縣調署黄縣尹君墓表（尹繼美） 三·一三一
循吏毛隆輔列傳（毛隆輔） 四·二九
王岸資傳（王玲） 五·三八九
王竹軒封翁墓表（王之植） 七·一七五
王隖溪家傳（王化成） 七·三七三
李思柱傳（李思柱） 三三·二七九
贈鑾儀衛經歷銜安徽即補府經歷署盱眙縣典史周君墓表（周來豫） 三八·二二五
太學生周青昂贈翁墓表（周特選） 三八·三七五
奉政大夫晋封朝議大夫南河候補同知署銅沛廳同知胡君墓志銘（胡連科） 四七·二九五
胡春華太翁傳（胡耀東） 四八·六九
孫孝子傳（孫明） 四九·二四一
徐璉傳（徐璉） 五二·一三五

贈資政大夫候選同知黄公翼康墓表（黄釗）　六六・一三
贈朝議大夫學博彭公傳（彭元鴻）　七九・二七一
彭伯桂傳（彭世芳）　七九・二七三
贈朝議大夫彭府君墓表（彭泰亨）　八〇・八一
蔡小霞先生傳（蔡瀛）　九〇・二五一
翟國桓傳（翟國桓）　九三・三六五
中憲大夫河南道監察御史歐陽君墓志銘（歐陽雲）　一〇〇・八五
光禄大夫浙江布政使盧公墓志銘（盧定勛）　一〇一・三一一
贈通奉大夫蕭旭亭太翁墓碣（蕭秀）　一〇四・一五七
蕭質夫傳（蕭郁）　一〇四・一六五
浙江試用道副貢生蕭楷堂墓志銘（蕭紹典）　一〇四・二三一

龍啓瑞

誥封中憲大夫兵部職方司主事薌村吕君墓志銘（吕崇本）　一六・四九
何雨人家傳（何霖）　二一・四九
陳梓丞墓志銘（陳泰熙）　五九・七一
老僕秦壽傳（秦壽）　六一・一四九

麻公家傳（麻允光） 七八・二二三
兵部侍郎都察院右副都御史江南河道總督楊公神道碑（楊以增） 八七・三九一
書村民廖鳳粲事（廖鳳粲） 九〇・一七七
穀城縣知縣表兄黎君墓志銘（黎椿） 九六・二三三
劉茉雲墓表碑陰記（劉傳瑩） 九九・五五
善兒墓志銘（龍善） 一〇五・一
先大夫事略（龍光甸） 一〇五・一九
皮鞾和尚傳（釋皮鞾） 一一二・一四七

十七畫

戴望

清故浙江同知署西安縣知縣李君事狀（李枝青） 三三・四七
外王父周先生述（周中孚） 三七・三六五
清故江西候補知縣署安義縣知縣周君墓志銘（周祖詰） 三八・三三三
周孝廉墓表（周學汝） 三九・一九九
清故舉人姚君行狀（姚諶） 四三・三七一

十七畫　戴

清故兵部侍郎兼都察院右副都御史江蘇巡撫徐公行狀（徐有壬）　五三・一五五
清故孝廉方正陳先生行狀（陳奂）　五六・二五三
凌教諭墓志銘（凌堃）　六四・一〇五
程履正墓銘（程貞）　八四・九七
先師程君墓版文（程慶餘）　八四・三八九
費舍人別傳（費密）　八五・一二三
故禮部儀制司主事劉先生行狀（劉逢禄）　九八・三二七
故三河縣知縣劉君事狀（劉寶楠）　九九・三八一
書蔡氏二節士（蔡子標、蔡孺法）　一一四・三三三

戴鈞衡

方亨衢傳（方亨衢）　四・三三九
書方其明傳後（方其明）　四・三九七
書戈照鄰事（戈照鄰）　五・二七九
王殿襄墓志銘（王祐臣）　一〇・二八九
史山人傳（史自成）　一二・三二七
張孝子傳（張斌）　六九・一三

喬頌南權厝志銘（喬珥保） 七九・一一三
兒春壙志（戴春） 一〇六・二八一
兒榮紀慧（戴榮） 一〇六・三〇五
兒銓壙志（戴銓） 一〇六・三一一
先仲兄行略（戴存芝） 一〇七・一〇九
鍾淑墓志銘（戴鍾淑） 一〇七・二五一

戴震

于清端傳（于成龍） 二・三二七
養浩毛先生傳（毛涵） 三・三一三
奉直大夫刑部浙江清吏司員外郎毛公墓志銘（毛德濟） 四・六一
王廉士傳（王敏） 六・八三
例贈宣武大夫王公墓表（王邦選） 九・三四五
輯五王先生墓志銘（王瑞之） 一一・一二一
江慎修先生事略狀（江永） 一六・二六一
四川布政使司布政使李公墓志銘（李如蘭） 三二・二四九
范忠貞傳（范承謨） 四〇・二四一

十七畫　戴鞠韓

鶴岑胡公墓志銘（胡世皋）　四七·五一
黄君武臣壙志銘（黄光榮）　六六·三五五
張義士傳（張瑛）　六九·一〇一
萬光禄傳後序（萬應奎）　八一·二一三
光禄大夫工部尚書太子少傅裘文達公墓志銘（裘日修）　八九·二一三
鄭之文傳（鄭之文）　九二·三一九
昆山諸君墓志銘（諸世器）　一〇〇·五五

鞠逐行

胡孝子傳（胡隆）　四六·二九五

韓菼

盛京掌管内務府關防印佐領三官保碑文（三官保）　二·二四三
總督河道提督軍務兵部尚書兼都察院右都御史于成龍碑文（于成龍）　二·三一五
總督雲貴軍務兵部尚書兼都察院右副都御史謚恪敏卞三元碑文（卞三元）　三·六五
予告光禄大夫少傅兼太子太傅保和殿大學士兼禮部尚書加六級謚文靖王公行狀（王熙）　六·二八五
貢士王君墓志銘（王弘文）　九·一七三
明守備王君墓表（王政行）　一〇·五

杭州將軍札穆陽碑文（札穆陽）　一三・一八九
户部左侍郎田公傳（田六善）　一四・五
盛京掌管内務府關防印佐領加三級安塔穆碑文（安塔穆）　一六・一五九
棲霞牟先生傳（牟作孚）　二〇・三一五
何生傳（何萬年）　二一・三六三
光禄大夫太子太傅武英殿大學士兼禮部尚書覺羅公世德碑（冷登）　二二・一八三
寧都知縣宋府君墓志銘（宋必達）　二五・二五三
文學李君墓志銘（李潤）　三〇・二八五
故明昆陽候選知縣李君傳（李澄）　三〇・二九九
誥授奉政大夫廣西分巡左江道按察司僉事李公墓志銘（李允禎）　三一・一九五
武英殿大學士兼吏部尚書加四級謚文定李天馥碑文（李天馥）　三一・二七五
外舅西淵李先生行狀（李玉滋）　三二・六三
追封固山貝子杜倫碑文（杜倫）　三五・三九三
原任都統太子太保二等阿思哈尼哈番加三級庫兒格達爾漢阿賴碑文（阿賴）　三六・二〇九
武英殿大學士兼吏部尚書佐領加二級謚文清阿蘭泰碑文（阿蘭泰）　三六・二五一
待贈徵仕郎翰林院庶吉士周君墓志銘（周詒謀）　三九・四七

大理寺右評事孟君墓志銘（孟纘祖）　四〇・七
翰林院檢討范先生行狀（范必英）　四〇・二二一
潛孝先生冒徵君墓志銘（冒襄）　四三・一四三
太子少保靖海將軍靖海侯右都督管福建水師提督事加贈太子少傅謚襄壯施琅碑文（施琅）　四五・九七
前奉政大夫江西廣信府同知胡先生墓志銘（胡甲桂）　四七・六三
鄉飲賓唐翁墓志銘（唐祁）　四八・三一三
故長洲知縣書臺孫先生墓志銘（孫繼）　四九・三三一
資政大夫文華殿大學士户部尚書掌翰林院事徐公行狀（徐元文）　五二・三〇三
鎮平將軍右都督管湖廣提督事拖沙喇哈番贈太子少保謚襄毅徐治都碑文（徐治都）　五三・一九九
資政大夫經筵講官刑部尚書徐公行狀（徐乾學）　五四・七一
進士一等侍衛納蘭君神道碑（納蘭性德）　六一・一〇三
處士華君傳（華瓏）　六一・三六三
經筵講官刑部尚書翁公神道碑（翁叔元）　六二・三一五
教庵先生傳（張惠）　六九・七
文學張君墓志銘（張鳳雍）　七三・一三三
許秀才傳（許王家）　七七・二九九

甯先生墓表（甯二翰） 七九·一七五
誥授光禄大夫三等阿達哈哈番佐領署參領事覺羅公神道碑（圖丹） 九〇·九三
一等侍衛兼拖沙喇哈番加一級圖克善碑文（圖克善） 九〇·九九
日講官起居注右春坊右贊善兼翰林院檢討蔡先生墓志銘（蔡啓僔） 九〇·三〇七
左都督浙江温州總兵官一等阿達哈哈番加贈太子少保謚襄僖蔣懋勛碑文（蔣懋勛） 九二·二三
宣平縣知縣劉君墓志銘（劉濟寬） 九九·三二一
劉先生墓表（劉龍光） 九九·三三三
和碩簡親王碑文（德沛） 一〇〇·一五
中憲大夫分巡淮徐道江南提刑按察使司副使戴公墓志銘（戴聖聰） 一〇七·二一七
翰林院編修儒林郎韓君墓志銘（韓竹） 一〇七·二八九
翰林院檢討加一級文林郎韓君行狀（韓士修） 一〇七·三五九
先府君先妣行實（韓誦先） 一〇八·二一
吏部考功司員外郎顧先生墓表（顧予咸） 一一一·五
南嶽儲禪師塔銘（釋弘儲） 一一二·一四一

韓夢周

王精一小傳（王允中） 七·三八一

十七畫　韓

王木齋先生傳（王開極）　一一·八九
建陽縣知縣任君墓志銘（任相）　一四·二一七
奉賢訓導稼民任君墓志銘（任棟）　一四·二四五
任東澗先生墓表（任瑗）　一四·二六一
任東澗先生墓志銘（任瑗）　一四·二六七
明亞中大夫光禄寺卿贈户部右侍郎邱公墓表（邱度）　二〇·三二七
吴山夫先生傳（吴玉搢）　二三·二七九
沈允濟先生墓碣（沈恤孺）　二九·六七
文學李君墓志銘（李憲暠）　三五·一
李十洲先生傳（李觀瀛）　三五·三五五
孝子杜漢傳（杜漢）　三六·一
法迂齋先生墓志銘（法坤宏）　四〇·一三七
法鏡野小傳（法坤宏）　四〇·一四三
姜雲一小傳（姜國霖）　四五·三一
明貴州副使高公傳（高桂）　六四·一六五
義民張景義傳（張景義）　七二·三〇三

明僉都御史巡撫陝西張公傳（張爾忠） 七三·八一
章慕莊先生傳（章果） 七六·三四三
皇清誥授朝議大夫銅仁府知府單公墓表（單焜） 七九·一四九
楊君稼軒墓志銘（楊禾） 八七·一六五
皇清待贈文林郎楊府君墓志銘（楊永詳） 八八·五一
汾州府同知楊公墓表（楊飛熊） 八八·三三九
定州知州楊公墓志銘（楊理範） 八八·三六一
楊去三先生墓表（楊嗣秉） 八九·二三
南宫知縣劉公萬年傳（劉偉） 九七·一一
明御史贈太僕寺少卿柘山劉公傳（劉璞） 九七·八五
明刑部尚書劉公傳（劉應節） 九九·二八三
皇清誥授資政大夫太子太保工部尚書閻恭定公神道碑銘（閻循琦） 一〇三·三五一
阜寧縣知縣閻君墓志銘（閻循霦） 一〇三·三五九
吏部考功司主事閻君墓志銘（閻循觀） 一〇三·三六七
閻懷庭小傳（閻循觀） 一〇三·三七一

十七畫　韓

從祖候補參府公家傳（韓典） 一〇七·二九五

族兄景蔡家傳（韓情）　一〇七・三〇一
文學玉華韓公家傳（韓瑚）　一〇七・三二三
先伯兄長儒先生行狀（韓慤）　一〇七・三四一
候選主簿先考府君行略（韓承休）　一〇七・三七九
從兄絅章先生墓志銘（韓夢錦）　一〇八・九
先仲兄錫九先生墓志銘（韓夢齡）　一〇八・一一
徐生王生小傳（徐侃、王東）　一一四・一五三
三先生小傳（李煥章、邊士魁、劉漸磐）　一一五・四六三
濰城守死事五義士傳（絅子匠、相士楊、丁復運、劉小泉）　一一六・三六五

魏源

兩淮都轉鹽運使婺源王君墓表（王鳳生）　一一一・三一七
武進李申耆先生傳（李兆洛）　三二・一四九
李希廉墓志銘（李希廉）　三二・二七三
荆溪周君保緒傳（周濟）　三七・二七三
户部左侍郎提督江蘇學政周公神道碑銘（周系英）　三八・一九九
歸安姚先生傳（姚學塽）　四四・二八一

湖北崇陽縣知縣師君墓志銘（師長治） 四九·一五九
太子太保兩江總督陶文毅公神道碑銘（陶澍） 六〇·三〇三
張鐵甫墓志銘（張海珊） 七二·一一七
廖含虛先生墓志銘（廖奇珍） 九〇·一五五
陝西按察使贈布政使嚴公神道碑銘（嚴如熤） 一一〇·五七

謝章鋌

丁耕鄰墓志銘（丁芸） 二·一七
光禄寺卿丁公神道碑（丁紹周） 二一·一一七
國子監生王君介軒墓志銘（王士春） 七·二三七
王滄州家傳（王文田） 八·九七
吴穀生墓志銘（吴汝霖） 二三·三五五
李生子昭墓志銘（李林） 三〇·三七
例授奉政大夫處士李君墓志銘（李慶齡） 三四·三一七
小海場鹽大使林正青別傳（林正青） 四一·五九
賞四品頂戴團練大臣前陝西山西布政使林公墓志銘（林壽圖） 四一·一六五
胡蘊石墓表（胡廷琨） 四七·一二一

左海後人樸園陳先生墓志銘（陳喬樅）　五九·一六五
陳韵庵同年家傳爲其子及門湯奏作（陳鳴秋）　五九·二六三
桂平縣知縣黄君家傳（黄玉柱）　六六·二三五
黄君宗彝别傳（黄宗彝）　六七·四九
張子廉墓志銘（張定遠）　七一·二三三
葉恂予學士墓志銘（葉大焯）　八〇·二九五
孝廉方正劉徵君别傳（劉存仁）　九八·二一
教諭劉君小傳（劉家謀）　九八·二七三
歸化縣學教諭紫山劉君家傳（劉懿芝）　九九·三九三
魏子安墓志銘（魏秀仁）　一〇六·一〇七
三品銜福建候補知府鍾君神道碑文（鍾鴻逵）　一〇六·二六一
布政使司布政使藹仁龔公墓志銘（龔易圖）　一一一·三五七

謝啓昆

新建縣訓導程君墓志銘（程燮）　八四·一四九
亡弟砥山墓志銘（謝啓勛）　一〇五·三七七

繆荃孫

于香艸墓志銘（于鬯）　二·二五九
湖北鹽法武昌道王文直公神道碑銘（王東槐）　一〇·九
王生吉臣家傳（王家枚）　一〇·一七三
贈太傅恪靖侯大學士左宗棠碑文（左宗棠）　一三·一四三
欽差大臣貴州提督兼署貴州巡撫田公祠版文（田興恕）　一四·八三
朱君松筠墓表（朱錡）　一八·一八九
光禄大夫雲貴總督吴公神道碑（吴振棫）　二四·一三九
盛京將軍兼奉天總督旗民地方軍務完顔文勤公神道碑（完顔崇賢）　二五·三六七
故榮禄大夫沈府君墓志銘（沈燮澤）　二九·三三九
湖北遇缺題奏道周康禄碑文（周康禄）　三八·四〇五
湖南提督周盛傳碑文（周盛傳）　三九·二七
蒙城縣訓導金先生墓表（金諤）　四二·二七
布政使銜廣東按察使金公神道碑（金國琛）　四二·一七三
清誥授奉直大夫誥封資政大夫重宴鹿鳴翰林院編修俞先生行狀（俞樾）　四三·四五
姚文山先生家傳（姚華國）　四四·二二九

十七畫　繆

兩淮鹽運使洪公神道碑（洪汝奎）　四五・三〇一
福建陸路提督唐定奎碑文（唐定奎）　四八・三九五
二品蔭生唐君墓志銘（唐運溥）　四九・八五
世醫孫憩南家傳（孫伯棠）　五〇・七九
清故侍郎銜翰林院侍讀學士孫先生墓碑（孫鏘鳴）　五一・二四七
直隸玉田縣知縣夏君墓志銘（夏子鎏）　五一・三〇五
夏百初先生傳（夏子齡）　五一・三一五
徐星伯先生事輯（徐松）　五二・三五
徐子静墓志銘（徐士愷）　五二・二五九
徐叔雅榮禄家傳（徐焕謨）　五四・一
二品頂戴記名簡放道員前廣東高廉兵備道陸公神道碑銘（陸心源）　五五・三一九
陳夔卿觀察傳（陳爔唐）　六〇・二二七
高星五傳（高沛）　六四・一五七
中書銜處州府學教授黃先生墓志銘（黃以周）　六六・一六五
州判銜候選訓導張先生墓志銘（張文虎）　七〇・一三一
三品銜安徽候補道張君傳（張保慈）　七一・三三五

贈太子少保兵部尚書曹恭慤公神道碑（曹毓瑛） 七五・一一九
梁曦初先生傳（梁景先） 七六・七七
重慶鎮總兵章公鼎臣別傳（章高元） 七七・八一
章碩卿傳（章壽康） 七七・九五
傅君商巖墓志銘（傅羹梅） 七八・三六九
吉林將軍富明阿碑文（富明阿） 七九・一五九
兵部尚書銜浙江巡撫惲公墓志銘（惲祖翼） 八二・二三三
二品頂戴直隸清河道費公墓志銘（費學曾） 八五・二一一
贈尚書光禄大夫安徽太和縣知縣鄒公神道碑（鄒鍾俊） 八五・三八九
内閣學士兼禮部侍郎銜馮公墓志銘（馮文蔚） 八六・二一一
書楊爽泉大令逸事（楊塏） 八七・二二九
安徽靈璧縣知縣楊君墓志銘（楊同福） 八八・一七一
楊惠甫墓志銘（楊惠甫） 八八・三七七
路先生別傳（路澤農） 九〇・一三
成都將軍魁玉碑文（魁玉） 九〇・一七
鄭君墓志銘（鄭作相） 九二・三七九

十七畫　繆

山東曹州鎮總兵趙公神道碑（趙鴻舉）　九六·六九
贈光禄劉紫回水部家傳（劉安瀾）　九八·七
涿州知州劉君傳（劉枝彦）　九八·二三
記名布政使劉連捷碑文（劉連捷）　九八·三五五
廣東巡撫劉公神道碑（劉瑞芬）　九九·九三
錢中丞家傳（錢鼎銘）　一〇三·二三五
泰和蕭君墓志銘（蕭紹典）　一〇四·二二五
前户部候補主事龍君墓志銘（龍繼棟）　一〇五·三九
明繆恭傳（繆恭）　一〇五·六七
蒲江縣教諭鍾君墓志銘（鍾鴻塤）　一〇六·二五七
顧倚山訓導傳（顧師竹）　一一一·一三七
顧輔卿同年墓志銘（顧家相）　一一一·一四三
石濂和尚事略（釋石濂）　一一二·一二五

十九畫

嚴元照

國子監生瓶城王君墓志銘（王穎鋭）　一一·三五七

處州青田縣儒學教論朱先生墓志銘（朱炳元） 一九・二二七
吴胥石先生墓志銘（吴蘭庭） 二五・一六一
書沈東巖事（沈東巖） 二八・三七七
故處士周君墓志銘（周農） 三七・二二七
費翁傳（費宗光） 八五・一五三
費君墓志銘（費榮春） 八五・一九五
山東曹州府同知葆林嚴君墓志銘并序（嚴文典） 一一〇・三三
先曾祖始旦先生家傳（嚴躬逢） 一一〇・一〇五
先考國子監生半庵先生行述（嚴樹蕚） 一一〇・一二九

嚴可均

全紹衣傳（全祖望） 一五・二二九
朱致一傳（朱用純） 一八・三九五
沈屺望傳（沈祖惠） 二九・一一
金培英表墓銘（金毓奇） 四二・一九五
陳燦若傳（陳肇英） 六〇・一九
臧和貴别傳（臧禮堂） 九四・一七七

十九畫　嚴

嚴廣興傳（嚴御風）　一一〇・一一一

羅正鈞

誥授資政大夫按察使銜福建臺澎兵備道剛介孔公神道碑銘（孔昭慈）　三・二〇七
朱菊泉墓志銘（朱潤章）　二〇・五九
清長沙府學生員殉節何君墓表（何經度）　二一・三六九
書吳孝子（吳雲堂）　二四・三〇九
李悔初墓志銘（李文笏）　三一・三三五
清故刑部山西司郎中李君墓表（李章俊）　三四・五七
周翁傳（周志誠）　三八・一七一
胡發琅傳（胡發琅）　四七・三六九
署四川提督廣西右江鎮總兵黃公墓志銘（黃忠浩）　六七・一二九
黃直亭先生墓志銘（黃遠埴）　六七・三六五
誥授中憲大夫賞戴花翎安徽補用知府署徽州知府梅君行狀（梅錦源）　七六・三三三
誥封奉直大夫翰林院庶吉士加四級候選訓導喻府君墓志銘（喻恭和）　七九・二七
劉欽琴生壙銘（劉炳鴻）　九八・二五七
湘鄉劉公戰功紀（劉嶽晙）　九九・三〇五

明錦衣衛副總兵羅公傳（羅熙） 一〇九・三九
從兄右森事略（羅正鈺） 一〇九・四九
羅府君家傳（羅世榘） 一〇九・五三
記近湘公闔門殉寇難事（羅希湛） 一〇九・一〇五
誥授武顯將軍留浙補用總兵署湖州協副將確勇巴圖魯羅公墓志銘（羅啓勇） 一〇九・一二七
誥授建威將軍賞戴花翎賞穿黃馬褂記名提督遇缺儘先題奏總兵展勇巴圖魯雲騎尉世職
　羅公行狀（羅逢元） 一〇九・一三七
歐陽蓮渚墓志銘（歐陽積勛） 一〇〇・一一一
岐山中興恒志禪師塔銘（釋恒志） 一一二・二五三
亡友六君列傳（左調元、郭承錕、吳光堯、許榮祖、黃篤恂、羅正鈺） 一一六・二〇七

羅有高

外王父鍾先生家傳（鍾秉用） 一〇六・二四五

羅振玉

直隸候補直隸州知州邱君墓志銘（邱崧生） 二〇・三六一
全謝山先生吳職方傳書後（吳祖錫） 二四・一六七
明職方郎中吳公傳（吳祖錫） 二四・一七一

記名補用道山陽杜公墓志銘（杜秉寅）　三六・六七
萬年少先生傳（萬壽祺）　八一・一九七
前安徽建德縣知縣直隸州用路府君墓志銘（路岯）　八九・三七一
端忠敏公死事狀（端方）　九三・一八一
學部候補郎中二等諮議官蔣君墓志銘（蔣黼）　九一・一二一
辛亥殉國南陽鎮總兵謝公傳（謝寶勝）　一〇六・七
伯兄佩南先生傳略（羅振鋆）　一〇九・一一九
陸軍部協參領顧君傳（顧臧）　一一〇・二八三

譚瑩

覃恩誥授通奉大夫一品封典晉授榮禄大夫布政使銜候選道紫垣伍公神道碑文（伍崇曜）　一五・一四三
覃恩晉榮禄大夫紫垣伍公墓志銘（伍崇曜）　一五・一五三
黃君石溪墓表（黃子高）　六六・一五九

譚獻

五品卿銜前棗强知縣方先生墓志銘（方宗誠）　四・三五七
甘府君墓表（甘延年）　一四・一六七
皇清誥授中議大夫道銜陝西候補知府恤贈光禄寺卿祁府君墓志銘（祁兑）　一六・一七五

誥授奉政大夫同知銜江西貴溪縣知縣改補廣昌縣朱府君墓志銘（朱彭年）　一九・三一一
朱聯華傳（朱聯華）　二〇・一三七
誥授資政大夫封光禄大夫吏部左侍郎吴公行狀（吴存義）　二三・三一一
吴府君家傳（吴敬義）　二四・三二九
清故江西寧都直隸州知州汪府君墓志銘（汪綬之）　二七・二五一
四品卿銜國子監司業加五級沈先生行狀（沈祖懋）　二九・六一
沈府君墓志銘（沈景修）　二九・一五五
皇清誥授資政大夫廣東布政使司布政使沈公行狀（沈鎔經）　二九・三五一
知沈府君墓志銘（沈麟元）　二九・三八三
皇清誥授資政大夫前江西布政使李公碑銘（李桓）　三〇・八三
清授前廣西太平府明江同知桂平知縣嘉興李君墓志銘（李宗庚）　三二・三九五
皇清誥授通奉大夫二品銜浙江候補道署温處兵備道宗公墓志銘（宗源瀚）　三九・三〇七
金府君家傳（金應澍）　四二・三〇七
胡府君家傳（胡家駒）　四七・二七一
江蘇候補知府胡府君墓志銘（胡裕燕）　四七・三三一
清故光禄大夫户部左侍郎孫公墓志銘（孫詒經）　五一・一

十九畫　譚

皇清晉授光禄大夫吏部右侍郎江蘇學政夏公墓志銘（夏同善）　五一·三二五
誥封光禄大夫徐公墓碑銘（徐夔）　五二·一六七
徐君墓志銘（徐虔復）　五三·三七一
清故訓導徐君墓志銘（徐惟琨）　五四·三一
陸大夫墓志銘（陸枚）　五五·一四九
陸生傳（陸佐勛）　五六·七
貤封奉政大夫前署鄞州學正訓導陳府君墓志銘（陳作相）　五八·一八一
清故新興場大使陳府君墓志銘（陳學洪）　六〇·六七
陶編修傳（陶方琦）　六〇·三三一
陶府君家傳（陶慶怡）　六一·五一
誥封朝議大夫莫君墓志銘（莫仕高）　六二·七七
莊君仲求小傳（莊士敏）　六二·一五一
高處士合葬墓志銘（高修黄）　六四·三三九
清故台州府學教授高先生墓志銘（高學治）　六五·五七
清故中憲大夫道銜候選府同知高先生行狀（高錫恩）　六五·八七
東埭居士傳（郭肇）　六五·一二五

黄先生傳（黄式三）　六六・二四五
皇清誥授光禄大夫贈太子太保山東巡撫霍欽巴圖魯世襲一等輕車都尉張公神道碑銘（張曜）　六九・二四七
張先生傳（張炳杰）　七一・三七五
章府君家傳（章桂慶）　七七・七七
章先生家傳（章學誠）　七七・一〇五
許府君家傳（許槤）　七七・二四七
許教授家傳（許人杰）　七七・二六七
許教授家傳（許正綬）　七七・三〇三
傅君墓志銘（傅岱）　七八・二四三
皇清誥授中憲大夫晋封通議大夫户部郎中葛府君墓表（葛金烺）　八一・二五九
董處士家傳（董耀先）　八二・一〇五
皇清誥授中議大夫鹽運使銜浙江候補知府程府君墓志銘志銘（程熙增）　八四・三八三
楊都轉家傳（楊裕深）　八九・一
皇清恤贈國子監助教銜候選即用教諭褚府君墓志銘（褚承煒）　八九・二七五
清故誥授朝議大夫前浙江候補知府趙府君墓表（趙篤恩）　九六・七
山東道監察御史薛先生墓表（薛春藜）　一〇四・七三

皇清誥授資政大夫二品銜署浙江糧儲道杭州府知府薛先生墓志銘(薛時雨)　一〇四・七七
繆太僕家傳(繆樹本)　一〇五・一五一
皇清誥授光禄大夫前兵部右侍郎贈尚書謚文節戴公墓表(戴熙)　一〇六・三三一
羅大夫家傳(羅忠祜)　一〇九・一一三
嚴容孫傳(嚴曾詮)　一一〇・一〇一
僧月印生壙志(釋月印)　一一二・七一
烏程南潯周氏三世稻村府君家傳(周良苗、周昌大、周昌熾)　一一五・一三五
七友傳(陳炳、俞之俊、高炳麐、高望曾、陳炳文、吴懷珍、袁鳳桐)　一一六・一一五
亡友傳(蔣恭亮、蔣坦、朱孝起、沈瑜、周炳元、王汝霖、程燿采、龔公襄、楊象濟、董慎言、楊傳第、莊棫、戴望、魏錫曾、王詒壽、陶方琦、王麟書、高傳錦)　一一六・一三三

二十一畫

鐵保

甘道淵傳(甘運源)　一四・一七五
恒中允益亭傳(恒裕)　四五・七五
王聾子郭風子二醫人傳(王之政、郭風子)　一一三・二三一

瑛夢禪慶似村合傳（瑛寶、慶蘭尹）　一一四・二五五
蓮筏澈公覺天三和尚合傳（釋蓮筏、釋澈公、釋覺天）　一一五・一一三

顧千里

清故孝子戈君之銘（戈宙）　五・二七五
金湘溪事略（金德鵬）　四二・二六三
增貢生漱坡徐君墓志銘（徐金霖）　五三・一八五
誥封朝議大夫即用訓導芑堂程君墓志銘（程開豐）　八四・三五三
安徽布政使降補刑部福建司郎中世襲一等輕車都尉蔣公墓志銘（蔣繼勛）　九二・四五

顧炎武

山陽王君墓志銘（王略）　六・一〇一
歙王君墓志銘（王時沐）　一〇・二五三
文林郎貴州道監察御史王君墓志銘（王國翰）　一〇・三〇九
吳同初行狀（吳其沆）　二四・四三
富平李君墓志銘（李映林）　三三・二八一
常熟陳君墓志銘（陳梅）　五六・三四三
中憲大夫山西按察司副使寇公墓志銘（寇慎）　七四・一七七

汝州知州錢君行狀（錢祚徵）　一〇三・三九
從叔父穆庵府君行狀（顧蘭服）　一一一・二三五
書吴潘二子事（吴炎、潘檉章）　一一三・三四九

顧雲

談小圃丈述（談淳世）　一〇一・二三
桑根先生行狀（薛時雨）　一〇四・九一
清故知縣邵陽魏君墓表（魏耆）　一〇六・四九
邵陽魏先生傳（魏源）　一〇六・六五
先考殉難志略（顧長庚）　一一一・一一五
羅文學蔣孝廉別傳（羅振亨、蔣師軾）　一一五・九一
王沈李丁四師傳（沈儒珍、王淵如、李逢年、丁自求）　一一六・九五

顧廣譽

大邑知縣卜君墓表（卜葆鈖）　二・二三一
方子春先生行略（方坰）　四・一五三
書方子春先生事（方坰）　四・一五九
王封翁家傳（王元松）　七・三二一

誥贈通奉大夫安徽候補道加三級王公暨配誥封太夫人張氏墓志銘（王思高） 一〇・八七
別駕王君家傳（王朝佐） 一一・三三
田上舍傳（田曾） 一三・三九一
田丈寶瑚家傳（田寶瑚） 一四・九三
甘徵君傳（甘可貞） 一四・一五三
成先生孺傳（成孺） 一五・二九七
朱介眉贈君家傳（朱昌壽） 一九・一六九
朱先生桂模家傳（朱桂模） 一九・二五一
朱孝子傳（朱勝忠） 一九・三二一
書何孝子（何晋松） 二一・三二九
何達夫墓志銘（何誦芬） 二二・一五
清故邳州知州吴府君墓志銘（吴崇壽） 二四・一九一
汪石心先生傳（汪正） 二六・三九
汪梅村先生行狀（汪士鐸） 二六・三一七
沈文肅公傳（沈葆楨） 二九・二一三
吴江義士周君傳（周以衡） 三八・一

二十一畫　顧

二十一畫 顧

金君甘叔小傳（金作霖） 四二・一三七
俞君畇原家傳（俞坤） 四三・一
盧氏知縣姚君墓志銘（姚楗） 四三・三三一
胡价侯先生墓碣（胡維藩） 四七・三七三
太學生計君慕雲墓志銘（計標） 四八・一五七
陸蕢鄉傳（陸鐄） 五五・二八五
貤贈奉政大夫太學生陸君傳（陸開誠） 五六・一一五
敕授儒林郎署松江府通判陳君墓碣銘（陳棉） 五七・二一一
陳養吾家傳（陳希恕） 五八・二三九
書陳啓泰（陳啓泰） 五九・一二五
陶生墓志銘（陶必成） 六〇・三五七
張忠武公事狀（張國樑） 七二・一六一
張典籍述（張繼庚） 七四・四九
張生繼德權厝銘（張繼德） 七四・五九
章兆星家傳（章夢斗） 七七・八七
清故振威將軍提督署大名鎮總兵許公墓志銘（許保清） 七八・三三五

單白也師行狀（單之珩） 七九·一五三
湯君裕傳（湯裕） 八三·二五一
程上舍述（程士琦） 八四·一七一
蔣甥敦五墓表（蔣敦五） 九一·二八五
鄭君又橋家傳（鄭壽彭） 九三·一一九
書劉啓發（劉啓發） 九八·三〇九
劉明經壽曾傳（劉壽曾） 九九·一三九
盧仲山先生傳（盧生甫） 一〇一·二八九
八世祖雲馭府君家傳（顧人龍） 一一〇·三三三
先考事略（顧上達） 一一〇·三四三
錢氏仲季兩君合傳（錢裕昌、錢祚昌） 一一五·七
書兩賢族長事（顧萬資、顧萬含） 一一五·一〇一
三先生傳（屈何炯、徐應潮、陳珍） 一一六·六九

顧鎮
王有譽家傳（王有譽） 九·二三一
周翁傳（周伯甫） 三八·一一五

原任侍讀學士兼都察院僉都御史豐潤等處營田觀察使候補鴻臚寺少卿文安陳君墓志銘（陳儀）　五七・一四三
陳清端公家傳（陳瑸）　五七・二二七
司業陳先生傳（陳祖範）　五九・三
原任太常卿陶公墓表（陶正靖）　六〇・三四五
魚處士虞巖墓志銘（魚元傅）　七八・一九七
馮行貞小傳（馮行貞）　八六・二二五
翟藍溪家傳（翟守熹）　九三・三五三
故協辦內閣中書舍人趙君行狀（趙森）　九四・二六九

二十三畫

龔自珍

武顯將軍福建海壇鎮總兵官丁公神道碑銘（丁朝雄）　二・一四一
王仲瞿墓表銘（王曇）　七・一
工部尚書高郵王文簡公墓表銘（王引之）　八・五五
江南安慶府知府何公墓表銘（何裕均）　二一・三六七

吴之癯（吴之癯）　二三・一一七
宋先生述（宋璠）　二五・二二五
杭大宗逸事狀（杭世駿）　四〇・三三三
書金伶（金德輝）　四二・二五三
明按察司僉事金君石闕銘（金應奎）　四二・二九一
資政大夫禮部侍郎武進莊公神道碑銘（莊存與）　六二・一六三
曹尚志碣（曹尚志）　七五・七一
書葉機（葉機）　八〇・二六一
贈太子太師兵部尚書兩廣總督謚敏肅涿州盧公神道碑銘（盧坤）　一〇一・二二一

龔景瀚

誥授驍騎將軍四川永寧協副將前肅州鎮總兵李公家傳（李述泌）　三三・三二七
皇清誥授朝議大夫户部掌印給事中加三級補山温公墓志銘（温常綬）　八三・三八五
三原楊公脩齋墓表（楊鵬翥）　八九・一五五
薛公寥雷傳（薛寥雷）　一〇四・一五一
譚君翠屏墓表（譚所得）　一〇九・二六七
皇清誥授奉直大夫雲南鎮南州知州顯考厚齋府君行述（龔一發）　一一一・二八九
二林小傳（林湛、林枝春）　一一四・七一

文集篇名索引

文集名稱　作者　版本

一畫

二畫

三畫

三松堂集　姚華 撰　清嘉慶、道光間遞刻本
三魚堂文集　（清）張樹 撰　清康熙四十年（1701）琴川書屋刻本
大雪山房文稿二集　（清）沈德潛 撰　民國八年（1919）上海商務印書館《四部叢刊》影印清同治八年（1869）刻本
大雪山房文稿初集　馮煦 撰　民國八年（1919）上海商務印書館《四部叢刊》影印清同治八年（1869）刻本
寸心知室文存　（清）梅曾亮 撰　清咸豐刻本
上湖分類文編　（清）朱彝尊 撰　清光緒十二年（1886）汪氏刻本
小三吾亭文甲集　（清）龔自珍 撰　清宣統三年（1911）刻本
小石渠閣文集　（清）錢儀吉 撰　清光緒福州刻本
小峴山人文集　（清）施閏章 撰　清嘉慶二十二年（1817）刻道光間補刻本
小峴山人文續集　（清）王昶 撰　清嘉慶二十二年（1817）刻道光間補刻本
小峴山人文續集補編　馬其昶 撰　清嘉慶二十二年（1817）刻道光間補刻本
小倉山房文集　（清）俞樾 撰　清乾隆刻增修本
小萬卷齋文稿　（清）毛嶽生 撰　清光緒十一年（1885）嘉樹山房重刻本
小學盦遺書　（清）全祖望 撰　清光緒二十一年（1895）刻本

四畫

王文簡公文集　王樹枏　撰　民國十四年(1925)羅氏鉛印本
王石臞先生遺文　(清)王源　撰　清咸豐七年(1857)刻本
天真閣集　(清)張裕釗　撰　清嘉慶五年(1800)刻增修本
五松園文稿　(清)王棨商　撰　民國八年(1919)商務印書館《四部叢刊》影印清嘉慶刻本
太乙舟文集　(清)戴震　撰　清道光二十三年(1843)孝友堂重刻本
太炎文録初稿　章梫　撰　民國間影印浙江圖書館刻本
太炎文録初編　(清)錢謙益　撰　民國間影印浙江圖書館刻本
太炎文録補編　(清)張士元　撰　民國間影印浙江圖書館刻本
切問齋集　(清)黄式三　撰　清乾隆五十七年(1792)暉吉堂刻本
介存齋文稿　(清)牛運震　撰　清刻本
丹棱文鈔　陳衍　撰　清道光二十二年(1842)陽湖蔣氏洗心玩易之室活字印本
文友文選　(清)龍文彬　撰　清康熙刻本
文淵閣四庫全書・堯峰文鈔　(清)徐子苓　撰　臺北商務印書館一九八六年影印本
尺岡草堂遺文　姚華　撰　清光緒十五年(1889)息廬刻本

五畫

玉函山房文集　葉昌熾　撰　清光緒刻本
玉津閣文略　（清）孫星衍　撰　清光緒十四年（1888）刻本
未灰齋文集　（清）袁枚　撰　清咸豐十一年（1861）福寧郡齋刻本
正誼堂文集　（清）朱珪　撰　清同治五年（1866）福州正誼書院刻本
正誼堂續集　（清）劉大櫆　撰　清同治五年（1866）福州正誼書院刻本
甘泉鄉人稿　（清）李塨　撰　清同治十一年（1872）錢應溥刻光緒十一年（1885）錢志澄續刻本
甘泉鄉人餘稿　（清）顧廣譽　撰　清同治十一年（1872）錢應溥刻光緒十一年（1885）錢志澄續刻本
古微堂外集　（清）方苞　撰　清宣統元年（1909）國學扶輪社鉛印本
丙寅稿　（清）施補華　撰　民國十六年（1927）羅振玉鉛印本
左海文集　（清）朱軾　撰　清刻本
左盦集　（清）吴德旋　撰　民國二十五年（1936）寧武南氏鉛印本
石泉書屋類稿　（清）吴德旋　撰　清同治四年（1865）刻本
石亭記事　（清）王芑孫　撰　民國三十八年（1949）丁步坤鉛印本
石笥山房文集　唐晏　撰　清咸豐二年（1852）刻本

石雲山人文集　（清）俞樾　撰　清道光二十一年（1841）南海吴氏筠清館刻本
石經閣文集　（清）吴汝綸　撰　清道光刻本
石遺室文集　（清）孫衣言　撰　清光緒三十一年（1905）刻本
平津館文稿　（清）顧廣譽　撰　民國八年（1919）商務印書館《四部叢刊》影印清嘉慶刻本
申鄭軒遺文　（清）姜宸英　撰　清鈔本
白田草堂存稿　（清）毛奇齡　撰　清乾隆十七年（1752）刻本
印心石屋文鈔　（清）劉大櫆　撰　清道光二十年（1840）兩淮淮北士民刻本
句溪雜箸　（清）錢謙益　撰　清光緒十四年（1888）廣雅書局刻本
冬青館乙集　（清）劉大櫆　撰　民國四年（1915）劉氏嘉業堂刻本
半巖廬遺文　（清）方苞　撰　民國十一年（1922）仁和邵氏刻本
永懷堂文鈔　勞乃宣　撰　清光緒十七年（1891）刻本
弗堂類稿　（清）馮登府　撰　民國十九年（1930）中華書局鉛印本
幼學堂文稿　（清）包世臣　撰　清嘉慶十八年（1813）刻道光八年（1828）續刻本

六畫

西陂類稿　王舟瑤　撰　民國六年（1917）宋恪寀重刻本

西河合集　（清）賀濤　撰　清嘉慶刻本
西河合集　（清）韓菼　撰　清康熙刻本
西莊始存稿　（清）孫葆田　撰　清乾隆三十年（1765）刻本
西溟文鈔　（清）武億　撰　清光緒十五年（1889）毋自欺齋馮氏刻本
有竹居集　（清）錢謙益　撰　清嘉慶二十四年（1819）兩廣節署刻本
有恒心齋文　（清）趙懷玉　撰　清同治刻本
有懷堂文稿　王闓運　撰　清康熙四十二年（1703）長洲韓氏刻本
存吾文稿　（清）雷鋐　撰　清咸豐五年（1855）雲香書屋重刻本
存素堂文集　（清）全祖望　撰　清嘉慶十二年（1807）程邦瑞揚州刻增修本
吕晚村先生文集　（清）汪琬　撰　清雍正三年（1725）吕氏天蓋樓刻本
因寄軒文二集　（清）方宗誠　撰　清道光十三年（1833）管氏刻本
因寄軒文初集　（清）毛嶽生　撰　清道光十三年（1833）管氏刻本
朱文端公文集　（清）戚學標　撰　清同治朱氏刻本
朱文端公文集　（清）錢謙益　撰　清康熙六十年（1721）山西劉鎮初刻乾隆二年（1737）江西吴學濂續刻本
朱文端公文集補編　（清）姚鼐　撰　清同治朱氏刻本
休復居文集　（清）方宗誠　撰　民國二十五年（1936）寶山滕氏影印清道光間刻本

仰蕭樓文集　（清）方宗誠　撰　清光緒六年（1880）刻本

亦有生齋集文　（清）陳鱣　撰　清道光元年（1821）刻本

安吴四種　（清）王榮商　撰　清光緒十四年（1888）刻本

七畫

更生齋文乙集　（清）孫葆田　撰　清光緒授經堂刻本

更生齋文甲集　（清）汪琬　撰　清光緒授經堂刻本

吾悔集　（清）厲鶚　撰　民國上海涵芬樓影印清康熙刻本

求是堂文集　（清）蕭穆　撰　清道光十三年（1833）刻本

求益齋文集　（清）翁方綱　撰　清光緒二十四年（1898）江蘇書局刻本

吴山子遺文　（清）李富孫　撰　民國九年（1920）江陰繆氏刻本

劬盦文稿二編　（清）皮錫瑞　撰　民國九年（1920）湘潭羅氏養正齋刻本

劬盦文稿三編　（清）李紱　撰　民國九年（1920）湘潭羅氏養正齋刻本

劬盦文稿四編　（清）朱彝尊　撰　民國九年（1920）湘潭羅氏養正齋刻本

劬盦文稿初編　（清）王宗炎　撰　民國九年（1920）湘潭羅氏養正齋刻本

汪梅村先生集　（清）唐鑑　撰　清光緒七年（1881）刻本

初月樓文鈔　（清）孫葆田　撰　清道光三年（1823）刻本
初月樓文續鈔　王先謙　撰　清道光三年（1823）刻本
初堂遺稿　（清）李宗昉　撰　清刻本

八畫

青溪文集續編　（清）施補華　撰　清道光十七年至十八年（1837—1838）東山草堂刻本
青溪集　（清）顧炎武　撰　清道光十七年至十八年（1837—1838）東山草堂刻本
青溪舊屋文集　（清）任啓運　撰　清光緒九年（1883）儀徵劉良甫刻本
青學齋集　（清）孫葆田　撰　民國二十年（1931）新陽汪氏刻本
松翁近稿　（清）焦循　撰　民國十五年（1926）上虞羅氏刻本
松崖文鈔　（清）王士禎　撰　清光緒劉氏刻本
松鄰遺集　（清）劉大櫆　撰　民國刻本
述學外篇　（清）湯金釗　撰　清刻本
述學別録　（清）孫葆田　撰　清刻本
述學補遺　（清）朱筠　撰　清刻本
枕經堂文鈔　（清）俞樾　撰　清刻本

枕碧樓偶存稿　（清）吴德旋　撰　民國刻本
東洲草堂文鈔　（清）姚鼐　撰　清光緒刻本
東溟文外集　（清）李堪　撰　清同治六年（1867）姚濬昌安福縣署刻本
東溟文後集　（清）程瑶田　撰　清同治六年（1867）姚濬昌安福縣署刻本
東溟文集　（清）方宗誠　撰　清同治六年（1867）姚濬昌安福縣署刻本
東塾集　（清）方苞　撰　清光緒十八年（1892）菊坡精舍刻本
東潛文稿　（清）施閏章　撰　清乾隆五十九年（1794）小山堂刻本
奇觚廎文集　（清）孫葆田　撰　民國十年（1921）刻本
抱經堂文集　（清）潘德輿　撰　民國十二年（1923）北京直隸書局影印（石印）本
抱潤軒文集　（清）朱珪　撰　民國十二年（1923）京師刻本
拙尊園叢稿　（清）趙懷玉　撰　清光緒二十一年（1895）金陵狀元閣刻本
果堂集　（清）錢大昕　撰　清乾隆刻本
味經山館文鈔　（清）姚鼐　撰　清咸豐刻本
味經山館文鈔　（清）戴鈞衡　撰　清咸豐八年（1858）刻本
忠雅堂文集　（清）趙懷玉　撰　清嘉慶二十一年（1816）刻本
郘亭遺文　（清）陳祖範　撰　清光緒刻本

郘亭叢書·貞定先生遺集　（清）盧文弨　撰　清咸豐刻獨山莫氏本
知足齋文集　（清）戴震　撰　清嘉慶九年（1804）阮元刻增修本
牧齋有學集　（清）汪琬　撰　民國涵芬樓影印明崇禎瞿式耜刻本
牧齋初學集　（清）方苞　撰　民國涵芬樓影印明崇禎瞿式耜刻本
岱南閣集　（清）毛奇齡　撰　民國八年（1919）商務印書館《四部叢刊》影印清嘉慶刻本
金粟齋遺集　（清）徐時棟　撰　民國十八年（1929）江寧刻本
卷施閣文乙集　（清）張澍　撰　清光緒授經堂重刻本
卷施閣文甲集　（清）杜貴墀　撰　清光緒授經堂重刻本
定盦文集　（清）朱彝尊　撰　清同治七年（1868）錢塘吴氏刻本
定盦文集補編　（清）戴震　撰　清光緒二十三年（1897）萬本書堂刻本
定盦續集　陳衍　撰　清光緒二十三年（1897）萬本書堂刻本
定盦續集　（清）謝章鋌　撰　清同治七年（1868）錢塘吴氏刻本
空山堂文集　（清）陸心源　撰　清嘉慶刻本
居業堂文集　（清）徐乾學　撰　清光緒五年（1879）刻本
孟亭居士文稿　（清）顧千里　撰　清嘉慶刻本
孟鄰堂文鈔　（清）程恩澤　撰　清嘉慶二十四年（1819）紅梅閣刻本

九畫

春在堂全書·賓萌集　（清）胡賡善　撰　清光緒刻本
春在堂雜文三編　（清）錢謙益　撰　清光緒刻本
春在堂雜文五編　（清）張壽榮　撰　清光緒刻本
春在堂雜文六編　（清）俞樾　撰　清光緒刻本
春在堂雜文六編補遺　（清）朱彬　撰　清光緒刻本
春在堂雜文四編　馬其昶　撰　清光緒刻本
春在堂雜文　（清）徐乾學　撰　清光緒刻本
春在堂雜文續編　（清）鄒漢勛　撰　清光緒刻本
春融堂集　（清）潘祖蔭　撰　清嘉慶十二年（1807）塾南書舍刻本
珍藝宧文鈔　（清）張澍　撰　清嘉慶、道光間武進莊氏脊令舫刻本
茉聲館文集　（清）杜貴墀　撰　民國八年（1919）朱景邁刻本
茗柯文二編　（清）吴德旋　撰　民國八年（1919）上海商務印書館《四部叢刊》影印清道光陳善刻本
茗柯文三編　（清）俞樾　撰　民國八年（1919）上海商務印書館《四部叢刊》影印清道光陳善刻本
茗柯文四編　（清）盛大士　撰　民國八年（1919）上海商務印書館《四部叢刊》影印清道光陳善刻本

茗柯文外編　（清）朱彝尊　撰　民國八年（1919）上海商務印書館《四部叢刊》影印清道光陳善刻本
茗柯文初稿　（清）張士元　撰　民國八年（1919）上海商務印書館《四部叢刊》影印清道光陳善刻本
茗柯文補編　（清）彭元瑞　撰　民國八年（1919）上海商務印書館《四部叢刊》影印清道光陳善刻本
南江文鈔　（清）馮桂芬　撰　清道光十二年（1832）刻本
南雷文案　（清）吴定　撰　民國上海涵芬樓影印清康熙刻本
南澗文集　（清）王源　撰　清光緒刻本
南澗文集　（清）李文藻　撰　清光緒吴縣潘氏刻本
柏梘山房文集　（清）王鳴盛　撰　清咸豐六年（1856）楊以增、楊紹穀等刻民國七年（1918）蔣國榜補修本
柏堂集次編　（清）賀濤　撰　清光緒六年至十二年（1880—1886）刻本
柏堂集後編　（清）施閏章　撰　清光緒六年至十二年（1880—1886）刻本
柏堂集前編　（清）龔自珍　撰　清光緒六年至十二年（1880—1886）刻本
柏堂集續編　（清）毛奇齡　撰　清光緒六年至十二年（1880—1886）刻本
研六室文鈔　（清）王士禎　撰　清道光十七年（1837）涇川書院刻本
研六室文鈔補遺　（清）阮元　撰　清道光十七年（1837）涇川書院刻本
面城精舍雜文　（清）孫原湘　撰　華寶齋二〇〇五年影印本
面城樓集鈔　（清）徐乾學　撰　清光緒十二年（1886）刻學海堂叢刻本

思益堂古文　（清）胡赓善　撰　清光緒十四年（1888）刻本
思復堂文集　（清）方苞　撰　清康熙刻本
思復堂文集　（清）蔣士銓　撰　清光緒十九年（1893）徐氏鑄學齋刻本
思適齋集　（清）錢大昕　撰　清道光二十九年（1849）刻本
拜經堂文集　（清）毛奇齡　撰　民國十九年（1930）影印本
香樹齋文集　（清）朱筠　撰　清乾隆刻同治、光緒間遞修本
香樹齋文集續鈔　（清）譚獻　撰　清乾隆刻同治、光緒間遞修本
秋室集　（清）吴汝綸　撰　清光緒十一年（1885）歸安陸心源刻本
修辭餘鈔　（清）錢謙益　撰　清嘉慶八年（1803）刻本
保甓齋文録　（清）趙垣　撰　民國二十七年（1938）北平燕京大學圖書館鉛印本
衎石齋記事稿　（清）毛奇齡　撰　清光緒六年（1880）重刻本
衎石齋記事續稿　（清）姚鼐　撰　清光緒六年（1880）重刻本
後樂堂文鈔　（清）方苞　撰　清光緒二十五年至二十七年（1899—1901）鉛印本
勉行堂文集　（清）惲敬　撰　清嘉慶二十三年至二十五年（1818—1820）刻本
亭林文集　（清）龍文彬　撰　清乾隆三十八年（1773）山隱居刻本
亭林餘集　（清）張星鑑　撰　清乾隆三十八年（1773）山隱居刻本

施愚山先生學餘文集　（清）王士禎　撰　清康熙四十七年（1708）刻本
退思粗訂稿　（清）韓夢周　撰　清嘉慶刻本
退補齋文存二編　（清）張壽榮　撰　清光緒七年（1881）退補齋刻本
退補齋文存　（清）龍文彬　撰　清同治十二年（1873）退補齋鄂州刻本
退廬文集　（清）吴偉業　撰　民國十三年（1924）南昌退廬刻本
柔橋文集　（清）錢泰吉　撰　民國三年（1914）上海國光書局鉛印本
柔橋文鈔　（清）牛運震　撰　民國三年（1914）上海國光書局鉛印本
紅櫚書屋雜體文稿　（清）毛奇齡　撰　清乾隆刻本

十畫

真意堂佚稿　（清）馮桂芬　撰　清光緒十五年（1889）毋自欺齋馮氏刻本
桐城吴先生文集　（清）孫葆田　撰　清光緒三十年（1904）刻本
桐華閣文集　（清）戚學標　撰　清光緒刻本
桐鄉勞先生遺稿　（清）全祖望　撰　民國十六年（1927）刻本
校經室文集　（清）包世臣　撰　民國五年（1916）吴興劉承幹刻本
校經室文集補遺　（清）朱彝尊　撰　民國五年（1916）吴興劉承幹刻本

校經廎文稿（清）姚椿 撰 清道光元年（1821）刻本

葢山文録（清）李兆洛 撰 清光緒十五年（1889）刻本

眠琴閣遺文（清）錢大昕 撰 清光緒刻本

恩餘堂輯稿（清）方苞 撰 清道光七年（1827）刻本

師伏堂駢文（清）方苞 撰 清光緒三十年（1904）善化皮氏刻本

舫廬文存（清）孔繼涵 撰 清光緒九年（1883）蛟川張氏秋樹根齋刻本

唐確慎公集（清）張文虎 撰 清光緒元年（1875）賀瑗刻本

悔過齋文集（清）方宗誠 撰 清光緒三年（1877）平湖顧鴻昇刻四年（1878）王大經補刻本

悔過齋續集（清）劉大櫆 撰 清光緒三年（1877）平湖顧鴻昇刻四年（1878）王大經補刻本

悔庵學文（清）陸隴其 撰 清光緒刻本

悔庵學文補遺（清）龔自珍 撰 清光緒刻本

烟嶼樓文集（清）方朔 撰 清光緒元年（1875）松竹居葛氏刻本

涉江先生文鈔（清）施閏章 撰 民國十年（1921）豐潤張志沂鉛印本

海峰先生文（清）章學誠 撰 清末時還書屋刻本

容膝軒文稿 王樹枏 撰 清光緒二十一年（1895）刻本

袖海樓文録（清）韓菼 撰 清道光十八年（1838）嘉定西溪草廬刻本

陳司業文集　吴之英　撰　清乾隆二十九年（1764）海虞陳氏日華堂刻本

陶山文録　（清）張裕釗　撰　清道光二年（1822）刻本

陶樓文鈔　馬其昶　撰　民國十二年（1923）刻本

陶廬文集　（清）俞樾　撰　民國四年（1915）刻本

恕谷後集　（清）李兆洛　撰　清光緒七年（1881）刻本

通義堂文集　（清）龍文彬　撰　民國劉氏刻本

通齋文集　（清）戴鈞衡　撰　清同治三年（1864）刻民國二十二年（1933）揚州陳恒和書林補刻本

孫淵如外集　（清）盛大士　撰　民國二十一年（1932）國立北平圖書館鉛印本

孫淵如外傳　葉昌熾　撰　民國二十一年（1932）國立北平圖書館鉛印本

十一畫

理堂文集　（清）全祖望　撰　清道光三年至四年（1823—1824）静恒書屋刻本

梅村文補遺　（清）潘德輿　撰　清宣統三年（1911）董氏誦芬室刻本

梅村家藏稿文集　（清）趙懷玉　撰　清宣統三年（1911）董氏誦芬室刻本

梅村家藏稿補遺　（清）毛奇齡　撰　清宣統三年（1911）董氏誦芬室刻本

梅庵文鈔　（清）方宗誠　撰　清道光二年（1822）石經堂刻本

帶經堂集　（清）韓菼　撰　清康熙四十九年至五十年（1710—1711）程哲七略書堂刻本
授堂文鈔　（清）李兆洛　撰　清道光二十三年（1843）武氏刻本
虛受堂文集　（清）汪中　撰　清光緒二十六年（1900）刻本
晦明軒稿　（清）王士禎　撰　清光緒二十七年（1901）宜都楊氏鄰蘇園刻本
晚聞居士遺集　章梫　撰　清道光十年至十一年（1830—1831）愛日軒刻本
晚學集　（清）王棻　撰　清道光二十一年（1841）孔憲彝刻本
晚學齋文集　（清）朱彝尊　撰　清咸豐二年（1852）刻本
崇雅堂稿　（清）王士禎　撰　清乾隆二十四年（1759）刻本
笥河文集　（清）全祖望　撰　清嘉慶二十年（1815）椒華吟舫刻本
第六絃溪文鈔　（清）方宗誠　撰　清光緒十年（1884）後知不足齋刻本
許鄭學廬存稿　（清）吴德旋　撰　民國二十八年（1939）影印清道光刻本
章氏遺書　（清）陳慶鏞　撰　民國十一年（1922）吴興劉氏嘉業堂刻本
望溪先生文集外文　（清）石韞玉　撰　清咸豐二年（1852）戴鈞衡刻本
望溪先生文集　（清）張際亮　撰　清咸豐二年（1852）戴鈞衡刻本
望溪先生集外文　馮煦　撰　清咸豐二年（1852）戴鈞衡刻本
望溪先生集外文補遺　（清）吴汝綸　撰　清咸豐二年（1852）戴鈞衡刻本

惜抱軒文後集　（清）毛奇齡　撰　清嘉慶三年（1798）刻本
惜抱軒文集　（清）錢大昕　撰　清嘉慶三年（1798）刻本
惕甫未定稿　（清）趙懷玉　撰　清嘉慶刻本
清白士集　（清）王士禎　撰　清嘉慶刻本
清芬樓遺稿　（清）張遠覽　撰　清嘉慶刻本
清風室文鈔　（清）杜貴墀　撰　清宣統三年至民國二年（1911—1913）刻本
淡園文集　（清）方苞　撰　清思古書堂刻本
深柳堂文集　（清）方宗誠　撰　民國五年（1916）烏程張氏刻本
張亨甫文集　陳衍　撰　清同治六年（1867）建寧孔慶衢刻本
巢經巢文集　（清）方宗誠　撰　民國三年（1914）貴州陳氏花近樓校刻本

十二畫

琴士文鈔　（清）汪琬　撰　清道光十二年（1832）古墨齋刻本
琴鶴山房遺稿　（清）秦瀛　撰　民國十一年（1922）刻本
越縵堂文集　（清）袁枚　撰　民國十九年（1930）北平圖書館鉛印本
董文友文選　（清）牛運震　撰　清康熙刻本

敬孚類稿　（清）程鴻詔　撰　清光緒三十三年（1907）刻本

落帆樓文集　（清）錢謙益　撰　民國七年（1918）吴興劉氏嘉業堂刻本

雲窗漫稿　（清）戚學標　撰　民國間影印本

雅雨堂文集　（清）李紱　撰　清道光二十年（1840）盧樞清雅堂刻本

悲盦居士文存　（清）陳澧　撰　清光緒十六年（1890）刻本

紫石泉山房文集　（清）吴汝綸　撰　清嘉慶十五年（1810）鮑桂星刻本

無聞集　（清）趙執信　撰　清道光四年（1824）刻本

程一夔文乙集　王舟瑶　撰　清宣統二年（1910）千一齋刻本

程侍郎遺集初編　（清）顧廣譽　撰　清咸豐五年（1855）伍氏刻本

復初齋文集　（清）翁方綱　撰　民國五年（1916）上海同文圖書館石印本

復初齋集外文　（清）翁方綱　撰　民國六年（1917）吴興劉氏嘉業堂刻本

復堂文集　（清）姚鼐　撰　清同治、光緒間刻本

復堂文續　馮煦　撰　清同治、光緒間刻本

復禮堂文集　（清）趙執信　撰　清李彦章校刻本

舒藝室雜著乙編　（清）袁枚　撰　清光緒刻本

舒藝室雜著甲編　（清）王芑孫　撰　清光緒刻本

舒藝室雜著賸稿　（清）朱琦　撰　清光緒刻本
飲冰室文集　（清）方宗誠　撰　民國十五年（1926）上海中華書局鉛印本
敦艮吉齋文鈔　（清）孫葆田　撰　清光緒三十二年（1906）合肥李氏刻本
童山文集　（清）全祖望　撰　清嘉慶刻本
道古堂文集　（清）杭世駿　撰　清乾隆四十一年（1776）刻光緒十四年（1888）汪曾唯增修本
遂初堂文集　（清）潘耒　撰　清康熙刻本
遂初堂別集　（清）王芑孫　撰　清康熙刻本
曾文正公奏疏文鈔合刊　馮煦　撰　清同治十二年（1873）金陵書局刻本
湛園未定稿　（清）劉文淇　撰　清光緒十五年（1889）毋自欺齋馮氏刻本
湛園藏稿　（清）王榮商　撰　清光緒十五年（1889）毋自欺齋馮氏刻本
湖海文傳　（清）孫葆田　撰　清道光十七年（1837）經訓堂刻本
湘綺樓文集　王舟瑶　撰　清光緒三十三年（1907）墨莊劉氏長沙刻本
湘綺樓全集　（清）曾國藩　撰　清宣統二年（1910）上海國學扶輪社石印本
游道堂集　（清）毛奇齡　撰　清光緒二年（1876）寶應朱氏刻本
賀先生文集　繆荃孫　撰　民國三年（1914）徐世昌京師刻本
結一廬遺文　（清）徐時棟　撰　清光緒三十四年（1908）刻本

十三畫

夢陔堂文集　（清）全祖望　撰　清道光二十三年（1843）刻本
蒿庵集　（清）强汝詢　撰　清乾隆三十八年（1773）胡德琳刻本
蒿盦類稿　（清）袁枚　撰　民國二年至十二年（1913—1923）遞刻本
蒿盦續稿　（清）袁枚　撰　民國二年至十二年（1913—1923）遞刻本
楊園先生全集　（清）朱彝尊　撰　清同治十年（1871）江蘇書局刻本
揅經室二集　（清）李慈銘　撰　清道光阮氏文選樓刻本
揅經室三集　（清）姚鼐　撰　清道光阮氏文選樓刻本
揅經室再續二集　（清）王懋竑　撰　清道光阮氏文選樓刻本
揅經室續二集　（清）方苞　撰　清道光阮氏文選樓刻本
虞東先生文録　（清）杭世駿　撰　清道光十九年（1839）刻本
愚谷文存　（清）李兆洛　撰　清嘉慶十二年（1807）刻本
愚谷文存續編　馬其昶　撰　清嘉慶十二年（1807）刻本
愚庵小集　（清）張壽榮　撰　清康熙十年（1671）松陵朱氏刻本
畹蘭齋文集　（清）孫星衍　撰　清光緒十八年（1892）刻本

嵩盦類稿 （清）徐時棟 撰 民國二年（1913）金壇馮氏刻本
傳經室文集 （清）管同 撰 民國十二年（1923）南林劉氏求恕齋刻本
鼠壤餘疏 （清）王源 撰 清光緒十三年（1887）刻本
飴山文集 （清）毛奇齡 撰 清乾隆刻本
解春集文鈔 （清）王昶 撰 清乾隆盧氏刻本
新城伯子文集 （清）張文虎 撰 清嘉慶四年（1799）歙東井觀室刻本
義門先生集 （清）李兆洛 撰 清道光三十年（1850）姑蘇刻本
滂喜齋叢書·炳燭室雜文 （清）劉大櫆 撰 清光緒三年（1877）吴縣潘氏八囍齋刻本
群書疑辨 （清）汪琬 撰 清嘉慶二十一年（1816）刻本
叠翠居文集 （清）袁枚 撰 民國吴興張氏刻本
遜學齋文鈔 王樹枬 撰 清同治十二年（1873）刻光緒間續刻本
遜學齋文鈔 （清）戚學標 撰 清同治十二年（1873）刻增修本
遜學齋文續鈔 （清）朱筠 撰 清同治十二年（1873）刻增修本
經笥堂文鈔 （清）楊鳳苞 撰 清嘉慶十六年（1811）寧化伊氏秋水園刻本
經韵樓集 （清）張際亮 撰 清嘉慶十九年（1814）刻本
經德堂文集 （清）杭世駿 撰 清光緒四年（1878）京師刻本

十四畫

嘉穀堂集　（清）朱彝尊　撰　民國八年（1919）商務印書館《四部叢刊》影印清嘉慶刻本

嘉樹山房集　（清）王宗炎　撰　清嘉慶二十四年（1819）震澤張氏家刻道光六年（1826）續刻本

嘉樹山房續集　（清）余廷燦　撰　清嘉慶二十四年（1819）震澤張氏家刻道光六年（1826）續刻本

壽櫟廬巵言和天　（清）潘耒　撰　民國九年（1920）胡存崇刻本

薌林草堂文鈔　（清）王士禎　撰　清道光十七年（1837）刻光緒元年（1875）補修本

聞妙香室文　（清）劉大櫆　撰　清道光十五年（1835）山陽李氏刻本

儆季文鈔　（清）戴鈞衡　撰　清光緒二十年（1894）江蘇南菁講舍刻本

儆居集　（清）周壽昌　撰　清光緒十四年（1888）刻本

廣經室文鈔　王闓運　撰　清光緒十五年（1889）廣雅書局刻本

端虛勉一居文集　（清）戴震　撰　清光緒武進盛氏刻本

賓萌外集　（清）吴德旋　撰　清光緒刻本

蜜梅花館文録　（清）袁枚　撰　清道光三年（1823）《雕菰樓集》附刻本

綴學堂初稿　王樹枏　撰　清光緒十九年（1893）刻本

十五畫

樊榭山房文集　（清）牛運震　撰　清光緒十年（1884）錢塘汪氏刻本
歐餘山房文集　（清）王引之　撰　民國十一年（1922）劉氏嘉業堂刻本
撰杖集　（清）湯金釗　撰　民國上海涵芬樓影印清康熙刻本
撰杖集　（清）錢謙益　撰　民國上海涵芬樓影印清康熙刻本
賭棋山莊文又續集　（清）謝章鋌　撰　清光緒刻本
賭棋山莊文續集　（清）盧文弨　撰　清光緒刻本
賭棋山莊集　（清）王士禎　撰　清光緒刻本
賭棋山莊餘集　（清）孫葆田　撰　清光緒刻本
儀衛軒文集　（清）汪琬　撰　清同治七年（1868）刻本
儀顧堂集　（清）俞樾　撰　清光緒二十四年（1898）刻本
魯山木先生文集　王樹枏　撰　清道光十一年（1831）刻本
劉端臨先生遺書　（清）牛運震　撰　清道光十四年（1834）刻本
劉禮部集　（清）姚鼐　撰　清道光十年（1830）思誤齋刻本
養一齋文集　（清）賀濤　撰　清道光二十三年（1843）活字印二十四年（1844）增修本

養一齋集　（清）杭世駿　撰　清道光二十九年（1849）刻本
養知書屋文集　（清）汪士鐸　撰　清光緒十八年（1892）刻本
養素堂文集　（清）劉大櫆　撰　清道光十七年（1837）棗華書屋刻本
潛研堂文集　（清）彭紹升　撰　清嘉慶十一年（1806）刻本
澄懷園文存　（清）張成孫　撰　清光緒十七年（1891）張紹文刻本
寫禮廎文集　（清）盛大士　撰　民國四年（1915）長洲王季烈刻本
寫禮廎文集補遺　（清）張成孫　撰　民國四年（1915）長洲王季烈刻本
遲鴻軒文弃　（清）方宗誠　撰　民國三年（1914）劉氏嘉業堂刻本
遲鴻軒文集　（清）惲敬　撰　民國三年（1914）劉氏嘉業堂刻本
遲鴻軒文稿　（清）謝章鋌　撰　民國三年（1914）劉氏嘉業堂刻本
遲鴻軒文續　（清）朱珪　撰　民國三年（1914）劉氏嘉業堂刻本
樂志堂文略　（清）朱彝尊　撰　清咸豐十年（1860）吏隱園刻本

十六畫

薑齋文集　（清）李兆洛　撰　民國二十二年（1933）上海太平洋書店排印本
頤志齋文鈔　（清）王夫之　撰　民國四年（1915）上虞羅氏鉛印雪堂叢刻本

樹經堂文集　（清）湯金釗　撰　清嘉慶刻本
樸學齋文録　（清）劉大櫆　撰　清嘉慶二十五年（1820）刻本
默盦集　馮煦　撰　民國二年（1913）上海國光書局鉛印本
穆堂初稿　（清）王源　撰　清道光十一年（1831）奉國堂刻本
學箕初稿　（清）劉大櫆　撰　清康熙箭山鐵鐙軒刻本
學藝齋文存　（清）毛奇齡　撰　清光緒九年（1883）鄒代鈞刻本
衡齋文集　（清）陳用光　撰　清咸豐刻本
雕菰集　（清）陸心源　撰　清道光四年（1824）阮福校刊嶺南節署刻本
獨學廬二稿　（清）朱彝尊　撰　清寫刻本
獨學廬三稿　（清）方宗誠　撰　清寫刻本
獨學廬五稿　（清）王宗炎　撰　清寫刻本
獨學廬四稿　（清）馮登府　撰　清寫刻本
獨學廬餘稿　（清）方苞　撰　清寫刻本
憺園文集　（清）方宗誠　撰　清康熙三十三年（1694）冠山堂刻乾隆五十四年（1789）改補本
憺園文集　（清）錢大昕　撰　清康熙三十三年（1694）冠山堂刻乾隆五十四年（1789）改補本
澤雅堂文集　（清）施閏章　撰　清光緒十九年（1893）濟南刻本

澹靜齋文鈔　（清）全祖望　撰　清道光六年（1826）恩賜堂刻本
濂亭文集　羅正鈞　撰　清光緒八年（1882）查氏木漸齋蘇州刻本

十七畫

戴東原集　（清）顧廣譽　撰　清光緒十年（1884）蛟川秋樹根齋刻本
鍥不舍齋文集　（清）蕭穆　撰　清同治三年（1864）江都李氏半畝園刻本
鮚埼亭集外編　（清）龍文彬　撰　清嘉慶十六年（1811）刻本
鮚埼亭集　（清）朱彝尊　撰　清嘉慶九年（1804）史夢蛟刻本
邃雅堂文集續編　（清）姚鼐　撰　清道光八年（1828）刻本
邃雅堂集　（清）陳壽祺　撰　清道光元年（1821）江陰學使者署刻本
績學堂文鈔　（清）王榮商　撰　清乾隆梅𣪧成刻本

十八畫

藝風堂文集外篇　（清）全祖望　撰　清光緒二十六年（1900）刻本
藝風堂文集　（清）蕭穆　撰　清光緒二十六年（1900）刻本
藝風堂文漫存　（清）方苞　撰　民國江陰繆氏藝風堂遞刻本

藝風堂文續集　（清）孫葆田 撰　清宣統二年（1910）刻民國二年（1913）印本
蘊愫閣文集　（清）全祖望 撰　清道光六年（1826）刻本
韞山堂文集　（清）王士禎 撰　清嘉慶六年（1801）讀雪山房刻本
簡松草堂文集　（清）梅曾亮 撰　清道光刻本
簡莊綴文　（清）陸心源 撰　清心矩齋刻民國十五年（1926）抱經堂補刻本
鎔經室集　（清）王士禎 撰　民國七年（1918）鉛印本
謫麐堂遺集　（清）王士禎 撰　清宣統三年（1911）鉛印本

十九畫

曝書亭集　（清）趙懷玉 撰　民國涵芬樓影印清康熙五十三年（1714）刻本
籀高遺文　（清）王昶 撰　民國十五年（1926）瑞安顥川書舍石印本
籀經堂集　（清）黎庶昌 撰　清光緒九年（1883）刻本
籀經堂集補遺　（清）朱琦 撰　清光緒九年（1883）刻本

二十畫

寶綸堂文鈔　（清）袁枚 撰　清嘉慶刻本

二十一畫

鐵橋漫稿　姚華撰　清道光十八年(1838)四録堂刻本

鶴泉文鈔　(清)韓菼撰　清嘉慶五年(1800)刻本

鶴泉文鈔續選　(清)梅曾亮撰　清嘉慶十八年(1813)刻本

二十二畫

鑑止水齋集　(清)許宗彦撰　清咸豐八年(1858)德清許延珏刻本

鑑止水齋集　(清)錢儀吉撰　清嘉慶二十四年(1819)德清許氏家刻本

讀書堂集　(清)管同撰　清康熙三十六年(1697)刻本

二十三畫

曬書堂文集　(清)張裕釗撰　清光緒十年(1884)東路廳署刻本

曬書堂外集　(清)趙懷玉撰　清光緒十年(1884)東路廳署刻本

顯志堂稿　馬其昶撰　清光緒二年(1876)馮氏校邠廬刻本

二十四畫

觀堂别集補遺　(清)謝章鋌 撰　清光緒至民國間遞刻民國二十四年(1935)長沙中國古書刊印社郎園先生全書本

觀堂集林　(清)錢謙益 撰　清光緒至民國間遞刻民國二十四年(1935)長沙中國古書刊印社郎園先生全書本